焦土の記憶

沖縄・広島・長崎に映る戦後

福間良明
Fukuma Yoshiaki

新曜社

焦土の記憶——目次

結論

装幀――難波園子

凡　例

資料の引用に際しては、以下の基準に従っている。

（1）旧字体の漢字は、原則的に新字体に改めている。仮名遣いは原則的に引用元のとおりである。

（2）引用部の強調、ルビは、とくに断わりのない限り、原文どおりである。

（3）読みやすさを考慮し、適宜句読点を加えた箇所もある。

（4）中略は〔中略〕で示している。また引用中の筆者による注釈は〔　〕内に示している。

また、一般読者の読みやすさも考慮し、各部・章に関連する先行研究およびそれらの議論との相違については、おもに註で言及している。

なお、引用にあたっては、現代においては不適切な表現もそのままに記している。あくまで資料としての正確性を期するためであり、他意のないことをご了承いただきたい。

プロローグ——問いの設定

体験の語りの位相差

戦争の記憶や戦争体験をめぐる議論は、ここ数年、盛り上がりを見せている。体験者の高齢化が進むなか、聞き取り作業を行なう最後の機会となりつつあることも背景にあるのだろう。だが、体験の語りがどのように変容してきたのか、その背後にいかなる社会背景があったのか。そうした点については、はたして、どれほどの検証が進んでいるだろうか。

たとえば、グラフ「沖縄戦関連書籍の刊行推移」(図1)を見ていただきたい。沖縄戦記の発刊は、一九六〇年代半ばまでは低迷しているが、一九六〇年代末を境に急激な伸びを示している。では、なぜ、沖縄戦記はこの時期から多く発刊されるようになったのか。そこには、いかなる社会背景があったのか。

しかも、沖縄戦記の発刊推移は、戦記全般のそれとは異なっている。図2は、日中戦争・太平洋戦争関連書籍の刊行点数の変化を示したグラフだが、そこでは、一九五〇年代前半と一九六〇年代後半にピークが見られ、七〇年代以降になだらかな上昇傾向を読み取ることができる。[1] 一九六〇年代末になって一気に発刊点数が急増した沖縄戦記は、明らかにそれとは異質な推移を歩んでいる。

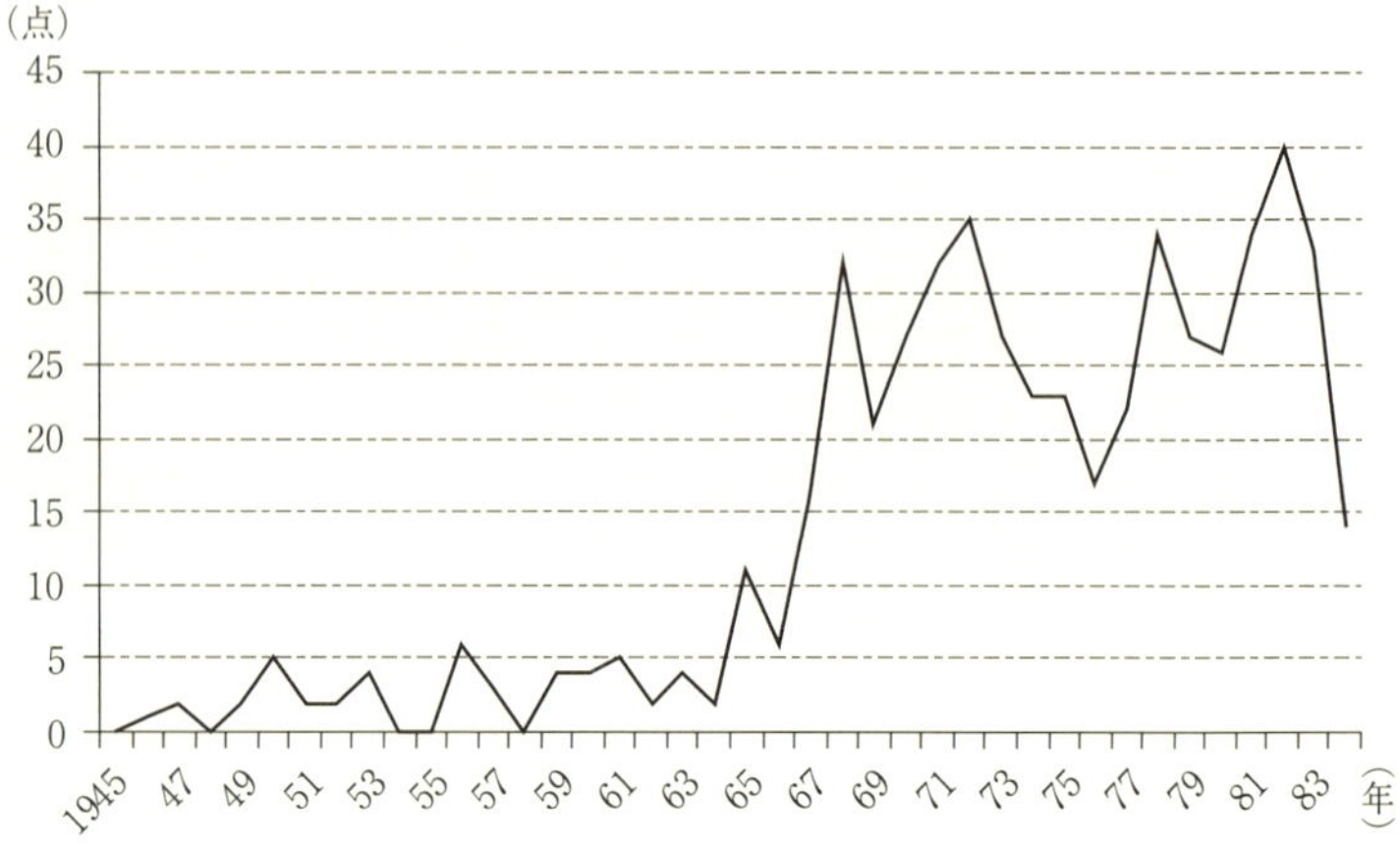

図 1　沖縄戦関連書籍の刊行推移　沖縄戦 - 沖縄を学ぶ100冊刊行委員会編『沖縄戦　沖縄を学ぶ100冊』(勁草書房，1985年) 所収の「付録　沖縄戦関係文献目録」をもとに作成 (ただし，太平洋戦争史，沖縄通史，沖縄戦後史の文献は除外している)

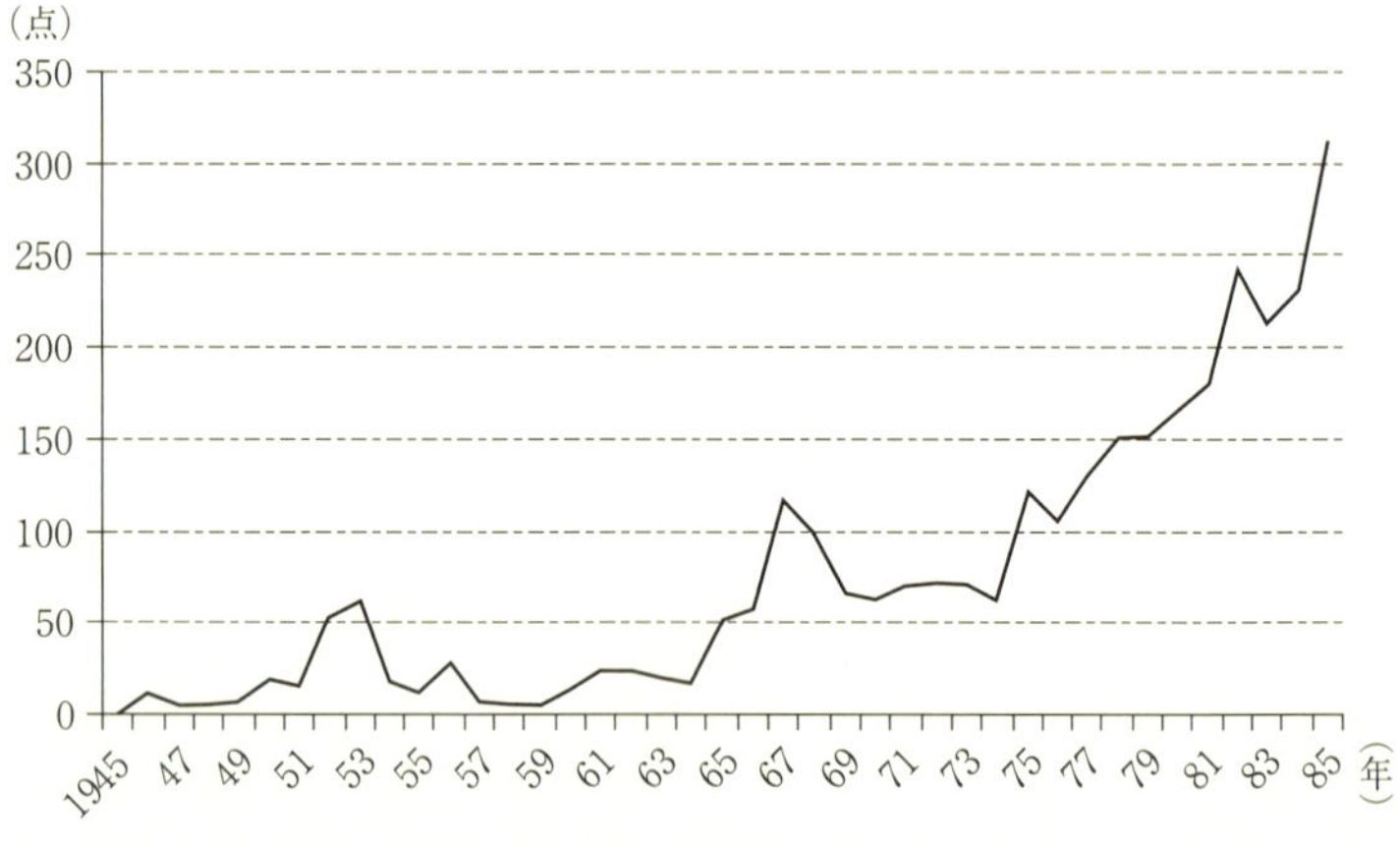

図 2　日中戦争・太平洋戦争関連書籍の刊行推移(国会図書館所蔵データをもとに作成)

戦記発刊の担い手にも相違が見られた。一九六〇年代後半は戦記全般としては発刊が盛り上がりを見せていたが、拙著『「戦争体験」の戦後史』（中公新書、二〇〇九年）でも述べたように、この時期は戦争体験をめぐる世代間の断絶も際立っていた。戦場体験を持たない若い世代は、年長者の体験の語りに「お前たち、知らないだろう」と言わんばかりの威圧を感じ、体験に固執する彼らにしばしば反感を抱いた。年長者もまた、若者の姿勢に苛立ちを覚え、そのゆえに同世代のアイデンティティや体験の共有を模索した。そのことが、戦友会創設件数の伸びにつながった。海軍飛行予備学生第十四期会編『あゝ同期の桜』（毎日新聞社、一九六六年）をはじめとした遺稿集・体験記の発刊も、同様の要因によるものであった(2)。

それに対し、一九六〇年代末に沖縄戦記発刊を主として担ったのは、第一部でも述べるとおり、幼児期・少年期に終戦を迎えた若い世代であった。しかも、彼らのなかには、離島や本土の山村で戦争末期を過ごし、沖縄本島の激戦を体験しなかった者も多かった。では、そのような彼らがなぜ、沖縄戦体験の掘り起こしをめざしたのか。そこに、同時代の社会状況がいかに関わっていたのか。当時の日本と沖縄の関係が、そこにどう投影されていたのか。

戦後日本における戦争体験の語りや戦争観の系譜については、これまで一定の研究の蓄積がなされてきた。高橋三郎『「戦記もの」を読む』（アカデミア出版会、一九八八年）を先駆として、吉田裕『日本人の戦争観』（岩波書店、一九九五年）、成田龍一『「戦争経験」の戦後史』（岩波書店、二〇一〇年）などが、その代表的なものとしてあげられる。戦後思想を戦争体験の世代差・位相差に注目しながら分析した小熊英二『〈民主〉と〈愛国〉』（新曜社、二〇〇二年）も、戦争体験の言説を考察したものであり、また、拙著『「戦争体験」の戦後史』（二〇〇九年）も、日本戦没学生記念会や『きけわだつみ

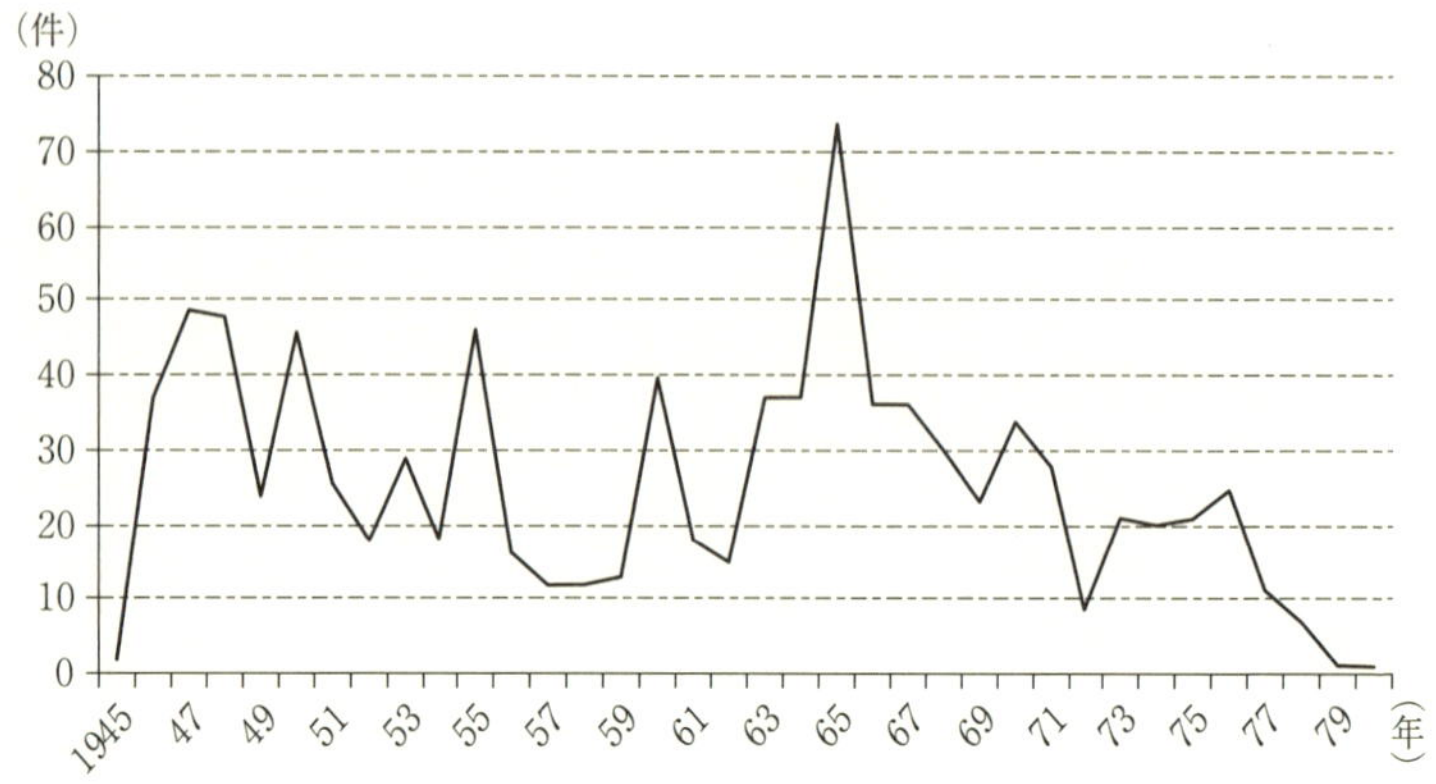

図3　戦友会創設件数の推移（高橋三郎編『共同研究 戦友会』〔田畑書店, 1983年〕の「戦友会についての調査・第1回」調査結果をもとに作成）

のこえ』をめぐる言説変容を跡づけながら、戦後日本の戦争体験論の変容を分析している。

しかしながら、戦争体験の語りの時系列的な変容については、議論が積み重ねられる一方で、その語りのなかに、いかなる偏差が存在していたのかという点については、十分な検証がなされてこなかった。沖縄戦体験がどのように語られてきたのか。広島・長崎の場合であればどうであったのか。さらに、広島と長崎とでは、体験の語りにいかなる相違があったのか。そして、それらの語りを生みだす力学や構造は、戦後日本の戦記全般の場合と比べて、いかなる差異をはらんでいたのか。これらの点については、意外に検証が進められてこなかったのではないか。

むろん、沖縄戦や広島・長崎の被爆体験に関する著作は膨大な量にのぼる。沖縄戦記を通時的に扱ったものとしては、仲程昌徳『沖縄の戦記』（朝日選書、一九八二年）があり、被爆体験記史をテーマにしたものとしては、長岡弘芳『原爆文学史』（風媒社、一九七三年）などがあげられる。しかし、そこでは体験記や戦記文学の紹介・批評に重点が置かれており、それらが書かれ、受容される社会的な力学については、扱われていない。沖縄・広島・長崎の戦争体験論の系譜を精緻に洗い出し、議論が生み出されるメカニズムを検証した研究は、じつは、ほとんど見当たらない[3]。さらにいえば、それらの検証を欠いたまま、「記憶」が論じられてきたことも否めないのではないか。

沖縄なり広島・長崎なりに固有の力学が不明瞭であったということは、すなわち、戦後日本の戦争の語りにおいて、何が見落とされてきたのか、その点もまた見えにくくされてきたということを意味する。戦後日本の主要言説と沖縄、広島、長崎のそれを対比させ、その力学を比較してみると、そこには戦後日本の戦争体験論のなかで欠落していたものが、浮かび上がってくるのではないだろうか。それは、戦後における戦後日本と沖縄や広島、長崎の関わりを改めて問い直すことにもつながるのではないか[4]。

戦後における戦争体験の語りは決して一様ではない。いかなる戦争体験を語るかによって、議論の力学はさまざまに異なっていた。では、それらの議論はいかに変容し、そこにはいかなる社会背景や議論の力学が作動していたのか。それを通して、戦後日本における戦争体験論の系譜をいかに見直すことができるのか。こうした問題意識のもと、本書では、沖縄や広島、長崎の戦争体験論の変容を検証する。

沖縄や広島・長崎の戦争体験は、ともにその凄惨さにおいて際立っている。沖縄戦では地上戦が繰り広げられ、全戦没者は二〇万人に上った。住民も戦闘に巻き込まれ、県出身の軍人・軍属をあわせると、死者は県民の三分の一にあたる一二万人に及んだ。原爆による死者は、広島市では一二万（人口比四二パーセント）、長崎市では七万（人口比三〇パーセント）に達している。爆死を免れた者も、その後、後遺症に苛まれることが多かった[5]。

しかしながら、それらの体験をめぐる議論は、戦後の日本では周縁的な位置に置かれることも少なくなかった。沖縄は戦後二七年にわたり米軍統治下にあった。必然的に、戦争体験が論じられる磁場は、日本本土とはまったく異なっていた。広島・長崎の体験もまた、特殊なものであり、ときに差別の問題さえ抱えていた。そのことは、戦後日本の体験論とは異なる背景のもとで議論が展開されたことを意味する。

だとしたら、そこにはいかなる力学が作動していたのか。議論が生成される構造は、日本の場合といかに相違していたのか。そこから逆に、戦後日本の体験論の磁場やそのポリティクスを捉え返すことが可能になるだろう。

むろん、「周縁」的な戦争の語りは、沖縄や広島・長崎に限られるものではない。銃後の空襲体験や疎開体験は戦後の初期から多く議論されていたわけではないし、戦場体験についても、たとえば樺太・千島で「八月十五日」以後に始まった地上戦体験は、そう多く論じられてはいない。それらについては、今後の検討課題とせざるを得ない。ただ、「周縁」的な体験論のなかでも、沖縄・広島・長崎の言説は総じて議論の蓄積が厚い。にもかかわらず、そこには戦後日本の言説構造といかなる相違があったのか。逆に、戦後日本では何が見落とされてきたのか。そのことでさえ、これまで十分な検証がなされてこなかった。

本書では、まずは、沖縄・広島・長崎の言説の共時的位相差や通時的変容を洗い出しながら、これまで見落とされがちであった戦争体験論の歪《ひず》みについて、考察していきたい。

ローカルな輿論と文芸誌

とはいえ、沖縄や広島、長崎の言説に絞ったとしても、そこでの議論は膨大な量に及ぶ。そこで、本書では、おもに地方の知識人たちのなかで戦争体験がどのように捉えられてきたのか、そこからいかなる議論が生成されたのかに焦点を当てたい。

知識人たちの議論は、たしかに、さまざまな戦争体験(論)のごく一部でしかない。だが、文筆や教育に携わっていた彼らは、他の階層に比べれば、錯綜した体験を言語化することに、総じて長けていたと見ることもできる。(6) また、彼らは社会的な発言力があっただけに、知識人たちの議論を見ることで、沖縄、広島、長崎の輿論のなかで、戦争体験がどう位置づけられてきたかを考察することができよう。

むろん、発言の場を十分に持ち合わせていない人々の認識が、知識人たちのそれと同じであるとは言えないだろう。だが少なくとも、知識人たちの議論に共感や反発を抱きながら、大衆層の思いも形作られてきたのではないだろうか。そう考えると、まずは、知識人による戦争体験論の系譜を検証することは、それなりに有用性のある作業であろう。

そもそも、彼らの言説が「書かれたもの」であったとしても、その言説布置や変容プロセスはこれまで整理されることはなかった。沖縄、広島、長崎の個別の思想家・文学者の議論が研究対象にされることはこれまでも多くあったが、それらを俯瞰しながら、いかなる輿論史が織りなされてきたのか、それを洗い出すことは皆無に近かった。(7)

たしかに、「書かれたもの」の蓄積は膨大な量にのぼる。だが、そのゆえか、その変容プロセスや位相差を地道に検証する作業は等閑に付されてきた。その整理を欠いたまま、「記憶」や「オーラル・ヒストリー」が論じられてきたのが実状ではないだろうか。それらは、現在の「記憶」であったり、現在から見た「記憶」ではあるかもしれない。しかし、その「記憶」は、同時代においていかなる位置にあり、どのような力学のなかで生み出されたのか。その点については、どうしても見落とされるきらいがあるのではないか。

だとすれば、「書かれたもの」の位相差や変容過程を検証することは焦眉の課題ではないだろうか。それらは「書かれざるもの」とはまた異質なものであるかもしれない。しかし、「書かれざるもの」の位置づけを検討するためにも、「書かれたもの」の整理はじつは不可欠な基礎作業ではないだろうか。

こうした点を考慮に入れながら、本書では、沖縄や広島、長崎で戦争体験を論じた知識人たちの体験記や体験論を整理する。そこでは、彼らの著書を扱うことはもちろんのこと、地域文芸誌に発表されたエッセイも主要な考察対象とする。

沖縄、広島、長崎の文芸誌は、これまでメディア史研究の主たる考察対象とされることはなかった。せいぜい、文学史研究のなかでわずかに扱われてきたに過ぎない。しかし、地方の文芸誌は必ずしも文学に閉じたメディアではなかった。むしろ、戦争体験論も含めて、社会評論や政治評論も多く扱うメディアであった。

首都圏を中心とした中央論壇であれば、著名な書き手も多く、彼らは政治評論や社会評論を全国レベルの総合雑誌に発表することができた。しかし、沖縄や広島、長崎で活動する知識人にとって、それは必ずしも容易なことではなかった。広島や長崎は、言論の中心である東京から離れており、中央論壇や大手メディアとつながりが深い書き手は限られていた。戦後二七年にわたり米軍統治下に置かれ、本土への渡航もしばしば制限された沖縄の場合、それはなおさらのことであった。必然的に、彼らは地方のメディアに発表の場を求めざるを得なかった。

しかし、政治評論や社会評論を発表する場は、地方ではきわめて限られていた。地方新聞は、政治や社会を論じる主要メディアではあったが、総じて大学教授などの名士に執筆を依頼する傾向がつよく、かつ、そこでの紙幅も相当に限られていた。それ以外の地方政論メディアとしては、政党地方支部の機関紙などがあった。だが、それは多くの場合、党員に書き手が限られていたうえに、末端の党員に自由に書く場を提供するものでもなかった。そこで、文筆に関心を抱く地方文化人たちは、文芸同人誌に発表の場を求めていった。

地方文芸誌は、地元新聞社が発行することもあったが、それのみならず、小規模なグループや個人で発行される雑誌も多かった。発行部数は小規模なものがほとんどではあったが、地方の文筆愛好者のあいだで読まれることは多かった。また、地元新聞社に雑誌が献本され、ときに文化欄・文芸欄に取り上げられることで、議論をしばしば喚起した。

さらに、地方文芸誌は必ずしも文芸に閉じたメディアではなかった。たしかに、詩や短歌・俳句、小説などが多く発表されてはいたが、掲載されたのはそればかりではない。文芸評論はもちろんのこと、社会批評や政治、歴史、思想が論じられることも珍しくなかった。雑誌『新沖縄文学』はその好例であろう。一九六六年に沖縄タイムス社が創刊したこの雑誌は、当初は沖縄在住作家の作品を発表する文学雑誌が意図されていた。しかし、徐々に政治批評や社会評論の比重が大きくなり、誌名はそのままでありながら、沖縄最大の総合雑誌に転じていった。それは、『新沖縄文学』に限られるものではない。戦後初期の沖縄で発行された『月刊タイムス』（沖縄タイムス社）や『うるま春秋』（うるま新報社）も同様の傾向を帯びていた。終戦直後の広島で発行された『中国文化』（中国文化連盟）

や、一九五〇年代半ばに長崎で創刊された『地人』（長崎文学懇話会）もまた、文芸誌の色彩をつよく帯びつつ、政治批評や社会批評も多く掲載した。その意味で、文芸誌は地方の輿論を喚起し、その潮流を形成するメディアでもあった。

したがって、本書では、地方知識人の著作とともに、地方文芸誌の言説も広く見渡しながら、沖縄、広島、長崎における戦争体験の輿論を検証し、その共時的な位相差や通時的な変容プロセスを明らかにしたい。

『広島文学』1954年９月号　文芸誌でありながら,「原爆障害者の実態」という社会的なテーマが大きく扱われている。

体験と政治と世代

これらの問題を考えるうえで、本書は体験と政治の距離に着目する。戦争体験と「平和」「反戦」はセットで語られることが多い。「平和への思いを新たにするために戦争体験を語り継がなければならない」といったフレーズは、八月の「終戦」シーズンになると、新聞やテレビで頻繁に見聞きする。しかし、戦争体験と「反戦」「平和」の政治主義とが、つねに調和的であったのかというと、決してそうではない。たとえば、日本戦没学生記念会（わだつみ会）の常任理事を務めた安田武は、『戦争体験』（一九六三年）のなかで、六〇年安保闘争や反戦学生運動を念頭におきながら、「戦争体験の意味」を「反戦・平和のための直接的な「行動」」に安易に結び付けようとする「発想の性急さ」を批判している。(8) こうした体験と政治の距離は、戦後日本においていかに変容したのか、その背後にはいかなる要因があったのか。それについては、拙著『「戦争体験」の戦後史』のなかで論じている。しかし、その変容プロセスは、沖縄や広島、長崎でも同様であったとは言えまい。

沖縄の戦後は、日本本土のそれとはまったく異なっていた。一九五二年のサンフランシスコ講和条約発効により、日本はGHQの占領から脱却することができたが、沖縄は引き続き米軍政下に置かれ、基地建設が加速した。それに抗する形で、一九五〇年代半ばに土地闘争が高揚し、一九六〇年代には復帰運動が隆盛した。しかし、沖縄戦記の発刊が盛り上がりを見せたのは、図1にあるように、一九六〇年代末であった。その時期は、従来の復帰運動のあり方が批判的に問い直されていた時期でもあった。長らく求められてきた沖縄の本土復帰は現実のものとなりつつあったが、広大な米軍基地は引き続き存続し、核兵器の持ち込みすら危ぶまれていた。こうしたなか、復帰運動批判の輿論が顕著になり、また、このような形で沖縄返還を進める日本への幻滅も広がっていった。

では、このことと沖縄戦体験への関心はどのように結びついていたのか。沖縄の戦後史のなかで、政治運動と戦争体験の語りはいかに関わっていたのか。そこには、戦後日本の体験の語りとは異なる力学を見ることができるのではないか。

広島や長崎もまた、特殊性を帯びていた。被爆体験は、戦争体験の一領域ではあるものの、他の戦争体験とはまったく異なる側面を有している。戦場体験や銃後体験をめぐる言説で主として議論されるのは、あくまで「過去」の戦闘や被災の事実である。しかし、被爆体験は「八・六」や「八・九」に議論が収斂されるわけではない。少なからぬ被爆者は、腕や背中、顔に重度のケロイドを負った。放射能を浴びたことによる後遺症にも悩まされ、戦後になっても死の恐怖に怯えなければならなかった。なおかつ、それは実際の体験者に限られるものでもなかった。胎内被爆者が原爆症に苛まれることも少なくはなく、被爆二世・三世をめぐる遺伝の問題もしばしば議論された。また、被爆体験者が症状を発しなかったとしても、幾多の困難を抱えながら戦後を生きなければならなかった。原爆の後遺症がいつ発症するか予見できないものである以上、彼らは、就職や結婚に際し、差別をこうむることも多かった。

その意味で、被爆体験とは、原爆投下時点の体験と同時に、それ以降の戦後の生活体験をも含むものであった。つまりそれは、「過去」の問題であるのと同時に、戦後のそのときどきの「現在」の問題でもあったのである。(9) そして、原水爆禁止運動や反核運動は、被爆者救済や被爆二世・三世への援護など、体験者や関係者たちの「現在」の問題も多く扱ってきた。だとすると、広島や長崎では、原水爆禁止の輿論はいかに作られたのか。そこでは被爆者たちの過去の体験、あるいは現在の体験がどう位置づけられたのか。それに対して、体験者たちはいかなる共感や違和感を抱いたのか。そこには、戦後日本の戦争体験論とはまた異なるものを見ることができよう。

体験と政治をめぐる議論の位相差は、世代の力学の相違にもつながっていた。前述のように、一九六〇年代末の沖縄で体験記録の掘り起こしをおもに担ったのは、戦時期に幼児期・少年期を過ごした若い世代であった。同時期の長崎でも、雑誌『長崎の証言』が創刊されるなど、被爆体験の証言収集が進められたが、それを主導した者のなかには、同様の世代も少なくなかった。かつ、沖縄にせよ長崎にせよ、体験記収集に携わった若い世代のなかには、沖縄本島での戦争体験や被爆体験を有しない者も珍しくはなかった。

それは、同時期の戦後日本の状況とは異なっていた。拙著『「戦争体験」の戦後史』でも記したように、当時の二十代・三十代の若い世代には、戦場体験にこだわる戦中派世代に威圧感や嫌悪感を抱き、戦争体験とは距離をとった形で反戦運動をめざす傾向が見られた。こうした状況に照らしてみると、戦争体験と世代の相関は、戦後日本の場合と沖縄や長崎の場合とでは異なっていた。

逆に、広島では、戦中派世代の知識人が被爆体験から距離をとろうとすることさえあった。学徒出陣の経験を持つ広島の文学研究者・松元寛は、その著書のなかで、「「原爆だけを騒ぎたてるような」いわゆる原爆文学論に対して、ぼくらは反対した」と述べ、「体験者以外には本当の理解ができないものとして特殊化してしま」うかのような被爆体験論のありようを批判した[10]。体験から距離をとり、それを相対的に捉えようとする姿勢は、戦後日本では、安田武のような同世代の論者よりもむしろ、その下の世代の発言に近いものがあった。

本書の構成

では、体験と政治をめぐって、戦後日本と沖縄、広島、長崎のあいだでいかなる議論の相違があったのか。そこには、世代の力学がどう関わっていたのか。こうした問題意識のもと、本書は以下のように議論を進めていく。

まず、序章では、沖縄や広島、長崎の議論の対比項として、戦後日本における戦争体験論の変容について概観する。なかでも、ここでは、戦没学徒遺稿集『きけわだつみのこえ』の評価や同書発刊を契機に創設された日本戦没学生記念会での議論を軸に考察を進めていく。『きけわだつみのこえ』や日本戦没学生記念会といえば、戦後日本全般の戦争体験論というよりは、大学生やエリート層に閉じた議論を連想するむきもあろう。しかし、『きけわだつみのこえ』が戦没者の遺稿集として最も著名なものであることは疑えない。また、日本戦没学生記念会も、『きけわだつみのこえ』に閉じた団体であったわけではなく、鶴見俊輔、日高六郎、安田武など、戦争体験を論じた主要知識人が多く集《つど》っていた。だとすると、学徒たちの戦争体験がなぜ、戦後の言説空間において代表性を持ち得たのか。それを起点にしながら、いかなる議論が紡がれたのか。そこから、戦後日本の戦争体験論の変容プロセスをうかがうことができるだろう。

なお、この序章は、拙著『「戦争体験」の戦後史』および『殉国と反逆』（青弓社、二〇〇七年）の一部を、本書に必要な範囲で取り入れ、整理したものである。既発表のものとの重複は極力避けたかったが、拙著をお読みいただいたことを前提に議論を進めるわけにもいかず、また、沖縄や広島、長崎における戦争体験論の布置を戦後日本のそれと比較するうえでは、これらの議論を外すわけにはいかないと判断せざるを得なかった。むろん、この序章で上記二書を網羅できるわけでもなければ、逆に拙著では扱わなかった内容も、ここにはいくらか盛り込んでいる。ただ、拙著をお読みいただいた読者には、この序章を読み飛ばしていただいてもかまわない。

序章をふまえたうえで、第一部では、戦後沖縄における戦争体験論の変容について考察する。本土とはまったく異なる戦後を歩んだ沖縄において、戦争体験はどのように論じられたのか、議論が生み出される構造は、戦後日本といかに相違していたのかが、ここでのテーマである。

そのうち、第一章では、戦後沖縄における第一次戦記ブームとも言うべき一九五〇年代前半の議論を扱う。沖縄タイムス社編『鉄の暴風』（一九五〇年）、仲宗根政善《せいぜん》『沖縄の悲劇』（一九五一年）、大田昌秀・外間守善《ほかましゅぜん》編『沖縄健児隊』（一九五三年）など、この時期は、沖縄戦体験記が少なからず発刊された。それ以前にも、日本本土では、旧日本兵による沖縄戦記や在京の沖縄出身作家による小説が出されていた。それらに対する反感が、『鉄の暴風』や『沖縄の悲劇』の刊行のひとつの動機になっていた。だが、それればかりではなく、日本本土の戦記ブームや日本復帰運動に重なる形で沖縄戦体験記が生み出されることもあった。

ただ、見落としてはならないのは、この時期の沖縄戦論や沖縄戦記は後年に比べると、はるかに低調であったことである。とくに、一九四〇年代後半は、戦記発刊は明らかに不振であった。同時期の日本本土での議論の盛り上がりに比しても、やはり沖縄でのありようは対照的であった。そのような状況を視野に入れながら、この時期の沖縄戦体験論やその不在を生み出す構造について、検証していく。

つづく第二章では、一九五〇年代後半から一九六〇年代前半の時期の議論として、戦中派世代、なかでも大城立裕《おおしろたつひろ》の戦争体験論を取り上げる。この時期には、一九二〇年代に生まれ、戦時期に精神形成をした戦中派世代が、一定の社会的な発言力を有するようになった。日本本土でも村上兵衛《ひょうえ》や安田武、橋川文三《ぶんそう》らが論壇に台頭するようになったが、沖縄では、大城立裕が戦中派を掲げる代表的な論者であった。

のちに「カクテル・パーティー」で芥川賞を受賞する大城は、すでにこの時期には小説や脚本を手がけていたが、同時に戦争体験や戦争の記憶に関する発言も多かった。そして、その背後には従来の議論のあり方やその延長上にある本土復帰論に対する違和感があった。年長世代の議論への反感という点では、安田武や村上兵衛ら、本土の戦中派イデオローグと共通するが、他方で彼らとの相違も少なからず見られた。そこには、大城の教養体験や中国での戦争体験が絡んでいたのと同時に、沖縄戦を体験しなかったことも大きかった。これらの点を考慮しながら、戦後沖縄の戦中派の議論について検討していく。

第三章では、一九六〇年代後半から一九七〇年代前半にかけての議論について考察する。この時期には、『沖縄県史――沖縄戦記録（1・2）』（一九七一年・一九七四年）の発刊をはじめ、埋もれていた沖縄戦体験の掘り起こしが急速に進められ、沖縄戦記刊行のひとつのピークを迎えていた。その動向を支えていたのが、新川明《あらかわあきら》、岡本恵徳《けいとく》、大城将保ら、戦後派世代の若い知識人たちであった。先にも述べたように、日本本土では、終戦後に青春期を過ごした戦後派世代や、終戦後に出生した戦無派世代は、戦争体験に距離をとる傾向が見られた。しかし、沖縄ではむしろ戦後派世代が積極的に戦争体験を論じ、その収集に取り組んだ。

新川明や岡本恵徳、大城将保に共通するのは、世代の問題だけではない。彼らはいずれも、沖縄本島での戦争体験を持たなかった。また、一九六〇年前後には日本本土で生活し、六〇年安保闘争に幻滅を抱くこともあった。そのことは、復帰運動やのちの沖縄返還に対する批判へとつながったが、同時にそれは、戦争体験に対する彼らのつよい関心を導くこととなった。これらの議論が生み出される背景や力学について、この章では考察していきたい。

第二部では、広島や長崎における言説変容を扱う。前述のように、被爆体験は「過去」に閉じたものではなく、後遺症や胎内被爆、被爆二世の問題など、「現在」の体験でもあった。そのことが体験と政治の関わりをいかに規定し、また変容させてきたのか。こうした点について、議論していく。加えて、ここでは広島と長崎の議論の相違についても、注意を払っていく。広島や長崎の被爆体験を扱った書物は膨大な量に及ぶが、広島における議論と長崎におけるそれとがいかに相違したかについては、十分な検証がなされていない。両者は一括りにされて議論されるか、さもなくば、広島に比した長崎の議論の不活発さが指摘されることが多い。だが、同時期の議論を見比べたうえで、はたしてそう言い切れるのか。その点にも目配りをしながら、議論を進める。

なお、さまざまな被爆体験言説のうち、ここではおもに、栗原貞子（一九一三―二〇〇五年）と山田かん（一九三〇―二〇〇三年）に関わる議論・論争を多く扱う。栗原と山田はそれぞれ広島と長崎で被爆を経験し、ともにその体験に立脚しながら詩作を行なった著名な詩人である。だが、彼らは詩ばかりではなく、多くの社会評論や体験論もものしている。また、両者はともに二〇〇〇年代まで存命であっただけに、被爆体験をめぐるさまざまな論争に関わっていた。それを跡づけることで、被爆体験をめぐる輿論の変容を浮き彫りにできよう。

両者は編集者としての活動に積極的であった点でも共通している。栗原は、戦後初期の広島で、『広島生活新聞』『中国文化』などの評論誌（紙）の編集に携わったほか、一九六〇年代には、原水爆禁止広島母の会発行の『ひろしまの河』の編集も手がけている。また、自らの詩やそれに対する人々の感想を冊子にまとめて、たびたび自費出版していた。山田かんは、一九五〇年代にサークル誌『芽だち』や『地人』といった地域文芸誌の編集・発行を手がけたほか、一九六〇年代以降は詩誌『炮《ほう》氓《ぼう》』を立ち上げ、体験記録誌『長崎の証言』の編集委員も務めた。彼らは自らの詩や評論を発表するだけではなく、少ない発行部数ながらも地域の文芸誌・評論誌の発行に携わるなかで、広島や長崎における輿論の生成に大きく関わってきた。第二部では、栗原や山田の議論とともに、その周辺の議論や彼らを取り巻く論争を検証しながら、広島や長崎における輿論史やその社会背景について考察していく。

そのうち、第四章では、ＧＨＱ（連合国軍総司令部）占領下における広島と長崎の議論を検証する。戦後初期の原爆被災日は、じつは祝祭的な雰囲気を醸していた。八月六日の広島や九日の長崎では、花火打ち上げや盆踊りのほか、花電車運行、仮装行列、ダンス・パーティーがたびたび挙行された。これらを不謹慎として非難することはたやすいし、後年はその種の言説も多く見られるようになる。だが、問うべきは、不謹慎さではなく、なぜ原爆被災日を「お祭り騒ぎ」でもって迎えなければならなかったのか、ということであろう。ひとつには、GHQの占領下にあって、原爆投下の問題を批判的に論じることが困難な言論状況があった。だが、それに加えて、被爆体験を直視するよりは、そこに祝祭性を求めざるを得ない当事者の心情もあったのではないか。

また、広島と長崎では、ともに原爆被災日が祝祭性を帯びていたとはいえ、その成立や高揚のプロセスは一様ではない。だとすると、そこにはいかなる力学の相違が見られるのか。こうした点を意識しながら、栗原貞子や山田かんをはじめとした知識人言説、あるいは広島・長崎のメディア言説を検証していく。

つづく第五章では、占領が終結し、原水爆禁止運動が高揚した時期の議論について考察する。占領終結にともない、原爆関連の出版物は多く流通するようになった。また、第五福竜丸事件を契機に、原水禁運動は全国的な盛り上がりを見せるようになった。それに伴い、被爆体験をめぐる議論も変容を見せた。また、後遺症や傷跡を隠して黙しがちだった被爆者たちも、自らの思いを公《おおやけ》に語り始めるようになる。

しかし、当事者の心情は決して一枚岩だったわけではない。なかには、原爆文学の隆盛や原水爆禁止の輿論の高揚に違和感を抱くむきもあり、それをきっかけに、新聞や文芸誌では論争も生じた。これらの状況を念頭におきながら、ここでは、体験と政治の接点や軋轢について、検証していく。

第六章では、一九六〇年代以降の被爆体験論を扱う。この時期の広島では、体験と政治をめぐる論争が見られた。それは、被爆体験を原水爆禁止の政治主義に結び付ける栗原貞子と、それに違和感を抱く松元寛らとのあいだで、繰り広げられた。松元は、政治主義を前面に掲げながら戦争体験を語ることに戸惑いを感じていた。それは、戦中派としての松元の戦争体験に根差したものでもあった。しかし、松元は同時に、被爆体験のみにこだわる議論に対しても、共感しがたい思いを抱いていた。それは、同世代の戦争体験論としては、やや異質なものであった。

それに対し、長崎ではとくに一九六〇年代末以降、被爆体験記録の収集が盛り上がりを見せていた。しかも、これは長崎に留まらず、広島にも働きかけ、共同で被爆証言の収集が進められた。そこでは、長崎が広島をリードする面も見られた。その運動をおもに担ったのは、鎌田定夫であった。鎌田は戦後派世代で、しかも被爆体験も持ち合わせていなかった。

他方で、この時期の被爆体験論には、従来にない広がりが見られた。原爆被害の問題とともに、旧軍都の広島・長崎の責任を視野に入れ、「被害」と「加害」を横断的に捉えようとする議論があらわれていた。栗原貞子や山田かんの議論にはそうした傾向が顕著に見られた。また、科学文明の負の遺産として、公害の問題と関連づけて議論されることも多かった。公害をめぐる住民運動が高揚していたことも背景にあったが、逆にいえば、その影響を受けながら、被爆体験論は盛り上がり、議論は広がりを帯びるようになった。

こうした議論の背景には、いかなる社会状況があったのか。その言説の磁場は、当時の日本の戦争体験論といかに相違していたのか。そこではいかなる記憶が蓄積され、逆に何が見落とされていったのか。その点を、ここでは論じていきたい。

最後に終章では、以上の議論をふまえながら、沖縄、広島、長崎の体験論の変容プロセスやその相違について、改めて整理する。そのうえで、戦後日本の戦争体験論と比べて、それらはいかなる差異を有していたのか、そこから、戦後日本の議論のあり方をいかに問いなおすことができるのかについて、考えていきたい。

序章　戦後日本における「断絶」と「継承」——体験への共感と反発の力学

岩波文庫にも収められている戦没学徒の遺稿集『きけわだつみのこえ』は、今日、「現代の古典」ともいうべき地位を得ている[1]。だが、そうしたイメージが生み出されたのは、決して古いわけではない。

同書の初刊は一九四九年だが、一〇年後には光文社カッパ・ブックスとして再刊された。同時期に岩波文庫編集部にも企画が持ち込まれたが、当時の編集部はそれを受けなかった。岩波文庫版『きけわだつみのこえ』が発刊されるのは、それから四半世紀近くを経た一九八二年のことである。

だとすると、そこにはいくつかの疑問が思い浮かぶ。戦没学徒という「知性」「教養」を連想させる者たちの手記集は、戦後一五年の時期に、なぜ教養主義的な岩波文庫に収められなかったのか。そして、なぜ、大衆的な色彩のつよいカッパ・ブックスの一書とされたのか。

それ以前に、大学生という一部のエリート層の手記集が、なぜ、国民大衆の戦争体験を象徴するものとして受容されたのか。また、見方を変えれば、大学生という修学途上にある者たちの手記でしかないものが、戦後四〇年近くを経て、なぜ、ソクラテスやカントをも収める岩波文庫の一書となり得たのか。

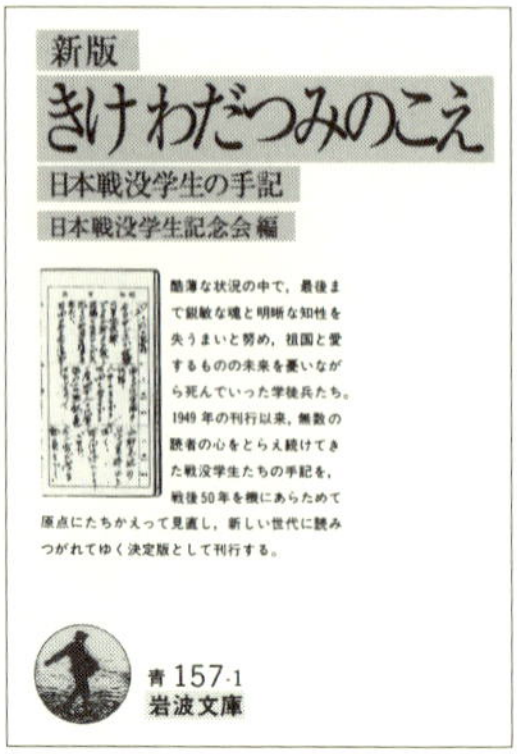

日本戦没学生記念会編『新版きけわだつみのこえ』（岩波文庫，1995年）

『きけわだつみのこえ』は、戦没学徒に限られた遺稿集という点で、特殊な書物である。決して、日本国民全体の戦争体験を盛り込んだものではない。にもかかわらず、それが日本における「戦争体験の古典」とみなされていることを考えると、その社会的な受容の背後に、戦後日本において戦争体験の語りが生み出される磁場やその変化を読み取ることができるのではないか。

本章は、そのような問題意識に立ちながら、『きけわだつみのこえ』やその発刊をきっかけに設立された日本戦没学生記念会（わだつみ会）の戦後史を検証する。それを通して、戦後日本における戦争体験論の変容や背後にある力学について考えていきたい(2)。

「わだつみ」への共感

一九四七年一二月、東京帝国大学出身の戦没学徒三九名の手記を集めた『はるかなる山河に』が発刊された。版元は、東京大学協同組合出版部（現東京大学出版会）である。初版は三〇〇〇部であったが、編集部の予想を超えて大ヒットし、一年間で二〇万部の売上げとなった。

この反響を受けて、東大協同組合出版部は、東京帝大出身者のみならず、全国の大学・高等専門学校出身の戦没学徒の手記集の編纂を企画した。そこで生まれたのが、『きけわだつみのこえ』である。この書物は、一九四九年一〇月に刊行された。

『きけわだつみのこえ』には、七五名の戦没学徒の手記が収められた。数行程度のメモのようなものもあれば、詩歌を綴ったものもあった。また、戦場や兵営の記述がある一方で、新カント派や京都学派の哲学にふれた文章もある。ただ、その多くに共通していたのは、軍国主義や戦争遂行への違和感であった。

上原良司（沖縄戦で特攻死）の遺稿では、「現在日本が全体主義的な気分に包まれてゐ」ることが批判的に言及されたうえで、「私は明確にいへば自由主義に憧れてゐました」「戦争に於て勝敗をえんとすればその国の主義を見れば事前に於て判明すると思ひます」と綴られていた。[3] ビルマで戦死した松岡欣平の手記でも、「世はまさに闇だ。戦争に何の倫理があるのだ。大義の為の戦、大義なんて何だ。痴者の寝言にすぎない。宿命と感ずる以上、自分は戦に出ることは何とも思はない。然しそれで宿命は解決されるのだらうか。世の中は再び平和をとりもどせるのであらうか」と記されていた。[4]

この遺稿集は、『はるかなる山河に』の評判もあって、多くの人々に読まれた。フランス文学者の杉捷夫《としお》は、「平和とは何か――わだつみの声に寄す」（一九五〇年）のなかで、「戦歿学生の書き残した短い文章のどれ一つでも、私の胸を突き上げ、喉をつまらせ、拳をにぎつて駆け出したい衝動に私をかり立てないものはない」と述べていた。[5] プロレタリア作家の佐多稲子も、「この一冊を私はしば〳〵涙のために手から離した。〔中略〕これはまた多くの〳〵学生ではなかつた兵士たちの、平和な生活に対する挙げえなかつた渇望の声に通じるものでもある」と評していた。[6]

『きけわだつみのこえ』（東京大学協同組合出版部，1949年）

昭和初期の大学・専門学校進学率がおよそ三パーセントであったことを考えれば、『わだつみのこえ』は、大学生

映画『きけ、わだつみの声』ポスター

という特殊な階層に属する者たちの手記集ではあった。だが、この遺稿集は大学生というインテリ層というよりは、意に沿わない形で戦争に動員されたあらゆる人々の思いを代表するものとして、受け止められた。

　それゆえに、この書物は大ヒットし、一九五〇年のベストセラー第四位の売行きを記録した。同年には、この遺稿集を原作にした映画も公開された。これも同じく興行的に成功を収め、『映画年鑑』（一九五一年度版）でも「全国封切配収額二〇一五万円という驚異的記録」をあげたことが特筆されていた[7]。

　だが、それにしても、『はるかなる山河に』といい、『きけわだつみのこえ』といい、なぜ、これほどまでに読者の涙を誘い、また、後者については、映画化までなされたのか。

　その背景には、当時の社会状況があった。一九四六年五月に開廷された極東国際軍事裁判（東京裁判）では、南京をはじめ、各地での日本軍の蛮行が明らかになり、「東亜新秩序」「大東亜共栄圏」といった理念が欺瞞に満ちたものであったことが、広く知られるようになった。必然的に、多くの人々を戦争に巻き込み、戦死・罹災させた軍部や政治家に対する国民の怨嗟は強いものとなった。そうしたなか、学問への熱情や肉親への愛情を断ち切って戦線に赴かなければならなかった学徒兵の悲哀に、人々は自らを投影した。

　冷戦や再軍備をめぐる政治状況も、無関係ではない。一九四七年三月、アメリカはトルーマン・ドクトリンに基づき、共産圏の封じ込め政策を主導し、一九四九年には北大西洋条約機構（ＮＡＴＯ）

が結成された。それに対し、ソ連は一九四七年一〇月にコミンフォルム（共産党・労働者党情報局）を結成し、一九四九年には原爆実験を成功させた。一九五〇年六月に朝鮮戦争が勃発すると、米軍基地が多く点在する日本が再び戦火に巻き込まれることが懸念された。日本はマッカーサー指令のもと、同年八月に警察予備隊を創設し、再軍備に踏み切った。日本の基地から朝鮮半島へ出動した米軍に代わって国防の一部を担うことが、そこでは意図されていた。再軍備の動きと朝鮮半島情勢は、人々に「また戦場に駆り出されるのではないか」という社会的不安を掻き立てた。

言論統制の動きも目立ち始めていた。一九四七年夏には、下山事件・三鷹事件・松川事件といった国鉄をめぐる不穏な事件が続発した。政府はこれらの事件を共産党の破壊工作と示唆し、国鉄労組などの共産党員の逮捕に踏み切った。一九五〇年七月には、ＧＨＱは新聞社に共産党員や同調者の追放を指示し、いわゆるレッド・パージが始まった。

『きけわだつみのこえ』が読まれたのは、このような時代であった。再軍備と言論統制が進む状況においては、再び「反戦」の主張が弾圧され、戦地に国民が駆り出されることが予想された。そうした事態を招かないために、「反戦」的な学徒兵像がその悲哀とともに強調されたのであった。

教養への着目

だが、同時に、『きけわだつみのこえ』のなかに「教養」が読み込まれていたことも、見落とすべきではない。旧制第一高等学校教授であった市原豊太は、「鳥の大尉の祈り――戦没学生の手記について」（一九四九年）のなかで、田辺元『哲学通論』の余白に遺稿を綴った学徒兵・木村久夫の記述に言及しながら、「これらは皆、彼らが死ぬまで学問と芸術に憧れてゐたことの成果であり、このやうな傾向は『きけわだつみのこえ』や『はるかなる山河に』の人々すべてに共通であつて、学生の精神はまことに着実なものだつたのである」と述べていた[8]。英文学者の本多顕彰《あきら》も、学徒兵たちが「戦いつつある間にさえ、真理を求め、学問を棄てることに抵抗している」ことに着目していた[9]。

戦没学徒の「教養」のなかに戦争批判や反戦が読み込まれることも、多かった。本多は先の記述に続けて、学徒兵たちが、「真のヒューマニズムの立場」「真理探究の立場」から「反人道的、反真理的な戦争に対する正当な批判」を持ち、「内に激しい抵抗を抱」いていたことを強調している。佐多稲子も、先の文章のなかで、「ここに明らかにされた青年たちの声は、それが学生であることによつて、精神を無にし、頭を空虚にする痛ましい努力が語られ、文化と平和に対する人間の希望のじゅうりんされてゆく犠牲が示されている」と述べていた[10]。そこには、教養主義の殉教者効果を見ることができる。

大正期から昭和初期にかけて、大学や旧制高校では教養主義が隆盛した。教養主義とは、主として文学・哲学・思想・歴史方面の読書を通じて人格を陶冶しようとする文化である[11]。もともとは、阿部次郎『三太郎の日記』や西田幾多郎『善の研究』のほか、カントの著作など、内省的な傾向を帯びた著作が多く読まれたが(内省的教養主義)、大正末期にはマルクス主義が流行するに伴い、『資本論』『共産党宣言』なども多く読まれた(マルクス主義的教養主義)。だが、戦時体制になると、マルクス主義のみならず自由主義も弾圧の対象となり、教養主義文化は停滞する[12]。

しかし、戦後になって、教養主義は再興した。一九四七年に『西田幾多郎全集』第一巻が発売されたとき、版元の岩波書店の前に徹夜で並ぶ一五〇〇人の行列ができたという逸話は、よく知られている。一九四六年一一月に東京帝大で行なわれた調査によれば、一般教養書では、河合栄治郎、西田幾多郎、三木清、和辻哲郎といった教養主義知識人の代表著書が多く読まれていた。また、羽仁五郎、山田盛太郎、大内兵衛といった戦前からのマルクス主義者の著作やレーニン『国家と革命』も、多くの読者を獲得した(13)。そこに浮かび上がるのは、内省的教養主義やマルクス主義的教養主義の復活である。

では、戦時期に潰《つい》えた教養主義は、なぜ戦後に復活できたのか。その要因を、竹内洋《よう》は以下のように説明している。

旧制高校をはじめとする高等教育文化の解体や教養主義の衰微と軍国主義の昂進は共変関係にあった。共変関係はしばしば因果関係に読み替えられやすい。高等教育文化の解体や教養主義やマルクス主義が抑圧されたがゆえにあの戦争があったのだ、教養主義やマルクス主義の復活こそ軍国主義にならないためのものである、と。高等教育や教養主義は、殉教者効果をもち、リバイバルに威光が増した(14)。

旧制高校を基盤とする教養主義は、殉教者としての威光をもって、戦後によみがえった。旧制高校は一九五〇年に新制大学やその教養部へと切り替わったが、教養主義はその後も、大学キャンパスに受け継がれることになった。

前述のように、本多顕彰は学徒兵の遺稿のなかに、「真理探究の立場」からなされる「反人道的、反真理的な戦争に対する正当な批判」を見出したが、そこには教養主義の殉教者効果も浮かび上がっていた。

庶民的教養と「わだつみ」

ただ、見落としてはならないのは、このような評価のしかたは、決して知識人に留まらなかったということである。旧制高校や大学に根ざした教養主義は、本来、学歴エリートたちに固有のものであった。しかし、「わだつみ」に教養を読み込み、それに涙したのは、彼らに限られていたわけではない。大阪瓦斯株式会社の社内報『がす燈』（一九四九年五月一日号）には、以下のような『はるかなる山河に』の書評が掲載されていた。

> 本書の内容を静かに読んで行くと厭戦気持を抱き乍ら死んだものが可成り多かつた。強制的に戦争に連れて行かれた彼等は不平を感じていたが、それでも学徒としての誇を失わなかつた。今日あつて明日なき命を知り乍ら岩波文庫を手放し得なかつた者もいた。割り切れぬ気分を本書に遺している。
>
> 死に直面した彼等は老熟した学者達もなし得ない程の透徹した批判を下している。教養の高さと云うものが読者の胸を犇々《ひしひし》と打つ(15)。

この書評者の学歴などは不明ではある。だが、戦没学徒兵の「教養の高さ」とそれに根ざした「感激をそそる迫力」は、ガス工事会社の事務職員から現場労働者までを含む広い層に共感可能なものとして提示されている。これは、あくまで『はるかなる山河に』の書評ではあるが、『きけわだつみのこえ』の社会的な受容についても、同様のことが言えよう。

大学生というインテリによって綴られた『はるかなる山河に』や『きけわだつみのこえ』は、戦後の教養主義と相まって受容されたが、それは知識人に留まるものではなかった。その教養の芳香は、しばしば一般の庶民をも広く魅了していたのである。

だが、それも当然といえば当然であった。戦後の教養への憧憬は、知識人や大学生ばかりではなく、大衆層にも裾野を広げていた。そのことは、『葦』『人生手帖』といった「人生雑誌」の隆盛にうかがうことができる。

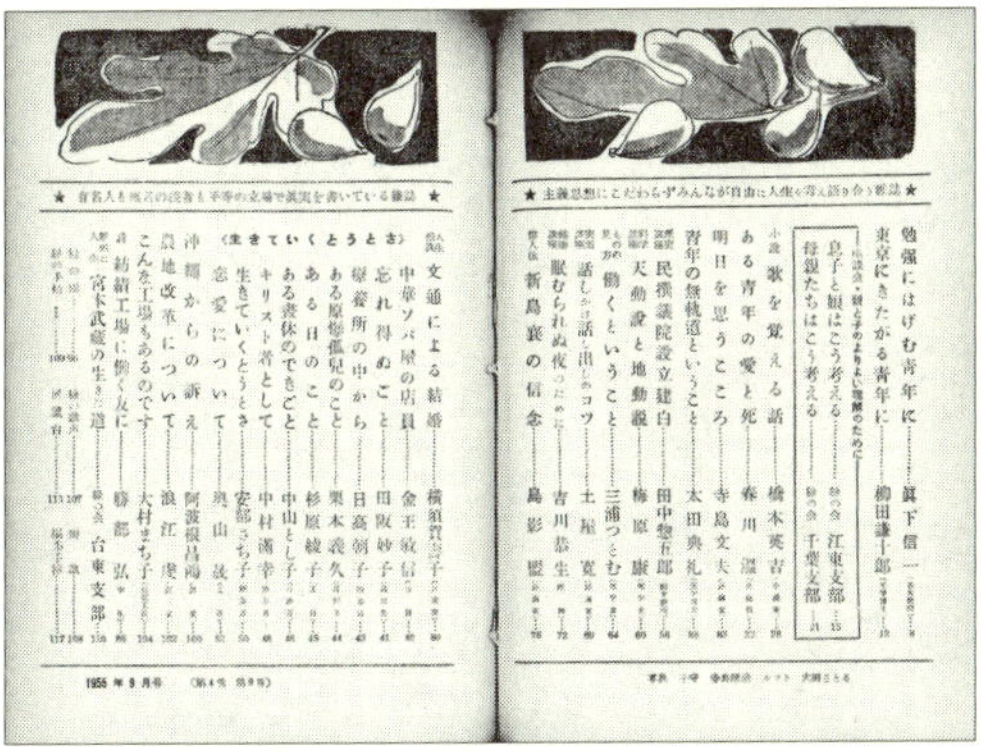

★ 主義思想にこだわらずみんなが自由に人生を考え語り合う雑誌 ★

勉強にはげむ青年に……眞下信一
東京にきたがる青年に……柳田謙十郎
息子と娘はこう考える……緑の会 江東支部
母親たちはこう考える……緑の会 千葉支部
小説 歌を覚える話……橋本英吉
ある青年の愛と死……森川
明日を思うこころ……寺島文夫
青年の無軌道ということ……太田典礼
民撰議院設立建白……田中惣五郎
天動説と地動説……梅原
働くということ……三浦つとむ
話しかけ話し出しのコツ……土屋 寛
眠むられぬ夜のために……吉川恭生
新島襄の信念……島影

★ 有名人も無名の読者と平等の立場で意見を書いている雑誌 ★

文通による結婚……横須賀
中華ソバ屋の店員……金王敏信
忘れ得ぬこと……田阪妙子
療養所の中から……日高朝子
ある原爆孤児のこと……栗本義久
ある日のこと……杉原綾子
ある喪休のできごと……中山とし子
キリスト者として……中村満幸
〈生きていくとうとさ〉
生きていくとうとさ……安部さち子
恋愛について……奥山
沖縄からの訴え……阿波根昌鴻
農地改革について……浪江 虔
こんな工場もあるのです……大村まち子
結綿工場に働く友に……勝部 弘
宮本武蔵の生きた道……緑の会 台東支部

1955年9月号 （第4巻 第9号）

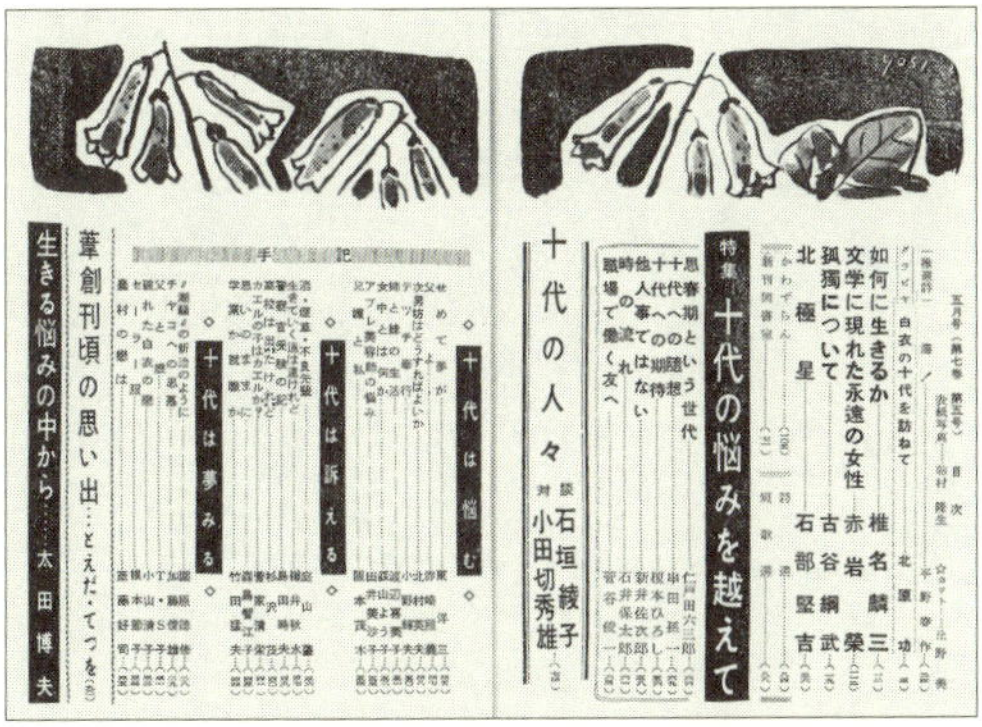

五月号（第七巻 第五号）目次

白衣の十代を訪ねて……北原 功
如何に生きるか……椎名麟三
文学に現れた永遠の女性……赤岩 榮
孤獨について……古谷綱武
北極星……石部堅吉

特集 十代の悩みを越えて
思春期という世代……仁戸田六三郎
十代への随想……串田孫一
十代への期待……榎本ひろし
他人事ではない……新井佐次郎
時の流れの中で……石井保太郎
職場で働く友へ……菅谷俊一

十代の人々 対談 石垣綾子 小田切秀雄

十代は悩む
十代は訴える
十代は夢みる

葦創刊頃の思い出…とえだ・てつを
生きる悩みの中から……太田博夫

『人生手帖』（1955年 9 月号：上）『葦』（1955年 5 月号：下）の目次　「生きていくとうとさ」や「十代の悩みを越えて」といった特集が組まれているのと同時に，柳田謙十郎，眞下信一，小田切秀雄といった知識人も寄稿している。

わだつみのこえ
われらふたゝび銃をとらず
12月8日まであと18日・目標25万まであと44044票
徴兵反対署名運動 全都に拡がる
東大教養学部支部二五〇〇票を集計
二大学十九高 お茶の水驛に立つ
小石川高は大塚驛で六百票
徴兵反対署名205956票
街頭に立って

徴兵反対署名運動の進展を報じる第一次わだつみ会機関紙『わだつみのこえ』（1953年11月20日）

『葦』（葦会）は一九四九年一月、『人生手帖』（緑の会）は一九五二年一月に創刊された。これらはいずれも、農村の青少年や工場の若い労働者を主な読者層としており、読書や綴り方を通じた人格形成や「真実」の模索をめざしていた。

もちろん、学歴エリートの教養主義とは異なり、『資本論』やカント、ヘーゲル、あるいは難渋な『善の研究』などの書物が推奨されるわけではない。あくまで、非インテリでも可能な読書や日常の経験に依拠した作文の投稿が奨められていた(16)。だが、その目的は、中等教育・高等教育を受けることができなかった読者の人格陶冶であり、戦争批判・政治批判・労働環境批判といった観点の醸成にあった。その意味で、『葦』や『人生手帖』には、内省的教養主義やマルクス主義的教養主義に通じるものがあった。

『はるかなる山河に』や『きけわだつみのこえ』が広範に受容されたのも、こうした庶民的な教養空間・読書空間の存在があった。さらにいえば、それは日本戦没学生記念会（第一次わだつみ会）の盛り上がりにもつながっていた。

『きけわだつみのこえ』の発刊を期に、その編者（東京大学協同組合出版部）や手記が収められた遺族が中心となって、一九五〇年四月に日本戦没学生記念会が設立された。この平和運動団体は、以後、一九五〇年代末までのあいだに、徴兵制復活反対署名運動や原水爆禁止署名運動を積極的に展開した。この組織には、大学生のみならず、『人生手帖』や『葦』を読んだ高校生も多く入会した。両誌の発行責任者が日本戦没学生記念会の要職を占めていたこともあり、わだつみ会機関紙と両誌の読者層はかなりの程度、重なり合っていた(17)。

戦後間もないこの時期には、「教養・読書を通じた人格陶冶」という規範は、非インテリにも広く共有されていた。戦時期に完全に抑え込まれた教養主義の殉教者効果は、戦後の知識人や学歴エリートの間に教養信仰を復活させたばかりではなく、その威信を大衆レベルにまで広げていた。大学生らエリートの手記集でしかない『はるかなる山河に』『きけわだつみのこえ』は、こうしたなかで、広く国民的に受容されていった。

年長知識人の批判

他方で、「わだつみ」に対する批判や違和感も見られなかったわけではない。とくに、敗戦を三〇歳前後で迎え、青年期に自由主義やマルキシズムの思想にもふれていた戦前派知識人やそれより上の世代には、そうした傾向が顕著だった。一九一三年生まれの荒正人《あらまさひと》は、一九四九年に『きけわだつみのこえ』を評した文章のなかで、「この手記を残した青年たちが最高の教育を受けたとはいいながら、その文章とか教育などがおしなべて平和な時代の中学上級生のそれに近」く、「小学校のときから戦争のなかに投げこまれていたかれらの教育水準がこれほどひくいものになつている」ことに驚いている(18)。

ギリシャ哲学者の出隆《いでたかし》も、「『わだつみのこえ』になにをきくべきか」(一九五〇年)のなかで、「本当に私の痛ましく思つたのは、あの眼界の狭さである。広く世界の情勢に気をくばつていたものは、ほとんどいない」「かれらには「自己」とか「自我」とか「個性」とかの自由や悩みはありあまっていても、その投げこまれている世界戦争の展開を通して支配している大きな法則それ自らを、この法則が戦争を支配しているということを、「考える」などいうゆとりはなかつたであろう」と記していた⒆。

これらの指摘には、内省的な教養はあっても、社会科学的な教養に欠ける学徒兵への批判的な視線が浮かび上がる。

もっとも、それも当然といえば当然であった。終戦時点で二〇歳前後の学徒兵世代（戦中派）は、戦時体制下に青春期を送っていた。折しも教養主義が衰退していた時期であり、彼らが自由主義やマルクス主義にふれ得る機会は乏しかった。そこには、数多の思想書・哲学書にふれ得た年長世代の教養体験との大きな隔絶があった。それだけに、彼らは教養豊かな年長知識人たちに、「事変後の学生」（満州事変以降に青春期を送った世代）と呼ばれ、その「無教養」を蔑《さげす》まれがちだった。荒や出の「わだつみ」批判も、戦前派知識人である彼らの学徒兵世代に対するこうした認識に通じるものであった。

そこには、教養主義に内在する暴力も浮かび上がっていた。長い歳月をかけて学識をつんだ年長者からすれば、若者は押しなべて教養の浅い者でしかない。つまり、教養の価値観を内面化するかぎり、若者たちは年長の教養主義者の劣位に置かれ、永遠にそこから抜け出ることができない。教養とは、学識ある年長者を頂点としたヒエラルヒーを不断に生産し続ける文化装置であった。

そのことは、「教養」（一九一六年）と題した和辻哲郎のエッセイからもうかがうことができる。小さな創作に精を出し、能動的に社会に関わろうとする若者に対して、和辻はこう語っている。

まず君が能動的と名づけた小さい誇りを捨てたまえ。〔中略〕君は高等の教育を受けたと信じているかも知れないが、しかし君の教養の貧しさはほとんどお話にならない。君はギリシャを知っているか。〔中略〕シナはどうだ。インドはどうだ。日本はどうだ。〔中略〕常に大きいものを見ていたまえ。〔中略〕世界には百度読み返しても読み足りないほどの傑作がある。そういう物の前にひざまずくことを覚えたまえ。ばかばかしい公衆を相手にして少しぐらい手ごたえがあったからといってそれが何だ。君もいっしょにばかになるばかりじゃないか。(20)

教養に依拠した価値観は、「百度読み返しても読み足りないほど」の古典や、それらを広く、かつ深く咀嚼している年配者への従属を自明のものとする。竹内洋の指摘にあるように、「教養主義を内面化し、継承戦略をとればとるほど、より学識をつんだ者から行使される教養は、劣位感や未達成感、つまり跪拝をもたらす象徴的暴力として機能する」のである。(21)

教養主義知識人が、戦時期のキャンパスに「事変後の学生」を見出し、戦没学徒に「眼界の狭さ」「無教養」を感じ取ったのも、こうした跪拝の暴力のゆえでもあった。

戦記ブームと反「わだつみ」

一九五二年ごろになると、『きけわだつみのこえ』への反感が、いっそう大きく現われてくるようになる。拙著『殉国と反逆』でも記したように、白鷗遺族会編『雲ながるる果てに』(日本出版協同、

白鷗遺族会編『雲ながるる果てに』（日本出版協同，1952年）

一九五二年六月）の刊行がそのことを物語っている。『雲ながるる果てに』は、海軍飛行予備学生第十三期の手記を集めた遺稿集である。海軍飛行予備学生とは、大学・専門学校出身者を海軍航空隊初級士官として養成することを目的とした教育機関である。そこで育成された学徒出身パイロットのなかには、特攻死した者も多かった。

だが、同じ戦没学徒の遺稿集であっても、『雲ながるる果てに』の編纂意図は『きけわだつみのこえ』とは異なっていた。同書の「発刊の言葉」には、次の文章が綴られていた。

> 戦後、戦殁学徒の手記として「きけわだつみのこえ」といふ本が刊行され、そしてそれが当時の日本の青年の気持の全部であつたかのやうな感じで迎へられ、多大の反響を呼んだのであります。
>
> 確かにあゝした気持の者も、数多い中には相当居つたことと思ひます。
>
> しかしながら、それが一つの時代の風潮におもねるが如き一面からのみの戦争観、人生観のみを画き、そしてまた思想的に或いは政治的に利用されたかの風聞をきくに及んでは、「必死」の境地に肉親を失はれた遺家族の方々にとつては、同題名の映画の場合と同様に、余りにも悲惨なそれのみを真実とするには、余りにも呪はれた気持の中に放り出されたのではないかと思ひます。

勿論私達は現実を直視し、事実に眼をみひらくのにやぶさかではありません。それだけに、本当に紙一重の生活の中から生還した者達として、当時の散華して行かれた方々の気持はもつと坦々とした、もつと清純なものであつたことを信じて、これを世に訴へるべきだと思つたのであります。[22]

彼ら第十三期の生存者や遺族が書籍・映画の『わだつみ』に見ていたものは、「一つの時代の風潮におもねるが如き一面からのみの戦争観」であった。彼らは、「反戦」という戦後の価値観から過去を眺めることに、違和感を抱いたのであった。

この遺稿集は刊行されると、『きけわだつみのこえ』ほどではないにせよ、その売行きは良好であった。一九五二年七月中旬には、「週間ベスト・セラーズ」（一般向け書籍）で第六位を記録した。[23] そこで読者が評価したのは、「亡くなった人々の叫びを偽りなく出す」姿勢であった。[24] たとえば、劇作家の三好十郎は、この書物について、「編集者が自分の観点によって取捨選択したり解説したりしないで、ただ素直に手記そのものを並べてあるのが良い」と評した。三好は、「きけわだつみ」に比べ「雲ながるる」には戦争を肯定した手記が多い」ことを認めたうえで、「私自身の見聞と調査によれば、その数と度合いにおいて後者が多かった」と感じていた。それだけに、三好にとってこの遺稿集は、「『きけわだつみの声（ママ）』を読んだ時よりも真実な感じがした」という。[25]

また、後年ではあるが、戦争体験について多く論じた安田武は、一九六二年の文章のなかで、「『雲〔ながるる果てに〕』の刊行者たちが、細心をこめて拒否していたものは、「死者」の政治的な「利用」のすべてであって、それは、いわゆる「左」からの利用を拒否すると同時に、「右」からの利用も拒

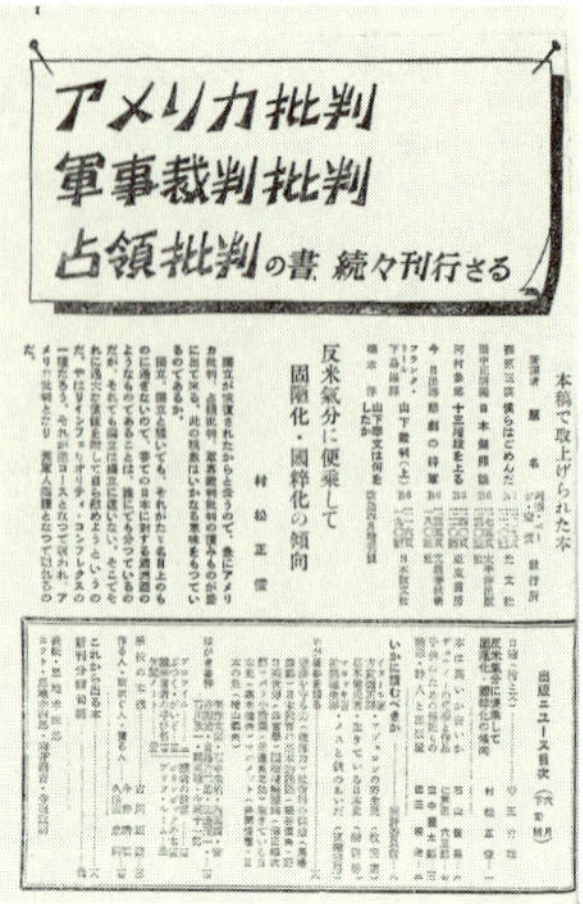

アメリカ批判
軍事裁判批判
占領批判の書 続々刊行さる

本稿で取上げられた本

反米氣分に便乘して
固陋化・國粹化の傾向
村松正俊

出版ニュース目次

いかに讀むべきか

これから出る本

『出版ニュース』(1952年6月下旬号)

絶していた」と述べ、この遺稿集が「「死者」のイデオロギー的利用を、頑なに拒んでいた」点を高く評価していた[26]。

だが、なぜ、この時期になって、『きけわだつみのこえ』への不快感が噴出するようになったのか。その背景には、GHQによる占領の終結があった。GHQ占領下では検閲が実施されていたこともあり、国家主義的言説や米軍批判・占領批判の言説は抑え込まれる傾向にあった。だが、一九五一年九月にサンフランシスコ講和条約が締結され、翌年四月の条約発効にともない占領が終結すると、それまでの反動で、「戦記もの」や「占領下内幕もの」が多く出版された。その代表的なものとしては、田中正明編『日本無罪論』(太平洋出版社、一九五二年)、今日出海『悲劇の将軍――山下奉文・本間雅晴』(文藝春秋新社、一九五二年)、フランク・リール『山下裁判』(日本教文社、一九五二年)などがあげられる。占領終結から二ヵ月後の『出版ニュース』(一九五二年六月下旬号)でも、「独立が恢復されたからと云うので、急にアメリカ批判、占領批判、軍事裁判批判の読みものが盛に出て来る」「反米気分に便乗して固陋化・国粋化の傾向」といったことが、特筆されていた。そのような言説空間においては、「反戦」に距離を置いた遺稿集は、少なからず歓迎されなかった。『雲ながるる果てに』と『きけわだつみのこえ』は、発刊時期において二年半ほどの差しかないが、その間の政治状況の変化によって、『きけわだつみのこえ』とは対照的に思われた遺稿集が、社会的に受け入れられたのであった[27]。

第二次わだつみ会と「語り難さ」への固執

一九六〇年ごろになると、『きけわだつみのこえ』や日本戦没学生記念会をめぐって、また新たな議論が展開されるようになってくる。その契機となるのが、第二次わだつみ会の発足である。

前述のように第一次わだつみ会は、徴兵制反対署名運動や原水爆禁止署名運動を積極的に展開したが、そこでは共産党や学生運動の動向に左右される傾向が強かった。第一次わだつみ会で事務局長や機関紙編集長を務めた岡田裕之によれば、「国際連帯カンパニアに実力以上に動き回って支部なかんずく東京都支部会員の疲労を招いた」うえに、共産党と袂を分かって急進化した反戦学生同盟と共産党系の学生組織・民主青年同盟の対立が、わだつみ会内部にも波及したという(28)。さらに、機関紙代金の回収不振のため、資金難も深刻化した。こうしたなか、第一次わだつみ会は機能不全に陥り、一九五八年八月に解散した。

それから約一年を経た一九五九年六月、日本戦没学生記念会は再結成された（第二次わだつみ会）。第二次わだつみ会のスタンスは、第一次とは大きく異なっていた。第一次わだつみ会が政治主義的な学生運動に近かったのに対し、第二次わだつみ会は、それらとは距離を置いた戦争の語りを重視した。そこで理事に就いた山下肇は、「会の運動の基本方針」をこう述べている。

会は時々刻々当面するさまざまな政治的課題に、そのたびごとにエネルギーをふりむけることは極力避けようとする。会はまず自らの使命を明確に自覚して、自己の力を着実に蓄積し、性急なスタンドプレイはやらない。会は行動団体ではないのである(29)。

だが、「行動団体ではない」としても、戦争体験にいかに向き合おうとしたのか。そこで強調されたのが、「一種の「信仰」のような「不戦」の誓い」であった。山下は「他から無関心をせせら笑われ、ナンセンスと批判され」ても、政治運動とは距離をとることを主張し、戦争体験そのものやそれに根ざした心情に固執すべきことを説いた[30]。

こうした姿勢がなかでも際立っていたのは、安田武であった。学徒兵として従軍した経験を持ち、第二次わだつみ会でも常任理事を務めた安田は、その著書『戦争体験』（一九六三年）のなかで、次のように記していた。

> 戦争体験の意味が問われ、再評価され、その思想化などということがいわれるごとに、そうした行為の目的のすべてが、直ちに反戦・平和のための直接的な「行動」に組織されなければならぬ、あるいは、組織化のための理論にならねばならぬようにいわれてきた、そういう発想の性急さに、私はたじろがざるを得ない[31]。

同時にそこで意識されていたのは、「体験の語りがたさ」であった。安田は一九五〇年代後半から戦争体験に関する文章を多くものしてきたが、それを語るうえでのもどかしさを、こう書き記している――「戦争体験は、ペラペラと告白しすぎたために、ぼくのなかで雲散霧消してしまったのではなく、それは、却って重苦しい沈黙を、ぼくに強いつづけた。戦争体験は、長い間、ぼくたちに判断、告白の停止を強いつづけたほどに異常で、圧倒的であったから、ぼくは、その体験整理の不当な一般化をひたすらにおそれてきたのだ。抽象化され、一般化されることを、どうしても肯んじない部分、その部分の重みに圧倒されつづけてきた[32]。戦争体験は「抽象化」「一般化」ができるものではなく、断片的なものの集積であり、特定の意味や物語に回収できるものではなかった。安田は戦争体験のそうした側面にこだわり、「その部分の重み」やそれに伴う「重苦しい沈黙」に圧倒されていた。

　それは、安田自身の体験に根差したものでもあった。「玉音放送」が流れた一九四五年八月一五日、安田は朝鮮最北部の戦場におり、ソ連軍と交戦していた。そのなかで、安田のほんの一〇センチ左にいた同僚が、ソ連狙撃兵の銃弾を受け、即死した。安田はその体験から、自らの戦後の生と戦友の死とが「わずか十糎《センチ》の「任意」の空間、あるいは見知らぬ異国の狙撃兵による「恣意」の選択がもたらした、まさに言葉そのままの意味での、致命的な偶然」のうえにあることを実感した[33]。また、「終戦の詔勅」が出された日が一日でも前後していれば、安田やその戦友の生死は変わっていたかもしれない。そうした体験から、安田は死を意味づけることに違和感を抱くようになった。

安田武（1967年）

　安田は『戦争体験』のなかで、「「他人の死から感銘を受ける」というのは生者の傲岸な頽廃である」と述べている[34]。戦争体験の語り難さにこだわろうとした安田にとって、「死者」を「反戦」のイデオロギーなり「英霊顕彰」なりといった意味に結びつけることは、後世を生きる者の傲慢さや頽廃の裏返しでしかなかったのである。

　そして、第二次わだつみ会は、安田や山下ら、戦中派世代を中心に設立・運営された。理事長に就いた英文学者・阿部知二は、一九〇三年生まれで戦前派世代であったが、理事には、山下肇や安田武のほか、鶴見俊輔、橋川文三、日高六郎といった戦中派知識人が多くを占めた。彼らはわ

60年安保闘争（1960年６月18日） 33万人のデモ隊が国会を取り巻いた。

だつみ会のシンポジウムや機関誌で多くの戦争体験論を発表した。しかも、主たる執筆陣は、『思想の科学』の中心メンバーでもあった。そのような言論人が多く集うことで、第二次わだつみ会は社会的な発言力を強め、戦争体験論を生み出す最大の知識人集団になっていった。

　これらの議論の背後には、六〇年安保闘争の問題もあった。米軍基地の使用期間や事前協議の問題に加え、強行採決で条約承認を推し進めようとする岸内閣の強引さへの反感も相まって、日本の輿論は紛糾し、六〇年安保闘争は戦後最大の社会運動に発展した。第二次わだつみ会も、こうした動きを無視できず、一九六〇年五月一三日に安保条約改定に反対する旨の請願書を衆参両議院に提出した。

　だが、安田武は戦争体験を現実政治に直結させる思考方法に違和感を抱いていた。戦争体験の語り難さにこだわり、「死者の声」の流用を拒む安田にとって、戦争は六〇年安保問題のような「現時点の要請」のみで性急に論じるべきではなかった[35]。

　その点では、山下肇も同様だった。先述のように、山下は第二次わだつみ会発足に際し、「他から無関心をせせら笑われ、ナンセンスと批判されても、なお自己の性格を強固に維持し続けるだけの決意が、再発足にあたって特に必要である」と述べたが、それも安保改定の問題を念頭に置いた発言であった。

第一次わだつみ会は政治主義に翻弄されて解体したが、その反省のうえに再建された第二次わだつみ会も、六〇年安保闘争に左右されそうな状況にあった。そうしたなか彼らは、「無関心」「ナンセンス」と「せせら笑われ」るところに踏みとどまることで、「全国に埋没した無数の死を掘りおこし、そのおびただしい死を、「死」そのものの側から考え直」そうとした[36]。彼らが重視したのは、安保改定阻止を絶叫して警官隊と対峙する勇ましさではなく、むしろ「「臆病者」に甘んずる「勇気」」であった[37]。

自己への問い

戦争体験に固執する彼らの姿勢は、自らの戦時期を問い直すことにもつながっていた。戦時期に二〇歳前後であった彼らの年代は、前線への最大の動員対象とされた。戦争末期に採用された特攻作戦では、約三七〇〇名の命が失われたが、その大多数は二〇歳前後の学徒兵や少年飛行兵であった。特攻死した士官搭乗員にいたっては、八五パーセントを学徒兵が占めていた。彼らは年長世代の為政者・指揮官の政策・指示によって、戦闘の最前線に送られ、多くの死者を出した。その意味で、戦中派は「被害者」であった。

しかし、彼らの多くが「誠実」に戦争遂行の一翼を担っていたこともまた事実であった。吉田満《みつる》は、『戦艦大和の最期』（創元社、一九五二年）の「あとがき」のなかで、「戦争に反撥しつゝも、生涯の最後の体験である戦闘の中に、些かなりとも意義を見出して死のうと心を砕」いたことを回顧し、「若者が、最後の人生に、何とか生甲斐を見出そうと苦しみ、そこに何ものかを肯定しようとあがくことこそ、むしろ自然ではなかろうか」と述べていた[38]。吉田満は、学徒出身の海軍将校で、一九四五年四月に九州南西沖の海戦で戦艦大和が撃沈された際の数少ない生き残りであった。そのときの体験を念頭に置きながら綴ったのが、この記述である。

学徒出陣世代におけるこうした「求道的な姿勢と誠実主義の過剰」は、戦後の彼らに鬱屈感をかきたてた。安田武は、そのことについて、次のように記している。

〔戦中派の〕求道的な姿勢と誠実主義の過剰についてはすでにふれた。生き残った戦中世代は、「戦後」から、その誠実主義を裁かれねばならなかった。誠実主義故の戦争協力。自己のおかれた運命に、忠実に誠実に応えようとした姿勢自体を裁かれねばならなかった。否、自ら裁かねばならなかった。しかも、たくさんの同世代の不在と空白。彼等は愧《は》じ、沈黙した。疲労感と共犯意識が、生き残った戦中世代を少しニヒルにしていた。(39)

安田にとって、戦中派世代は、罪なき無垢な犠牲者では必ずしもなかった。たとえ学徒出陣が強制されたものであったとしても、戦争に加担・協力した過去は、恥辱と自責の念をかきたてた。

同様の傾向は、渡辺清の議論にも見られた。一九二五年生まれの渡辺は、一六歳で海軍に志願し、戦艦武蔵などに乗り組んだ。戦艦武蔵は一九四四年一〇月のレイテ沖海戦で撃沈されたが、渡辺はそのときの乗組員の一人であった。渡辺は、当時、「戦争そのものに対して疑問のおきる余地はまるでな」く、「戦争の中に生まれ、戦争の中で育った私には、戦争は、地球上に空気があるのと同様、自然なことに思」われたという。(40) その自らの戦争責任について、渡辺は、一九六〇年に日本戦没学生記念会に入会の折に綴った文章のなかで、次のように記している。

たしかに私は戦争について何も知らなかった。いや知らされることなく欺されていた。それはその通りである。しかしだまされていたのは、ほかの誰でもない自分なのだ。これだけは自分以外どこにも持っていきようのないものである。自分だけが背負わなければならない重い十字架だ。ヤスパースもいっているように、知らなかったこと、欺されていたということは、責任の弁解にはなっても、責任そのものの解消にはならないのではないか。知らずに欺されていたとすれば、そのようにだまされていた自分自身に対して先ず責任があるのではないか。[41]

物心ついたときから戦時下にあった渡辺にとって、「戦争は、地球上に空気があるのと同様、自然なこと」であった。だが、そうだとしても、「欺されていた」として自らを免責する気にはなれなかった。渡辺には、「知らずに欺されていたとすれば、そのようにだまされていた自分自身に対して先ず責任があるのではないか」としか思われなかった。

渡辺清（1977年）

拙著『「戦争体験」の戦後史』でも言及したように、渡辺清は一九七〇年に日本戦没学生記念会事務局長となり、天皇の戦争責任追及を率先して進めていった。また、それに先立ち、「少年兵における戦後史の落丁」（『思想の科学』一九六〇年八月号）や「天皇裕仁氏への公開状」（『わだつみのこえ』第九号、一九六一年）でも、渡辺は天皇の戦争責任を問う姿勢を明確に打ち出していた。それらもまた、自身を問いただすことに根差したものであった。渡辺は「すべてを天皇のためだと信じていたのだ。信じていたが故に進んで志願までして戦場に赴いたのである(42)」という当時の思いを念頭に置きながら、以下のように記している。

おれは天皇に裏切られた。欺された。しかし欺されたおれのほうにも、たしかに欺されるだけの弱点があったのだと思う。〔中略〕だから天皇に裏切られたのは、まさに天皇をそのように信じていた自分自身にたいしてなのだ。現実の天皇ではなく、おれが勝手に内部にあたためていた虚像の天皇に裏切られたのだ。言ってみれば、おれがおれ自身を裏切っていたのだ。自分で自分を欺していたのだ(43)。

渡辺にとって、天皇批判を行なうことは、自らを批判の及ばない安全な位置に置き、免責することではなかった。むしろ、天皇の責任を問うことは、それに「欺されたおれ」自身をも問い詰めることであった。

かつ、渡辺の責任追及の範囲は、自らが行為したことに限られるものではなかった。自身がその場にいたなら行為したであろうことについても、渡辺は批判的に捉えようとしていた。渡辺は、先の一九六〇年の文章のなかで、神吉《かんき》晴夫編『三光』（光文社、一九五七年）のような中国戦線での暴虐を綴った元日本兵の手記や、巣鴨遺書編纂会編・発行『世紀の遺書』（一九五三年）といった戦争犯罪者の手記について、読後感を以下のように述べている。

これらの訴えや告白の中に私は戦場にあった自分の姿をまざまざと見た。見ないわけにはいかなかった。私は読みながら何度かめまいを感じた。私がもし彼らと同じ立場に居合せたなら、私もやはり同じ非行を避けることはできなかったろう、と思えたからである。事実、そうしないという確かな保証は、当時の私のどこをさぐってもありはしないのだ。私が非行をまぬかれたのは、それこそきわどい偶然の救いだけである。偶然、私がその場に居合せなかったというだけの……。しかしそういう私の手も決してキレイではない。告白するが私も下の兵隊を殴ったことがある。それも一度や二度ではない。時には棍棒を振ったことさえある。そのような私がどうしてすべての非行から自由であり得たろうか(44)。

渡辺にとって、戦争責任を問うことは、自らがしたことだけでなく、状況が変われば自分も犯したかもしれない罪を問うことでもあった。

遺稿集の再刊

第二次わだつみ会は、このような戦中派の情念を起点に発足したわけだが、そこでの当初の課題は、『きけわだつみのこえ』の再刊であった。一九五〇年代末の当時、『きけわだつみのこえ』は書店で容易に入手できない状況にあった。発刊当初はベストセラーになったものの、その後二年もたつと、売行きは鈍化し、書店にはあまり置かれなくなった。

この遺稿集の出版元も、増刷・販売には消極的になっていた。『きけわだつみのこえ』を発行した東京大学協同組合出版部は、一九五一年二月に東京大学出版会に改組された。だが、東京大学出版会は、協同組合出版部とは異なり、「アカデミックなユニバーシティ・プレス」つまり学術専門出版の路線を明確に打ち出していた。したがって、戦没学徒遺稿集の普及には熱心でなかった。しかも、学生運動と結びついた第一次わだつみ会のイメージも相まって、『きけわだつみのこえ』には政治色がつきまとっていた。それだけに、学術色の濃い東京大学出版会が、この遺稿集を敬遠したとしても不思議ではない[45]。

こうしたなか、第二次わだつみ会は、この遺稿集を再び世に出そうとした。そこで最初に模索したのが、岩波文庫版としての発刊であった。そこには、教養への憧憬があった。

一九二七年創刊の岩波文庫は、ドイツのレクラム文庫に範をとり、「いやしくも万人の必読すべき真に古典的価値ある書」の普及をめざした叢書であった[46]。廉価で入手できるとあって、岩波文庫は、戦前期より教養主義学生に多く読まれてきた。教養主義が停滞した戦時期においても、岩波文庫を通じて、少しでも教養にふれようとする者が少なくなかった。戦地で岩波文庫を持ち歩き、「インテリ伍長」と呼ばれた太田慶一が、好例である。

第二次わだつみ会は、学徒兵たちの遺稿集を、彼らが愛読してきた岩波文庫という教養メディアに収めようとした。だが、その企画はうまくいかなかった。企画の打診を受けた岩波書店は、「まだ文庫にするのは早すぎるのでは……。文庫にするのはまず戦前の本からでしょう」と断わった[47]。戦後一五年ほどを経ていたとはいえ、『きけわだつみのこえ』はまだ「いやしくも万人の必読すべき真に古典的価値ある書」にはなり得ていなかったのである。

岩波文庫への収載がかなわなかった『きけわだつみのこえ』は、結局、光文社カッパ・ブックスの一書として、一九五九年一〇月に再刊された。当時、カッパ・ブックスは、『三光』『みんなみの巌のはてに』といった戦記を立て続けに発刊し、いずれもベストセラーになっていた。『きけわだつみのこえ』も、こうした流れのなかで再刊された。

だが、カッパ・ブックスと「教養」の関係も見落とすべきではない。一九五四年に神吉晴夫の主導で創刊されたカッパ・ブックスは、岩波新書との差異化をつよく意識していた。岩波新書は、「古典的教養」を扱う岩波文庫に対し、「現代的教養」を紹介するものとして、一九三八年に創刊された。「古典」とは距離を置いているとはいえ、アカデミズムの色彩が強い叢書であった。それに対し、カッパ・ブックスは極力タイムリーなテーマを選び、インテリ層に限らず広い読者層にとっての面白さと読みやすさを追求しようとした。

その編集方針があたって、カッパ・ブックスは創刊早々、ベストセラーを連発した。一九五四年の年間ベストセラー上位二〇点のなかには、五点のカッパ・ブックスが食い込んだ。一九六一年には、年間ベストセラー上位一〇点中、八点をカッパ・ブックスが占めた。

だが、カッパ・ブックスは低俗なテーマばかりを扱ったわけではない。川喜田二郎『ネパール王国探検記』、岡本太郎『今日の芸術』など、知的階層の関心を引くテーマでベストセラーになったものも少なくない。『思想の科学』編集長も務めた佐藤忠男も、一九六三年の文章のなかで、カッパ・ブックスの本を四〇冊、発行点数の約一割強は読んでいたことを記している[48]。

光文社カッパ・ブックス版『きけわだつみのこえ』(1959年)

その意味で、カッパ・ブックスは庶民的教養主義に親和的な叢書であった。神吉は一九五一年の鼎談のなかで、こう述べている。

僕は、やはり娯楽大衆雑誌はそれでいいだろうと思う。だがしかしそれで満足しない読者がいるのですよ。それにわれわれは一体どうするのか、どうすればもっと幸福になれるか、もっと生甲斐を感ずるにはどうしたらいいか、私はアプレゲールと一しょに考えて行こうと思うのですよ。(49)

カッパ・ブックスは、神吉のこのような出版姿勢を反映させたものであった。カッパ・ブックスは岩波新書や岩波文庫のような「正統的な教養」との差異化をはかると同時に、娯楽一辺倒の出版物とも一線を画した庶民的教養主義の叢書であったのである。

『きけわだつみのこえ』が収められたのも、このシリーズであった。つまり、「わだつみ」は、「岩波」的な教養ではなく、「カッパ」的な庶民的教養に親和性が見出されていた。神吉はこの書物の「刊行者のことば」のなかで、「私たちは、本書を今日の若い世代、さらに今後に成長する未来の世代のためにも、読みやすく、理解しやすく、またどこでも入手しやすい形を、と願いました。同時に本書は、これを機として完璧な記念碑・納骨堂としての古典的な永遠普遍性をかちうべきものでありますす」と記している。(50)そこでの「古典的な永遠普遍性」は、アカデミズムに近い「正統的な教養」ではなく、「読みやすさ」「理解しやすさ」を旨とする庶民的な教養を意味していた。

カッパ・ブックス版『きけわだつみのこえ』は、刊行後九カ月で一一刷となるなど、好調な売行きを示した。かつてのようなベストセラーになることはなかったが、書店のカッパ・ブックスの棚に常備されることで、継続的に読者を掘り起こしていった。一〇年前のベストセラーをロングセラーに転換させたことが、『きけわだつみのこえ』におけるカッパ・ブックスの機能であった。以後三〇年間で七八刷、四六万部に達した。

世代間の断絶

とはいえ、「わだつみ」に象徴される戦争体験は、つねに共感を持って受け入れられたわけではない。それへの拒否感が見え始めたのも、この頃からであった。特に、戦中派と戦後派（終戦時に一〇歳未満の世代）・戦無派（戦後に出生した世代）との軋轢は顕著だった。

一九三五年生まれの高橋武智は、一九六二年の文章のなかで、「現在と絶縁して戦争体験にのみ没入していこうとする」態度は「体験自身が風化し変質してしまう」としたうえで、「あくまで現代の立場に立って、時々刻々過去をとらえなおすことによってのみ――体験を意識化するとはこのことにほかならない――体験はたえずよみがえり、新しい価値を賦与される」と述べ、安田のような戦争体験に固執する姿勢との差異を明確にしていた[51]。

戦後派世代の古山《ふるやま》洋三は、一九六四年の座談会のなかで、「戦中派の中には、戦後のいろいろな過程ではじきだされて戦争体験に閉じこもってしまい、ぼくらとは通路がないようなところに入ってしまっている人がいるんじゃないか。〔中略〕何か八ッ当り的に戦後派の若い奴にも、あるいは平和運動をやっている人達にも当っている」と述べ、戦争体験に固執する戦中派の姿勢が、下の世代とのコミュニケーションを妨げていることを指摘した[52]。

当時の二〇歳代から三〇歳代前半の戦後派・戦無派といった青年層は、終戦前後に出生しており、その戦争体験は戦中派とはまったく異なっていた。戦中派世代が出征経験を少なからず持っていたのに対し、戦後派・戦無派世代は幼少期に銃後で戦争を体験したか、場合によっては、その記憶や体験自体を持たなかった。それだけに、戦中派世代が抱え持っていた語り難い情念を、戦後派以下の世代が共有することは困難だった。戦中派に対する若い世代の違和感は、こうしたなかで生み出された。もっとも、安田武は、年少世代からの批判を冷ややかに突き放している。

何を継承するかが緊急の課題であって、何を伝承するかは、二の次のことである。それに、伝承ということが可能になるためには、継承したいと身構えている人びととの姿勢が前提であろう。継承したくない、と思っている者に、是が非でも伝承しなければならぬ、と意気ごむような過剰な使命感からは、ぼくの心はおよそ遠いところにある。〔中略〕戦争体験から何も学びたくないと思う者、あるいは何も学ぶことはないと考える者は、学ばぬがよいのである。書かれ、伝説化された歴史の裡には、書かれず、伝説化もされなかった無数の可能性が死んでいる。死んでしまった筈のそのような可能性から、やがて復讐される、その亡霊に悩まされることもあり得る、ということをおそれぬものは、戦争体験にかぎらず、およそ歴史のすべてから、何も学ばぬがよい。若い世代は、いつの時にも、記憶をもたぬものだ。人類の最大の愚劣は、この事実のうちにあるが、また人類の未来が、いつもバラ色の夢を描いていられるのも、おなじ事実、つまり記憶をもたぬからであり、そして忘れられていくからであろう。祝福された人類のこの愚劣な栄光のまえに、ひとりの人間の善意と説得なぞ、はじめから無意味なのである。[53]

安田が挑発的な表現のなかでこだわっていたのは、戦争体験の伝承の困難さであった。戦争体験の表層を都合よく、時々の政治主義に流用することなど、安田には許容し難いことであった。

このような姿勢は、当然ながら、若い世代にさらなる反感をかきたてた。高橋武智は一九六五年のわだつみ会シンポジウムのなかで、「その勝手たるべしという同じ事は、伝承するつもりがあるのかないのか、伝承する側にとっても同じだと思うので、伝承する気のない人の戦争体験は私は返上したい、受け取る気はない」と語っていた[54]。一九四一年生まれの教育学者・長浜功《いさお》も、一九八二年の座談会「わだつみ会の活動を考える」のなかで、「ぼくも体験世代の人とある意味ではつながって行きたいと思うけれども、あまり体験を重視するという形ではなくて会と関わって行きたい」「八・一五や十二・一不戦の集会に出てみますと、発言はやはり若い世代より圧倒的に体験世代が多い。そういう状況をみていると、やはりぼくの望んでいる会の雰囲気とはちょっと違う」と発言していた[55]。ここにも、体験そのものとは距離をとろうとする姿勢を見ることができる。

六〇年代末の戦記ブーム

世代間闘争のなかで、戦中派のアイデンティティはより強固なものになっていった。一九六八年一二月二三日の『週刊朝日』は、「集れ！　〝戦友〟五〇〇万」という見出しで、「戦中派の会・結成大会」を大きく報じている。これは、戦争体験にこだわる心性が理解されず、「軍隊にもかくれた美しい人間性の発露があったのだと、いくら感傷的にいってみたところで何の足しになるのだろう」と下の世代に詰め寄られがちな戦中派が、世代的連繋を目指して結成されたものである。陸軍中尉として終戦を迎えた村上兵衛は、戦中派の心情を代弁して、次のように語っている。

「戦中派の会」結成大会（1966年12月７日，東商ホール）

> 国家、祖国、民族……という戦中派の問題意識には、戦後派は抵抗を感じるでしょうが、戦中派にしてみれば、自分の命より国家を、民族を重くみた体験がある。その刻印は、なかなか消えない。国家を軽んじることは自分の命をいっそう低くみせることになって、やりきれなくなる。僕自身は、あまり声をはり上げることは好まない。しかし、誰かが死ななければならなかったときに、自分から前に進んで行った仲間のことがバカ呼ばわりされると、僕も反発したくなります。〔中略〕
>
> 「戦中派の会」やその他の会もフラストレーション解消のための生理現象だと思いますね。(56)

こうした背景のなかで、戦友会など、戦場体験者の親睦団体がこの時期に多く創設された。プロローグでもふれたように、一九六〇年代末は、戦友会設立がひとつのピークを迎えていた。そこには、若い世代とのコミュニケーション不全のなかで戦中派アイデンティティが形成されつつあったことが関わっていた。

そのことは、一九六〇年代後半の戦記ブームにも結びついていた。小泉信三『海軍主計大尉小泉信吉』（文藝春秋、一九六六年）、阿川弘之『山本五十六』（新潮社、一九六五年）はそれぞれ、一九六六年のベストセラー二位、三位となり、吉村昭『戦艦武蔵』（新潮社、一九六六年）も一八位に入った。そのほかにも、海軍飛行予備学生第十四期の遺稿集『あゝ同期の桜』（毎日新聞社、一九六六年）が、刊行後一年足らずで数十万部の売行きを記録した。プロローグにある図２「日中戦争・太平洋戦争関連書籍の刊行推移」（一一二頁）からもわかるように、この時期は占領終結後に続く第二の戦記ブームの様相を呈していた。

その要因としては、戦争体験をめぐるジェネレーション・ギャップの問題が大きかった。『あゝ同期の桜』の編者たちは、「いまの若いひとたちにとって、特攻で、つまり絶対に生還してはならない攻撃で死んだ私たちの同期生は、とうてい理解できない存在であろう。なぜそんな攻撃に加わったのか、自殺とは違うのか、と質問した高校生が現にいる。こうした世代がこれからますます多くなるのである」と述べ、戦争体験が下の世代に理解されないもどかしさを綴っていた[57]。『朝日新聞』（一九六九年五月二一日）でも、若い世代の戦争理解について、「少なからぬ学生たちが、大人たちを問罪する。いやなら何故、戦場から逃亡しなかったのか。どうして銃を捨てなかったのか。そうしなかったところをみると、みんなファシストだったに違いない――彼等の論理は飛躍する」と記されていた[58]。こうした世代間の軋轢が、戦場体験者による手記・遺稿集の発刊を後押しした[59]。

跪拝の対象としての戦争体験

他方で若い世代は、年長世代の戦争体験の語りに威圧感のようなものを感じる傾向が見られた。長浜功は先の座談会で「戦争体験を持っている人たちが発言すると、こちらはとっても発言しにくくなるという状況が今までずいぶんあった」「おれたちはこういう目にあったんだ、お前たち知っているか、みたいなレベルで議論が止まってしまっている」と語っている[60]。前述のように、古山洋三は「戦中派の中には、戦後のいろいろな過程ではじきだされて戦争体験に閉じこもってしまい、ぼくらとは通路がないようなところに入ってしまっている人がいるんじゃないか」「何か八ッ当り的に戦後派の若い奴にも、あるいは平和運動をやっている人達にも当っている」と述べていたが、そこにも体験を振りかざすかのような戦中派への不快感を読み取ることができる。若い世代にとって、年長者の語りは、自分たちとの認識の共有というよりはむしろ、若い世代の発言を封じるものであった。

戦中派の戦争体験への向き合い方は、奇しくも、かつての教養の語りに類似していた。先に述べたように、教養主義の価値観では、古典およびそれへの深い知識を有する年長者への従属が自明視されていた。「世界には百度読み返しても読み足りないほどの傑作がある。そういう物の前にひざまずくことを覚えたまえ」という和辻哲郎の言葉が、そのことを物語っていた。ここで「教養」や「古典」を「戦争体験」に置き換えたならば、それは戦中派の語りに重なるものとなる。戦争体験は「百度読み返しても読み足りない」ほど深遠なものであり、年少者は「そういう物の前にひざまずくことを覚え」なければならない。戦後派以下の世代には、戦中派の言葉はこのように聞こえていた。

その意味で、戦争体験は一種の「教養」であった。それは学校の正課で教わるものではなかったが、「進歩的」な学生にとって、隠れたカリキュラム（hidden curriculum）であった。だが、それだけに、戦場体験を持ちえない戦後派の若者にとって、戦中派の議論は、劣位感や跪拝をもたらす象徴的な暴力とも感じられたのである。

戦中派世代は、かつて年長の教養主義者たちに、「事変後の学生」として、教養の欠如を蔑まれた。戦没学徒をめぐる評価にも、それが投影されていた。そして、戦中派世代は、しばしば、それに反感を抱いた。たとえば、安田武は、『きけわだつみのこえ』に「教養の欠如」「眼界の狭さ」を感じ取った出隆に対し、「さかしらで傲慢な結論」「臆面もなく〔中略〕まがまがしい「教訓」を書き連ねて恬然たる学者」と非難している。[61] だが、彼らが発言力のある年代となり、自分たちに固有の戦争体験を語り始めたとき、それは奇妙なまでに教養主義者の口調に酷似していた。

もっとも、安田らの議論が、年少者を威圧し、彼らの発言を封じることを意図していたのではなかろう。戦争体験が政治主義に絡めとられるなかで、何が見落とされるのか。そのことへの切迫した懸念に駆られたというのが、実際のところではあるだろう。だが、こうした直接的な意図を離れて、安田ら戦中派の戦争体験論は、若い世代に対し、教養主義的な象徴暴力として機能したのであった。

東大・安田講堂攻防戦（1969年1月18日：上）／**佐世保エンタープライズ寄港阻止闘争**（1968年1月21日：下）

高橋武智や長浜功ら戦後派が戦争体験そのものから距離をとろうとしたのも、彼らが感じていた象徴暴力に抗うためでもあった。そのことが、彼らの政治への接近を加速した。

一九六〇年代は、安保闘争に始まり、ベトナム反戦運動、大学紛争、沖縄返還闘争など、戦後史に残る政治運動が度々生じ、反戦運動や学生運動は熱を帯びていた。これらの運動の主たる担い手が、戦後派や戦無派の若い世代であった。当然ながら、彼らは当時の政治的な問題とかつての戦争の問題を、積極的に結び付けようとした。それだけに、政治的有効性を切り捨てるかのような戦中派の戦争体験論には、不快感を抱いた。

高橋武智は、わだつみ会総会に寄せた一九六五年の文章のなかで、ベトナム北爆や自衛隊増強の問題を念頭に置きながら、こう述べていた。

もしここで何らの抗議もなし得ないとしたら、ぼくたちの会が拠ろうとしている「思想」は単に言葉の遊戯になってしまう。いや、それどころか、体制側の動きを無条件に承認するためのかくれみのになってしまうであろう。平和の思想を研究するのもよい。戦争体験に固執するのもよい。だがその「研究」なり「固執」なり、そのこと自体が、抵抗の意志表示たりうるような立場に腰をすえるべきときである。[62]

高橋武智はベトナム反戦運動にも深く関わっており、のちに脱走アメリカ兵の国外逃亡を積極的に支援した。高橋にしてみれば、現実政治から距離を置こうとする戦中派の戦争体験論は、有効性がないどころか、「体制側の動きを無条件に承認するためのかくれみの」にさえなってしまうように思われた。また、ある大学生は、一九六六年のわだつみ会シンポジウムのなかで、「我々にとって、戦後体験と切りはなされたかたちで戦争体験が出されるかぎり、いつまでも不可解なものとしてとどまらざるを得ないと思います。現実に起きているさまざまな問題、たとえば日韓問題、そういった問題に即して戦争体験が語られるべきではないかと思うのです」と発言していた。[63]

現実の政治状況と戦争体験を積極的に結び付けようとしない戦中派の姿勢に、戦後派・戦無派世代は、苛立ちを募らせていた。だが、その苛立ちの背後には、内省的な教養のように戦争体験を語る戦中派の象徴暴力を覆そうとする意図も秘められていた。

こうした軋轢の帰着点をなすものが、わだつみ像破壊事件であった。

わだつみ像破壊事件

一九六九年五月二〇日、立命館大学に置かれていた「わだつみ像」を全共闘系の学生たちが破壊し、首に縄をつけて引きずりまわすという事件が起こった。この像は、『きけわだつみのこえ』の発刊を記念して、一九五〇年に第一次わだつみ会が制作したものである。立命館大学では、この像の前で定期的に「不戦の誓い」と題した集会が開かれ、学生や教職員が参加していた。「反戦」のシンボルであったこの像が破壊されたことは、社会に衝撃を与え、全国紙はじめ主要メディアでも取り上げられた。

だが、彼らはなぜ、わだつみ像を破壊したのか。彼らは、ベトナム反戦運動や沖縄無条件返還闘争など、当時の反戦運動にも近かったわけだが、にもかかわらず、なぜ、「反戦のシンボル」とされるわだつみ像に憎悪を抱いたのか。

結論を先走るならば、彼らにとって、わだつみ像は「反戦のシンボル」というよりはむしろ「反動のシンボル」であった。そもそも、彼らにとって、「わだつみ」に象徴される「戦後民主主義」は、唾棄すべき堕落と腐敗を意味した。

像破壊を主導した立命館大生・吉林勲三《よしばやしくんぞう》は、一九七〇年のエッセイ「死者たちの復権」のなか

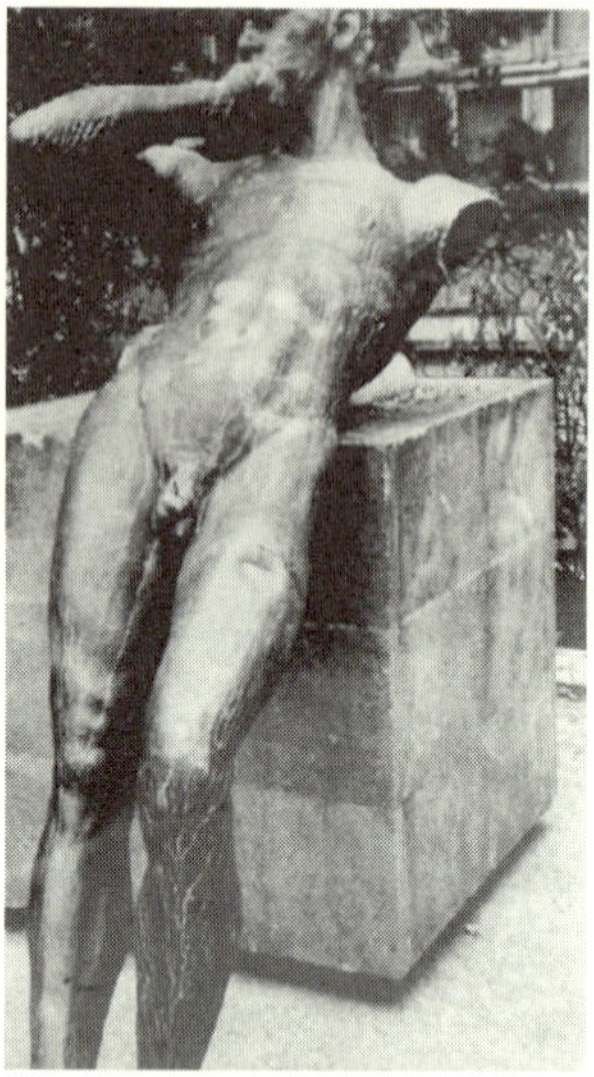

破壊されたわだつみ像（1969年５月20日）腹部にはペンキで「死」と書きつけられている。

で、わだつみ像が「戦後民主主義革命の挫折と敗北」「擬制「平和と民主主義」路線のゆるやかな腐敗過程」を象徴するものであるとしたうえで、「わだつみ像破壊の思想」を次のように記している。

「わだつみ像」破壊は、わたしたちが空白の戦後、あるいは指導者、知識人たちに向けて放った反乱の狼火であるのだ。実に、わたしたちはむしろ倫理的とも言っていい要因でもって「わだつみ像」を空白の戦後に立つ虚像として、あるいは戦後の生者たちの傲岸が死者たちに押売った免罪符だと判断するがゆえに計画し、そして破壊したのである。(64)

吉林にとって、像破壊は、「戦後民主主義」の「傲岸」「腐敗」、そして、そうした体制を支えてきた知識人たちを象徴的に非難する行為であった。

もっとも、全共闘学生あるいはそれに共感する者のすべてが、吉林らの行動を支持したわけでもない。「一九六九年一月の安田講堂攻防戦くらいまでは〔全共闘による闘争を〕好意的に見ていた」という吉川勇一は、「あの像が壊されたときは、困ったなあというか、問題提起するにしても違うやり方があったはずだ」という思いを抱いたという。(65) 吉林自身も、全共闘のなかで像破壊の実行に反対する者が少なからずいたことを記している。(66)

だが、像破壊事件に象徴される「わだつみ」への反感が、全共闘学生を含む若い世代に広く共有されていたのも、また事実である。わだつみ会会員であった者たちにおいてさえ、その傾向は顕著だった。

わだつみ会のメンバーで、全共闘にも近かった矢作彰は、一九六九年一月一八日・一九日の東大・安田講堂攻防戦を念頭に置きながら、次のように述べている。

〔一九六九年の〕一・一八、一九、その日、二十数年前、多くの学徒兵達が従順に権力の意志に従って、銃を肩に死地へ向って出た安田講堂で、学友達は旗をふり、石を投げて、権力と対決した。そして二十数年前多くの学徒兵達を「複雑な」、あるいは「晴れやかな」気持で見送った教官たちは、血だらけになって〔機動隊に〕連行される学友をこずき、「君はそれでも学生か」とののしり、権力の侍女同然に、いじけた顔で検問をする。……もはや対比は明らかではないか。(67)

若い世代にとって、「多くの学徒兵達を「複雑な」、あるいは「晴れやかな」気持で見送った」戦時期の教官たちは、大学紛争下、機動隊に連行される学生をののしる「権力の侍女」同然の教官たちに重なり合うものであった。

また、別の学生は、一九六九年にわだつみ会が企画した座談会のなかで、「東大闘争が激化して来た時、『きけわだつみのこえ』を読まなければいけないという発想は僕らにはない。あの本は戦争中何も出来なかった人々の遺言であり、わだつみ像自身が戦中派が何も出来なかったということを証拠立てるもの」でしかないと語っている。(68)「わだつみ」は「権力に迎合する大人たち」「何の抵抗もできなかった無気力な大人たち」を映し出し、また、その「大人たち」によって作り出された「戦後民主主義」の閉塞を思い起こさせるものであった。

こうした見方は、学生のみならず、若手の知識人にも共通する面があった。戦後派世代でわだつみ会常任理事を務めていた古山洋三も、「わだつみ会の運動は一言でいうと、戦後民主主義にそったもので、その功罪、限界を考えると、戦後民主主義が根底的に問われているし、その中に含まれている限りでのわだつみ会の有効性が小さくなって来ている」と述べ、「全共闘運動などに積極的に参加している学生の世代がわだつみ会運動の中心に入」り、「今までのわだつみ会の原理をラディカルに組みかえ」ていく必要性を主張していた(69)。古山と同年代のフランス思想研究者・田中仁彦《ひとひこ》も、像破壊事件直後に書かれた文章のなかで、前述の矢作彰の議論を好意的に引きながら、「「わだつみ像」破壊は本当にゆゆうつなニュースであった。しかし、それを平和と民主主義の破壊などといきりたつ前に、果してそれを言う資格があるかどうか考えてみる必要があるだろう。五月二〇日〔像破壊事件が起きた日〕以前に、われわれ自身が像を破壊してしまっていなかったかどうか」と述べていた(70)。

共感と反感の捩じれ

これに対し、戦中派をはじめとする年長世代は、激しい怒りを抱いた。安田武は『毎日新聞』(一九六九年五月二九日、夕刊)に寄せた文章のなかで、「像そのものを破壊するとは、彼らの思想と行動の真意を疑わざるをえないし、いや、もっと率直にいって、彼らの無知と無恥に絶望せざるをえない」と、激しく全共闘学生たちを非難した。わだつみ像を倒し、「戦没学徒たちは権力に従順で、抵抗する意志のない存在」と決めつける行為は、安田にしてみれば、「「平和」な現代」とは比較にならない過去の歴史状況を一顧だにしない姿勢のあらわれであり、全共闘学生たちの「歴史認識における驚くべき単純さ」を示すものでしかなかった[71]。

戦中派よりもやや下の年代ではあるが、一九三〇年生まれの野坂昭如《あきゆき》も、「〝わだつみ〟像破壊の衝撃」(一九六九年)のなかで、「出陣学徒をおろかと決めつけるのは、たしかに、前の戦争にまったく何の責任も持たない、全共闘諸氏の年代の特権であろう」としたうえで、こう述べていた。

戦没学徒の死によって平和がもたらされたものではない。その死が犬死であったか、あるいは価値あるものだったか、生きてる者がえらそうに判定するべきものではない。〔中略〕女々しい遺書を残して、あるいは空虚なたかぶりの言葉を肉親にいいおいて、死地にむかったその心ざまを、一片の、たたきつけるような片言隻句によって、裁断しないでほしい[72]。

敗戦を一四歳で迎えた野坂は、戦争最末期を度重なる神戸空襲のなかに過ごした。そこで養父母を亡くし、妹を一人で世話するも、飢えによる栄養失調で喪った。その後、新潟県副知事の実父に引き取られるまで、野坂は焼跡を放浪し、「駅の構内で誰一人みとるものもないまま飢えに飢えて、最後には自分の垂れ流した下痢を指になすって口にはこび、それこそがこの世の名残りとなった浮浪児」の一人として過ごした[73]。そうした経験を負っていただけに、「死者をおろかときめつける」若者のありようには、激しい憤りを抱いた。

とはいえ、年長世代の反応が一枚岩であったわけではない。安田武と同じ一九二二年生まれの星野芳郎は、一九六九年六月の文章のなかで、「わだつみ像が大学の一隅から消えることは、日本の平和運動にとって、むしろよいことではないか」と語っていた[74]。立命館大学の教員であった星野は、わだつみ像に象徴される「若者たちは、若い知能のあらんかぎりをふりしぼって悩み、考えぬいた[75]」という学徒兵像に違和感を抱いていた。星野にしてみれば、それは学徒兵の実態と乖離したものであった。星野は戦時下の学徒兵の思考様式について、こう回想している。

大半の人間は、人間のまわりに小さな世界をつくって、その中に逃げ込もうとしていた。一方では、和辻哲郎の『古寺巡礼』や亀井勝一郎の『大和古寺風物誌』などの世界に沈潜し、他方では麻雀や酒にひたるという状況で、戦争に進んでとびこむのでもなく、むろん反対するのでもなく、ただ戦争のことも、人生も考えまいとして、その日その日を送っていたのではなかったか[76]。

そのような見方からすれば、『きけわだつみのこえ』は、「現実に戦場に行く日がやってきて、はじめて狼狽し、ため息とも嘆きともつかぬくり言を述べた」ものにすぎなかった。また、星野は、「もし、インテリゲンチャの苦悩というなら、なぜ、よその国まで出かけて、何の罪もない中国人を殺さねばならないかという苦しみがあるべきだろうが、それはなかったようである」と述べ、学徒兵の戦争協力や倫理観の欠如を批判的にとらえている。それだけに、星野にしてみれば、「苦悩を面にあらわしているわだつみ像は虚像」であり、それを指摘することこそが「戦争体験の伝達の本当の意味」であった[77]。

星野のこの文章は、安田武が『毎日新聞』に寄稿した像破壊批判を受けて、同紙（一九六九年六月五日、夕刊）に発表したものであり、その後も両者の間では論争が展開された。

しかし、彼らの議論の相違とともに、その接点も見落とすべきではない。たしかに、像破壊の評価については、安田と星野の議論は真っ向から対立している。だが、それは、わだつみ像を「戦争体験のシンボル」と見るか「虚像に堕したもの」と捉えるかの違いによるものであり、戦争体験に正面から向き合うことを主張する点では、両者は一致していた。安田と星野の議論は、一見、相いれないもののように見えながら、その根拠にはいずれも戦争体験を突き詰めて考えようとする意志があった。そして、それらは、「東大闘争が激化して来た時、『きけわだつみのこえ』を読まなければいけないという発想は僕らにはない」という言葉に象徴されるように、戦争体験そのものと距離をとろうとする若い世代の姿勢とは、やはり異質なものであった。

教養主義の没落

わだつみ像破壊事件が示すのは、戦争体験の断絶ばかりではない。同時にそれは、教養主義の没落をも浮き彫りにしていた。

高度経済成長にともない大学進学率が上昇したが、その結果、大学卒業者はエリートとしての地位を失った。そうなると、かつてはエリートの指標であった教養の有用性は低下する。ただのサラリーマンという未来しか見えないのであれば、苦労して教養を獲得し、ノン・エリートとの差別化をはかることの積極的な理由など見当たらない。むしろ、そこで際立つようになったのは、教養の暴力であった。

教養とはそもそも、それを持つ者の持たない者に対する差異化・優越化の戦略であった。内省的な教養主義とマルクス主義的教養主義が拮抗することはあったが、いずれも古典なり『資本論』なりの教養に知悉していることを要求するものであり、それに劣る者に跪拝を強いる点では等価であった。それでも、教養主義がキャンパス文化において規範として機能していたときには、教養の暴力はさほど露見しなかった。学生たちにとって、教養は憧憬の対象であったからである。しかし、教養の有用性が見出せない時代になると、学生にとって、教養を身にまとった大学人は、憧憬の対象ではなく、むしろ、居丈高な存在でしかない(78)。

大学紛争において、学生たちはさかんに知識人を吊るし上げ、彼らの存在意義を執拗に問いただした。東京大学法学部教授の丸山眞男も、一九六九年二月、教室に向かう途中で全共闘派の学生ら約四〇人に拉致され、二時間ほど軟禁状態に置かれた。「そろそろなぐっちゃおうか」「ヘン、ベートーヴェンなんかききながら学問をしやがって!」と罵声を浴びせる学生たちに、丸山は「むき出しの憎悪」を感じ取った(79)。一九六八年一二月に東大法学部研究室が全共闘に占拠された際、丸山眞男は「軍国主義者もしなかった。ナチもしなかった。そんな暴挙だ」と非難した。それに対し、学生たちは「あんたのような教授を追い出すために封鎖したんだ」と言い放ったという(80)。そこには、知識人や教養に対する若者たちの怨恨を見ることができよう。

そうした学生たちにとって、「わだつみ」は教養の象徴でもあった。戦没学徒の遺稿には、彼らが古典や哲学、そして岩波文庫を愛したことが記されているが、そのことは容易に教養主義を連想させた。また、「わだつみ世代」である戦中派は、当時、大学教官の中堅層を構成していた。ことに、知識人が多く集《つど》ったわだつみ会では、戦中派の多くは大学教授・助教授であった。学生たちにとって彼らは、自分たちを管理し、威圧する存在だった。

必然的に、彼らは「わだつみ」の教養の香りを不快に感じた。わだつみ会で開かれた一九六九年の座談会のなかで、全共闘に共感するある学生は「今大学に於いては、学生と教授会はいろんな点で対立している。その対立している二人が一緒になってやる平和運動とは何であるのか」と述べ、わだつみ会の「知識人的な平和運動臭さ」への嫌悪感をあらわにしていた。同じ座談会で、別の学生も、「戦中派の人達のとらえ方は、学問研究をすることは、何がなんでもよいことだという風に問題をたてて、だから、その学問、研究を放り出して戦場に出かけなければならなかったのがわだつみの悲劇だということになる。そういうことは東大紛争で粉砕されたと思うのです」と発言していた[81]。

ここには、「わだつみ」や戦中派の教養臭さに対する反感が浮かび上がる。学問や教養を絶対的な「善」ととらえる姿勢はここでは否定されており、「わだつみ」世代との共同歩調の破綻が宣せられている。知識人と学生がともに平和運動を行なうこと、言い換えれば、教養と反戦の接合は、「東大紛争で粉砕された」のであった。

このように考えると、わだつみ像破壊事件は、二重の意味で象徴的である。ひとつには、これまでに述べたように、それは戦争体験や戦中派の地位低下を表わしていた。と同時に、それは教養主義の没落を象徴するものでもあった。知や教養といったものは、学生たちにとってすでに憧憬の対象ではなく、むしろ、自分たちを威圧するものであった。そのことに憤りを抱いて、彼らは大学紛争を闘い、わだつみ像破壊を喝采したのである。戦争体験と教養、さらにいえば「戦争体験という教養」は、かくして、若い世代の支持を失った。

とはいえ、それも逆にいえば、彼らが教養の規範を内面化していたことの裏返しであった。教養主義の価値観が欠落しているのであれば、そこには教養に対する敵意ではなく無関心こそがうかがえるはずである。彼らが大学の知のありように憤りを感じたのは、彼らが思い描いたような知の営みが、

防弾ガラスケースに収められた再建わだつみ像（1976年５月20日）

大学の無味乾燥なマスプロ教育では成立せず、裏切られた思いを抱いたがゆえであった。先の座談会でも、学生の一人が、「東大に於いて為されている教育、研究が今の社会に於いて如何なる意味を持っているかということが問題だと思う」と述べていた[82]。教養に対する関心や憧憬が裏切られたとき、それは憤怒へと転化される。

ちなみに、わだつみ像は一九七六年五月二〇日に再建された。だが、それは防弾ガラスのケースに収められた。像破壊事件から八年を経てもなお、「戦争体験という教養」に対する若者の憤怒は、防弾ガラスでなければ防げないほどに、強固なものであったのだろう。

断絶から忘却へ

像破壊事件から一三年を経た一九八二年、『きけわだつみのこえ』は岩波文庫に収められた。第二次わだつみ会発足当初は、岩波文庫化は実現しなかったが、初刊刊行から三三年を経て、ようやくこの遺稿集は「いやしくも万人の必読すべき真に古典的価値ある書」（「岩波文庫発刊に際して」）となったのである。

その一方で、「わだつみ」と庶民的教養との結びつきは稀薄になっていったように思われる。既述のように、一九五〇年代には、「わだつみ」は庶民的教養の代表的なメディアである『人生手帖』

『葦』に結びついていたし、一九五九年には、この遺稿集はカッパ・ブックスという庶民的教養メディアに収められた。しかし、一九八〇年代にもなると、すでに庶民的教養主義は衰退していた。『葦』は一九六〇年に終刊し、『人生手帖』は一九七四年に『健康ファミリー』と誌名を改め、健康雑誌へと変質した。カッパ・ブックスは一九六〇年代に黄金期を迎え、ベストセラーを独占したが、七〇年代になると、七年近くに及ぶ労働争議の影響もあり、かつての勢いを失った。大学において教養主義が没落し、「読書する大学生」が少なくなっていたなか、一般大衆のあいだでは、それ以上に「読書を通じた人格陶冶」という規範は失われていた。

教養の価値観を内面化していた戦中派世代や戦没学徒の遺族にしてみれば、岩波文庫化による「わだつみ」の正典化は感慨深いものであったろうが、そうした教養の価値観を持ち合わせていない多くの大衆にとって、岩波文庫化された「わだつみ」は、遠い存在であったのではないだろうか。

このことは、その後のわだつみ像からもうかがうことができる。一九九二年に立命館大学国際平和ミュージアムが開館した際、再建わだつみ像は防弾ガラスケースから出され、同館エントランス付近に設置された。すでに教養の規範は消え去り、学生たちはそれへの敵意さえ抱かなくなった。それゆえに、わだつみ像を防弾ガラスで防御する必要もなくなったのである。わだつみ像がガラスケースの外に出られるようになったのは、それが象徴する教養や戦争体験が受容されるようになったからではない。

防弾ガラスケースから出された再建わだつみ像（1992年５月20日）

むしろ、それは、「戦争体験という教養」への社会的無関心のゆえであった。

今日、『きけわだつみのこえ』は、「現代の古典」とみなされることも多い。たしかに、そのとおりだろう。だが、その正典化のプロセスには、さまざまな力学が働いていた。そして、そこには、戦後日本のなかで戦争体験論が生み出される構造やその変容過程が、浮き彫りにされていた。

第一部　戦後沖縄と戦争体験論の変容

日本の降伏が「玉音放送」というラジオによってみごとに収束されたという事実は、爆撃によって焦土と化したとはいえ、本土においてはなお放送が健在だったことを物語っている。

——辻村明・大田昌秀『沖縄の言論』(1)

戦後日本における言説変容に対し、沖縄ではいかなる議論の変化が見られたのか。それが第一部のテーマである。終戦直後の沖縄は、日本本土から分断されて米軍の直接統治下に置かれた。その状態は、サンフランシスコ講和条約の発効（一九五二年）によって日本本土が独立したのちも続いた。その間、沖縄では、土地闘争（一九五〇年代半ば）や復帰運動（一九六〇年代）、復帰批判（一九七〇年前後）をめぐる輿論の高揚が見られた。そうしたなか、沖縄では戦争体験がどう語られたのか。そこにはいかなる力学が介在し、日本本土の場合といかに相違したのか。これらの問題について、第一部では時系列的に検証を進めていきたい(2)。

第一章　終戦と戦記の不振――戦後初期の沖縄戦体験言説

沖縄戦

一九四五年三月二三日、米軍は千数百機でもって沖縄を空爆、四月一日には沖縄本島にも上陸し、沖縄戦が開始された。動員兵数は、沖縄守備軍（第三二軍）が地元から動員された防衛隊員を含めておよそ一一万人であったのに対し、米軍は五四万八〇〇〇人にのぼり、兵士たちを一五〇〇隻余の艦船に分乗させて、沖縄に差し向けた。

空襲や艦砲射撃は「鉄の暴風」と形容されるほど凄まじく、ほとんどの建造物が灰燼に帰したばかりか、爆破により土地形状が大きく変化したところも少なくなかった。また、地上戦であったため、多数の住民が戦闘の巻き添えとなった。国際法で禁じられている毒ガスや黄燐弾も用いられたほか、日本軍や住民が潜む壕には、爆弾や火炎放射器が浴びせられた。その結果、一般住民は九万四〇〇〇人、沖縄出身の軍人・軍属をあわせると、県民の四分の一にあたる約一二万人が死亡した。

だが、それにもまして住民を苦しめたのは「友軍」の暴力であった。一九四四年三月に創設された第三二軍（沖縄守備軍）は、着任早々、住民のスパイ容疑での拷問・虐殺・性暴力を頻繁に引き起こした。それらの部隊の多くは、中国・満洲方面から転属され、第三二軍の参謀長・長勇《ちょういさむ》は南京事件

沖縄戦下の首里（1945年５月）

の当事者でもあった。沖縄は「内地」ではあっても「占領地」として扱われたのであった。

沖縄戦開戦以降は、状況はさらに凄惨なものとなった。軍によるスパイ容疑での住民処刑は頻発し、渡嘉敷島、座間味島をはじめ、各地で「集団自決」がなされた(1)。

住民の死亡要因で最も多かったのは「壕の提供」である。「壕の提供」と言えば聞こえはいいが、要するに住民が壕に潜んでいたところを日本軍に追い出され、弾雨が飛び交う戸外にさまよい戦死したというケースである。住民にとって、「敵」は米兵だけではなかった。

戦局が決定的に悪化するなか、司令官・牛島満と参謀長・長勇は、六月二三日早朝に自決、これをもって、日本軍の組織的な戦闘は終結した。だが、それは決して、戦闘自体の終了を意味するものではなかった。牛島は自決の直前に、「爾今各部隊は各局地における生存者中の上級者之を指揮し最後迄敢闘し悠久の大義に生くべし」という軍命令を発していた。これにより、戦闘を収拾する責任者は不在となり、沖縄戦は終結しようのない戦闘になった(2)。

日本本土では、八月一五日正午の玉音放送でポツダム宣言受諾が国民に向けて発表され、全軍に対する停戦命令も翌日一六時に出された。しかし、沖縄では、残存する日本軍がその後も散発的な抵抗を続け、沖縄住民への襲撃もたびたび発生していた。沖縄守備軍の代表が降伏文書に調印したのは、日本政府・軍のそれに遅れること五日の一九四五年九月七日であった。それでも、喜屋武半島の洞窟地帯では一二月ごろまで残存兵が出没し、付近住民の恐怖の的になっていたという。

Kレーションの恩恵と「解放感」

戦禍を生き延びた住民は、米軍が全島一六地区に設置した収容所に送り込まれた。収容所とはいっても、一定の範囲に有刺鉄線を張りめぐらせただけの粗末なもので、住民はそこにテントを張ったり、藁ぶきの簡素な小屋を建てるなどして生活した。

だが、山中を逃げまどったり、壕や墓穴に潜んでいたそれまでの状況に比べれば、それでもはるかにましな生活に思われた。収容者には、Kレーションという米軍の携帯用野戦食パッケージが支給されることがあった。それには、チーズ、ソーセージ、コーンビーフのいずれかの缶詰とクラッカー、マッチ、タバコ四本が入っていた。野戦食としては、もっと上質なBレーションやDレーションなどもあり、Kレーションはいたって質素なものであったが、収容所の住民にとっては、豪勢な食事に思われた。

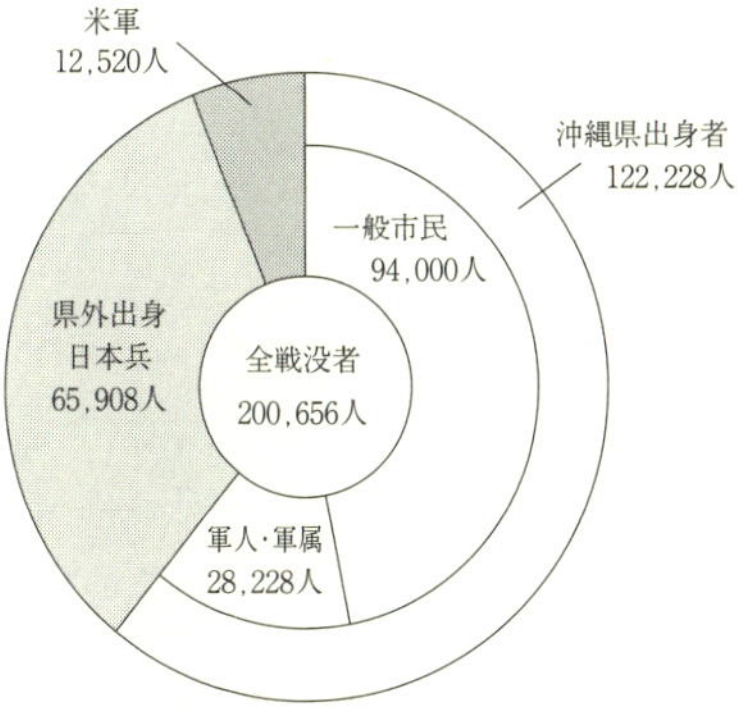

図4　沖縄戦における戦死者の内訳（沖縄県援護課推計）

沖縄戦を生き延びたジャーナリストの池宮城《いけみやぐしく》秀意《しゅうい》は、収容所でKレーションが支給されたことを回顧しながら、「私たちの仲間は、生まれて初めてチーズを口にする者がほとんどであった。〔中略〕沖縄では那覇の街でも、チーズなどは

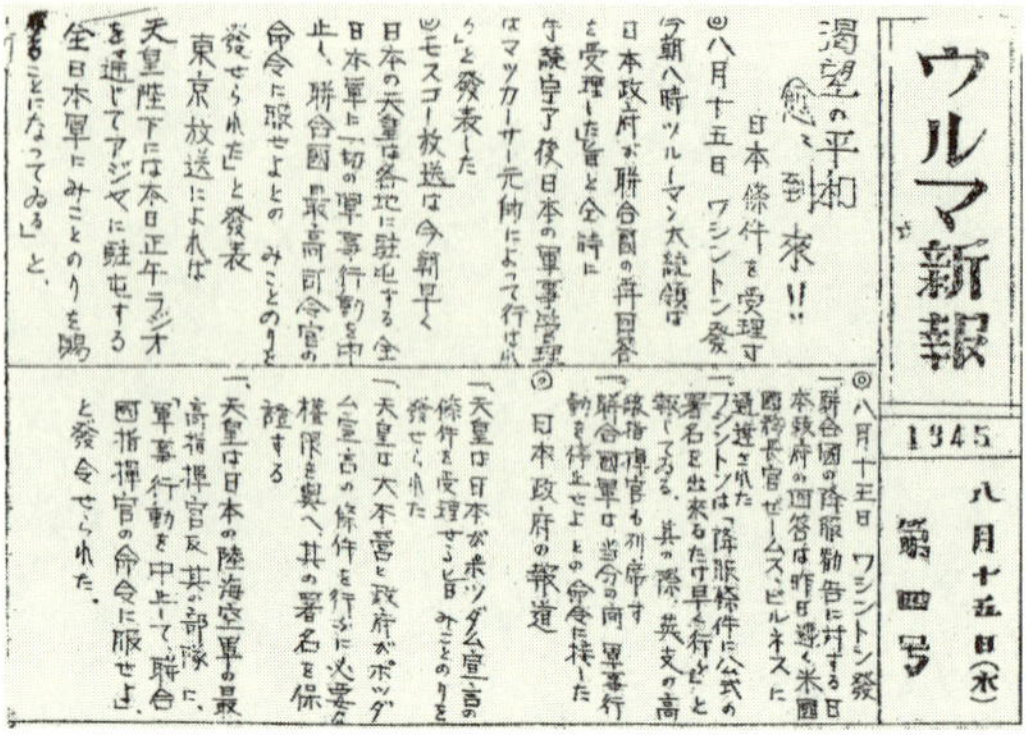
ウルマ新報
1945
八月十五日(水)
第四号

渇望の平和愈々到来!!
日本條件を受理す
◎八月十五日 ワシントン發
今朝八時ツルーマン大統領は
日本政府が聯合國の回答
を受理した旨と同時に
手續完了後日本の軍事管理
はマッカーサー元帥によって行はれ
ると發表した
◎モスコー放送は今朝早く
日本の天皇は各地に駐屯する全
日本軍に一切の軍事行動を中
止し、聯合國最高司令官の
命令に服せよとの みことのりを
發せられたと發表
東京放送によれば
天皇陛下には本日正午ラジオ
を通じてアジヤに駐屯する
全日本軍にみことのりを賜
ることになってゐる」と、

◎八月十五日 ワシントン發
「聯合國の降服勧告に対する日
本政府の回答は昨日遅く米國
國務長官ゼームス・ビルネスに
通達された
「ワシントンは「降服條件に公式の
署名を出来るだけ早く行ふ」と
報じてゐる。其の際、英支の高
級指揮官も列席す
「聯合國軍は当分の間 軍事行
動を停止せよ との命令に接した
◎日本政府の報道
「天皇は日本がポツダム宣言の
條件を受理する旨 みことのりを
發せられた
「天皇は大本營と政府がポツダ
ム宣言の條件を行ふに必要な
權限を與へ、其の署名を保
證する
一、「天皇は日本の陸海空軍の最
高指揮官及其の部隊に、
「軍事行動を中止して聯合
國指揮官の命令に服せよ」
と發令せられた。

終戦を報じる『ウルマ新報』（1945年８月15日）

店頭にも出ていなかった。ソーセージやコーンビーフにしても、一般の市民にはお目にかかれない珍味であった。それに食後のたばこまでもついている。捕えられたことも忘れて、みんな珍しく見なれない栄養豊かな食事にありついて、安堵の胸をなでおろした」と記している(3)。

むろん、収容所の生活が劣悪なものであったことは否めない。必要最小限の衣類や食糧、医薬品が支給されたとはいえ、決して十分なものではなく、栄養失調やマラリアによる死者も少なくなかった。収容所間の通行も厳しく制限され、夜間は外出禁止とされていた。したがって、肉親の安否をたずねるために収容所を出て射殺されるケースもたびたび生じた(4)。

米兵による犯罪もしばしば起こった。収容所の外に食糧を求めに出た女性が米兵に暴行されるという事件は、頻発していた。収容所内でも、夜間に米兵が住民居住区に侵入し、女性住民を暴行する事件が相次いだ。収容所住民は、自衛策として、女性を男装させたり、米兵が接近すると空缶を叩いて合図をするなどの対処をしなければならなかった。

そもそも、沖縄に派遣された兵士の質は総じて低かった。当時、米軍では、琉球軍司令部に配属されることは左遷と捉えられていた。『ＴＩＭＥ』誌（一九四九年一一月二八日号）でも、「軍紀は世界中の他の米駐屯軍のどれよりもわる」く、「沖縄は米国陸軍の才能のない者や除者の態のよい掃きだめになっていた」と報じられていた[5]。

しかし、そうだとしても、当時の沖縄住民のあいだでは、解放感を抱くむきも少なくはなかった。戦前・戦後に新聞記者として活動し詩人でもあった牧港《まきみなと》篤三《とくぞう》は、敗戦時に「戦争という巨大な動きの中で生死をさまよっていたそういう状況からの解放感」とともに「国家といったようなものからの解放感」「官憲もいなければ役所もない、一切が解放されて全て同じ立場にあるといった状況」を感じたという[6]。牧港は、そのときの思いを、「啓示」と題した一九四七年の詩のなかで、次のように表現している。

夜中だか、朝だかわからない。
ぞろぞろと、民族が、移動する。
男は妻をかばい、親は子の手を引いて老人と子供たちを、先頭に
ぞろぞろと、民族が移動する
〔中略〕
長い行列は一つの親和となり、これから辿りつこうという肥沃の大陸を目指し、
入国券も要らなければ、税官吏もいない自由の天地へ、押し渡ろうと、いう。
民族は年古りているようで、真実若い、その血は蒙古に生れ、アイヌと交わり、そしていくたの

米軍が設置した住民収容所（1945年4月5日）

民族の血をうけ、雑流のそしりこそあれ、今や血の系譜を
断ち長い忍辱の歴史を忘れようというのだ。
〔中略〕
そこでは委員を挙げ、産業をおこし、規律を編み、自律の
呼吸にまで高めよう。
そこでは疫病を防ぎ、湖水を掘り、
ばらを植えよう。

隊列の中からは信念のないロマンや、軽薄なセンチメント
を捨て去るのだという
烈風のような声すらきこえる。
夜中だか、朝だかわからないが、
ぞろぞろと
民族が移動する。(7)

「移動」とは、言うまでもなく、戦前・戦時の旧社会から戦後の新たな社会への移行を示している。沖縄戦で地上が破壊しつくされたがゆえに、一切のしがらみが消え去り、過去に束縛

されることなく、民主的で自律した新たな社会を作り出す可能性が、そこでは見出されていた[8]。

もっとも、その明るさや前向きさは、深い悲嘆の裏返しでもあっただろう。沖縄戦で多くのものを失った悲哀を何とか心理的に代償させようとする思いが込められていたことは、想像に難くない。だとしても、とりあえずはそこに明るさや可能性が読み込まれていたことは、見落とすべきではないだろう。

「おどけた明るさ」

こうした感覚は、牧港に限るものではなかった。沖縄在住のジャーナリスト・作家の太田良博も、一九五六年の座談会のなかで敗戦直後を回想して、「アメリカの缶詰」で「直ちに空腹が満たされ」た「安直な満腹感」とともに「戦争直後の沖縄が敗戦の日本の深刻な社会と違つて、寧ろおどけた明るさを持つていた」ことを述べており、作家の大城立裕もその発言を受けて「とにかくぽーつとしてたですね」と語っていた[9]。

ここで留意すべきは、太田の前記の発言では、終戦直後の日本本土との対比が意識されていたことである。終戦直後の沖縄に「おどけた明るさ」を感じ取るうえで、太田はあくまで「敗戦の日本の深刻な社会」との相違を念頭に置いていた。同じ座談会のなかで太田は「日本の場合は敗戦によつて深刻な、独立国家としての悩みを持つていたわけですが、沖縄は敗戦を境に政治的に日本から切り離され国家的な悩みが割に薄れておつたわけです」とも述べていた[10]。そこでは、牧港とは微妙に異なり、終戦直後の沖縄の「おどけた明るさ」に、やや否定的な評価が加えられている。

その発言の背後には、終戦直後の本土を見た経験があった。太田は一九三六年に沖縄県立第二中学卒業後、翌年に早稲田大学政経学部に入学した。同大学を中退後、一九四〇年に徴兵され、満州やフランス領インドシナを転戦し、ジャワで終戦を迎えた。一九四六年に広島・大竹港に復員したが、そこで目にした日本本土は、太田が大学生活を送ったころのそれとは、当然ながら、大きく隔たっていた。太田はそのときの心境を、「復員の頃」という一九七四年のエッセイのなかで、次のように綴っている。

広島の大竹に上陸してから、私は、何度大きな嘆息を吐き出したか、わからなかった。しかし、敗戦の社会の表面しか、まだ見ていなかった。

私は黙って、軍服のポケットから、駅で買った新聞を取り出した。小さな記事に、私の目が吸いつけられた。

もと憲兵司令官の肩書をもつ初老の男が、他人の畑から甘藷を盗んで捕まった、という二段記事であった。

その新聞をおりたたんで、私は、視線を車窓の外に移した。

見渡す限り、廃墟の町がひろがっていた。(11)

もちろん、「見渡す限り、廃墟の町がひろがっていた」のは、沖縄も同様であった。しかし、本土では「もと憲兵司令官の肩書をもつ初老の男」でさえ、「他人の畑から甘藷を盗んで捕ま」るのに対し、沖縄の住民収容所では、「アメリカの缶詰」で一定程度は「空腹が満たされ」る状況があった。それゆえに、太田には、「戦争直後の沖縄が日本の深刻な社会と違つて、寧ろおどけた明るさを持つていた」と感じられたのだろう。

さらに太田は、同じエッセイのなかで、こうも述べている。

復員のとき、二十日間の外食券と何百円かの金をあてがわれて、敗戦の社会に投げ出されたとき、つくづく、国家というものが頼りないものであったことを、体で感じた。とぼけた流行曲の流れる闇市を、空腹をかかえてさまよい歩く、栄養失調の私にとって、国家は胃袋よりも軽かった[12]。

復員の際の空腹は、ただそればかりではなく、国家の存在そのものが、空腹の胃袋よりも軽いものであることを実感させた。こうした絶望感を味わった太田にしてみれば、沖縄にはどことなく「おどけた明るさ」があるように見えたのだろう。太田は、先の座談会のなかでも、「この安直な満腹感、これが寧ろ、たゞでさえ素朴な沖縄人の意識生活を空つぽにしたのではないかと考えるのです」とも述べていた[13]。

復帰への拒否感と戦記の不振

こうした虚脱感がない交ぜになった解放感は、終戦直後の沖縄における戦記の不振にもつながっていたように思われる。

日本本土では、『はるかなる山河に』(一九四七年)や『きけわだつみのこえ』(一九四九年)といった戦没学徒の遺稿集が大ヒットを記録した。また、『世界』一九四六年五月号に発表された丸山眞男

「超国家主義の論理と心理」が評判になるなど、社会科学に基づく戦時期の考察も少なくなかった。しかし、沖縄の言説空間においては、その種の議論は限られていた。[14] その要因の一つとして、前記のような社会的な「おどけた明るさ」も考えられよう。

序章でもふれたように、東京裁判の進展にともない、日本では戦時のありようを問いただす動きが広く見られた。「反戦」「厭戦」の念を漂わせた戦没学徒遺稿集『はるかなる山河に』『きけわだつみのこえ』がベストセラーとなり、「無責任の体系」「抑圧の移譲」といった戦前期・戦時期の社会病理を析出した丸山の議論が共感されたのもそのゆえであった。

沖縄でも旧日本軍・政府に対する反感は根強かったが、他方で、日本本土とは異なる未来を模索することができた。沖縄は、日本同様、連合軍の占領下にあったものの、日本本土とは切り離され、米軍による直接統治が行なわれた。そして、当時の沖縄では、アメリカ占領軍に対する期待は大きく、日本への帰属はあまり支持されなかった。

たとえば、一九四六年四月、米軍政下に沖縄民政府が発足し、知事に沖縄在住の志喜屋孝信《しきやこうしん》が任命されたとき、『ウルマ新報』（一九四六年四月二四日）は以下のように報じていた。

想へば一年前誤まれる日本軍閥の犠牲となつて郷土沖縄は完膚なき迄に破壊し尽され、ひとときは暗たんたる沖縄人の前途であつたが、沖縄戦終了と同時に沖縄再建と住民の保護に献身的努力を惜しまなかつた米軍政府は平和的道義の下今茲《いまここ》に吾等の郷土沖縄を解放して呉れたのである。[15]

同じ紙面のなかで、ウルマ新報社長の島清《しまきよし》も、「米側からすれば吾々は敵国人たるの立場にある」にもかかわらず、「吾々を敵国人視せざるのみならず、今度吾々ウルマ島人より政治行政の総元締たる知事や副知事を選任された事」は、「近世ウルマ島史上嘗てみざる最大の快事」であると記していた[16]。

こうした認識からすれば、日本復帰よりは、アメリカによる統治かその保護下での独立が主張されたのは当然だった。知事の志喜屋孝信は一九四七年七月のアメリカ人記者との会見で、「少数は日本に帰属したい希望をもつているのもある様ですが、大部分は米国の保護の下に平和な国を築いてゆきたいと思つています」と述べている[17]。同じ年には、先島諸島の新聞記者団がアメリカの軍政官に「琉球人は琉球と言ふ独立国で居てアメリカの保護の下に生きる事を要望している」と訴えていた[18]。元首里市長の仲吉良光や旧沖縄県庁官吏の吉田嗣延らによる日本復帰論もあったが、当時はほとんど支持されなかった。牧港篤三も先の座談会のなかで、仲吉らの日本復帰論に違和感を抱いていたことを語っていた[19]。

日本本土と切り離された形で戦後を構想するのであれば、過去を追及しようとする意志が鈍ることは避けられなかった。日本本土の場合は、統治機構や新聞社・出版社などが敗戦後も多く存続した。したがって、過去の過ちを繰り返さないためにも、それなりに戦争責任や戦争体験を議論せざるを得ない環境にあった。それに対し、沖縄の場合は様相が異なっていた。アメリカの保護下に入り、日本との関係を断つのであれば、戦時期の状況が沖縄に再来するとは考えにくい。それもあって、戦後初期の沖縄では、戦争責任をめぐる論議は総じて低調であった。

一九四七年六月の沖縄議会では、市町村議会議員や首長の選挙権・被選挙権に関し、日本の公職追放令を適用すべきか否かについて、議論がなされた。沖縄人民党結成に関わっていた瀬長亀次郎は「民主主義沖縄建設の為此際根本的に切替えを要すべきと思う、依つて日本の公職追放令に該当するものは〔選挙に〕出さない方がよい」と主張した。これに対し、多くの議員は反対の立場を示し、「沖縄は日本と共に戦争に参加したとは云え沖縄程非道の戦禍を蒙つた所はないと思う。厳密に云えば全住民に其の責任がある、公職追放令該当者のみではない、吾々は何も日本に真似る必要はないと思う。むしろ以前の事は追及せず将来に向つて善処すべきではないか」「日本の公職追放令は相当広範囲に亘つて居り其れを其の儘沖縄〔に〕適用する必要はない」という意見が相次いだ(20)。

第二章・第三章でも後述するように、戦時期の沖縄とて、戦争協力と無縁だったわけではない。学校教師は児童・生徒たちに聖戦熱を植え付ける役割を果たしていたし、沖縄出身の兵士がスパイ容疑での住民処刑に関わったこともあった。しかし、「厳密に云えば全住民に其の責任がある」という認識がありながらも、「以前の事は追及せず将来に向つて善処」しようとする背後には、政治的に日本と切り離されていることの安心感もあったのではないだろうか。「吾々は何も日本に真似る必要はないと思う」という言葉は、暗にそのことを示唆するものでもあった。

マス・メディアの不在

むろん、戦記不振の要因はそればかりではない。住民人口の四分の一が失われた沖縄では、日々の生活とその立て直しに精一杯で、過去を振り返る余裕も少なかったというのが実状であろう。

何より、マス・メディアそのものが物理的に破壊されていたことは、戦記出版の不振の要因として大きかった。

戦時期には、『沖縄新報』と日本放送協会沖縄放送局が沖縄の二大マス・メディアであったが、いずれも戦闘のさなかに破壊された。むろん、その他の印刷施設も同様であった。終戦直後の沖縄は、言論・報道の空白状態にあったのである。

戦後のメディア復興も、急速には進まなかった。今日の『琉球新報』の前身である『ウルマ新報』は一九四五年七月に石川市の収容所で創刊されたが、当初は米軍の占領政策を円滑に進めるための情報宣伝機関の色彩も濃かった。一九四七年四月には民間企業となり、新聞も無料から有料に切り替えられたが、資材や用紙は相変わらず米軍や『デーリー・オキナワン』（在沖縄米軍人向けの英字日刊紙）に依存していた。[21] 必然的に発行部数は限られ、二、三名で回覧するよう社告に書き添えられることもしばしばだった。

一九四八年から四九年にかけて、『沖縄タイムス』（一九四八年七月刊）、『沖縄毎日新聞』（一九四八年七月刊）、『沖縄ヘラルド』（一九四九年一二月刊）などの新聞の創刊が相次いだものの、印刷能力には限りがあった。『沖縄タイムス』は、活版印刷の設備がなかったために、創刊から約一年のあいだはガリ版刷りで、六〇〇〇部を印刷することも容易ではなかった。また、後述するように沖縄タイムス社は一九五〇年に沖縄戦記『鉄の暴風』を編纂するが、大量部数の印刷が沖縄では困難であったため、印刷・出版を日本本土の朝日新聞社に依頼せねばならなかった。

こうした状況下では、戦記に限らず、出版・印刷活動そのものが停滞せざるを得なかった。

本土の沖縄戦記ブーム

逆に、一九四〇年代末の日本本土では、沖縄戦記のブームが生じていた。高射砲兵として沖縄戦を

古川成美『沖縄の最後』(1947年)

同『死生の門』(1949年)

経験した古川成美は、一九四七年一一月に『沖縄の最後』を著わした。これは発刊後約一年で八刷に達するベストセラーとなったばかりではなく、海外にも輸出され、在外沖縄人にも多く読まれた。さらに古川は、沖縄守備軍高級参謀だった八原《やはら》博道より手記の提供を受け、それをもとに一九四九年一月に『死生の門――沖縄戦秘録』をまとめた。これも、発刊後二週間ほどで重版がかかるほどの売行きを見せた。一九四九年末には宮永次雄『沖縄俘虜記』が出版された。これは、一兵卒として宮古島で終戦を迎え、その後、沖縄本島で一年間の捕虜生活を送った自らの経験を記したものである。

　翌一九四九年九月には、雑誌『令女界』に石野径一郎「ひめゆりの塔」の連載が始まり、翌年六月に単行本化された。これも刊行後ひと月足らずで重版するに至り、石井みどり舞踊団による演劇がなされたほか、東横映画での映画化の話も進められた。

　こうした動向に対し、沖縄関係者のあいだでは違和感を抱くむきが少なくなかった。とくに古川成美の著書にはつよい批判が寄せられた。沖縄史家の仲原善忠は、一九四九年の文章のなかで、「某氏の『沖縄の最後』が日本だけでなく、海外の沖縄人にまで何千部と買われたのは、書名にだまされたことと思う。同書は「沖縄戦における一人の超国家主義者の手記」というのが正しい。沖縄人を土民扱いにしつつ逸速く虚名と印税をかせいだ筆者の悪どさと書名につられて買ったお人よしの沖縄人とはよい対照」と述べ、古川成美『沖縄の最後』を酷評した。[22] 沖縄学者の比嘉春潮《ひがしゅんちょう》や金城《きんじょう》朝永《ちょうえい》も、ときを同じくして古川の『沖縄の最後』『死生の門』に言及しているが、ほぼ同様の評価であった。

ちなみに、古川は職業軍人ではなく、必ずしも、仲原が言うような「超国家主義」色を前面に出しているわけではない。古川は広島文理科大学を繰り上げ卒業後、学徒兵として入営し、復員後は広島文理科大学の教官を務めていた。それもあってか、軍隊組織や日本の国民性に対する批判も随所に見られ、捕虜生活を通して抱くようになった米兵への親近感も散りばめられていた。にもかかわらず、沖縄知識人たちは、なぜこうした戦記に反感を抱いたのか。

その要因は、沖縄住民の状況についてほとんど記載がなかったことにあった。比嘉春潮は、一九四九年の「『死生の門』を読みて」のなかで、以下のように述べている。

> 〔『死生の門』に書かれている〕「当時の真相」というのは防備戦略の決定に関する軍司令部内の内輪喧嘩が主なもので、米兵上陸前後から軍崩壊までの戦いの経過は大体わかるが、その間に三原高級参謀〔『死生の門』では、資料を提供した高級参謀・八原博道を「三原」という仮名で表記している〕の自己弁護的見解と著者のなくもがなの心理描写がいやになるほど出て来る。「秘録」は秘録かもしれないが、我々の知りたい沖縄人の動静についてはホンの僅かしか書いてない。[23]

金城朝永も、一九四八年の文章のなかで古川の著書にふれながら、「沖縄人自身の手により、沖縄人の立場から、沖縄人のその島々における戦時下及び戦闘時や、終戦直後の生活や受難に関する各人

宮永次雄『沖縄俘虜記』（1949年）

各方面から観た真相や実感」が書き遺される必要性を指摘し、古川の戦記への不満を語っていた(24)。

仲原、金城、比嘉はいずれも戦前期より東京で活動した沖縄知識人であり、沖縄戦を体験していなかった。そして、一九四七・四八年当時、沖縄戦の詳細は、本土ではあまり知られていなかった。それだけに、彼らは郷土の状況を知ろうとこれら沖縄戦記を手にした。しかしながら、古川成美や宮永次雄の著書に共通するのは、それらがあくまで日本兵の視点で綴られていたことである。

古川成美『沖縄の最後』や宮永次雄『沖縄俘虜記』は、彼ら自身の戦闘体験や捕虜生活を記したものであり、沖縄住民についての記述は乏しかった。とくに古川の『死生の門』は、先述のように高級参謀の手記に依拠したものであっただけに、作戦遂行や沖縄守備軍首脳部の意思決定プロセスが中心であった。それらは、在本土の沖縄人が求めたものとは大きく隔たっていたのである。

『鉄の暴風』の刊行

それは、沖縄在住者にとっても同様であった。沖縄本島で地上戦が展開されたとはいえ、住民の体験は一様ではなかった。南部への逃避行や戦闘死もあれば、日本兵に壕を奪われた者もあった。北部は南部に比べれば激戦は少なかったが、山中に潜むなかで深刻な飢餓に襲われる状況が頻発した。また、戦場を右往左往するなかで、肉親とはぐれることも多かった。道端や田畑、壕には遺骨が散乱する一方、近親者の遺骨どころか安否さえも不明なことが珍しくなかった。

戦闘の全体像を把握できる機関も存在しなかった。第三二軍（沖縄守備軍）の司令官・牛島満と参謀長・長勇が一九四五年六月二三日未明に自決すると、戦闘指揮系統が失われ、戦況の全体像を把握する組織が消滅した。また、前述のように、放送・新聞も壊滅していた。したがって、沖縄戦下の人々は、視界に入るものと伝聞以外に、戦況を把握する手立てがなかった。その状況は、戦争終結後になっても変わらなかった。古川成美『死生の門』などによって、軍の行動は徐々に明らかになったが、住民の戦時下の状況は、日本本土と同じく、終戦後の沖縄でも不明瞭であった。

そうしたなか、一九五〇年八月、沖縄タイムス社編『鉄の暴風』が刊行された。執筆は、沖縄タイムス社記者の牧港篤三と太田良博が手がけ、同社常務取締役の豊平良顕が監修にあたった。取材・執筆は半年という短期間であったが[25]、その間、本島の北・中・南部はもとより離島でも取材を重ね、また住民の手記も募集、それらを綜合して作られたのが、この書物であった。これは『沖縄タイムス』や雑誌『月刊タイムス』（沖縄タイムス社）でも大きく宣伝され、話題になった。売上部数などの詳細は不明だが、刊行後五〇年の間に一〇度版を改めるほどのロングセラーとなった。

『鉄の暴風』執筆過程で意図されていたのは、「住民の側から見た戦記」に仕上げることであった。同書の「まえがき」には、次のように綴られている。

こゝに、米軍上陸から、日本軍守備隊が潰滅し去るまでの、住民側から見た、沖縄戦の全般的な様相を、描いてみた。生存者の体験を通じて、可及的に正確な資料を蒐集し、執筆し、書きおろし戦争記録として、読者諸賢におおくりするものである。

軍の作戦上の動きを捉えるのがこの記録の目的ではない、飽くまで、住民の動きに重点をおき、沖縄住民が、この戦争において、いかに苦しんだか、また、戦争がもたらしたものは、何であつたかを、有りのまゝに、うつたえたいのである。このことは、いかなる戦場にもなかつたことであるし、いかなる戦記にも書かれなかつたことである。〔中略〕

前述のごとく、この記録は、軍の作戦上の動きを捉えるのが目的ではなく、あくまでも、住民の動き、非戦闘員の動きに重点をおいたという点、他に類がなく、独自な性格をもつゆえんである。(26)

「まえがき」は一七〇〇字程度の短文だが、そのなかで「軍の作戦上の動きをとらえるのが目的ではなく、あくまでも、住民の動き、非戦闘員の動きに重点をおいたという点」が幾度も強調されていた。

実際に本文では、中南部の激戦下の住民動向や北部山岳地帯の飢餓状況のほか、渡嘉敷島など離島での集団死の事実も掘り起こしている。ちなみに、この出来事が「集団自決」と呼称されるようになったのは、同書での記述による。そのほかにも、ひめゆり学徒隊の生存者や遺族の手記・座談会をもとにした記録や、逃避行と山岳地帯での飢餓体験を記した住民の手記も採録された。

住民の体験の発掘がつよく意識された背景には、日本本土で刊行された沖縄戦記への反感があった。『鉄の暴風』の執筆者の一人である牧港篤三は、一九四九年の文章のなかで、次のように記している。

沖縄戦に直接材を取った広島文理大教官古川成美氏の〝沖縄の最後〟〝死生の門〟は前者は個人の体験を生かし、後者は作戦参謀の心理を通して軍の動きを書いであるが、両書とも沖縄戦の全貌を書きつくして完ぺきとは云へないものがある。沖縄人にして見れば、あの未曾有の動乱中に身を置く住民の姿が描かれていない点が淋しく感じられる。(27)

戦時下、『沖縄新報』の記者であった牧港は、一九四五年五月二五日に同紙が解散した後、編集局長であった豊平良顕とともに、首里から島南部の島尻へと戦火のなかを逃げ惑った。そのような体験をくぐっていただけに、古川成美の戦記記述には不満を抱いていた。そこで、「では私達の記録はどう書いたら良いか」「私達の戦記は何んな方法で書かれるべきか」ということを考えあぐねながら生まれたのが、『鉄の暴風』であったという。(28)

その意味で、沖縄での住民戦記録は、沖縄で自生的に編まれたというよりは、日本本土で刊行された戦記への反感から生み出されたと言えよう。

沖縄タイムス社編『鉄の暴風』
（1950年）

それ以前の沖縄では、刊行された沖縄戦記は皆無に近かった。印刷設備が整っていなかったこともその要因ではあったかもしれないが、その点では、『鉄の暴風』刊行時も同様であった。先にも述べたように、当時の沖縄では活版印刷の設備が乏しかったため、沖縄タイムス社社長・座安盛徳は上京し、同書の印刷・発行を朝日新聞社に依頼した。むしろ、ここで考えるべきは、なぜそこまでして『鉄

『うるま春秋』創刊号(1949年12月)

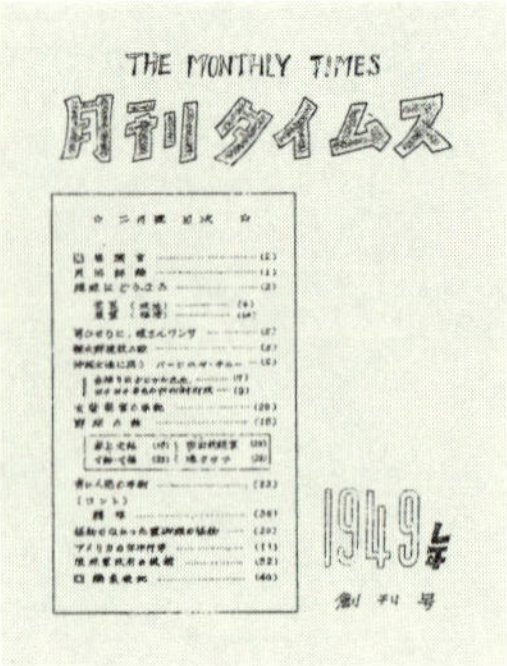

『月刊タイムス』創刊号(1949年2月)

の暴風』の刊行をめざしたのかということである。沖縄から本土への渡航許可は一九四九年五月になって開始されたばかりで、それも沖縄の米軍政府と在日米軍への煩瑣な手続きを要した。新聞社員の本土派遣も認められていなかった。座安が上京した際の渡航申請も、「印刷業代表の本土視察」の名目でパスしたという[29]。また、米軍政府に発行許可を得るために、全文を翻訳し、当局に提出しなければならなかった。そうした煩わしさや困難を押してまで住民戦記録を出そうとしたほどに、本土の沖縄戦記への反感は強烈だったのである。

しかも、それは『鉄の暴風』の発刊にとどまらなかった。沖縄タイムス社は一九四九年末、『鉄の暴風』とは別に住民の体験記を募集した。募集期間は一ヵ月程度であったにもかかわらず、原稿用紙三〇枚程度の手記二八本が寄せられた。『月刊タイムス』(沖縄タイムス社発行)一九五〇年三月号は「特集・沖縄戦記録文学」を組み、入選作品五編が掲載された。『月刊タイムス』(一九四九年二月創刊)は、うるま新報社(ウルマ新報社の後身)発行の『うるま春秋』(一九四九年一二月創刊)とともに、当時の二大総合雑誌であった。戦後沖縄での最初の戦記ブームは、こうしたなかで徐々に盛り上がりを見せ始めていた。

『沖縄の悲劇』

翌一九五一年七月、仲宗根政善『沖縄の悲劇』（華頂書房）が発刊された。この著書は、沖縄戦下、看護要員として従軍したひめゆり学徒隊の戦争体験を綴ったもので、副題には「姫百合の塔をめぐる人々の手記」と記されていた。

仲宗根はもともと言語学者で、当時は、沖縄民政府文教部副部長、のちに琉球大学教授・副学長を務めた。一九〇七年沖縄今帰仁村生まれの仲宗根は東京帝国大学文学部国文科で国語学者・橋本進吉に師事し、一九三二年に卒業、一九八三年に刊行した『沖縄今帰仁方言辞典』では日本学士院恩賜賞を受けている。だが、仲宗根はなぜ、自らの専門には程遠い『沖縄の悲劇』をまとめようと思ったのか。そこには、仲宗根の沖縄戦体験が大きく関わっていた。

仲宗根は、大学卒業後、沖縄に帰郷し、沖縄県女子師範学校・沖縄県立第一高等女学校で教鞭をとっていた。そこで迎えたのが、沖縄戦であった。

仲宗根政善『沖縄の悲劇』
（1951年）

米軍の沖縄上陸作戦開始に伴い、一九四五年三月二三日深夜、沖縄師範学校女子部（沖縄県女子師範学校の後身）・沖縄県立第一高等女学校の生徒二二二人、教師一八人は、沖縄守備軍の命により、従軍看護要員として南風原《はえばる》地下壕の陸軍病院に配属された。いわゆる「ひめゆり学徒隊」であり、仲宗根政善はその引率教師の一人であった。米軍が侵攻するなか、五月二五日に学徒隊は陸軍病院を出て、南下する日本軍に従い、本島南端部に向かった。当時の県知事・島田叡《あきら》は、軍団長会議の場で「武器弾

仲宗根政善

薬もあり、装備の整っている首里を放棄して、住民を道連れにして、島尻南部に下がるとは愚策である」と、軍の方針に強く反対したが、司令官・牛島満は「第三二軍の使命は、本土戦を有利にすることにある」として、会議を締めくくったという。勝敗を一気に決着させるのではなく、じりじりと後退しながら引き延ばし、本土上陸を一日でも遅らせるためであった。結果、兵も住民も地引き網で追い込まれるように島南端に圧縮され、多数の死者を出すこととなった。

その後、砲爆撃が激しさを増すなか、系統的な行動は不可能な状況となった。六月一八日、軍はひめゆり学徒隊の解散命令を発令し、学徒・教員の行動は「自由意志」に任された。結局、彼女らは避難民と同じように砲撃のなかを逃げ惑うこととなった。ひめゆり学徒戦死者の八割は、この時期の犠牲者であった。仲宗根もその間の砲撃で負傷し、頸部に砲弾の破片を受けるもわずかに頸動脈をそれていたため、一命を取りとめた。そして、六月二三日、喜屋武《きゃん》海岸で米軍に包囲され、付き従っていた生徒が自決のため手榴弾の栓を抜こうとするのを押しとどめ、生徒一一名とともに、捕虜となった。司令官・牛島満が自決し、第三二軍の組織的戦闘行動が終結した当日であった。

だが、仲宗根が『沖縄の悲劇』を刊行した動機は、その戦争体験のみにあったわけではなかった。既存の「ひめゆり」の語りに対する違和感も、執筆の動機として大きかった。仲宗根は『沖縄の悲劇』の序文で次のように述べている。

この悲劇が戦後、或は詩歌に詠まれ、或は小説に綴られ、演劇舞踊になって人々の涙をそゝっている、ところがその事実は次第に誤り伝えられ伝説化しようとしている。乙女らは沖縄最南端の喜屋武の断崖に追いつめられて、岩壁にピンで自分の最後を記していた。

再びあらしめてはならない最後の記録であった。彼女等が書き残そうとした厳粛な事実を私は誤りなく伝えなければならない義務を負わされている。洞窟に残した重傷の生徒達のことを思うと、この記録は私にとっては懺悔録でもある。(30)


「この悲劇が戦後、或は詩歌に詠まれ、或は小説に綴られ、演劇舞踊になって人々の涙をそゝっている」とあるのは、石野径一郎の小説『ひめゆりの塔』やそれを原作にした石井みどり舞踊団による演劇、あるいはそれ以前の「ひめゆり」の語りを指している。そこにおいて、「事実は次第に誤り伝えられ伝説化しようとしている」ことへの不快感が、仲宗根にはあった。『鉄の暴風』と同じく、仲宗根においても、日本本土での語りへの反感が、執筆・刊行の動機として大きかったのである。

「ひめゆり」の振幅

では、それ以前に「ひめゆり」はどのように語られてきたのか。(31) もともとそれは、捕虜として収容所に移送された旧日本兵のあいだで、噂話として広まっていった。閉ざされた収容所では、収容者たちの書きものの閲覧や朗読会が、ほぼ唯一の娯楽であった。「ひめゆり」の物語も、そうした場で生み出され、語られてきた。

小禄収容所にいた旧日本兵の三瓶達司《みかめたつじ》が作業場などで地元の女性から聞いたものが、その原型とされ、朗読会でも好評を博し、多くの捕虜たちが次々に筆写したという。宮永次雄『沖縄俘虜記』のな

石野径一郎『ひめゆりの塔』（1950年）

かにも、幾多の筆写を経た三瓶の文章が収められている。

沖縄戦は地上戦であっただけに、軍人・軍属のみならず、一般住民も戦闘に巻き込まれた。そのなかで、沖縄の少女たちの逸話が意図的に選びとられているところに、捕虜たちのジェンダー的な欲望を垣間見ることができよう。だが、重要なのは、そこでいかなる少女像が語られていたのかということである。宮永が引いている「ひめゆり」挿話では、傷病兵のみならず老人・子どもたちにも健気に尽くす純粋さが描かれるとともに、日本兵の肉弾攻撃にも進んで参加する「殉国」の情が強調されていた[32]。また、別に書き写されたもののなかには、少女たちが自決した壕を見つけた米軍がガソリンを放って焼き尽くしたなど、米軍への敵愾心が露骨に記されているものもあったという[33]。

そうした記述への反感から、キリスト教徒で歯科医であった与那城勇が、ひめゆり学徒隊の生存者数名より体験談を聞きとり、教会が発行する謄写版刷りの伝道誌『ゴスペル』（創刊号、一九四九年五月）に「原本・ひめゆりの塔」を寄稿した。それが、布教目的で本土から渡航していた沖縄出身の宗教史家・比屋根安定らの手を経て[34]、同じく沖縄出身の作家・石野径一郎に渡された。石野の『ひめゆりの塔』は、これに着想を得て書かれたものであった。

「ひめゆり」の「わだつみ」化

この作品は、伊差川カナという女学生を主人公に据え、彼女たちが戦争に疑問を持ちながら、戦闘に巻き込まれ、翻弄されるさまが描かれている。同時に、校長や軍医、看護婦たちは、軍国主義に凝り固まった非情な人物として描かれ、主人公の女学生たちとの対照が際立っていた。

前述のように、それまでの沖縄戦記は旧日本兵によって書かれることが多かったのだが、それに対して石野は、「沖縄戦のいたみ」を「沖縄人の立場」から記し、「徹底的に沖縄戦に対する悲憤をぶちまけ」たいという思いから、この小説をまとめた[35]。

これは、『令女界』に一九四九年九月より連載が開始され、同年一〇月には『うるま新報』でも連載が始まった[36]。前述のように、翌一九五〇年六月には単行本化され、さらにその以前から、大映、東宝、東横の三社から映画化の打診があったという[37]。

石野の作品が発表早々に話題になった背景には、登場人物のモデルと目される人物の戦争責任の問題があった。沖縄県立第一高等女学校・女子師範学校の校長を務めた西岡一義は、石野の小説のなかでは、「岡西義二」の名で登場する。彼は軍の権威を盾に過剰なまでに軍国主義を振りかざし、生徒たちを押さえつける一方で、自分らの出世と保身に汲々とする人物として描かれていた。一九四九年当時、西岡は東京第二師範学校女子部長の職にあったが、石野の小説発表を機に西岡の排斥運動が過熱し、その戦争責任が問われるようになった。

在本土沖縄人向けの新聞『沖縄新民報』(一九四九年九月一五日号)では、社説に「西岡氏の無反省を惜む」というタイトルを掲げ、「人生二十五年と教へた軍国主義下の教育が徹底して少女達が進んで自から死んだといふなら、これを教へた教師は自から進んで責任をとらなければならない、しかるに西岡氏の場合は責任をとる風情がさら〳〵な」いことを非難し、その後もたびたび西岡批判の論陣をはった。『うるま新報』(一九四九年九月三〇日)でも、「〝時機を見て真相を〟豪語する玉砕校長」

の見出しのもと、「同氏〔＝西岡一義〕は沖縄戦の前夜から軍部に最大限の協力をなし、白百合看護隊の結成には特に努め、軍部の覚え目出度く、南部へ退却後は情婦と軍刀をひつさげ軍司令部について廻り、球二十三軍が自由行動を各部隊に下命後は生徒の大部分は自害或は爆死を遂げ、九死に一生を得た女生徒たちは戦後西岡校長に会つたらその鉄面皮を引つぱたいてやると友だちの最後を想う無念の心から洩らしたものであつた」と記されていた。

文部省もこうした動きに反応し、同省大臣官房適格審査室はうるま新報社に「西岡校長の教育方針」「西岡氏の軍国主義又は国家主義的言動」「大政翼賛会その他国家主義団体との関係」などを照会した[38]。また、石野自身も文部省に呼ばれ、小説の記述のうちどの部分が事実なのか、質問を受けたという[39]。

こうした受け止め方は、石野の意図とはずれたものであった。そもそも石野のこの小説はフィクションであった。前述の与那城勇のエッセイにヒントを得たとはいえ、すでに四半世紀以上、本土で暮らしていた石野は、当然ながら沖縄戦の体験はなく、それについての情報も乏しかった。「文通も電話も不如意で当時の沖縄は全く不明なころ[40]」であっただけに、石野は「沖縄戦で生き残ったというクリスチャンの建築師」の男性から戦場や野戦壕の話を聞き、「新宿のマーケットに飲み屋をひらいている儀間さんという女性」から「校長のうわさ」を聞くなどして、想像をふくらませた[41]。そのうえで、兄事する宇野浩二の「小説は空想で書くものだ」という言葉を胸に、あくまでフィクションとしてこの小説を書き上げた[42]。

にもかかわらず、それは元沖縄第一高等女学校長の責任追及へと発展したわけだが、逆に『読売新聞』（一九四九年九月七日）は、「記録文学また波紋」と題した記事のなかで、石野の作品が事実と異なる点があることを批判的に論じ、「記録文学のウソ」の社会的影響を問題視した。それへの反批判として『令女界』一九四九年十二月号では「『ひめゆりの塔』はウソか」と題した特集が組まれるなど、論争へと発展した。石野もそのなかで、「文学である以上は、現実よりももつと現実的な現実を書くための虚構は絶対に必要」「拙作は『ひめゆりの塔』をシンにして沖縄戦の被害と訴へと祈りとを住民の側から描かうとしたので、特定のモデルについてバクロ読物を作つたり記録を作つたりする意図は毛頭ありません。モデルも全部綜合モデルと云つた程度のものです」と述べていた[43]。

こうした論戦のなかで、この小説は「悲哀に満ちた少女」と「悪虐な軍人・校長」の二項対立図式を印象づけることとなった。西岡元校長の責任を問う議論は、『沖縄新民報』や『うるま新報』でたびたび取り上げられたが[44]、それは何も沖縄や在本土沖縄人に限るものではなかった。日本本土でも、おおよそ同様の受け止め方がなされていた。そのことをうかがうことができるのは、この作品の映画化をめぐる動きである。

先述のように、この小説の映画化をめぐって、大映・東宝・東横の三社が名乗りを上げたが、最終的に契約に至ったのは東横であった。その際、東横は当時製作中であった映画『きけ、わだつみの声』の姉妹編としてこれを位置づけていた。東横映画専務であった比嘉良篤の当時の談話によれば、この映画の監督は、『きけ、わだつみの声』で監督を務めた関川秀雄、脚本は同じく『きけ、わだつみの声』で構成担当であった八木保太郎の予定であった。比嘉はまた、その談話のなかで、「「きけわ（マヽ）だつみの声」以上の迫力をもつて〔中略〕平和建設への巨火たらしめる」作品にする意気込みを語っていた[45]。

映画『きけ、わだつみの声』は、「聡明な学徒兵」対「悪虐・粗暴な職業軍人」という二項対立を

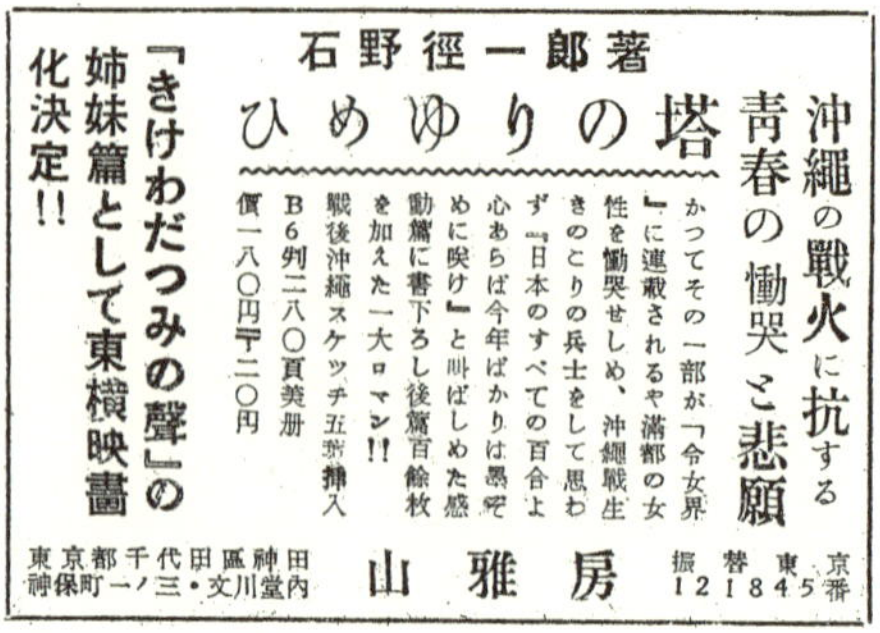

「『きけわだつみの声』の姉妹編」であることが強調された『ひめゆりの塔』広告（『沖縄新民報』1950年7月5日，1面）

前面に戦争批判を展開したもので、一九五〇年六月に公開されると、たちどころに話題になった。石野の『ひめゆりの塔』は、こうした映画の「姉妹編」にふさわしい原作とみなされていたのである。

もっとも、そのような形での映画製作は結果的には実現しなかった。ちなみに、石野との契約に至らなかった大映では、今井正監督・水木洋子脚本で「関係者の実話を綜合したもの」をもとにして、映画製作が進められようとしていた。これは、「学徒兵の悲劇を描いた東横映画『きけ、わだつみの声』に対し、徴用女学生の悲しい最期から戦争の否定と平和への念願に燃える」ものが意図されていたらしい[46]。これも結果的には頓挫することとなったが、一九五三年に今井正監督・水木洋子脚本の『ひめゆりの塔』が東横映画の後身である東映で製作されることになる。この映画では「参考文献」として、石野の『ひめゆりの塔』のほかに、『鉄の暴風』や仲宗根政善『沖縄の悲劇』があげられていた。とくにストーリーは『沖縄の悲劇』に依拠しており、「参考文献」の筆頭にあがっていたのも同書であった[47]。

石野径一郎『ひめゆりの塔』を原作にした映画製作が実現しなかった経緯は、定かではない。だが、ここで考えるべきは、そのことよりも、石野の作品がいわば「『きけ、わだつみの声』の姉妹編」として受け止められ、それなりに高く評価された社会背景である。

序章でもふれたように、東京裁判の進行・結審により、旧軍人・政治家の責任を問う輿論は盛り上がる一方、冷戦の激化にともない、再び戦火に巻き込まれることへの懸念も生まれつつあった。朝鮮戦争の勃発や再軍備の動きが、その不安に拍車をかけた。

このようななかで、平和運動は盛り上がりを見せつつあった。一九五〇年三月、世界擁護大会常任委員会（世界平和評議会の前身）は原子力兵器の絶対禁止を訴えた「ストックホルム・アピール」を発表した。日本でもこれを受けて「日本平和を守る会」（一九五〇年二月結成、のちの日本平和委員会）の署名運動が展開された。これは、アメリカに対抗しようとするソ連の影響を強く受けていた。当然ながら、GHQはさまざまな圧力を加えたが、それでも六四五万の署名を集めるに至った。

これとは別に、安倍能成、清水幾太郎、丸山眞男ら、雑誌『世界』（岩波書店）に集っていた知識人は、一九四八年一二月に平和問題談話会を結成した。平和問題談話会は非武装中立や再軍備反対という目標を設定し、一九四九年から一九五〇年にかけて三度にわたり声明を発表した。

映画『きけ、わだつみの声』が大ヒットし、石野径一郎の『ひめゆりの塔』が「『きけ、わだつみの声』の姉妹編」とみなされたことには、こうした社会背景があった。『きけ、わだつみの声』の観衆は、学問への熱情や肉親への愛情を断ち切って戦線に赴かなければならなかった学徒兵の悲哀に涙し、軍国主義批判のメッセージに共感した。[48] そして、石野の『ひめゆりの塔』にも、それに近いものが読み込まれ、校長や軍首脳たちの軍国主義を批判する「『きけ、わだつみの声』の姉妹編」と目された。その背後には、前述のような政治・社会の状況が絡んでいたのである。

意味づけへの不快感

こうした『ひめゆりの塔』に対し、仲宗根政善は先述のように、「その事実は次第に誤り伝えられ伝説化しようとしている」という違和感を抱いていた。石野は「小説は空想で書くものだ」という意識のもと、限られた沖縄戦の情報から話を膨らませて、「ひめゆり」の物語を綴ったわけだが、それに対して仲宗根は、「これはどうしても正しい事実を残しておかなきゃならない」という思いに駆られて、『沖縄の悲劇』をまとめた[49]。仲宗根は『沖縄の悲劇』の序文で、「この記録は文学でもなく、生き残った生徒の手記を集めて編纂した実録」であることを強調しているが、それは、しばしば「記録文学」とみなされた石野の『ひめゆりの塔』への不快感に根差したものであった。

むろん、それ以前に収容所で語られ、筆写されていた「ひめゆり」の殉国美談への反発もあっただろう。そのことは、同書のなかで、「生き残った者は殊勝であったとか、死んだ者は勇敢であったとか、臆病であったとか、尽忠報国の精神に燃えていたとか、信仰が浅いとか深いとか、一体そういうことが今次沖縄戦においてどれほど生死と関係があったろうか[50]」と述べていることからも、うかがうことができる。だが、それとは対照的な物語ではあったとしても、石野の『ひめゆりの塔』のような学徒隊の「フィクション」に対しても、仲宗根は違和感を抱いていた。そうした思いもあって、仲宗根は、「彼女等が書き残そうとした厳粛な事実」を「誤りなく伝えなければならない義務」を自らに課し、戦場の実相とは遊離した「伝説化」に抗おうとしたのであった。

とはいえ、仲宗根は、自らの沖縄戦体験をもとに『沖縄の悲劇』を綴ったわけではない。これは、ひめゆり学徒隊の生存者に手記執筆を依頼し、それを仲宗根が時系列的に編纂したものである。その意味で、『沖縄の悲劇』は、一人の視点から書かれた首尾一貫した物語とは異質なものであった。

だが、沖縄戦で徹底的に破壊しつくされた終戦直後の混乱期において、連絡がとれないどころか、生死もわからない生徒たちを訪ね歩いて、手記を集める作業は、多大な困難を伴うものであった。当然、仲宗根個人が書き下ろすほうが、よほど容易であり、ストーリーも構成しやすかっただろう。だが、仲宗根は、そうしたやり方を採用しなかった。それは、なぜなのか。後年、仲宗根は以下のように語っている。

沖縄戦を体験した者同士が、集まって戦争のことを語るときに、三六年もたった今でも、耳新しい想像もつかない話が、必ず出て来る。行動をともにした者の間でもそうである。すぐそばの壕で、どんなことが起ったのか、鉄の暴風が吹きすさんでいた中では、さっぱりわからなかった。一人一人が、点と線を歩いたのであり、一人の戦争体験では、沖縄戦の実態を、想像することすら困難である。一人一人の戦争体験を織りなして一つにまとめて、さらに死んで行った一人一人の体験を深く推察して、それをも下敷きにして見なければ、沖縄戦の実態はわからない。(51)

仲宗根が戦火をくぐるなかで感じていたのは、「一人の戦争体験では、沖縄戦の実態を、想像することすら困難である」ということであった。戦争体験は、そこにいた者の数だけの事実や状況把握が存在し、決して一つの物語に収斂させることができるものではない。仲宗根は、そのことを実感しており、それゆえに、煩瑣な作業にもかかわらず手記を集め、「一人一人の体験を深く推察」することによって、多層的な沖縄戦の状況を提示しようとしたのであった。

それだけに、この書物は微妙な読みにくさを伴う。たしかに、手記を編纂したものとはいえ、仲宗根が多少は表記を整えているので、文章としては読みやすい。だが、仲宗根が自分の体験なり状況なりを説明していると思えば、急に当時の生徒の手記が挿入される。そうするなかで、戦場の同じ場面でありながら、それぞれに異なる体験や感覚が示される。負傷兵の看護の場面でも、ある者は麻酔もなしに足を切断する手術を目の当たりにし、ある者は口内に蛆《うじ》が湧いた負傷兵に、粗末な食事を食べさせる。敗走の過程においては、ある者は、空爆で内臓が抉り取られ、苦痛のあまり一刻も早い死を求め、それを目の当たりにした彼女の親友は、それを幇助すべきか逡巡する。また別に、米軍に気づかれるからと、壕内で泣き叫ぶ乳児の処置を母親に強要する日本軍兵士のエゴイズムを目の当たりにする者もあれば、米軍に投降を呼びかけられても「虜囚の辱め」を受けまいと決意を新たにする者もいる。このように、仲宗根の手による『沖縄の悲劇』は、学徒隊の行動の時系列的な経過と、その時々の複数の戦場体験を行きつ戻りつして読ませる、錯綜性を帯びたものであった。

そうした記述のなかに垣間見られたのは、生死への意味付与に対する不快感である。仲宗根は『沖縄の悲劇』のなかで、「生きるも死ぬるも只偶然であり僥倖であった。生き残った生徒と死んで行った生徒を比較して人間のあさはかな知恵で生死の理由を判断することは到底不可能である」と述べている。[52] また、先にも引いたように、「生き残った者が殊勝であったとか、死んだ者は勇敢であったとか、臆病であったとか、尽忠報国の精神に燃えていたとか、信仰が浅いとか深いとか、一体そういうことが今次沖縄戦においてどれほど生死と関係があったろうか」とも記していた。

死の意味づけへの不快感は、仲宗根の体験にも根差していた。一九四五年六月一九日の未明、生徒たちとともに戦火を逃げ惑っていた仲宗根は、爆風で道路上に倒れて意識を失った。意識が戻った後に頸部から出血していることに気づいたが、前述のように、傷が頸動脈をわずかに逸れていたために、一命をとりとめた。仲宗根はそのときのことを回想して、「この傷あとに手をふれながら、わずか半センチの間にかゝる命の緒を思い、運命の不思議を考えるのであった」と述べている。[53]

そこで思い起こされるのは、安田武の議論である。前述のとおり、安田は自らの戦後の生が「わずか十糎《センチ》の「任意」の空間、あるいは見知らぬ異国の狙撃兵による「恣意」の選択がもたらした、まさに言葉そのままの意味での、致命的な偶然」のうえにあることをつよく感じていた。[54] そこから、安田は死を意味づけることへの違和感を抱くようになった。

こうした心情は、仲宗根政善にもつながるものがあった。仲宗根が感じていたのも、戦場とは不条理のようなものが支配する場であり、生死に意味づけをすることは、それを語る者の後知恵にすぎない、ということであった。両者とも、「偶然」のゆえに戦争を生き延びることができたわけだが、それゆえに生死を説明づけることには「とうてい納得ができない」「すっきりと論理的な筋道などついていたら、むしょうに肚が立ってくる」という思いがつよかったのである。[55]

語り難さと悔恨

それは同時に、体験の語り難さへのこだわりを導いた。そのことがうかがえるのが、映画『ひめゆりの塔』に対する仲宗根の評価である。

一九五三年一月、仲宗根の『沖縄の悲劇』に大きく依拠する形で映画『ひめゆりの塔』（今井正監督、水木洋子脚本、東映）が公開された。この映画は、戦場シーンの再現に力を入れており、当時としては爆薬もふんだんに用いていた。製作費も、当初予算の二〇〇〇万円をはるかに上回る五〇〇〇万円強にのぼった。映画評論家の津村秀夫も、「艦砲射撃や爆撃による爆発は日本映画としての条件

映画『ひめゆりの塔』ポスター（東映，1953年）

付では、比較的うまい方である」「殊に最後に海岸で教師や女生徒たちが機関銃にたおれるあたりは生彩がある」と評していた(56)。しかし、仲宗根は、「実体験した者から見ると、あの程度のむごたらしさではなく、事実はそれよりも、はるかに残虐だったんです」「あの映画について書かれた新聞雑誌の記事を見ても、われわれの持つ体験と、表現されたものの間には、ひじょうな距離があって、そらぞらしいという感じです(57)」と述べるなど、映画での戦場描写に違和感を抱いていた。

後年の文章のなかで、仲宗根は戦争体験の把握の困難さを、以下のように語っている。

> 沖縄戦を語ることは、気が重い。極限状況においこまれたときの、戦争の悲惨・残酷・酷悪は、平和時では、到底想像がつかない。この世で、ほんとにこんなこともあったのかと思う。
> 老母を壕に残して、脱出しなければならなかった。壕の中で、泣き叫ぶ赤児をとがめられて、弾雨の中に出て血迷った。母親は死んで、乳飲児が乳にすがりついていた。
> 病院壕では、無数の重傷患者に、ミルクに青酸カリを入れて飲ませて処置した。その中に、同僚や教え子たちを置きざりにしなければならなかった。集団自決・スパイ虐殺事件等々。
> 生き残りたちが、集まって語るたびに、いつも想像もつかない惨虐なことが、つぎつぎと出て来る。まだまだ想像もつかない事実がいくらでも底にうずもれているにちがいない。

そんな想像もつかないことが、事実、われわれのまわりに、いくらでもあったのである。[58]

こうした思いを抱いていたがゆえに、仲宗根には、戦場での体験は「ことばとか映画とか、そういうものでは表現できない」と感じられたのであった。[59]

そこには、悔恨や自責の念も結びついていた。一九四五年五月末、仲宗根は軍命令により、他の生徒たちとともに南風原《はえばる》の陸軍病院を出て、沖縄本島南部に後退する日本軍に従った。病院には、重傷者や激しい衰弱のために身動きがとれない者のみが残された。そのなかには、渡嘉敷という重傷を負った生徒もまじっていたが、仲宗根は彼女を置き去りにせざるを得なかった。彼女も含めて、残留者には自決用に青酸カリ入りのミルクが配られた。そのことを、仲宗根は南下の途中で知らされた。結果的に、その生徒は青酸カリを口にすることはなく、米軍に救助された。その彼女に終戦直後に再会したときの心境を、仲宗根はこう綴っている。

敵として恨んだ米兵が却って教《おしえ》を説いた師よりも親切であった。渡嘉敷からして見れば壕にほうり捨てゝ去った先生や学友よりは、救ってくれた米兵の方が有難かったにちがいない。現実の結果としてはこれが厳然たる事実である。あの場合は仕方がなかったといくら言訳して見ても、それは自分を社会から引離し、戦争から引離して考えた時のいゝ分で許さるべきことではない。日本国家全体がおかした罪が、具体的には自分を通じてあらわれたのである。環境が然らしめたということが、どれほど罪を軽くしうるであろうか。[60]

南下の軍命令が下された以上、一引率教師にすぎない仲宗根が、歩行困難な重傷の生徒とともに壕に残ることはできなかった。だが仲宗根にとって、それは「日本国家全体がおかした罪が、具体的には自分を通じてあらわれた」のであり、「環境が然らしめた」からといって、「罪を軽くしうる」ものではなかった。それだけに、戦争体験を思い起こすことには、つよい悔恨と自責の念が伴った。

また、戦時下に学校教師であった仲宗根は、そもそも国粋主義を生徒たちに教え込む立場にあった。一九三九年に国民精神文化研究所で「惟神《かんながら》の道」の研修を受けた仲宗根は、女子師範学校の修養道場の主任を命じられた。「最初は、つまらんつまらん」と思っていたが、そのうちに「文部省の指令通りに、なんとなく随順」し、生徒や他の教師たちに「承詔必謹」の「徳目」を教化する役を担うことになった。当時について、仲宗根は一九七四年の座談会のなかで、「まず徳目をきめて、それからだんだん下におろして滲透させていく。その歯車のなかに、ぼく自身がちょうど組みこまれて、どうにもならないような形になっていった」と回想している(61)。そうしたこともあって、なおさら「敵として恨んだ米兵が却って教を説いた師よりも親切であった」ということが、痛みとともに感じられたのであろう。

この点において、石野径一郎と仲宗根は決定的に異なっていた。一九〇九年生まれの石野は、一七歳で上京し、教職をへて、作家活動のかたわら、出版社の仕事を手伝っていた。戦争末期に出版関係者にも徴用令が出され、軍需工場などでの労働が強制されるようになると、石野は「徴用よけで、東奔西走」し、知人の紹介で東京都立の中等学校の教師の職を得た。一九四四年六月には、石野のもとにも召集令状が届き、東部第二部隊への入隊が指示されていた。石野は「何んとしても帰りたい。不忠といわれようと、非国民といわれようと、おれは死にたくない」という思いで入営した。だが、一週間足らずで除隊となった。石野は入営にあたり、大本営に勤務していた沖縄出身の陸軍中佐・親泊《おやどまり》朝省《ちょうせい》の手を経て、手持ちの国旗に錚々たる軍上層部の署名を得ていた。「たぐいまれな名士の署名入り国旗を、親泊さんの忠告を入れて、百パーセント利用した」ことで、脚気を理由に除隊となったのである。除隊の際、「早まるんじゃねぇぞ、石野。地方へ帰ったら国民の中堅としてご奉公できる身だ。妻子のある体だ。こんなことで世をはかなんじゃねえぞ」と上官が諭すなか、石野は「自分の顔に解放感があらわれるのを必死に警戒しながら、いかにも残念そうによそおった」という[62]。このときのことを振り返って、石野は次のように綴っている。

やがて解放される時がきた。ぼくはこの純情かれんな上官たちが見送っているのへ答えるつもりはなく（ふり向くと待てといわれそうで）電車線路を横切り、大石とうろうの礎石に姿がかくれるのを待って一目散にかけ出した。脚気はふっとんで、飯田橋駅までは完全にノンストップだった[63]。

このエピソードを、石野は『ひめゆりの国』（一九六九年）、「私の戦後史」（『沖縄タイムス』一九八四年五・六月に連載）といった回想記のなかで語っている。そこには少なくとも、仲宗根政善に垣間見られたような悔恨は見られないし、それは『ひめゆりの塔』においても同様であった。仲宗根にしてみれば、表現し難い煩悶や自責がかき消される形で「ひめゆり」が美談化されることは、不快感をもよおすものでしかなかったのだろう。

基地建設の進行と戦火の余塵

仲宗根が『沖縄の悲劇』を執筆した意図としては、前記のような思いとともに、当時の沖縄をめぐる社会状勢も関わっていた。仲宗根は、この書物のなかで、こう述べている。

原子爆弾の偉力をもってしては、地上から戦争をなくすことは到底不可能である。こうした厳粛な事実をもっと深く考えるのでなければ永遠の平和は望むべくもない[64]。

この血の島のこうした悲惨事が人類に記憶されないならば、再び戦はくりかえされるであろう。こうした記憶が人類史上に永遠に残り、「血の島」沖縄がやがて聖地として浄められ、世界平和の記念の島たらんことを祈ってやまない[65]。

ここでは、当然ながら、朝鮮戦争をめぐる政治状況が念頭に置かれていた。先述のように、一九五〇年六月二五日に朝鮮戦争が勃発したことにより、日本が再び戦争に巻き込まれる懸念が高まった。また、すでにソ連は、一九四九年九月に原爆保有を発表しており、原子力兵器を用いた米ソの全面戦争、ひいては第三次世界大戦に拡大することも危ぶまれていた。

その不安は、沖縄でも見られた。むしろ、当時、米軍基地の建設が急ピッチで進められていたがゆえに、再び戦火に巻き込まれることへの危険は、沖縄では相当に深刻であった。

一九四九年一〇月に中華人民共和国が成立すると、アメリカ議会は一九五〇会計年度に五〇〇〇万ドルを上回る本格的な沖縄基地建設予算を組んだ[66]。そこから、土地の収奪が加速した。農民や土地所有者は経済基盤が失われたが、それは彼らだけの問題ではなかった。「基地の島」沖縄に朝鮮戦争の余波が及ぶことは、沖縄住民全般にとって切迫した問題となっていた。『月刊タイムス』では、沖縄が戦争に巻き込まれることの不安とやりきれなさが、以下のように記されている。

米軍による基地建設の進行（1945年，米軍撮影）

軍当局から防空に関する指示が出たが内容は誰れもが先刻承知して居ることばかり。何しろ七年前の春から夏にかけて何百回となく空襲を経験して居る。あの時どんな処置をとつたか、どんな行動をやつたかは今でもまだ忘れては居ない。従つて指示の内容は一向目新しいものはないにしても、指示が出たという事実にはすつかり怯かされた。七年前の恐ろしい、嫌やな光景が今更ながら髣髴として瞼に浮んできたからである。〔中略〕

国民の一員として戦争にかりたてられるのなら自分らが戦うのであるから何とか諦めもつくかも知れないが、ひとの喧嘩のとばつちりを食つて大事な生命財産をなくするなんか甚だ馬鹿々々しいはなしである。もう二度と戦争は御免だ、人類の幸福は平和にあると悲願しても、平和の鳩は姿を見せてくれない。太平洋に於ける重要なる戦略地域という誠に飛んでもないものを人口過剰の枯れ国がもつて居たことが戦火に脅かされる宿命となつて居る。嘆いても追いつくものではない[67]。

「ひとの喧嘩のとばっちりを食つ」て「戦火に脅かされ」そうな状況に沖縄があるなかで書かれたのが、仲宗根政善の『沖縄の悲劇』であった。かつて「血の島」であった沖縄が再び同様の状況を迎えそうになるなか、沖縄戦の「厳粛な事実」を「もっと深く考え」、沖縄を「世界平和の記念の島」として捉え返すことを、仲宗根は意図していたのである。

『沖縄健児隊』と本土の戦記ブーム

ひめゆり学徒隊を扱った『沖縄の悲劇』に続き、一九五三年六月、元鉄血勤王隊員の手記集が刊行された。大田昌秀・外間守善《ほかましゅぜん》編『沖縄健児隊』である。

沖縄戦が始まると、沖縄守備軍は県下の男子中等学校・師範学校の生徒一八〇〇名を正規戦闘部隊の補充兵として動員し、各学校ごとに鉄血勤王隊を編成した。彼らは壕掘りなどを担う野戦築城隊員、敵軍に決死の攻撃をしかける斬込隊員、各地の壕に避難している軍人・民間人に軍司令部の命令・情報を伝達する情報宣伝隊員などに配属され、戦場に駆り出された。

沖縄師範学校に在学中であった大田昌秀や外間守善も、鉄血勤王隊に編入された。そのときの彼らの体験をつづる一方、他の同窓生が教師たちに手記執筆を依頼し、それを編纂したのが、『沖縄健児隊』であった。

この書物の発刊意図としては、死者たちの生前の行動を多少なりとも記録として残そうとすることにあった。終戦直後の沖縄では、いたるところに白骨が散乱し、肉親の遺骨を特定することすら困難をきわめた。それ以前に、肉親が戦場をどのように彷徨《さまよ》い、どこで死亡したのかさえ不明なケースが多かった。そうした状況にあって、「愛する人々が、どのような状態において、どのようにして死んでいったかということ――それを伝えることは、ほんとうに辛いのですけれども――その片鱗だけでも、やはりお伝えしなくてはいけない」ということが、発刊の目的として掲げられていた。それゆえに、「できるだけ多くの人々の消息を伝えるためにも、寄稿していたゞいたものは全部収録」したという[68]。その点では、「彼女等が書き残そうとした厳粛な事実を私は誤りなく伝えなければならない」とした仲宗根政善『沖縄の悲劇』にも重なるものがあった。

ただ、同時に見落としてはならないのは、この書物が日本出版協同から出されていたことである。同社は、一九四五年三月に設立された日本出版助成株式会社（日本出版会に代わって出版用紙の購入・保管を行なう機関）を前身とする出版組織で、当時、多くの戦記ものを刊行していた。社長の福林正之は、『出版ニュース』（一九五二年三月中合併号）に寄稿した「敗戦史を書く権利と義務」のなかで「歴史を書く権利は勝利者にのみあるのではない、敗者もまた敗戦の歴史を書く権利と義務があると信ずる」「勝利者の書く歴史のみが遺るから、歴史は歪曲される」と述べ、戦記出版の意義を強調している[69]。そうした出版方針もあって、同社はとくに一九五二年以降、戦記ものを量産した。特攻隊員の遺稿集である『雲ながるる果てに』（一九五二年）は福林自身が手がけてヒットしたほか、後勝《うしろまさる》『ビルマ戦記』、小岩井光夫『ニューギニア戦記』、猪口力平・中島正『神風特別攻撃隊』、宇垣纏《まとめ》『戦藻録』といった

大田昌秀・外間守善編『沖縄健児隊』（1953年）

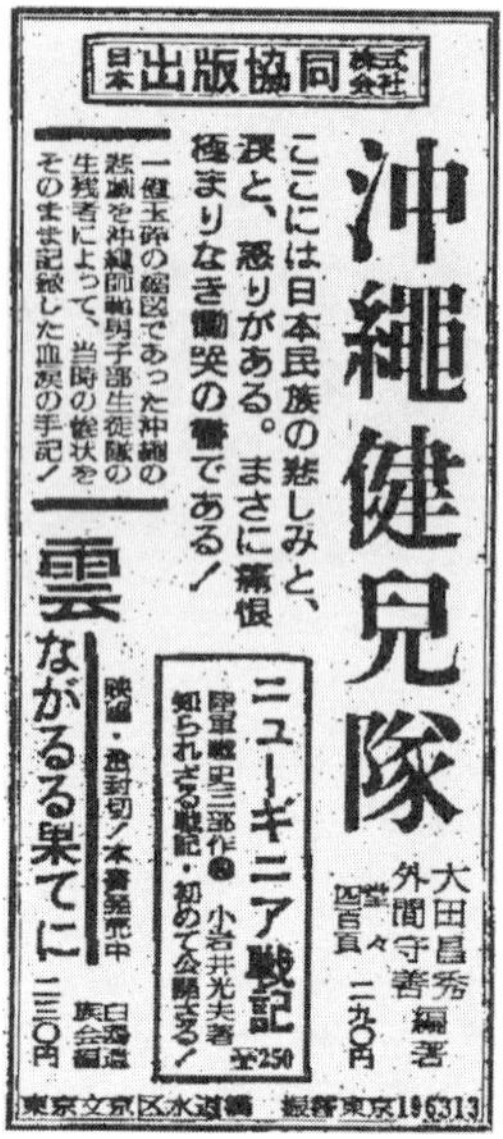

『沖縄健児隊』（日本出版協同，1953年）新聞広告（『読売新聞』1953年6月5日）
他の戦記ものと合わせて宣伝されている。

戦記が同社からこの時期に出されている。『沖縄健児隊』もこの日本出版協同から出版され、福林正之自ら、この企画に関わった。

折しも、当時の出版界は戦記ブームに沸いていた。序章でも述べたように、占領集結直後の当時、それまでの反動で戦記ものや東京裁判批判の言説が噴出した。そのようなか、日本出版協同は戦記ものを量産し、戦記ブームを牽引していった。『沖縄健児隊』も、本土のそうした出版動向に乗る形で刊行された。『読売新聞』（一九五三年六月五日）に掲載された同書の広告には、以下のようなコピーが付されていた。

ここには日本民族の悲しみと、涙と、怒りがある。まさに痛恨極まりなき慟哭の書である！一億玉砕の縮図であった沖縄の悲劇を沖縄師範男子部生徒隊の生残者によって、当時の惨状をそのまま記録した血涙の手記！(70)

この新聞広告では、あわせて、日本出版協同から出されていた小岩井光夫『ニューギニア戦記』と白鷗遺族会編『雲ながるる果てに』といった戦記の宣伝が織り込まれていた。『沖縄健児隊』もこれらと同じく、「日本民族の悲しみと、涙と、怒り」を訴える「まさに痛恨極まりなき慟哭の書」と位置づけられていたのである。

映画『沖縄健児隊』をめぐって

この手記集は、発刊して三カ月後の一九五三年九月に松竹で映画化された。映画界でも一種の戦記ブームが生じており、『戦艦大和』（阿部豊監督、新東宝）、『雲ながるる果てに』（家城巳代治監督、重宗プロ＝新世紀映画）、『太平洋の鷲』（本多猪四郎監督、東宝）といった戦争映画が多く製作された。映画『沖縄健児隊』（岩間鶴夫監督）もこうした流れのなかで作られた。だが、これが企画されるうえで大きかったのは、映画『ひめゆりの塔』（今井正監督、東映）の大ヒットであった。

仲宗根政善『沖縄の悲劇』に多く依拠したこの映画は、それまでの洋邦画の配給収入記録を塗り替えるほどの高成績をあげた。東映はこの映画の姉妹編として、一九五三年に鉄血勤王隊員を主人公にした『健児の塔』（小杉勇監督）を製作し、松竹も「ひめゆりブーム」にあやかろうと、同じく鉄血勤王隊の少年たちを描いた『沖縄健児隊』を公開した。

この両映画は、日本本土では興行的には失敗した。『キネマ旬報』などの映画誌でも、『ひめゆりの塔』の「二番煎じ」「三番煎じ」と酷評された。『読売新聞』（一九五三年一〇月一日夕刊）も、「二番、三番せんじが最初に及ばないことは当り前の話である。大船調おセンチを盛りこみ、若い層にファンを持つ青春スターを売りものにしようとも、そうそうヤナギの下にドジョウはいない。日本映画界の企画の貧しさを示す」と評していた。[71] そのようにみなされた要因と背後にあるジェンダー・ポリティクスについては、拙著『「反戦」のメディア史』ですでに論じているので、本書では繰り返さない。

むしろここでは、この映画が沖縄でどのように受け止められたのかを考えてみたい。沖縄のマス・

メディアでは、映画『沖縄健児隊』は大きく扱われていた。当時、早稲田大学に在学していた大田昌秀は「還らぬ学友達――映画化された『沖縄健児隊』」と題したエッセイを、一九五三年一〇月八日・九日の『琉球新報』に連載した。同じく編者の外間守善は、この映画のロケの模様を、一九五三年九月九日・一〇日の『沖縄タイムス』に記していた。

そこでしばしば言及されたのは、「沖縄は日本のために犠牲になった」ということであった。大田昌秀は先の『琉球新報』の記事のなかで、「一旦戦争に巻き込まれると個人のどのような苦しみも踏みにじつて戦争は背を押してしまうという事実」を強調しつつ、「当時の私達の気持としましては、国家の危急の場合には一切の物を捧げて国の大事に殉ずるのに悔はなかつたのであります」と述べ、この映画が描く「純潔のまま、八千万国民の身代りとなつて死んでいつた三百余名の沖縄健児隊の姿」は「どなたの胸にも深く刻まれることと思います」と記していた。[72]

実際、映画でもこうした側面はそれなりに強調されていた。家族や親友を喪う悲哀に直面しつつも、命を賭して敵軍に挑もうとする少年たちが、そこでは描かれていた。ラストでは、主人公の少年がすでに米軍捕虜になっていた教師に説得されて投降することになるが、そこでも、「いやです、捕虜なんて」「僕は命なんか惜しくないんです」と、容易に説得に応じようとしない様子が描かれていた。この映画の広告においても、「全日本人の魂をゆすぶる　あゝ、この痛恨と血涙！」「本土決戦！最後の要塞沖縄に、紅顔を砲煙と共に散つて行つた少年たちの姿！」と記されていた。[73]

しかしながら、原作の手記集では、そうした点のみが強調されていたわけではない。沖縄住民に対する日本軍の露骨な暴力も随所に書きこまれていた。とくに、大田昌秀の手記「血であがなったもの」では、そのことに対する憤りが記されていた。激しい機銃掃射や艦砲射撃のなか、住民が壕に潜んでいると、日本兵に容赦なく追い出され、壕を奪われる。大田も民家の壕に避難しようとすると、先に壕に入っていた日本兵に「誰が入れと言った。出ろ、学生のくせに」と銃を胸元に突きつけられる。しかも、「貴様にはそこに転がっているのが見えないのか」と指された先には、銃殺された老人の屍が横たわっていた(74)。この出来事について、大田は次のように綴っていた。

　戦場を離れている人々は、無辜《むこ》の同胞が菊の御紋章のついた銃でこんな最期をとげるとは夢にも思うまい。私達は敵という観念に翻弄されてこうして戦場を右往左往しているが、真の敵は何だろう、誰なんだ。戦争――この巨大な魔物に幻惑されて、一切の行為や思考が盲目の乱舞を続けているのではなかろうか。ここには思想もない。罪も単なる茶飯事ではないか。こんな想いが一どきに胸をゆすぶった(75)。

映画『沖縄健児隊』（松竹，1953年）の広告（『読売新聞』1953年８月19日夕刊）

　しかし、映画『沖縄健児隊』では、こうした状況はほとんど描かれていなかった。この映画が沖縄で紹介されるうえでも、この種の出来事に批判的に言及されることは少なく、「純潔のまま、八千万国民の身代りとなつて死んでいつた三百余名の沖縄健児隊の姿」に重きが置かれがちであった。大田自身がこの原作となる手記集『沖縄健児隊』を『琉球新報』紙上で紹介した際にも、日本軍の戦争責任の問題はとくに言及されず、この書物を通じて「是非とも戦争当時に沖縄が払った犠牲の片鱗だけでもありのままにひろく日本の人々に伝えようと決意した」ことが記されていた(76)。

では、旧日本兵の責任にふれた手記集であったにもかかわらず、なぜそのことではなく、「沖縄が払った犠牲」が沖縄メディアでは強調されたのか。そこには、日本復帰をめぐる動向があった。

帰属問題

一九五一年九月に日本はアメリカなど四八ヵ国とサンフランシスコ講和条約を締結したが、それをめぐる議論は、沖縄では一九五一年初めごろから盛り上がりを見せていた。そこで焦点になっていたのが、沖縄の帰属問題である。

沖縄の占領統治は、日本本土と切り離して行なわれ、琉球軍司令部による軍政が敷かれていたが、講和条約締結により、沖縄がいかなる統治形態に置かれるかに、人々の関心が集まった。本土では米ソの対立を背景に、全面講和論と単独講和論とが激しくぶつかりあっていたが、沖縄の争点はそれとはまったく異なっていた。

帰属論議において優勢であったのは、日本復帰論である。一九五一年三月から四月にかけて、沖縄青年連合会による青年世論調査が行なわれたが、その結果は、日本復帰を支持するものが八六パーセント、信託統治支持が七パーセント、独立を主張するものが二パーセントであった(77)。一九五一年二月には、社会大衆党と人民党が即時日本復帰を、共和党が独立を、社会党はアメリカの信託統治を主張していたが、同年三月の沖縄群島議会では、社会大衆党と人民党の多数で日本復帰要請決議を行なった。一九五一年四月には社会大衆党と人民党が中心になって日本復帰促進期成会が結成され、そこで展開された署名運動では、約三ヵ月で有権者の七二・一パーセントの署名を獲得した(78)。

　もっとも、一九五〇年一一月には、アメリカ政府は「対日講和七原則」を発表し、そこでは、アメリカによる沖縄の信託統治が明記されていた。しかし、最終的な講和締結では日本復帰を実現させようとする意見が、沖縄メディアの大勢であった。一九五一年八月一五日の『沖縄タイムス』社説でも、「吾々は期限付であれ信託統治を承認するという一部人士の考え方に真向から反対する」「領土問題に関し琉球九十余万の住民の絶対多数は日本への復帰を希望し熱烈なる悲願を訴えて居る」と記されていた(79)。

日本復帰促進期成会（1951年８月28日）　即時復帰の嘆願書と署名簿を講和会議参加国全権に送付した。

　しかし、前述のとおり、終戦直後はむしろ、米軍統治を許容したり、米軍の庇護の下での独立を主張する議論が支配的だった。にもかかわらず、なぜ一九五一年ごろから、復帰論が大勢を占めるようになったのか。

　ひとつには、米軍基地建設の本格化があった。先に述べたように、一九四九年一〇月の中華人民共和国成立に伴い、アメリカは沖縄基地建設を本格化させた。そのため、土地の収奪が加速するとともに、大量の沖縄労働者が基地建設や関連用務のために、低賃金で雇用された。米軍に雇用された場合の最低賃金は、沖縄人との比較でアメリカ人は一四倍、フィリピン人が五倍、本土の日本人が二・六倍であった。しかも、沖縄労働者には、日本の労働立法に規定された団体交渉権などがなく、米軍や基地建設を請け負う本土業者は、解雇予告すらなく首切りを行なうことがしばしばあった。復帰によって「日本人」になれば、日本の労働立法が適用されるうえに、賃金が二倍以上になることが見込まれただけに、一九五二年五月に初めて行なわれたメーデーでも、「即時日本復帰」が決議された[80]。

本土との経済格差が実感されるようになったことも、復帰論を後押しした。知念高校校長だった屋《や》良《ら》朝苗《ちょうびょう》は本土での教育指導講習会に派遣されたが、そこで、鉄筋コンクリート建ての校舎や児童・生徒の身なりの立派さに驚愕したという。沖縄では戦災で校舎が全滅に近い状態であったうえに、校舎復興に対して米軍から予算がなかなか回されず、テントのなかで高温多湿に悩まされながら授業を行なわなければならない状態だった[81]。また、沖縄の教員給与は軍作業者の半額ほどでしかなく、教員は生活苦にさらされていた。屋良とともに本土の講習に参加した教育関係者は、「〔本土では〕教職に専念しても楽に食つていける給与ベースをあたえている所など沖縄と話にならん」と発言していた[82]。このような状況の改善のためには、本土の援助を期待するよりなかった。

それらの背景があって、沖縄教職員会は、戦災校舎復興運動とともに「祖国復帰」を掲げ、一九五三年一月には教職員会を中心に沖縄諸島祖国復帰期成会が結成された。

しかし、復帰をめざす輿論が盛り上がるなか、日本の戦争責任を問う議論は遠ざけられる傾向にあった。『沖縄新民報』（一九五二年一二月一五日）の記事によれば、在京の沖縄諸島日本復帰期成会は、沖縄のひめゆり部隊遺族会、沖縄教職員会、ひめゆり同窓会などの要望を受けて、映画『ひめゆりの塔』公開直前に、抗議文を東映に提出しているが、その趣旨は、「軍人の横暴をことさらに強調し「血ばしつた岡軍医のピストルで女学生上原さんが射殺される」という事実無根のせい惨な場面が加えられ」ていることが、「日本民族と沖縄人が異種族で、しかも沖縄人は被圧迫民族だとの印象を与える」というものであった[83]。その背後には、日本の戦争責任を追及することによって、本土政府の感情を害することを避けようという意図も垣間見られた[84]。

そのことは、同時に沖縄の「犠牲」「殉国」を強調する議論につながった。一九五三年二月一〇日の『琉球新報』は、映画『ひめゆりの塔』を見て「ひめゆり学徒の尊い犠牲に感動し」た大阪の高校生が同紙に寄せた手紙を紹介している。それは、「終戦後八年目の春を迎えた今日、今なお日本復帰の望みが達成されないのでは〝ひめゆり学徒〟達の霊も安らかに眠る事はできないでしよう、これを機会に私達もぜひ復帰運動に協力させていただきたいと思います」という文章とともに、ゆりの球根が同封され、ひめゆりの塔付近に植えてくれるよう依頼するものであったという。同紙はこれを紹介するにあたって、「胸うつ殉国史」「白百合を咲せたい　大阪から本社へ麗しい依頼」という見出しを掲げている[85]。復帰運動を支えるものとして「犠牲」や「殉国」が位置づけられていることがうかがえる。

手記集や映画の『沖縄健児隊』をめぐる沖縄での言説も、この種の議論の延長にあった。手記集『沖縄健児隊』に日本軍の暴虐や責任が書き込まれていたにもかかわらず、沖縄のマスコミは、さほどそのことにはふれず、むしろ「沖縄が払つた犠牲」を強調する傾向が見られた。その背後には、日本復帰を志向するがゆえに、本土に気兼ねをして責任追及を抑制する沖縄の言説空間の存在があったのである。

このように、一九五〇年代前半までは、日本の出版状況や政治状況との関わりのなかで、沖縄戦体験記が生み出されていった。当初は日本本土で出された沖縄戦記への反感から沖縄発の戦記が編まれ、のちには、日本復帰論や本土の戦記ブームに重なる形で沖縄戦記が作られていった。

とはいえ、これらの動きは後年に比べると、明らかに不活発なものであった。そして、戦争体験が十分に語られないことの問題について、その後、議論が展開されるようになってくる。

第二章　戦中派のアンビヴァレンス——復帰以前の戦争体験論

戦中派の台頭

一九五〇年代の半ば以降になると、太田良博や大城立裕など、戦時期に精神形成期を過ごした戦中派世代が若手の書き手として台頭するようになった。なかでも、大城立裕《おおしろたつひろ》は、自らの戦争体験を意識しながら、沖縄戦や戦後沖縄を扱った「二世」「棒兵隊」「カクテル・パーティー」「亀甲墓」といった小説を多くものしていった。また、沖縄文壇での知名度が上がるにつれ、文学のみならず、政治や歴史に関する社会的発言も増えていった。[1]

大城の議論の根底にあったのは、「自信の不在」であった。大城は、雑誌『沖縄文学』が企画した一九五六年の座談会「出発に際して——戦後沖縄文学の諸問題」のなかで、次のように語っている。

われわれの世代は、物心ついて以来、暗い谷間ばかりをさまよい、自分のさいなまれてきたのを客観的にみることができなかつたし、結局、どこをめざしてゆけばいいか、全然わからなかつたわけでした。それを模索するということが、私にとつては文学であつたし、今もつて正確にいえば、さぐりあてていないのです。[2]

大城立裕（1946年）

同じ座談会のなかで大城は、自らの最初期の作品「明雲」（一九四七年）にも言及しているが、その執筆意図についても、「戦争中とにもかくにも拠りどころをもつていた私の生が、戦後その拠りどころを失い、さてこれからどう生きるのかという模索の経験を作品にした」と述べていた[3]。

　こうした心性は、本土の同世代の作家・批評家たちにも共通していた。序章でもふれたように、安田武は、「生き残った戦中世代は、「戦後」から、その誠実主義を裁かれねばならなかった。誠実主義故の戦争協力。自己のおかれた運命に、忠実に誠実に応えようとした姿勢自体を裁かれねばならなかった」「彼等は愧《は》じ、沈黙した。疲労感と共犯意識が、生き残った戦中世代を少しニヒルにしていた」と述べていた[4]。

　戦争中の自らの「誠実主義」を戦後になって裁かねばならぬ一方で、「愧じ」「沈黙」「疲労感」「共犯意識」といったものが絡まり合って、過去や現在の心情を整理できない。そうした傾向が、安田には見られた。そのことは、「自分のさいなまれてきたのを客観的にみることができ」ず、「今もつて正確にいえば、さぐりあてていない」ことを語っていた大城立裕においても、同様であった。両者とも、過去を語る根底には「自信の不在」があり、そこにこだわりながら思考を組み立てようとする点で共通していた。

東亜同文書院と戦争体験

大城のこうした心情は、戦時期を中国で過ごした体験に根差していた。一九二五年に沖縄県中城村に生まれた大城は、沖縄県立第二中学校を卒業後、一九四三年に上海の東亜同文書院大学予科に入学した。

東亜同文書院は、近衛篤麿が作った東亜同文会を母体に生まれた高等教育機関で、一九〇一年に創設された。日中提携のための人材育成を目的とし、簿記・商学などの実学教育を中心に据えていた。

東亜同文書院大学

大城は、東亜同文書院についての予備知識もなければ、日中友好といった理想を抱いていたわけでもないが、県費で大学を出られるというだけで進学したという(5)。しかし、そこで感じ取ったのは、公式的なスローガンと現実とのギャップであった。

当時は日中戦争勃発から六年が経過し、対米英戦も中盤に差しかかっていた。そうしたなか、「大東亜共栄圏」「東亜の解放」といった政治スローガンが、各種メディアで大きく掲げられていた。大城自身も、「「支那事変」から「大東亜戦争」にかけて、戦局がしだいに緊迫してくる」なかで中学生活を過ごしただけに、他の中学生たちと同様に「国に殉ずる気持ちというもの」が「純粋にたかまっていった」という(6)。しかし、入学のために上海の港に着いたとき、大城がまず目にしたのは、現地の苦力《クーリー》たちの姿であった。大城は「そこに自分たちがエリートとして入っていこうとしている後ろめたさ」を感じた(7)。

また、大城は上海に着くまで、「敵である国民政府軍はすでに重慶まで退いているから、まもなく戦争は終わる」と考えていた。しかし、上海に滞在してみると、時限爆弾による爆破事件がたびたび生じ、日本軍が国民政府軍を退却させても、警備が手薄なところに中共軍が攻めてくるという泥沼化の様相を目の当たりにした。大城はそうしたことから、「内地の戦争認識が大きくくずれている」ことに気づくようになった(8)。

大学生活のなかでも、しばしば同様のことを経験した。東亜同文書院は、予科二年のときに「大旅行」と呼ばれるフィールドワークを行なうことになっていた。これは学生自らが中国各地に足を運び、現地調査を行なうことで、現実の中国社会を理解させるという趣旨のものであった。しかし、大城が在学した当時は、日中戦争の膠着状況がすでに六年以上に及んでいたうえに、太平洋戦線では連合軍に圧倒され始めており、食糧補給も困難になっていた。したがって、日本軍は、武力で農民を脅しながら、食糧を現地で極端に安く調達しようとした。東亜同文書院の「大旅行」もそのために動員された。大城ら学生は日本兵に同行し、小銃をもって「軍米収買」に従事した。それは「『日中友好のために』という建学の精神をまったく裏切ること」であり、当時の大城にもそのことは痛みをもって感じられた(9)。

認識の相対化

他方で、大城の回想によれば、上海には西欧諸国の租界があったこともあり「内地の思想統制と無縁」な雰囲気があったらしく、「マルキシズムの本を読むことも平気であった」という。大城自身も、多少はそれらの文献にふれることがあった(10)。

さらに大城は、東亜同文書院大学の予科を終えて学部に進級した一九四四年、戦時勤労動員で情報機関（第一三軍参謀部情報室蘇北機関）に配属され、中国共産党機関紙や毛沢東『持久戦論』の翻訳に従事した。それらには「中国不敗の理論が展開されて」いて、大城自身、「いたく考えさせられた」という[11]。

大城は交友関係のなかでも、従来の認識を相対化させられることになった。勤労動員先の情報機関には、他にも東亜同文書院の学生が配属された。そこには、沖縄出身の大城のほか、東京、朝鮮、台湾の出身の学生がいた。大城を交えた彼ら五名は、夜になると酒を酌み交わしながら、朝鮮や台湾の独立について議論することが多かった。

また、彼らは在学のまま、一九四五年三月に現地部隊に徴兵されたが、台湾出身の学生は両親に面会に行く途中に行方をくらませた。彼以外にも、兵隊にとられることを「ばからしい」と逃亡した台湾出身の学生や、学徒出陣壮行会の際に「私は諸君がうらやましい。私には諸君のように感激することができない」と叫んだ朝鮮出身の学生がいたという[12]。

他方で、大城自身は、「沖縄人」というより「日本人」であることにアイデンティティを抱いていた。台湾出身学生の徴兵忌避や逃亡を見聞きしても、「日本へのアンチテーゼとして中共へあこがれる可能性がつよいのであろう」と、「日本人としてかなり遠い距離」から彼らを見ていたことを、のちに回想している[13]。

軍隊生活においても、「生来の体力の貧しさと不器用さから、いつもヘマばかりやっていた」ものの、沖縄陥落後、教官から「沖縄戦の仇を討とうな」と話しかけられると、大城は「威勢よく「はい！」とこたえた」という。「のちに話にきいた沖縄戦における本土出身兵の横暴などを想像することなど思いもよらず、沖縄にまで敵を上陸せしめたことにたいする恨みなど、ひとかけらも思いうかべなかった」らしい[14]。

このように、戦時期の大城のなかには、「日本人」としての自己意識や公式的な政治理念とともに、それらを相対化する認識が存在した。そのアンビヴァレンスが、戦後の大城の議論の核をなしていった。だが、アンビヴァレンスの存在を明瞭に意識するきっかけとしては、大城の戦後体験が大きかった。

アンビヴァレンスの発見

大城は、親族が疎開していた熊本に復員し、上海で感染したと思われるマラリアの治療にあたったのち、一九四六年末に沖縄に帰郷した。そこでしばしば直面したのは、過去を言い繕《つくろ》う年長者の欺瞞であった。

大城は就職活動の意味もあって、胡差《コザ》高校の校長になっていた旧制中学時代の教師を訪ねた。その校長は、かつて勤務した中学で「いかに配属将校にいじめられたか」という話をしたあと、「僕などは自由主義で生きてきたからね」と語った。それを聞いて大城は、「嘘をつけ」と内心叫びたかったという。その教師こそ、「軍国主義の尻馬にのって生徒にきびしい第一人者」であった[15]。

ほかにも、徴兵忌避のために海外へ逃げたと自慢げに話す年長者もいたが、彼らに対して大城は、「私たちの世代が愚直に思想的な被害に遇ったことを思いあわせて、一種の裏切りを見る思いがした」という。大城にしてみれば、「身勝手な被害者意識とも思われようが、それが戦争にふりまわされた私たちの世代の真実」であった[16]。

大城は、そのころの心情について、「軍国主義のもとに教育され、天皇制絶対主義を信じこみ、沖縄は日本にほかならないと無理やり思い込まされ、それでいながら、その違和感をぬぐい去れずにいるうちに、日本から放り出され、さてこれから何を拠り所にして生きていくか、と悩んでいた」と記している(17)。そうした思いからすれば、年長者たちがたやすく時流の規範に飛び乗り、自らの過去を直視しないままに言い繕っているように見えたのは当然であった。

だが、大城がこれらのもの言いを不快に思ったのは、それだけの理由ではない。同時に、その時々の状況への関わり方を問いただそうとする意図もあった。大城は後年のエッセイのなかで、こう語っている。

> 国をあげて戦っている最中に、負ければよいと考えたひとを、たといその結果がそれでよかったとしても私は信用しかねる。すくなくとも戦争に反対だったから徴兵忌避のために外地へにげた、などということをあとで自慢そうにいうひとを私は軽蔑したくなる。その戦争の渦中で、「にげる」ことが「抵抗する」ことと等しかったかどうかは議論の余地はあろうが、そのときをすぎた時点で自分の明を誇ることはゆるしがたいのである(18)。

大城にとって重要だったのは、のちの時代から見てその行為が正しかったかどうかではなく、その時点において、どのような判断を選びとろうとしていたのか、ということであった。

先述のように、大城は、戦時期の公式的な理念を信じようとしつつ、それに微妙な違和感を抱いたまま、敗戦を迎えた。それだけに、「何を拠り所に」すべきか判然としないなかで、どのような判断や行為を選びとるかは、大城のなかで重い課題となった。そのような思考からすれば、「そのときをすぎた時点で自分の明を誇ること」は、何の価値もないものであった。

大城は、「拠り所」がないという「自信の不在」を直視し、それにこだわろうとしたわけだが、その先に見出したものが、「主体的」な思考のありようであった。

大城は、与えられた政治理念に寄りかかることを極度に警戒した。大城には「戦中派として軍国主義に染まってしまった悔しさ」と「軍国主義の教育で、「自分の頭で考える能力」を去勢されていた」という思いがあった[19]。それゆえに、「一方だけから見るのは危ない」という「戦中派としての用心深さ」を意識するようになり、「今度は、政治上のどんな色にも染まらない」ことを信条とした[20]。既存の政治理念を判断基準とすることは、「自信の不在」の不安を解消するには好都合なものだが、往々にして、自ら思考し、状況判断することを阻害してしまう。それゆえに、借り物の論理に頼るのではなく、「自分の頭で考え」ることを重んじた。大城は、そのような思考の営みを、「主体性」という言葉で表現している[21]。

「主体性」を重んじる思考方法は、戦後、なかでも復帰運動をめぐる評価につながっていった。それは同時に、戦時の過去を問いただすことでもあった。

ただ、そのことを論じるまえに、その背景となる復帰運動や土地闘争について、まずはふれておきたい。

土地闘争の激化と復帰運動の低迷

戦後の沖縄では土地台帳などの消失や沖縄戦による土地の形状変化により、土地所有権が曖昧にな

武装米兵の監視下に家屋の強制立ち退きを迫られる農民（1955年）

っていた。米軍は沖縄占領と同時に住民を収容所に入れる措置をとったが、その段階から、広大な土地を軍事目的で接収し、これを無償で使用していた。一九四九年一〇月の中華人民共和国成立以降、それが加速したことは、前述のとおりである。

当然、地代の支払い要求は早くから出されており、軍政府側も土地鑑定評価のうえ、一九五二年一一月に賃貸契約の方法・期間・使用料を定めた布令を公布した。しかし、これは契約期間が二〇年という長さであり、使用料もきわめて低く設定されていたため、契約締結者は土地所有者のわずか二％弱であった。それに対し、米軍側は、契約成立の如何にかかわらず、「土地使用」の事実によって賃借権を得たものとみなして借地料を支払うことを一方的に宣告した。

さらに、米軍側は一九五三年に新たな土地接収のための布告を公布、武装米兵を動員して、強制的な土地接収を実施した。武装米兵は抵抗する農民を軍靴で蹴りあげ、銃で殴打した。農民たちの住居はブルドーザーで破壊され、農作物とともに焼き払われた。「銃剣とブルドーザー」がこの措置への一般的な形容であり、沖縄本島の面積の一三％が軍用地とされた。うち四四％は農耕地であった。

伊江島にいたっては、全島の六割が接収され、農業従事者の生活基盤が奪われた。同島のある農民は、一九五五年二月、本土の朝日新聞社に支援を求める手紙を出しているが、そのなかでこう記していた――「私たちは反米主義者でもありません。また共産主義者でもありません。〔中略〕しかし立退料以外に援助はなく、代替地は石コロだらけのひどい土地、一年の収穫高の五〇分の一程度の使用料という条件ではなんとしても納得できません[22]」。

加えて一九五四年には、軍政府は、永久使用を意図した土地買上げ・地料一括払いの方針を提示した。軍とは異なる民主主義の伝統があろうことが期待された米下院代表団の報告（プライス勧告、一九五六年）も、事実上、軍政府の方針を追認するものであった。その結果、全人口の二割から五割の住民が参加する大衆示威運動が引き起こされた。いわゆる「島ぐるみ闘争」である。土地問題は、軍用地所有者固有の問題ではなく、全住民の問題として捉えられたのであった。

だが、他方で復帰運動は相対的に衰退傾向にあった。一九五二年四月にサンフランシスコ講和条約が発効すると、米軍政府は親米保守の琉球民主党に肩入れする一方、社会大衆党と人民党を中心に結成された日本復帰促進期成会は自然解散した[23]。第一章でも述べたように、一九五三年一月には、沖縄教職員会が中心になって、沖縄諸島祖国復帰期成会が結成され、会長には沖縄教職員会長を務めていた屋良朝苗が着任した。だが、軍政府は屋良らの活動に対して、さまざまな圧力をかけた。軍政府副民政官チャールズ・V・ブラムリーは、日本復帰を要望する屋良に対し、「沖縄において貴殿が復帰を煽動しつづけることは琉球人にただ混乱のみを引き起こし、ひいては共産主義者達を喜ばすことになります」「教員は復帰運動をしたり、実際の政治活動にかかわる立場にありません。〔中略〕若者達の精神を混乱させたり或は、彼等を住民や政府に敵対させるようにし向けたりするために雇ったのではありません」と回答していた(24)。

そもそも、アメリカにとって、沖縄を無期限に統治することは、既定の方針であった。一九五四年一月にはアイゼンハワー大統領が一般教書演説のなかで、沖縄基地の永久確保を明言していた。また、一九五二年一二月二五日の『東京新聞』によれば、あるアメリカ政府高官は、「日本に米国と協調する政府だけがつづけば問題はないが、反米政府が出現すれば米軍を日本から引揚げなければならない。といって日本を共産世界のじゅうりんにまかせられない。じゅうりんにまかせないためには日本に近い地域に日本政府によって影響されない基地を持たなければならない」と語っていたという(25)。米軍は、沖縄基地によって太平洋から極東の広い範囲を軍事的圧力下に置き、共産主義勢力の伸張を抑えようとしていただけに、彼らの目には、復帰運動は共産主義に見えたのであった。

土地闘争の高揚（那覇高校グランドでの住民大会，1956年6月23日）

復帰運動は沖縄住民からも敬遠される傾向があった。住民にとって、アメリカが沖縄を永続的に統治することは、覆しようのない「現実」であり、差し迫った土地の問題に比べれば、日本復帰は半ば夢物語のように響いた。一九五四年八月一〇日の『琉球新報』では、「復帰問題と教職員会」という社説が掲げられているが、そこでは、祖国復帰八重山期成会の解散にふれながら、「これは力の前に屈したというよりは復帰運動の前途を見極め過去を反省し、現状に即した態度から出たものであろう」「経済的にもひっ迫した離島では花よりだんごで、実質的なものを求めているのであるから、現実に即して転換しなければならぬのは当前《あたりまえ》のことである。しかしこれは遅かれ早かれ沖縄島にも訪れるもので、事実においてこの運動は終息している」と記されている。[26]「花」（復帰）より「だんご」（土地問題・経済問題）であったのは、八重山諸島のみならず、沖縄本島でも同様であった。加えて、復帰運動が「共産主義的」であるとして弾圧の対象になっていたとなれば、「祖国復帰」を訴える募金活動や署名活動に住民が消極的なのも当然であった。

こうしたなか、一九五四年四月、屋良は軍政府の圧力もあって、教職員会とともに沖縄諸島祖国復帰期成会の会長職を辞任せざるをえなくなり、以後、この復帰期成会も自然消滅することになった。[27]

復帰運動の再生

復帰運動がふたたび活発化するようになったのは、一九五〇年代末からであった。一九五七年四月二七日には沖縄青年連合会の主催で祖国復帰促進県民大会が開かれたほか、一九五八年一一月と一九五九年一月には、原水爆禁止沖縄県協議会が祖国復帰県民大会を主催した。[28]

沖縄教職員会も、日本復帰を促進すべく、一九五八年に「日の丸を立てよう」運動を始めた。米軍統治下では、日本復帰運動を抑え込む意図もあり、日章旗の掲揚はかなり制限されていた。元旦の掲揚は一九五三年に認められるようになったが、それも「政治的意味を伴わない」「個人の家庭や私的な会合に限る」という条件が付けられ、学校や官公庁での掲揚は認められなかった。教職員会は、学校現場での掲揚許可を軍政府に請願し続けていたが、一九五八年以降、日章旗の大量注文・購入斡旋にも力を入れ、各学校・家庭での広範な掲揚を推進した(29)。

とくに、その後の復帰運動の隆盛を決定づけたのは、一九六〇年の沖縄県祖国復帰協議会（復帰協）の成立であった。復帰協は、沖縄教職員会と沖縄県青年団協議会（沖青協）、沖縄官公庁労働組合協議会（官公労）の三団体を中心に、政党や教育・福祉関係一七団体が参加して結成されたが、その結成大会の開催日には四月二八日が選ばれた。復帰協は、八年前に講和条約が発効したこの日を「屈辱の日」と位置づけ、毎年この日に大規模な復帰集会を開いた(30)。

祖国復帰大行進（沖縄県祖国復帰協議会, 1967年４月27日）

復帰協の結成には、いくつかの社会的要因があった。まずひとつには土地問題が解決の方向に進んでいたことがあげられる(31)。一九五六年の島ぐるみ闘争に手こずった米軍は、沖縄の政情安定を図るべく、賃貸契約や賃料の面で大きく譲歩するとともに、軍用地問題の解決を前提にした日本政府の沖縄援助もなされるようになった。こうした動きについては、「沖縄問題を経済援助問題にすりかえることを可能にした」との見方もあるが(32)、そうであったとしても、土地問題が総じて改善に向かうなかで、それを規定してきた米軍統治や基地の問題に目が向けられ始めたのもまた事実である。

二点目として、アメリカにおいて、沖縄基地撤退を勧告するいくつかの報告が発表されたことがあげられる。一九五九年にはコンロン報告というアメリカの民間の外交勧告書が上院外交委員会で発表され、また、同委員会が発表したシラキューズ報告も、全般的な軍事政策の検討から、海外基地の早期撤退を主張していた。翌一九六〇年にはアメリカ自由人権協会がボールドウィン勧告書を公表し、沖縄における自由や人権の侵害を指摘した。日本復帰を目指す人々は「こういう世論がアメリカ内部にもあること」に「大いに勇気づけられた」という[33]。

三点目として、基地の存在にともなう犯罪や事故の多発があった。米兵による暴行や殺人はたびたび繰り返されていたうえに、一九五九年には小学校に米軍ジェット機が墜落した。授業中であったこともあり、職員生徒あわせて一〇〇名以上の死傷者を出し、近隣民家三〇軒も火災に見舞われた。これらの事件は、「基地の島」であることの問題性を住民に改めて考えさせることとなった。

こうした状況のなかで、かつては夢物語のように思われた日本復帰に、人々は実現性と必要性を感じるようになった。復帰協はこれら動きのなかで結成された。

復帰運動への違和感と戦中派の情念

しかし、大城立裕は、これらの動きに違和感を抱いていた。大城が復帰運動から連想したものは、戦時期の日本や沖縄のありようであった。大城は『沖縄タイムス』(一九五四年三月七日)に寄せたエッセイのなかで、こう語っている。

〔前年十一月ごろに〕ある高等学校へ行ったら弁論大会をやっていた。ある生徒弁士が、「日本復帰と青年学徒の態度」について叫んでいた。向こう鉢巻に赤インクでつけた日の丸は、かつての特攻隊を思わせ、その論理の貧しさは神国論の天降り式だった。生徒も先生も安心し切っているのを見て、いよいよ悲しかった。今日の青少年は、このように日本復帰を心得ているのだ。さて、これで将来、日本復帰が間違いだったと気が付くことがあるとすればその時かれらは、新しい道を開拓する能力があるだろうか。〔中略〕私たちの世代が負うた「判断の貧しさ」というこの十字架を、もう次代の人たちには負わせたくない[34]。

祖国復帰大行進に参加する生徒たち（1965年4月27日）

これは、一九五〇年代初頭に日本復帰運動が隆盛していたころの記述だが、大城は当時の沖縄の復帰志向のなかに「論理の貧しさ」「神国論の天降り式」を感じ取っていた。「生徒も先生」もそれに「安心し切ってい」たわけだが、それはすなわち、「八紘一宇」「皇国の大義」といった国家に与えられた題目に「安心し切ってい」た戦時期の教師・生徒たちを思い起こさせるものであった。「軍国主義の教育のなかで「自分の頭で考える能力」を去勢されていた」ことへの悔恨があった大城にとって、これらの状況は、「日本」「日の丸」に判断基準を依存し、「自分の頭で考える」ことを放棄しているように思われた。

さらに、大城は、復帰運動を牽引した教職員たちについて、「とくに戦前の師範教育をうけた学校教師たちは、おそらく沖縄人文化の誇りについての教養を教えられていず、日本人としての教育技術しか身につけていないために、独立運動などまるでナンセンスとでもいうように、なんの疑いもなく日の丸復帰の方向へ突っ走って行った」「自分で考える能力を去勢された「日本の教育者」は、文部省のマニュアル〈学習指導要領〉におんぶされることが必要であったと思われる」と、つよく批判していた[35]。大城にしてみれば、日本復帰運動は、「戦後アメリカ文化による侵略の脅威からのがれるために日本文化のカサのなかににげこんだ」ものであると同時に、「教育理念として日本の文部省がつくってくれるものに頼らなければ、ほかに支柱をみつけだすことができない、という職業上のゆきづまり」をも示すものであった[36]。

だが、戦後になってもこうした判断の依存が続くのはなぜなのか。その要因として大城は、責任追及の欠如をあげていた。後年ではあるが、大城は一九六八年に執筆した「沖縄自立の思想」のなかで、次のように記している。

> 戦争責任論議とは、たんに人を裁くことに意味があるのでなく、〈歴史〉の罪悪について深く思いをいたし、とりかえしのつかない〈歴史〉にたいして責任を負うことを考えることだと思います。それがなかったということは、やはり沖縄にみずから〈歴史〉をつくる心がまえがなかったということでしょう。その主体性のなさが、沖縄の悲劇をやがて〈日の丸欠落〉のせいにしたり、インターナショナリズムの美名にかくれた〈対米依存〉の精神を育てたりしたのでしょう[37]。

責任追及とは、大城にとって、断罪したり糾弾したりすることではなかった。それは、「〈歴史〉のいた。

罪悪」を掘り下げて思考し、これからのあるべき〈歴史〉を作り上げる起点とすべきものであった。逆にいえば、責任の所在を曖昧にすることは、自分たちの過誤を直視し、「自信の不在」から主体的に思考することを阻むことにつながる。そうした思考の怠惰を、大城は復帰運動のなかに感じ取っていた。

もっとも、それまでに責任を考える議論がなかったわけではない。前章で述べたように、仲宗根政善『沖縄の悲劇』（一九五一年）では、重傷を負った女学生を壕に置き去りにせざるを得なかったことへの自責の念が綴られていた。『鉄の暴風』（一九五〇年）や『沖縄健児隊』（一九五三年）にも、住民に対する日本軍の責任を問いただそうとする側面があった。だが、一九五〇年代前半においては、これらを除けば、目ぼしい沖縄戦記は皆無に近く、戦争責任をめぐる議論はあまり掘り下げられることはなかった。

むしろ、日本復帰の輿論のなかでは、「責任」ではなく「殉国」「犠牲」を強調する傾向のほうが目立っていた。前章でもふれたように、『沖縄の悲劇』や『沖縄健児隊』が映画化された際、沖縄メディアがしばしばそこに読み込もうとしたのは、「国のために殉じた」学徒たちの姿であった。日本復帰を実現すべく、沖縄の「犠牲」と「貢献」を強調し、日本の責任をただすことは、本土の政府や国民の気分を害さぬよう、巧妙に避けられるきらいがあった。大城にしてみれば、そのような姿勢は日本の庇護のみを求める主体性を欠いたものであった。その「主体性のなさ」は、「とりかえしのつかない〈歴史〉にたいして責任を負う」意志がないことに起因するものであったのである。

だが、大城の復帰運動に対する評価には、微妙な振幅も見られた。一九五〇年代半ばに土地闘争が高揚し、「由美子ちゃん事件」が起きると、「私の考えに波が立った」という。[38]「由美子ちゃん事件」

とは、一九五五年九月四日、嘉手納駐留米軍の軍曹が、石川市の六歳の女児を暴行したうえに、幼女の体を引き裂いて弄び、海浜に投棄したという陰惨な事件である。犯人の軍曹は米軍事法廷で死刑判決を受けたものの、その後本国に移送され、そのままうやむやになった。

これらの出来事は、基本的人権や自治権もない沖縄の状況を、あらためて痛感させることとなり、そのためにも大城は、「憲法」による庇護の必要性を感じるようになった。大城は、「先験的に国家や「日本」が必要だとも思わなかった」が、「憲法のために「国家」がほしい」と思い至った。「アメリカ人になれそうもないし、さりとて独立する自信もないとすれば、日本人にでもなるほかないではないか」――こうした「次善の選択としての「復帰」志向」を抱くようになった。[39]

とはいえ、復帰運動に対する評価の揺れ動きも、じつは大城の「主体性」を投影したものであった。大城は、一九七〇年五月に『沖縄タイムス』に連載した「戦後二十五年の思想」のなかで、「戦後史に主体的にかかわること」について、以下のように述べている。

> 戦後史に主体的に関わることはいかなることか。私にとってそれは、一旦突入した歴史をもとにもどせないものとすれば、そのマイナス面をできるだけ節約し、その環境からできるだけプラスの面を吸いあげるよう努力すべきだという考えを基礎にしていた。これは、現状変革の努力と、かならずしも背馳するものではない。ただ、この両面は、しばしば見分けがつきにくい。私はこの二十五年間の自分の思索の過程を、この見分けの作業についやしてきたような気がしている。[40]

復帰運動にはかなりの違和感を抱きつつも、一九五〇年代半ばには「次善の選択としての「復帰」志向」を抱いたことは、その時点での「見分けの作業」の結果であった。それは、「そのときをすぎた時点で自分の明を誇ることはゆるしがたい」と思っていた大城の「主体性」を表わしたものでもあった。

下の世代との軋轢

大城立裕の議論に対し、若い世代のなかには反感を抱くむきもあった。とくに、文芸誌『琉大文学』(琉球大学文芸部)の同人たちは、大城ら年長の文学者に批判的であった。その要因のひとつは、大城ら戦中派世代の戦争認識であった(41)。

琉球大学国文科の出身で、在学中は『琉大文学』同人であった新川明《あらかわ》は、太田良博、大城立裕らをまじえて一九五六年に開かれた座談会のなかで、「太田さんや大城さんがいわれた戦争を体験したということが、それらの人たち〔=太田良博・大城立裕ら戦中派世代の作家〕に切実な問題として受けとめられていないというような気がするんです」と語っていた(42)。

一九三一年生まれの新川は、戦争末期を郷里の石垣島で過ごしていた。石垣島では、日本軍が住民を有病地に強制移住させたため、マラリアによる死者が多く発生しており、新川自身もマラリアに罹患するという体験を持っていた。しかしながら、沖縄本島での戦争体験はなかった。その新川は、なぜ大城や太田の議論に「戦争を体験したということが、それらの人たちに切実な問題として受けとめられていない」と感じたのか。

そこには、文学を政治的な闘争に結び付けようとする意志があった。新川はこの座談会のなかで、次のように発言している。

とくに農民等の切実な問題として、外国人が占領している沖縄の特殊な事情のなかで行われる土地取り上げやその他に対する沖縄人の人間的な闘いをこそ積極的にとりあげるべきである、と僕は考えますね。いわゆる人間性の解放とか回復とかいう文学の重要なテーマも、現実においてはそのような権力によつて剝奪された沖縄に住む人たちの人間性をとり戻す闘いをとおしてのみ可能であり、そこに今後のぼくたちの文学的生きかたの重点があると信じています。そういつた点での文学と政治とのかかわりあいという問題が、これまで沖縄の文学をする者の意識のなかで、多分に意識的に切りすてられておつたように思います。ぼくたちのこれまでの既成作家への批判の焦点もそこにあつたのです。(43)

この発言では、高揚しつつあった土地闘争を念頭に置きながら、「文学の重要なテーマ」として、「権力によつて剝奪された沖縄に住む人たちの人間性をとり戻す闘い」が位置づけられている。そこでは、政治的な闘争を闘い抜くための有効性が、文学を評価するうえでの重要な基準とみなされていた。

こうした観点は、戦争体験への理解にも通じていた。新川は『琉大文学』第七号（一九五四年一一月）に寄稿した論考「戦後沖縄文学批判ノート――新世代の希むもの」のなかで、ひめゆり学徒隊に言及しながら、こう記している。

あのような社会に生まれ、育ち、教育された彼女等であれば、それが可哀想な無智であるにしろ、彼女達が若し戦争に対する積極的な協力者であつたとしたら、吾々は単に彼女等の可憐さのみを単純に美化して考えることは大いに危険なことだと思う。

そしてその点で彼女等は、そのように思想的に或いは、社会的認識において盲目にされていたという限り、たしかに美しい犠牲者ではあつた。だけどこの時その美しい言葉のみに眩惑されることなく吾々は彼女等を犠牲にしたその者の血ぬられた手の持ち主（日本の天皇絶対主義）の本質を追求《ママ》し見極めなければならぬのだ。

単純なセンチメンタリズムは、そのものの本質を巧妙にかくしてしまうだろうし、追求の眼がそのために曇らされることがあつてはならぬ。僕の云いたいことはその事なのだ。(44)

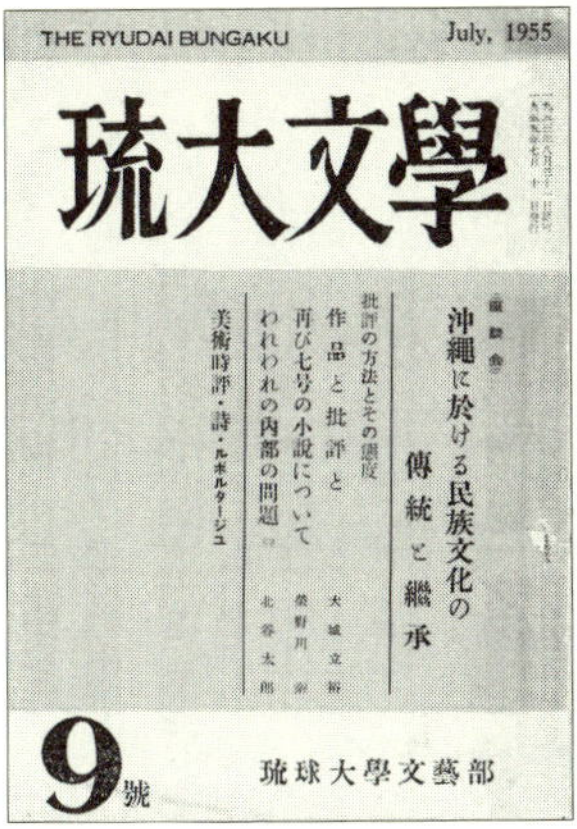

『琉大文学』第９号（1955年）

「単純なセンチメンタリズム」を拒もうとする心性は、仲宗根政善や大城立裕にも見られた。だが、新川がそのことで強調しようとしたのは、「彼女達を犠牲にしたその者の血ぬられた手の持ち主（日本の天皇絶対主義）の本質」であった。そして、このような捉え方の背後にあったのが、マルクス主義への共感であった。

新川は同じ論考のなかで、『鉄の暴風』『沖縄の悲劇』『沖縄健児隊』といった「手記的作品」が「まだ本格的文学として、完全なものではなかった」理由として、次のように記している。

ただ、一言そのことの理由として云うならば、帝国主義的侵略戦争として始められた太平洋戦争に於いて、社会経済の基盤が近代化されず歪型された絶対主義社会であつた日本帝国が、一応ととのえられた形で育てられた民主々義の上に組み立てられ発展させられた高度の資本主義に対して、如何に脆く崩れ去つたか。その時、この両者の本質的な相を自ずから体験を通して把え、それを文学の場でどの様に処理し、明確に描き出せたのかということだ[45]。

ここで念頭に置かれているのは、前近代的な封建社会が、ブルジョア民主主義革命を経た資本主義社会に移行し、その後、そこでの社会矛盾がプロレタリア革命を導くという、マルクス主義的な歴史認識である。

マルクス主義に依拠しながら、現実政治批判や抵抗運動と文学を結びつける議論のあり方には、日本本土での「政治と文学」論争が影響していた[46]。

「政治と文学」論争とは、一九四七年ごろに生じた雑誌『近代文学』と日本共産党との対立を指す。『近代文学』は、本多秋五や荒正人、平野謙、佐々木基一らを中心に一九四五年一二月に創刊され、政治に対する文学の優位を説く「芸術至上主義」「個人主義」を主張した。彼らの多くは戦前期のプロレタリア文学運動の経験者であった。戦前のプロレタリア文学は一九三〇年代半ばの弾圧で壊滅、その後、多くの作家は転向し、戦争協力の文章を量産した。このような状況を招いた理由として、『近代文学』同人たちは、文学の政治に対する過剰な参加の弊害を見ていた。プロレタリア文学にせよ、戦争協力の文学にせよ、「政治が強過ぎたといふことが文学を全滅させ、或は欠陥を露呈させた」という思いが、彼らにはあった[47]。『近代文学』同人であった小田切秀雄は、一九四五年一二月の論考で、「自己の実感とはつながりのない「労働者」や「人民大衆」」を描くプロレタリア文学と同じく、戦争文学も「自己の実感の真実に根ざさぬ「産業戦士」や「銃後」や「兵隊」などの美談」を綴ってきたと批判した[48]。平野謙も、一九四六年の文章のなかで、「戦時下の文学はプロレタリア文学の裏がえされたステロ・タイプにほかならなかったのだ。それは単に日本共産党と日本帝国主義が入れかわったのにすぎない」と記している[49]。

平野の言葉にもうかがえるように、彼らが批判の矛先を向けていたのは、日本共産党の文学観であった。

日本共産党は、「個人主義」や「芸術至上主義」を「プチブル的感性」として批判し、文学者は「民衆」のなかに入り、共産党の指導のもとで創作活動を行なうべきであるとした。たとえば共産党系の評論家であった蔵原惟人《くらはらこれひと》は、文学者が「個人」を重視すれば「自分の立場を合理化して、そこに安住してしまふ」と述べていた[50]。プチ・ブルジョアの文学者が、「個人」や「芸術」に耽溺するのであれば、利得や権力を求めて帝国主義陣営に走ることになりかねない。したがって、文学者の活動は、あくまで「正しい政治」に従属するものでなければならない。蔵原ら共産党系の文学者たちは、このように「政治と文学」の問題をとらえていた。したがって、彼らにとって、『近代文学』の主張は、単なる政治逃避のエゴイズムに思われた。

もっとも、『近代文学』同人、なかでも荒正人は「個人」と「政治」の問題を硬直した二項対立図式でとらえていたわけではない。むしろ、自己の内面の「文学」に徹することが、結果的には他者の問題にもつながり、社会全体の「政治」を考えることにつながると考えていた。

しかし、日本共産党の文学者たちは、党の「政治」への従属を拒むかのような『近代文学』の動きを嫌悪し、彼らの機関誌である『新日本文学』などを通じて、さかんに非難を繰り返した。『近代文学』同人たちも、そのような共産党の動きに反発して、「政治」に対する「個人」「文学」の優位を声高に主張した。

新川明ら『琉大文学』同人の議論も、この「政治と文学」論争を意識したものであった。『琉大文学』創刊号（一九五三年七月）の編集後記には、「「文学は或る目的の為の手段ではなく、亦それらに利用さるべきでもない」強いてそれを主張し強要する時それは文学の堕落であり邪道だらう」と書かれていた。[51] 新川自身も、一九五六年のエッセイのなかで、「思えば五四年から五六年の琉大文学の歩みは、本土の民主主義文学の砦『新日本文学』を目ざしたものだつた」ことを述べている。[52] 同じく『琉大文学』の同人で、のちに沖縄文学研究者となった岡本恵徳《けいとく》も、『現代沖縄の文学と思想』（一九八一年）のなかで当時を振り返り、「この、文学による抵抗の主張の理論的な根拠となったのは、小田切秀雄や佐々木基一らが『近代文学』『新日本文学』等で展開した「社会主義リアリズム論」であり、「祖国復帰」を主張することがそのまま共産主義乃至はその同調者とされるような酷烈な政治状況のなかで、それゆえに政治的な抵抗をそのまま性急に文学活動のなかに盛り込んでいた」と記している。[53]

とはいえ、日本本土での「政治と文学」論争がすぐに沖縄に波及したわけではない。一九五〇年末に民間貿易が始まるまで、沖縄に流入する本土の出版物は限られていた。大城立裕の回想によれば、「日本文学にとっての東京を中央というならば、そこからの情報がおそろしく貧し」く、「三島由紀夫、武田泰淳、椎名麟三という文名」がかろうじて届くほどであったという。[54] それもあって、一九四〇年代後半の「政治と文学」論争が沖縄に波及するには、かなりの月日を要した。

琉大事件と学生の抵抗

政治主義志向を帯びた『琉大文学』の動向に対し、大城立裕は当然ながら批判的であった。大城は、新川らも同席した先の座談会（一九五六年）のなかで、「琉大文学がその旗印の鮮明さにも拘らず作品自体に迫力がなかつたと云う事は、〔中略〕時代主張の観念性に倚りかゝり過ぎたのではないかと思います」と発言し、新川ら『琉大文学』の作品傾向を批判した。[55] 一九九五年に著わした自伝的エッセイ「光源を求めて」のなかでも、大城は「『琉大文学』がひたすら「対米抵抗」「社会主義革命」という政治意識のみをテーマだと固執したために、折角の文学的連帯の機会を失した。これは、いまあらためて惜しい機会を逸したものだと思う」と述べている。[56] 大城にしてみれば、本土の「政治と文学」論争や「社会主義リアリズム論」に依拠した新川らの議論が、「自らの頭」で思考することを放棄し、主体性・自主性が欠如しているように見えたのである。

それに対し、新川は「文学者の「主体的出発」ということ――大城立裕氏らの批判に応える」（一九五六年）と題した論文のなかで、大城らが「無政府的芸術至上主義」で「琉大文学がかかげた現在の沖縄の社会的矛盾との闘い」を「骨抜きにしようと」しているとしたうえで、次のように論じている。

文学理論をはじめ、政治思想などすべてに亘って、ただひたすら懐疑と批難の姿勢をとりつづけていることは少しも主体の確立を立証しているものではなく、かえつて自己閉塞を意味するだけだ。そこに文学者として人間的な良心に照らして正邪の別をみきわめ、非人間的政治に対しては、正しい政治的思想に支えられて自らの文学理論を求めることも、正しく主体的な生き方であるということは知るべきだと思う(57)。

新川にしてみれば、「政治上の色」から距離をとり、「一方だけから見るのは危ない」と考えていた大城立裕の姿勢は、「すべてに亘って、ただひたすら懐疑と批難の姿勢をとりつづけている」だけの「自己閉塞」に見えた。当時の新川にとって「正しく主体的な生き方」とは、あくまで「正しい政治的思想」に支えられるべきものであった。

もっとも、新川ら『琉大文学』関係者がこれらの議論を展開したのは、ある種の必然でもあった。当時は土地闘争が高揚していたばかりではなく、琉球大学の学生たちも、米軍の弾圧にさらされていた。

一九五三年、機関誌『自由』を発行する政経クラブの学生たちは、米軍の灯火管制に抗して大学寮で消灯を拒み、大学内外で『アサヒグラフ原爆被害特集号』（一九五二年八月六日）から切り抜いた写真類を展示し、平和活動を行なった。これに対し、米軍は大学に処分を強要し、琉球大学は四人の学生を謹慎処分とした。反発した学生たちは、一九五三年のメーデーの日に副学長の罷免要求を提起し、結果的に四名の学生が退学処分を受ける事態に発展した（第一次琉大事件）。

一九五六年には、島ぐるみ闘争デモに参加した琉大生が米軍の圧力によって退学に処せられるという事件が起こった（第二次琉大事件）。教授会では処分に対する慎重論も根強かったが、米軍は大学側が処分しないのであれば財政援助を打ち切ると通告した。琉球大学は一九五〇年に米軍政府主導で創設された大学であり、米軍の資金援助に財政のかなりの部分を依存していた。大学の廃校と学生処分の二者択一を迫られた結果、琉大側は除籍五名、謹慎一名の処分を下した[58]。

この流れのなかで、『琉大文学』（第一一号、一九五六年三月刊）も、不穏当な作品を掲載しているとして、米軍当局の圧力で発行停止に処せられた。さらに米軍は、琉球大学理事会に対し、『琉大文学』の廃刊と琉大文芸部の解散をも要求した[59]。

こうした状況のなかで、琉球大学文理学部国文科は、米軍批判のひとつの砦になっていた。英文科はアメリカへの留学志望者が多く、親米エリートの養成機関と見られていた。それに対し、軍政府に批判的な学生たちは、国文科に多く集まった。『琉大文学』にも、新川明、岡本恵徳、川満《かわみつ》信一など国文科の学生が多かった。

これらの状況があったがゆえに、彼らは、アメリカ批判のロジックとしてマルキシズムに共感し、政治と文学を結びつけようとした。岡本恵徳が「琉大文学のころ」（一九八〇年）で述べているように、「米軍支配に直接身をさらしたこと、大衆運動の高揚の中に自らを置いたこと、等が前の世代や後の世代とを区別する特徴となってい」た[60]。そのことは、否が応でも彼らを政治主義と現状打破に駆り立てた。それだけに、大城立裕のように政治主義から距離をとろうとする姿勢は、新川明らにしてみれば、「戦争‐敗戦の傷痕はおろか、安逸と懶惰の上にねそべつている」と感じられたのである[61]。

本土の戦中派との接点

このように見てみると、大城立裕と本土の戦中派知識人との関係が浮かび上がってくる。戦時・戦後における自らの価値観の揺れやそれに対する悔恨・恥辱にこだわり、しばしば政治主義から距離をとった点は、安田武ら本土の戦中派イデオローグに共通していた。

序章でも述べたように、安田武は、「戦争体験の意味が問われ、再評価され、その思想化などということがいわれるごとに、そうした行為の目的のすべてが、直ちに反戦・平和のための直接的な「行動」に組織されなければならぬ」という「発想の性急さ」には、つよい違和感を抱いていた[62]。第一次わだつみ会は、日本共産党や全学連の動きに翻弄され、一九五八年に消滅した。五九年には第二次わだつみ会が発足したが、六〇年安保闘争が盛り上がるなか、若い戦後派世代を中心に、戦争体験を反戦運動に直接的に結びつけて捉えようとする動きも見られた。それに対し、安田は戦争体験そのものにこだわり、それを政治主義的なイデオロギーに結びつけることを嫌悪した。安田にとって、戦争体験を特定のイデオロギーに流用する議論は、「死者の言葉を死者の言葉のままに、まるごと聴こうとする「生者」の姿勢の謙虚さ」を欠いたものでしかなかった[63]。

政治主義への依存に主体性の欠如を感じ取っていたことも、安田と大城に共通していた。

戦争体験の挫折に固執し、挫折点のなかに居すわりつづけることが、どうして不〈生産的〉であり非〈有効〉なのか、ぼくにはわからぬ。いや、たとえ、それが生産的でもなく、有効でもないとして、だからどうだというのだ。〔中略〕挫折の傷のなかに、いつまでも執着するのではなく、その体験を思想化することで、前向きに正当化しようという試みは、彼等の発言の建設的、積極性にもかかわらず、その発言の表むきの積極性とは、およそウラハラな精神の受動性をひそめているとぼくは思う。そのことが気にかかる。生産的でないかも知れず、有効でないかも知れず、あるいはまったく無意味かも知れず、誰からもどこからも、その存在を正当化されない状況というものは、四角ばった誠実主義者日本インテリの居たたまれぬところにちがいない。明るい積極性や前向きの建設性とともに在ると確認できるときだけ、彼等は安堵するのだ。おのれの外がわから大義名分が付与されない状態、時点のうちで、頑として居すわりつづける根性が、彼等にはない。[64]

「「戦争体制」そのものに加担し協力したという自覚、反省」とそれに起因する「疲労感」「気恥ずかしさ」「ためらい[65]」――そうした挫折点にこだわろうとする安田にとって、「有効」性が保証された「大義名分」に依拠することは、思考の怠惰に思われた。それは、「発言の表むきの積極性とは、およそウラハラな精神の受動性」を内包したものであった。

その意味で、戦時期に青春期を過ごし、学徒兵として戦場に駆り出された安田と大城には、議論にかなりの共通性があった。

教養体験の相違

だが、両者のあいだには、相違も少なからず見られた。そのひとつは、年長者に対するコンプレックスである。戦争末期に大学生であっただけに、戦中派世代の多くは、満足な高等教育を受けることができなかった。また、言論統制が厳しい時期であったため、マルクス主義はもちろんのこと、自由主義の文献を手にすることも不可能に近かった。それに対し、年長の戦前派世代は、大正期や昭和初期に学生時代を過ごしたため、教養主義文化や大正デモクラシーにふれることができた。そのことは、戦中派世代の年長知識人に対する反感につながった。戦争末期を陸軍青年将校として過ごした評論家の村上兵衛は、『繁栄日本への疑問』（一九八四年）のなかで、「教養ある「戦前派」」が「まるで生れながらの平和の使徒」であるかのように講釈を垂れる姿勢を批判していた[66]。安田武も、『きけわだつみのこえ』の読後感として、戦没学徒たちの「知性の欠如」「眼界の狭さ」を指摘したギリシャ哲学者・出隆に対し、「さかしらで傲慢」「臆面もなく〔中略〕まがまがしい「教訓」を書き連ねて恬然たる学者」と評していた[67]。そこには、年長知識人が持つ「教養」への不快感が垣間見られた。

それに対し、大城立裕の議論には、戦前派へのこの種の反発は見られない。戦時期の自らの言動を隠蔽したり、戦後になってそれを正当化する年長者への反感はたしかにあったが、そこには、彼らの「教養」に対するコンプレックスは見られなかった。むしろ、戦時期の大城は、ある意味では彼ら以上に「教養」にふれる機会を有していた。

戦前期の沖縄には大学はもちろんのこと、旧制高等学校も設置されなかった。したがって、研究や高等教育を生業とする知識人は、沖縄には少なかった。むしろ、トップクラスの知識人は、本土で活動することが多かった。沖縄学の始祖とされる伊波普猷《いはふゆう》をはじめ、戦前から戦後にかけて沖縄史研究に精力的に取り組んだ比嘉春潮《ひがしゅんちょう》や仲原善忠《なかはらぜんちゅう》は、東京を拠点にしていた。商法学の大濱信泉《のぶもと》も、母校である早稲田大学で教鞭をとっていた。

他方、東亜同文書院に学んだ大城立裕は、戦時期に学生生活を送ったとはいえ、先述のように、マルキシズムや毛沢東の文献にふれる機会があった。同世代の本土の学生であれば、マルクスの名を知らない者も少なくなかったが、それに比べれば、大城は例外的に社会科学的な教養・思想にふれることができた。沖縄には高等教育に携わる知識人が少なかったことを考えれば、大城は沖縄ではきわめて高い部類の教養を身につけていたことになる。したがって、大城が年長者に「教養」の点でコンプレックスを抱かなかったのは、当然であった。

「伝統」をめぐって

大城立裕と安田武の相違はこればかりではない。「伝統」をめぐる価値観も両者のあいだでは異なっていた。

安田武は、多くの戦争体験論を著わす一方で、日本古来の芸能や職人芸につよい関心を持ち、『遊びの論』（一九六一年）、『芸と美の伝承』（一九七二年）、『型の文化再興』（一九七四年）、『続 遊びの論』（一九七九年）といった著作もまとめた。それらの執筆の理由としては、ひとつには安田が十代のころから歌舞伎や浄瑠璃、文楽、小唄を好んでいたこともあったが、同時に、それらの芸が風化していくことへの寂寥感があった。安田は『型の文化再興』の末尾にこう記している。

> 職人らしい職人が失われてゆくという現代の日本の状況は、単に彼らが誇った伝承のすぐれた「技術」が滅びてゆくということにつきるのではなく、その技術とともに、その哲学・美意識が滅び、職人たちが生活の日常に、素養として、ごくあたりまえに身につけていた、「芸」が滅びてゆくということではないだろうか。(68)

ここからもうかがえるように、安田には、伝統芸能や伝統技術の奥深さへの親近感とともに、それが戦後社会のなかで滅びつつあるという危機感があった。

それは、戦争体験に対する考え方とも重なり合っていた。序章でも述べたように、安田は戦争体験の「語り難さ」にこだわり、それを政治的なイデオロギーや安易な感傷に結びつけることを極度に嫌った。そうした姿勢は、六〇年安保闘争や大学紛争のなかで戦争体験を反戦運動に直結しようとした戦後派・戦無派世代の若者たちとの軋轢を生むことになった。この議論の構図は、戦争体験を伝統技芸に置き換えてみると、安田の芸能論に通じるものとなる。戦争体験は、伝統芸能と同じく容易に語り得ない深遠なものであるにもかかわらず、人々はそれらを顧みることはなく、両者はともに風化しつつある。安田の戦争体験論と伝統技芸論は、その意味で表裏一体のものであった。

他方で、安田は復古主義のようなものには反感を抱いていた。それればかりではなく、復古主義への反感は、戦時体制の批判にもつながっていた。

思えば、戦争下の復古主義が、あのようにファナチックな姿をとらざるをえなかったのは、「復古」それ自体が、当の復古主義「者」において、既にすっかり実態を失っていたからではないのか、と最近になって思うことが多い。〔中略〕戦時下、桜花の伝統にまつわって、本居宣長の「歌」と「靖国神社」イデオロギーしか思いつくことのできなかった「思想」の貧困は、戦後になって、多くの知識人が嘲笑したように、近代的知性が欠如していたからではなく、復古主義者自身のなかで、もはや伝統的素養そのものが、失われていたからにちがいない。だから、そのことはまた、彼らの思想的貧困を、あざ嗤った「近代的知性」自体の思想的貧困を、間もなく自ら曝露するほかないようなものであった、というふうに私は考える。(69)

戦時期の日本主義の跋扈は、「復古」を目指しているようでいながら、「伝統」の本質を見極めることなく、自らに都合よく「伝統」を流用している。安田はそう考えていた。安田にしてみれば、「復古主義「者」」たちは、じつは「伝統」を軽んじており、それは彼らを嘲笑する戦後の「近代的知性」と同じく、思想的に貧しいものに見えたのである。

それに対し大城立裕には、旧来の文化や伝統に対して、距離をとろうとする姿勢が見られた。大城は、評論集『現地からの報告 沖縄』（一九六九年）のなかで、沖縄の旧来文化を過大に評価する議論に関して、次のように述べている。

この発想に盲点があるのは、その誇りが、過去の誇りであって、現在の誇りや自信ではないことだ。現在の実力に自信を持っておれば、そうあわてることはあるまいに、と思う。自信が虚勢になるときに、つまらぬことまで自慢するようになる。[70]

日本に併合される前の沖縄人は、独立国として自信をもっていた、というていの誇りにも、私は虚像を感じる。琉球処分にいたる八年間における、琉球王府の為政者たちの狼狽ぶりをみるだけでも、そのような自信がいかに虚像にすぎないか、わかる。[71]

大城は沖縄文化史にもつよい関心を抱いていたが、そこから文化ナショナリズムを立ち上げる議論には違和感を持っていた。それは、「現在の実力」に自信がないゆえに、「過去の誇り」にすがろうとする依存心のあらわれであった。大城にしてみれば、「過去」にすがるのではなく、「やはり、新しい自信をつくることを、まず考えなければならな」かった。[72]

こうした見方は、「自信の不在」を直視し、そこから自立や主体性を模索しようとした大城の戦争体験論にも通じていた。過去や伝統に依拠した「自信」は、大城にとって、「聖戦の理念」を疑わなかった戦時期の住民や復帰運動にのめり込む沖縄の教育者たちと同じく、「自分の頭で考える」ことを放棄したものでしかなかった。

安田武と大城立裕のこうした差異は、戦争体験論が生み出される磁場をめぐる本土と沖縄の相違を暗示していた。

日本本土では、安田武をはじめとする戦中派知識人は戦争体験にこだわり、安易に政治運動に結びつけることに違和感を抱いた。それに対し、戦後派・戦無派世代は、戦中派世代が体験を振りかざしているように感じ、彼らの政治運動の目的にあわせて戦争体験をさまざまに読み替えていくことを目指した。若い世代には戦争体験自体がない者も少なくなかったし、戦争体験があったとしても、幼少期であったためにあまり記憶がない者も多かった。かりに戦争の記憶があった場合でも、彼らの世代は、戦場の前線に駆り出される経験を持たなかった。それは戦闘の最前線に多く投入された戦中派世代とは異なっていた。そうした若い世代にしてみれば、戦中派世代は戦争体験を盾に彼らの発話を押さえつけているように感じられた。このような議論の渦中にあるなかで、安田は語り難い体験の「本質」にますますこだわることになった。安田の伝統芸能論も、この議論の構図の延長に生み出されたものであった。

しかし、大城立裕の場合は状況が異なっていた。政治主義への安易な近接に反感を抱いていた点では安田と同様であったが、大城が下の世代から批判されたのは、前述のように、旗幟《きし》の不鮮明さであって、体験を振りかざすことではなかった。大城は、戦時期の東亜同文書院での体験や軍隊経験から、アンビヴァレンスにこだわり、特定の政治主義から距離をとろうとした。土地闘争や米軍政府に対する闘争に注力していた若い世代からは、その姿勢が批判されたわけだが、逆にそれゆえに、大城はいっそうアンビヴァレンスにこだわっていった。沖縄の「伝統」に対する冷めた見方も、大城をめぐるこのような言論状況に根差していた。

さらにいえば、大城が沖縄戦体験を経ていないことも、そこには関わっていた。大城は中国で学生生活を過ごし、その地で徴兵され、終戦を迎えた。これは何も大城立裕に特殊なことではなく、同世代の沖縄知識人にはしばしば見られた。太田良博がジャワで終戦を迎え、沖縄戦を経験しなかったことは、前述のとおりである。彼らの年代は、学徒兵として徴兵・召集された者が多かったが、その分、沖縄以外の戦地で戦争末期を過ごすケースも多かった。沖縄は老若男女を問わず地上戦に巻き込まれただけに、大城や太田は「体験を振りかざす」ような発言をしにくかったし、逆にそうだとしても、体験を振りかざしているようには感じられない状況があった。

鉄血勤王隊員として沖縄戦をくぐった同年代の者ももちろん多かったが、戦後初期の沖縄において発言力を有する者は少なかった。『沖縄健児隊』の編者を務めた大田昌秀にしても、一九六〇年代前半までは、日本本土やアメリカで新聞学研究に従事することが多く、沖縄戦体験をめぐって、沖縄で積極的に発言する状況にはなかった。

こうした事情もあって、一九五〇年代後半から六〇年代前半にかけての沖縄では、戦争体験への固執をめぐる賛否が議論の焦点になることは少なかった。大城は、沖縄における主要戦中派イデオローグであったが、沖縄戦を体験していなかっただけに、「体験を振りかざす」ことで下の世代の反感を買うことは少なく、むしろ前述のように、戦争に対する評価や現実の政治問題に対する旗幟の不鮮明さを問われることとなった。

安田武と大城立裕の微妙な議論の相違は、戦争体験論が生み出される日本と沖縄の構造の相違を浮き彫りにしていたのである。

第三章　反復帰と戦記の隆盛——沖縄返還問題のインパクト

本土復帰への幻滅

一九六〇年代後半になると、沖縄では新たなオピニオン・リーダーが台頭し始めた。新川明、岡本恵徳、川満信一ら、旧『琉大文学』の同人たちである。すでに島ぐるみ闘争から約一〇年を経ていた当時、彼らはジャーナリストや大学教員の立場から、社会的に一定の発言力を有するようになっていた。それにともない、従来とは異なる戦争体験論が展開されるようになり、また、プロローグの図1（一二頁）にあるように、沖縄戦記発刊も高揚期を迎えることになった。その背景にあったのが、「反復帰」論である。(1)

既述のように、沖縄では、一九六〇年代に入り、沖縄県祖国復帰協議会（復帰協）や沖縄教職員会を中心に復帰運動が盛り上がりを見せた。日本本土でも、沖縄返還を求める動きが顕著になっていった。土地闘争や島ぐるみ闘争に関する新聞報道をきっかけに、本土でも社会党、総評、沖縄県人会を中心にした沖縄問題解決国民運動連絡会議（沖縄連）や共産党系の沖縄返還国民運動中央実行委員会連絡会議（沖実連）が結成されたほか、自民党・社会党の共同提案により南方同胞援護会も発足した。これらは、沖縄での復帰運動とも適宜、連携し、共同集会を開催するなどして、一九六〇年代以降の復帰論の隆盛を促した。こうした機運のなか、一九六五年八月、佐藤栄作が首相としては戦後初めて沖縄を訪問し、「沖縄が本土から分れて二〇年、私たち国民は沖縄九〇万のみなさんのことを片時たりとも忘れたことはありません」「沖縄の祖国復帰が実現しないかぎり、わが国にとって「戦後」が終っていないことをよく承知しております」と語った(2)。

だが、一九六〇年代後半以降になると、徐々に復帰運動に対する違和感が沖縄社会に立ちこめるようになる。その最大の要因は、やはり米軍基地の問題であった。一九六七年二月、外務次官の下田武三は、駐米大使に赴任する直前に沖縄返還問題に言及し、「沖縄基地の自由な使用を保証することが施政権返還の前提条件」であり、「核基地の容認を含む基地の自由使用」を米軍に認めるべきであると発言した(3)。いわゆる「核つき返還論」である。

こうした動きに対する沖縄での反発は大きかった。復帰協も、一九六七年一〇月の「即時無条件全面返還要求行動要綱」のなかで、「核付き返還、基地の自由使用を認めた返還論等、沖縄の現状固定化を計ろうとする」動向に「断固反対」し、「あくまでも沖縄の即時無条件返還を要求する国民運動を展開」する意志を明確にしていた(4)。

そして、一九六九年一一月、佐藤・ニクソン会談において、一九七二年の沖縄返還の方針が発表された。ベトナム戦争が泥沼化し、財政難にもあえぐなか、アメリカはすでに三次にわたる撤兵計画を発表していた。その余波は沖縄にも及んだ。アメリカ政府は、基地を確保したうえで施政権を日本に返還すればコストが削減されるという見解をとるようになった。結果的に、既得権に固執する軍を説得し、沖縄返還の方向が確定した。

だが、それは沖縄住民を満足させるどころか、むしろ失望を与えた。米軍基地は、「本土なみ」に残されることとなり、面積にして全国の五三パーセントの基地が狭小な沖縄に集約されることとなった。なおかつ、沖縄基地への核兵器持込みについても、制限が曖昧だった。沖縄基地には核弾頭ミサイル・メースBが配備され、一九六八年には原子力潜水艦によるものと思われる海水の放射能汚染が報じられるなど、核の懸念は深刻だった。[5] しかし、日米の外交交渉では、核兵器の持込みについては、アメリカが日本政府と「事前協議」するとされるにとどまった。日米安全保障条約下では、米軍の装備・配置についての重要な変更や、日本からの作戦行動については、日米間の事前協議が必要とされ、本土の米軍基地使用に一定の制約が加えられていた。これは、日本がアメリカの戦争に巻き込まれないための歯止めとして考えられていたものだが、七二年沖縄返還の方向が明らかになるころから、事前協議の結果、日本が自主的に米軍の行動を支持することもあり得るということが強調され始めた。沖縄基地への核兵器持込みも、そのような「事前協議」の対象とされたに過ぎなかった。それだけに、本土復帰に沖縄住民が幻滅を抱いたのは、当然であった。[6]

県民大会へ最大動員
盛り上る70年闘争
共同声明粉砕の雄叫び
たき火大会で気勢

佐藤・ニクソン声明への反対運動を報じた紙面（『沖縄タイムス』1970年４月28日）

　こうしたなか盛り上がりを見せたのが、「反復帰」論であった。そして、この思想潮流を支えたのは、新川明、岡本恵徳、川満信一ら、旧『琉大文学』の同人たちであった。なかでも新川明は、その主導的な論者であった。

反復帰論

新川は一九七〇年の論考「非国民の思想と論理」のなかで、「反復帰」の思想を次のように述べている。

日本の「復帰」運動は、本来的にそのような一定の反体制的＝階級的要素を運動内部に胚胎せしめていたとはいうものの、しかしそれはあくまで「異民族支配からの脱却」「同一民族として本来の姿に立ちかえる」という発想によって唱道されたナショナリズムの運動であった。だからそこでは、この運動のもつ反体制的＝階級的政治性にインターナショナリズムの視野を与えて、これを発展、開花させていくのではなく、逆にそのような政治性を「民族の悲劇」とする「島ぐるみ」の、幅広い統一戦線を至上目的化した超党派主義で、扼殺する道を歩まざるを得なかった(7)。

新川にとって、復帰思想・復帰運動は、それが含み持つ「反体制的＝階級的政治性」を日本ナショナリズムのなかに溶解させ、「扼殺」するものであった。それは、結果として、「支配の側がその支配を実質的に再編強化するためのまたとない〝口実〟」となり、「反体制的であったはずの側が積極的に加担してこれを支える」という「悲劇的＝喜劇的状況」であった(8)。新川にしてみれば、復帰論が日本への統合をめざす「ナショナリズム運動」であり、その日本がアメリカと軍事的な提携関係にある以上、その運動が「日米支配層に巧妙にすくい取られて挫折して」いくことは必然的なものに思われた[9]。

そこで新川が強調したのは、沖縄の「異族」性であった。新川によれば、それは「沖縄人の意識をその基層のところで強固に染め上げている日本に対する異質感」であり、「日本と等質化をねがう日本志向の「復帰」思想を根底のところから打ち砕き得る沖縄土着の、強靭な思想的可能性を秘めた豊穣な土壌」であった。新川は、「この土壌を丹念に耕し、掘り起すことによって、そこに反ヤマトゥ=反国家の強固な堡塁を築」くことを主張した[10]。

だが、かといって新川は、沖縄の政治的な独立を主張したわけではない。

既述のように、敗戦後間もない時期には、対米従属のもとでの沖縄独立論も存在し、新川の思想がそれらの系譜に連なるものと解されることがあった。沖縄人民党も、新川の「反復帰論」は「アメリカ帝国主義による占領支配をひき続き継続せよ」とする「敗北の思想」であり、「アメリカが施政権を奪い取ったことを思想上も、実践上も容認することとつながりかねない」と批判した[11]。

しかし、新川にとって、「日本と沖縄の異質性=「異族」性を強調」することは、「日本ナショナリズムの裏返しとしての、しかもそれを沖縄ナショナリズムに矮小化したところの、琉球独立論の思想系列」とは異なっていた[12]。むしろ、新川が主張する「沖縄の異質性=異族性」の論理は、「〈国家〉という実体的な抑圧機構であると同時に、人間の存在全体を規定する正体不明の魔性の怪物」を批判的に照らしだすことにあった[13]。

こうした反復帰論は、同世代の知識人にも少なからず共有されていた。かつての『琉大文学』同人で、当時、琉球大学助教授であった文学研究者・岡本恵徳は、「水平軸の発想」(一九七〇年)のなかで、沖縄の人々の社会意識や共同体意識を「共同体的生理」という言葉で表現しながら、次のように述べている。

「復帰運動」が「共同体的生理」にもとづく自然発生的な「自己回復運動」にそのまま載せられ流されていって「共同体的生理」の機能や構造を正確にとらえなおすなかで組織化されるのではなく、また「祖国」についての認識を深めるなかで運動の論理をうちたてていかなかったところに、現在「復帰運動」のありかたについてのさまざまな論議をまきおこす原因があったのである[14]。

「復帰運動」のなかで「異民族の支配からの脱却」が、ひとつの運動目標として設定されたとき、それは日常生活の感覚（アメリカに対する異質感や危機感）が「共同体的生理」において増幅されたものを、そのまま表現に定着したものにすぎなかった。その反面、そういう日常生活の面での危機を救済するものとして「祖国」が幻想的に美化されることになり、その意味で思想としての論理性を欠くものとなったといえるだろう[15]。

「異民族の支配からの脱却」を目指すがゆえに、「祖国」を「幻想的に美化」し、それを批判的に捉え返すことができない。このような問題意識は、新川の議論に通じていた。

脱沖縄と六〇年安保の衝撃

もっとも、彼らは当初から復帰運動に批判的であったわけではなかった。琉球大学在学当時の彼らは、学生運動にも深くかかわり、反米軍闘争や土地闘争の渦中にあった。それだけに、彼らは日本復帰を政治的な目標としてとらえていた。新川自身も、後年の著書のなかで当時を振り返って、「「日本復帰」こそが沖縄人が目指すべき絶対的な目標であり、沖縄における米軍支配を打破する唯一の道であると考える「復帰」思想に全精神は包み込まれていた」と記している[16]。

にもかかわらず、のちに「反復帰」論を展開するようになったのはなぜか。ひとつには、前述のような一九六〇年代末の本土復帰のあり方に対する反感があった。だが、彼らが「反復帰」を見出したのは、それが直接的な理由ではない。むしろ、大きかったのは、彼らがともに一九五〇年代末に沖縄を出て本土で暮らし、その地で六〇年安保闘争を経験したことであった。

新川明は、琉球大学を中退したのち、沖縄タイムス社に記者として勤務したが、労働組合を結成したことが経営陣の不興を買い、一九五七年末から数年間、鹿児島支局や大阪支局に左遷された。新川はこの「不当配転と懲罰的処遇」に怒りを覚えながらも、「米軍支配下の暗鬱な世界から、形はどうであれ憧れの「祖国日本」に脱出した解放感と充実感」を抱いたという[17]。

新川明

その本土で新川が目にしたのが、六〇年安保闘争であった。当時、新川は大阪に滞在していた。日米安全保障条約の改定問題は、岸信介内閣による強行採決への反感も相まって、広範な反対運動を引き起こした。一九六〇年六月一五日には、全学連主流派が国会議事堂に突入して警官隊と衝突、そのさなかに東大生の樺美智子が死亡した。大規模な街頭デモや集会は、東京に限らず、大阪でも頻繁に行なわれ、反安保の機運は高揚していた。だが、新川はそれに違和感を抱いた。そこで新川が感じ取ったのは、「この国民的な規模の安保反対運動の中で「沖縄」問題がまったく抜け落ちている現実」であった。[18] 新川はそのときに抱いた疑念を次のように記している。

「沖縄返還」をスローガンの一端に掲げているとは言え、そこで主張されるのは要するに日本が米国に従属し、米国の軍事戦略の一翼を担うことに反対しているにすぎない、という現実であった。「日米安保は日本を米国の戦略に組み入れることであり、日本全体を〝沖縄化〟することが狙いである」という趣旨の訴えを聞いた時、私は耳を疑った。判りやすい言葉で安保反対の気運を盛り上げようとする単純な気持ちから出た言葉かも知らないが、単純であるだけにその言葉を発想させる意識は恐しく思えたのである。

その論法は日本にとっての安保とは何か、という点では判りやすい理屈ではあるが、沖縄の現実が抱えている問題とは関わりのない議論であり、「沖縄返還要求」というスローガンの空虚さを浮き立たせるだけのものでしかなかった。

安保問題とはすぐれて「沖縄」問題であり、「沖縄」問題とはとりもなおさず安保問題であるという、今日なお変わることのない極めて基本的な認識の欠如がその論法を成り立たせている。日本国民にとって「安保」とは何であり、「沖縄」とは何であるのか、という原初的な問いを眼前の現実は私に投げかけ、その答えを自ら見せつけているようであった。[19]

新川は、安保改定阻止を訴える「良心的」な左派勢力の議論のなかに、沖縄を無視し、切り捨てることを厭わないエゴイズムを感じ取った。そのことは必然的に、日本に寄り添おうとする復帰思想への疑念を生みだすことになった。

こうした思考プロセスは、岡本恵徳においても同様であった。岡本は一九五六年に琉球大学を卒業し、首里高校の教員を務めたが、一九五八年にその職を辞し、東京教育大学に編入学した。沖縄を離れて上京した理由として大きかったのは、「沖縄という後進的な、非合理な生活様式の支配する土地、あるいは息苦しいまでに個人を縛りつける血縁共同体的な人間関係、そういったものから脱出しようという希望」であった[20]。しかし、岡本が東京で感じ取ったものは、沖縄に対する本土の裏切りのようなものであった。

一九六〇年当時、東京教育大学の大学院生であった岡本は、安保闘争のデモに加わり、機動隊の襲撃に直面したこともあった。だが同時に、そのなかで沖縄の問題が欠落していることに苛立ちを感じていた[21]。岡本はのちに、当時を次のように回想している。

わたしはそのとき、政党や労働組合などの大きな組織の中に、ある種の「緊張」し「硬直」したもののあることに気づいた。しかしそれはまだ、政党やその他の組織そのものについての不信や疑問というものではなかった。その当時、沖縄の問題を、重要な問題として基本的な政策のひとつにかかげていたのは日本共産党であり、その党が、沖縄問題をとらえているということが、わたしの政党組織に対する信頼をつなぎとめているかのようであった。

だが情勢が次第に複雑化し、部分核停条約をめぐって対立が生じ、原水爆禁止運動が分裂していく中で、志賀義雄や中野重治が日本共産党から除名されるという事態が起きたとき、そこに

岡本恵徳

も「緊張」や「硬直」がすでに入りこんでいることを知った。わたしは沖縄に帰らなければならない、次第にそう思うようになった。東京にはなにもない、という気がしていた。ふたたび歩き始めるとすれば、沖縄から歩き始めなければならない、と次第にそう思うようになった[22]。

岡本は、安保闘争を通じて、左派政党の言動に違和感を抱き始めていた。その後、日本共産党はソ連の核実験を「平和の核」として容認し、中国の核開発に不利になることを懸念して、一九六三年八月に米英ソのあいだで締結された部分的核実験禁止条約に反対した。岡本はそのような共産党の言動への不満を募らせ、「東京にはなにもない」「沖縄から歩き始めなければならない」との思いを強くした。

岡本のこうした心情を考えるうえでは、仲宗根勇『沖縄少数派』（一九八一年）に対する岡本の書評も参考になろう。沖縄の出身で、安保闘争当時は東大法学部生であった仲宗根勇は、「アイゼンハウアーの訪日は阻止されました。我々は勝利しました。卑怯なアイゼンハウアーは沖縄に逃げ去りました！」という執行部の言葉に愕然としたことを、その著書に記している[23]。岡本はその言葉を引きながら、「そこから、日本にとって沖縄とは何か、そして日本とは、国家とは、というような執拗な氏の問いかけが始まる」「同時にそれが氏の沖縄再発見の契機でもあったにちがいない」と述べている[24]。それは、まさしく岡本自身が経由した思考プロセスでもあった。

反復帰論が形成されるうえでは、既成左派政党に対する違和感も大きかった。岡本恵徳が日本共産党に幻滅していったことは、前述のとおりだが、同様のことは新川明にも見られた。日本共産党に近い沖縄人民党は、一九六〇年、幹部の国場幸太郎《こくばこうたろう》を除名した。党首・瀬長亀次郎との路線対立があったとされる。[25] 新川は、国場を敬愛していただけに、「あの国場を切り捨てた沖縄人民党に対する懐疑は膨れ上」がり、「たとえ路線上の対立があったにしても、あの国場を受け入れることが出来ないこの党に対する失望が私の心に沈積した」という。[26]

沖縄人民党は、土地闘争や米軍との闘争を主導していただけに、新川はそれまで同党に「強いシンパシイ」を抱いていたが、この事件で同党に対する思いは反転した。そのことは、「のちに「反復帰論」に到達する私の思想の土壌に、最初の一鍬を入れる衝撃的な出来事」であったという。[27]

新川にせよ岡本にせよ、「脱沖縄」の経験と、本土の六〇年安保闘争への違和感、既成左派政党に対する反感を起点に、反復帰論を生み出していったのである。それはたしかに、沖縄返還のあり方に対する不満が一九六〇年代末の沖縄社会で広がるなかで、ひとつの思潮となった。だが、この議論は沖縄返還が間近に迫るなかで生み出されたのではない。沖縄を出て本土の六〇年安保闘争に接し、憧れていた本土がじつは沖縄を切り捨てていることを感知する。その延長で、ときに既成左派政党への反感も生み出される。そうしたなかで、いたずらに日本復帰を目指す議論への疑念が深まっていく。反復帰論はこのようなプロセスのなかで見出されたものであった。

「本土経由」の体験への関心

反復帰の思潮は、戦争体験や沖縄戦史に対する関心をかき立てた。一九六六年に沖縄に帰郷した岡本は、戦争体験に関心を抱くようになったきっかけについて、こう述べている。

沖縄に帰り、自分の中の沖縄を明らかにしようと考えたとき、まず最初に問題となったのは「沖縄戦」での戦争体験の問題であった。第二次大戦後の歴史と民衆の運動の基盤となりその強さも弱さもひっくるめて大きく規定しているのは戦争体験ではないか、と考えたからである。日常の生活では明瞭にあらわれないところの意識のありかたが、たとえば極限の状況では動かしがたいものとしてあらわれてくるということがある。そのように沖縄の人間に、きわだって他の地域の人たちと異った特質があるとするならば、それは沖縄戦の体験にあらわれているのではあるまいか、という気がした。それればかりではなく、これから先沖縄がなんらかのかたちであれみずから立っていく思想的基盤をみずからのうちにつくりだそうとするならば、その原点となるのは、沖縄戦での〝戦争体験〟ではないだろうか、と考えたのである。[28]

本土での体験を経て、「自分の中の沖縄を明らかにしよう」と考えた岡本は、その基盤になるものとして、沖縄戦の体験を見出した。岡本にしてみれば、それは「第二次大戦後の歴史と民衆の運動の基盤となりその強さも弱さもひっくるめて大きく規定して」おり、「これから先沖縄がなんらかのかたちであれみずから立っていく思想的基盤」をなすべきものであった。

とはいえ、岡本は自らの戦争体験を明瞭に記憶していたわけではなかった。一九三四年生まれで、一八歳まで宮古島で育った岡本にとって、戦争とは「少年の頃のたとえば魚釣りやトンボ取りと同じような回想の一駒」でしかなかった。[29]宮古島では、空襲や食糧不足、マラリアの蔓延は深刻であったが、沖縄本島のように地上戦が繰り広げられることはなかった。岡本は「空腹」や「夜空をこがした空襲の炎のいろ」の記憶はあったが、「どちらかと言えば戦争を知らない世代に属する」という自覚があり、「大阪や東京で空襲に出あった同じ世代の人たちと較べても、沖縄のさらに南の先島で生活していたわたしは、かえって戦争から遠いところにいた」という思いがあった(30)。

にもかかわらず、なぜ、岡本は戦争体験につよい関心を抱いたのか。

だが、そういうわたしにとって、戦争体験が重要な意味をもつのは、わたし自身が沖縄の人間であり、沖縄にとって、さきにふれたように、その内実において戦争がとりわけ重要な意味を持っていると考えるからである(31)。

岡本は、自らが「沖縄の人間」である以上、その「内実」を問おうとすれば、沖縄戦体験を避けることはできないと考えた。そして、繰り返しになるが、「わたし自身が沖縄の人間であ」ることを見出したのは、「脱沖縄」と安保闘争の経験が契機になっていた。つまり、岡本にとって「沖縄」や「戦争体験」は、いわば本土を経由して見出されたのであった。

戦史研究の隆盛

戦争体験に関心を持つに至るこうしたプロセスは、沖縄史家の大城将保《まさやす》にも通じていた。大城将保は一九三九年に沖縄本島南部の玉城村に生まれたが、一九四四年に熊本に疎開していたため、沖縄戦の惨禍からは免れることができた。だが、大城が戦時を生き延びることができたのは、偶然であった。疎開船は、撃沈された対馬丸と同じ船団であり、「暗い海の上を魚雷が白い航跡をひいてかすめていくのを目撃したかすかな記憶があ」るという。それだけに、「疎開地での飢えと寒さは骨身にこたえ」たが、「あの暗い海に呑みこまれていった疎開学童や、地獄の島にとり残された大多数の同年輩の子どもたちに比べれば何ほどのことがあったろう」という思いがあった[32]。

それゆえに、大城は自身を「戦争を知らない幸運な子どもたちの一人」とみなすと同時に、「戦争の魔手からすれすれのところで逃れたマージナルマン（境界人）」という自己意識も強かった[33]。ところが、あるときから「マージナルマンという立場が変に心苦しく思われるようになっ」た。つまり、「生き残った者の後めたさ」「「戦争を知らない」では済まされないような、理由のはっきりしない自責の念」がつよく感じられるようになったのである[34]。その契機を大城は次のように語っている。

そういう得体の知れない胸底のわだかまりは、沖縄を離れてみていよいよ鮮明になってきた。東京で学生時代を送り、その地で就職し、沖縄返還運動などにも多少はかかわってくると、沖縄の歴史や風土や社会状況といったものが自分の生き方との関係でかなり客観的に把握できるようになってくる。そんな時、意識の水平線に遠い島影のようにかすんで浮んでくるのがやはり戦争の亡霊であった。島の同胞たちの胸底に今なおどろどろと沈澱している戦さ世の恨みの深さ、傷跡の痛み。そういったものが自分の生き方と切り離しがたくまとわりついてくるのだということを、いやでも認めないわけにはいかなかった[35]。

大城は一九六一年に早稲田大学教育学部に進学し、一九六五年に卒業した。その後も東京で高校教師を務め、一九七一年までの一〇年間を東京で過ごした。そのなかで、「得体の知れない胸底のわだかまり」が徐々に鮮明になっていった。大城は東京沖縄県学生会の活動を通じて沖縄返還運動にも関わっていたが、そこで、「沖縄の歴史や風土や社会状況」を「自分の生き方との関係」で捉え返すようになっていった。その奥底に必然的に想起されたのが、「戦争の亡霊」であった。自らは沖縄戦体験を持たなくとも、「島の同胞たち」の「戦さ世の恨みの深さ」や「傷跡の痛み」が、「自分の生き方と切り離しがたい」ものとして感じられる。大城は東京で暮らすなかで、その対比で沖縄のことが想起され、そこから「戦争の魔手からすれすれのところで逃れたマージナルマン（境界人）」としての自己を意識するようになっていった。

このような思いを胸に、大城将保は一九七一年に沖縄に帰郷し、戦争体験の聞取り調査を積極的に進めた。大城は、一九七二年七月、沖縄県立史料編集所所員となり、『沖縄県史』の「沖縄戦記録」の編集・調査にあたった。『沖縄県史』全二四巻のうち、沖縄戦に関するものとしては、『沖縄戦通史（沖縄県史第八巻）』『沖縄戦記録１（同九巻）』『沖縄戦記録２（同一〇巻）』の計三巻が発刊された。そのうち、『沖縄戦記録1』『沖縄戦記録2』は体験者のインタビュー資料集であり、いずれもA5判で一〇〇〇ページを超える重厚なものだった。

『沖縄県史　沖縄戦記録（1・2）』（1971・74年）

大城将保は『沖縄戦記録2』の編纂を担当し、沖縄本島の北中部や離島地域の戦争体験の収集にあたった。大城がそこで意識していたのは、「文章の書ける人」にとどまらない記録を集めることであった。大城に限らず、『沖縄戦記録（1・2）』の編纂者たちは、手記原稿を募集・依頼して収録するというやり方ではなく、当事者の話を録音し、それを文字に起こすという方法を採用した。その場合、彼らは、相当重いテープレコーダを抱えて多くの体験者の居住地まで出向かなければならなかった。だが、そうすることで、文章を書き慣れていない人の体験記録も多数集めることができた。

聞取り作業の目的は、そればかりではなかった。「体験があまりに深刻であるためにどうしても文章にすることができない」人から証言を得ることも、彼らが目指したものだった。大城の取材活動のなかでも、「何度も書こうと決心して原稿用紙に向ったんですが、文字よりもさきに涙があふれ出してきてどうしても書くことができない」と語っていた元女子学徒隊の女性がいたという。彼らの「書けないで沈黙している底層まで掘りさげていく」ことを、大城らは目指していた[36]。

本土復帰と沖縄戦記録

『沖縄戦記録1』（一九七一年）や『沖縄戦記録2』（一九七四年）の刊行は、同種の自治体史の続刊を促した。一九七〇年代には、『那覇市史 戦時記録』（一九七四年）、那覇市役所市史編集室編『市民の戦時体験記』（第一・二集、一九七一－七二年）、沖縄市企画部広報課編『戦争体験記』（一九七八年）、『平良市史 第四巻』（一九七八年、第二部「宮古郡民の戦争体験」所収）などが出されたほか、『宜野湾市史 第四巻』（一九八二年）、『浦添市史 第五巻』（一九八四年）、『宜野座村史 第二巻』（一九八七年）といった八〇年代の市町村史でも、地域住民の膨大な戦争体験記録が収められていた。

これらの編纂作業は、安仁屋政昭《あにやまさあき》や石原昌家《まさいえ》ら、大城将保と同じ戦後派世代がおもに担っていた。その背景について、大城は次のように記している。

後で気づいたことだが、そういう生き残ったことの後めたさ、知らないということの負い目といったものは、程度の差はあれ、同時代の沖縄人が共通して秘めている感情であったのだ。これもかなり後になって、おくればせながら沖縄戦の記録運動などに参加してみて気がついたことだが、県史や市町村史などの戦時記録などに熱心に取組んでいる人たちのほとんどは私同様に戦場体験をもたない人たちだった[37]。

沖縄の戦後派世代のなかには、大城のように県外疎開をするなどして沖縄戦に巻き込まれずにすんだ者たちも少なくなかった。だが、それゆえに彼らは、「生き残ったことの後めたさ」「知らないということの負い目」といった感情を抱きがちであった。そのことが、県史・市町村史における戦争体験の収集作業に彼らを駆り立てることとなった。

だが、それにしても、戦争体験の掘り起こしが盛んになったのが、なぜ一九六〇年代末以降なのか。そこには、本土復帰をめぐる社会状況があった。大城は沖縄戦史研究に接近していった背景について、以下のように綴っている。

私が本格的に沖縄戦に関わりをもつようになったのは一九七二年の春、ちょうど五月十五日の復帰の日をまじかにひかえて島じゅうが沖縄返還協定の賛否をめぐって激烈に沸騰しているさなかだった。〔中略〕

そうした世替りの激動と共鳴するかのように、片方では沖縄戦における住民虐殺事件の真相究明の活動が県民の注目を集めつつあった。久米島住民虐殺事件をはじめとする旧日本軍の残虐行為の事実が次々と明るみにだされマスコミに大々的に報道された。「復帰問題」と「沖縄戦」、この取り合せは一見奇異に思えるかもしれないが、沖縄県民にとっての戦争体験とは本来そういう性質のものであった。(38)

復帰当日に行なわれた反対デモ（那覇市，1972年５月15日）

先にも述べたように、日米両政府の主導による沖縄返還は、沖縄住民の憤りを招いた。『沖縄タイムス』（一九七〇年四月二八日）の社説では、「核抜き、本土なみ、七二年返還というのは、まさに沖縄の祖国復帰には違いないが、その中身は、米軍基地をそのままにしてただひたすらに祖国に帰りたいという民族的な心情を最大限に拡大し吸いあげたものでしかない」と記されていた。(39) 一九七二年五月一五日に沖縄返還は実現したが、那覇市内ではこの日、「五・一五を屈辱の日として戦おう」という横断幕を掲げたデモが行なわれた。一〇年近く復帰協会長を務めた喜屋武《きやん》真栄《しんえい》は、与儀公園（那覇市）で開かれた「沖縄処分抗議、佐藤内閣打倒、五・一五県民総決起大会」で「いま、鉛のような気持でここに立っている。復帰の実現のために闘ってきたが、このような結果になったことについて苦悩する一人だ。どうぞお許し願いたい」と述べた。この挨拶に対し、労組青年部などからは激しい怒号と野次がとんだという。(40)

沖縄戦記録の発刊が相次いだのは、このような情勢下であった。体験の掘り起こしが進むなかで、

「集団自決」や住民虐殺に関する新たな事実も明るみになっていった。その作業の奥底には、「復帰」の起因となる日本と沖縄の関係を問いただそうとする意図があった。大城将保はこの時期の沖縄戦記録の隆盛について、次のように記していた。

その記録精神の高まりは沖縄返還協定をめぐる県民運動と無関係ではなかった。この歴史的転換期に直面して沖縄県民は日本という国を醒めた眼で主体的に見直す姿勢をとったのである。そこできちんと総括しておかなければならない問題が、沖縄戦における軍隊と住民の関係、つまり、国家と沖縄県民との関係であったのだ。そういう観点から、戦争体験者が事実を事実として語り継がなければならないという強い意識をもつようになったのである。(41)

「怒りと不安と期待とが複雑に錯綜した復帰前夜の緊迫した空気(42)」こそが、広範な住民の体験の収集を促したのであった。

沖縄の戦後派と本土の戦中派

このような状況から浮かび上がるのは、沖縄の戦後派世代知識人と本土のそれとの相違である。

序章でも述べたように、日本本土では、戦後派世代はしばしば戦争体験に拒否感を抱いた。それは、反戦運動に携わる者のあいだにも見られた。その根底にあったのは、戦中派世代の体験の語り口に対する不快感であった。戦後派世代にとって、戦中派の戦争体験の語りは、自分たちとの認識の共有というよりはむしろ、若い世代の発言を封じ、「おれたちはこういう目にあったんだ、お前たち知っているか」と言わんばかりに抑圧しているように感じられた。
それに対して、岡本恵徳、大城将保ら沖縄の戦後派世代知識人は、総じて戦争体験につよい関心を抱いた。戦争体験の掘り起こしを進め、そこから歴史や政治、文化に関する議論を広げていったのは、彼らの世代であった。そのことが、一九六〇年代末の沖縄戦記刊行のブームにもつながっていた。

彼らの議論はむしろ、本土の戦中派に重なるところがあった。大城将保にとって、「生き残ったことの後めたさ」が沖縄戦史研究のひとつの動機になっていたが、そうした情念は日本の戦中派知識人に多く見られるものであった。「「戦争体験」論の意味」（一九五九年）や「戦争世代を支えるもの」（一九六四年）など多くの戦争体験論をものした橋川文三は、「敗戦前後」（一九六四年）のなかで、「死んだ仲間たちと生きている私との関係はこれからどうなるのだろうかという、今も解きがたい思い」を終戦時から抱いていることを記していた[43]。安田武は、「アイツが死んで、オレが生きた、ということが、どうにも納得できないし、その上、死んでしまった奴と、生き残った奴との、この〝決定的な運命の相違〟に到っては、ますます納得がゆかない」ことにこだわっていた[44]。

岡本恵徳も、「水平軸の発想」（一九七〇年）のなかで、橋川文三「「戦争体験」論の意味」の以下の文章を引用している。

　イエスの死がたんに歴史的事実過程であるのではなく、同時に、超越的原理過程を意味したと同じ意味で、太平洋戦争は、たんに年表上の歴史過程ではなく、われわれにとっての啓示の過程として把握されるのではないか[45]。

私たちが戦争という場合、それは超越的意味をもった戦争をいうのであって、そこから普遍的なるものへの窓がひらかれるであろうことが、体験論の核心にある希望である[46]。

岡本は、これをふまえて、「この橋川氏の言葉の中にある〝われわれ〟を〝沖縄の人々〟におきかえて理解してもらってもよい。「普遍的なるものへ」の志向が沖縄という自分の生きている土地において、そして生きている土壌を対象化することを通して、実現できるかどうか、という問いが、多かれ少かれ沖縄で沖縄戦の体験の意味を考えようとする若い世代にあらわれている事は、たしかなのである」と述べている[47]。

岡本が引用した橋川の「「戦争体験」論の意味」は、石原慎太郎ら戦後派世代との対談（『文学界』一九五九年一〇月号）をふまえて書かれていた。橋川はそのなかで、「戦争体験論というのは結局回顧趣味であり、かつて生甲斐を見出したところのものに惑溺する現実逃避にほかならない」という石原らの議論に対して、「私にいわせれば、そのような批評・思考形式のおどろくべき陳腐さに、かれら自身はおどろかないのかというおどろきがある」と皮肉を述べていた[48]。岡本は、戦後派世代とは異質な橋川の議論に共感しながら、「沖縄戦の体験の意味を考えよう」としたのである。先に引用したように、岡本は、「これから先沖縄がなんらかのかたちであれみずから立っていく思想的基盤をみずからのうちにつくりだそうとするならば、その原点となるのは、沖縄戦での〝戦争体験〟ではないだろうか」と述べていたが、それも明らかに、橋川文三ら戦中派知識人に重なる姿勢のあらわれであった。

「戦争体験」の磁場と本土―沖縄のギャップ

このような状況は、戦争体験論の磁場をめぐる本土と沖縄の齟齬を示唆していた。日本本土で戦後派が戦争体験から距離をとろうとしていたのは、戦中派の語り口もさることながら、政治主義の問題もあった。一九六〇年代後半以降、日本ではベトナム反戦運動や大学紛争、七〇年安保闘争が盛り上がりを見せていた。これらの運動の主たる担い手が、戦後派や戦無派の若い世代であった。当然ながら、彼らは当時の政治的な問題とかつての戦争の問題を、積極的に結び付けようとした。それだけに、彼らにしてみれば、政治的有効性を切り捨てるかのような戦中派の戦争体験論は、不快なものであった。

これに対し、安田武ら戦中派世代は、戦争体験を安易に政治に流用するものとして、つよい違和感を抱いたのは、前述のとおりである。元海軍少年兵の渡辺清も、一九六七年の座談会のなかで、次のように述べ、政治的有効性のみを基準に戦争体験を捉えようとする若い世代を批判した。

戦後派の若い人達は思想をいつも何か有効性において測っていこうとするように思う。その点僕はいつもひっかかるんです。それは僕の戦争体験からくる思想の空しさみたいなものだろうと思う。有効性で測ろうとすると案外もろいのではないかと思うわけです。それだからわだつみ会が状況を追ってその先鞭をつけようとすれば、逆にわだつみ会の本来の性質、死者の遺念、いわば祈りといったような核がうすれていく気がする。(49)

しかし、同時代の沖縄では言説構造が異なっていた。当時の最大の政治的アジェンダは、本土復帰の問題であった。それは戦後長く議論されてきたことではあったが、沖縄返還が現実味を帯びてきた一九六〇年代後半になって、広大な米軍基地を沖縄に集約させたまま復帰を図ろうとする日本の姿勢が明瞭になり、それへの怒りが噴出した。そのことが反復帰論の盛り上がりにつながった。

そして、反復帰論の主たる担い手が、新川明や岡本恵徳らの戦後派世代であった。彼らは一九六〇年ごろに日本本土に滞在し、安保闘争に高揚するかたわら沖縄を顧みない本土に、幻滅を感じていた。琉球大学在学当時の彼らは、土地闘争や反米軍闘争にも関わり、「日本復帰」をひとつの理想と捉えていたが、そうした思いが深かっただけに、米軍基地を残したまま沖縄を復帰させようとする本土の「裏切り」もつよく感じられた。その燻《くすぶ》った情念が、六〇年代末の沖縄返還への異議につながった。そして、沖縄と日本の関係を問いただそうとする意志のもと、彼ら戦後派知識人は沖縄戦体験への関心を深めていった。岡本恵徳がさかんに戦争体験に言及するのには、そのような背景があったし、大城将保ら戦後派世代の歴史学者による戦史研究や戦争体験の収集も、こうした心性に根差していた。

本土の戦後派知識人が戦争体験に違和感を抱き、沖縄の戦後派知識人が戦争体験への関心を深めていく。こうした議論のねじれは、戦争体験論を生みだす磁場が、本土と沖縄のあいだで決定的に相違していることを示していた。

体験の相対化

他方で、岡本恵徳や大城将保らの議論には、体験者の語りを相対化しようとする意識も垣間見られた。

岡本恵徳は、仲宗根政善『ああひめゆりの学徒』(『沖縄の悲劇』の改題改訂版、一九六八年刊)を評した一九六九年の文章のなかで、以下のように記している。

本書は、かつて昭和二十六年「沖縄の悲劇」と題して出版したものの改版である。初めて「沖縄の悲劇」を手にしたときひどく感動した記憶が、いまも残っている。いまあらためて本書を手にして読みかえしてみても、感動はいささかもおとろえない。が、最初のときにかすかに感じたわからなさはいまあらためて読み返してみると、いよいよ増すのである。そしてそれは、とくに〔仲宗根政善による記述の部分ではなく〕学生の手記の部分にあるのだ。

戦争、じかにみずからが向きあったその惨劇、その殺戮のただなかに身を置いた彼女たちの〈明るさ〉それがわからないのである。じかに身を置いた死でさえも〈明るい〉のだ。そしてそこには、戦いということにいささかの疑いも批判も、それに参加を余儀なくされている自己への不安も、ついに見出すことができない。(50)

沖縄戦のさなかに幼時をすごし、戦後の新しい論理に基づく価値基準でもって自己を形成してきた私(たち)にとって、その「殉国」の美しさは無償の献身の美しさとして感知しえても、それを支えている意識や心情は理解しにくいものとなっているのだ。(51)

戦後派世代であり、また沖縄本島の戦闘を体験することのなかった岡本にとって、ひめゆり学徒隊の意識や心情には、理解しがたい部分があった。それゆえに岡本は、「個人的な戦争体験の事実のあれこれを〈事実〉〈史実〉として絶対化することを避ける」べきだと考えていた。[52] 岡本には、「ふつう、ごくあたりまえにいって、過去の記憶ほど事実関係においてふたしかなものはない」「過去は幻想的に醇化される」という思いがあり、したがって、戦争体験を無批判に受け止めたり、安易にそれに感動することには抵抗感があった。[53]

同様の観点は、大城将保にも見られた。大城は、『沖縄戦を考える』(一九八三年)のなかで、戦争体験の聞取り調査に関して次のように記している。

聞き書きにはその有効性とあいまって落とし穴も多い。まず、人間の記憶の頼りなさというどうしようもない障害がある。忘却による欠落や、記憶の自己浄化作用による歪曲や美化や混同。年月が経つうちに、思い出したくない事柄は次第に浄化され、事実と想像が混然となり、自分でも気がつかないうちに自らの体験をフィクション化してしまうのが人間の習性でもあるのだ。そこから伝説が発生し、村々に〝語部〟が出現するようになる。土地の語部はたいてい物識りといわれる人たちである。はるばる訪ねて行って、そういう語部からありふれた戦記物の受け売りをながながと聞かされた経験はいくらもある。マスコミ伝説とでもいおうか、書物に出ているからまちがいないとする活字信仰の錯覚から自分自身の体験の記録までがいつの間にか歪められてしまっているのである。[54]

史料批判を重んじる歴史学に大城が携わっている以上、これは当然といえば当然であった。だが、ここで興味深いのは、「語部」たちの記憶の構築プロセスについての指摘である。当人の単なる事実誤認にとどまらず、思い出したくない事柄を自らが「浄化」してしまったり、マスコミの言説を内面化して、自身の記憶を再構成する。「語部」たちの証言につきまとうこの種の問題を、大城は認識していた。

だが、岡本恵徳や大城将保が体験者の語りを相対化することがあったとはいえ、それは本土の戦後派知識人の議論とは異なっていた。本土の戦後派も戦争体験を絶対視することにかなりの違和感を抱いていたが、その動機として大きかったのは、政治主義への志向であった。彼らはしばしば、ベトナム反戦運動や安保闘争に戦争体験を結び付けようとした。それゆえに、戦争体験そのものにこだわろうとする戦中派知識人と対立した。それに対して、岡本恵徳や大城将保らの議論は、いたずらに体験を神聖視したり記憶を美化することへの抵抗感に根差していた。換言すれば、そのことは、虚飾を排して体験や記憶それ自体に向き合おうとすることでもあった。

安田武は『戦争体験』のなかで、「「他人の死から深い感銘を受ける」というのは生者の傲岸な頽廃である」と述べていた。戦争体験をときに相対化しようとする岡本恵徳や大城将保らの議論は、じつは、安田の体験へのこだわりにも通じるものであったのである。

復帰運動の「戦争責任」

こうした議論は、戦争責任や戦争協力の問題を考えることにもつながった。岡本恵徳は、先にあげた『ああひめゆりの学徒』の書評のなかで、社会的に責任意識が欠落する要因について、次のように記している。

〔ひめゆり学徒の手記のなかに戦争への疑いや批判、不安がみられないことは〕郷土防衛と国家防衛の意識が完全に癒着し、国家と郷土を一体のものととらえた人々、自己防衛としてついに戦争そのものを相対化しえなかったために、戦争責任の意識を欠落させてしまった沖縄の戦後に生きた人々の意識と、軌を一にするかも知れない(55)。

先の引用にもあるとおり、岡本は、旧ひめゆり学徒隊の手記に対し、「戦いということにいささかの疑いも批判も、それに参加を余儀なくされている自己への不安も、ついに見出すことができない」という印象を抱いていた。戦争に巻き込まれることに何の疑いも見出さず、戦後になっても自らの責任を顧みることはない。そのような意識のありようへの批判が、沖縄戦体験への関心を深めるなかで、生み出されていった。

太田良博も、「沖縄出身兵と天皇の軍隊」(一九七五年)のなかで、沖縄出身兵士の戦争責任について、次のように指摘している。

沖縄戦では、随所で、「日本兵」による住民虐殺事件があった。この事件を考えるばあい、落ちこみやすい思考上のあやまちがある。「日本兵対沖縄住民」というふうに対置して考えがちで、そのばあい「日本兵」は「他県出身兵」として意識されるのである。

ここで地域的な逆差別観が頭をもたげてくる。ところが、住民虐殺事件には、沖縄出身者である「日本兵」もかかわっているのである。現に沖縄出身「日本兵」が沖縄住民虐殺の下手人であるばあいが一、二例あることを私も知っている(56)。

沖縄出身兵は沖縄守備軍の四分の一を占めていた。そして、他県出身兵のみならず、護郷隊少年兵を含む彼らもまた、一般住民に対するスパイ容疑の告発や詰問にしばしば関与していた(57)。渡嘉敷島で生じた住民処刑にも、沖縄出身の将校が関わっていた。「日本兵」と「沖縄住民」の二項対立図式では見落とされがちな「沖縄の戦争責任」の問題を、太田は指摘していた。

こうした問題意識は、復帰運動を問い直すことにも接続していた。『沖縄戦記録1』(『沖縄県史』第九巻)の編纂にあたった安仁屋政昭は、一九七四年の座談会のなかで、次のように語っている。

　復帰運動というものは、戦争体験をキチンとふまえて出てきたものかというと、決してそうではなかった。それは運動の初発の段階で、戦前型の人がリーダーになったことで示されると思うわけです。そのリーダーたちの当時の言動を見ると、米軍の占領下では彼らのいう自主性が発揮できない、いわゆる本土と一体化することで沖縄を立て直していこうとする。

　むしろぼくは、戦争体験に照らして言えば、あんなひどい目に会わせた日本などに帰れるものか、解放軍であるアメリカの信託統治になるべきだという当時あった議論のほうが、よほど戦争体験をふまえたものだったと思うのです。戦争体験は四、五年前の過去のものだから、それは伏せておいて、日本に帰って夢よもう一度といった式の、自分らの地位を回復したいというようなものが初期のリーダーたちにはかなりあったのではないか。沖縄の庶民を戦争に導いたかつての指導者が、そのまま復帰運動の初発期にリーダーになるという問題ですね。ですから、復帰運動

の中で戦争体験を位置づけていくのはかなり遅れるわけです。(58)

これは、一九五〇年ごろに日本復帰を唱えた平良辰雄らを念頭に置いた発言であった。平良は一九五〇年の沖縄群島知事選挙で当選したが、戦時期には大政翼賛会沖縄県支部壮年団長を務めていた。(59)平良が結成した社会大衆党が人民党とともに日本復帰促進期成会を結成したことは、既述のとおりである。「反復帰」の輿論と戦争体験の掘り起こしが結びつくなか、復帰運動への批判のみならず、そのなかの戦争責任までもが焦点化されるようになったのである。

雑誌記者の友利《ともり》雅人も、「戦後世代と天皇制」(一九七五年)のなかで、自らが沖縄で戦後教育を受けたときのことを振り返りながら、同様の問題意識を次のように記している。

わたしたちの脳髄に日本人意識、国家志向イデオロギーをたたきこむことによって復帰運動の先頭に立っていた教師たちは、いまどこに立っているか。かれらは、「教え子」である戦後世代に対して、国民化教育＝日の丸教育のバランス・シートを提出すべきだとおもう。戦前‐戦中派の教師たちが、その皇民化教育によって戦争責任を追及されるべきであるならば、戦後派の教師たちがその国民化教育によって戦後責任を問われるのは、わたしたちにとってひとつの歴史的前提である。(60)

ここでは、復帰運動を主導する教師たちの姿のなかに、戦前の皇民化教育との連続性が見出されている。復帰運動に対する批判と戦争責任の問題が同時並行的に社会的な議題とされていくなか、戦後の復帰運動そのもののなかに「戦争責任」を問う動きが見られるようになっていたのである。

ベトナム戦争のインパクト

戦争責任や歴史認識が論じられるようになった背景としては、ベトナム戦争の影響も大きかった。一九六五年二月以降、米軍はベトナム北爆を本格化させ、地上部隊も多く投入されるようになった。当然ながら、沖縄はそのための重要な出撃基地となった。基地と軍港を結ぶ幹線道路では、一般車両の往来をよそに、米軍戦車が頻繁に通行していた。B52戦略爆撃機は沖縄の基地からさかんに出撃し、米軍タグボートの沖縄人乗組員がベトナム行きを命令されることもあった[61]。

そのことは、沖縄が戦火に巻き込まれることへの不安を生み出した。『沖縄タイムス』(一九六五年六月二三日)の社説では、「ことにベトナム戦争の補給基地として、ひとたび戦争が拡大されると果たしてこれまでのような安全を期されるかどうか疑わしい」「住民の気持ちの中には戦争の傷痕が完全に消え去ったとはいえないのに、新たな戦争への不安は二重の影となってわたくしたちの念頭を離れない。こうしたことは沖縄人でなければ説明のつかぬ複雑多岐な心理状態といわねばならぬ」と記されていた[62]。一九六六年六月二二日には「ベトナム戦争、土地接収反対県民総決起大会」(沖縄原水協主催)が宜野湾市内の普天間小学校校庭で開かれ、「アメリカのベトナム戦争の強化拡大にともなう発進基地としての沖縄の報復攻撃の危険性と、住民の生命、財産の不安」が訴えられた[63]。

だが、それは同時に、戦場となっているベトナムの状況を想起させることにつながっていた。安仁屋政昭は先述の座談会のなかで、次のように述べていた。

基地建設が活発化し、やがてベトナム戦争が本格化して沖縄は戦場そのものの相貌をみせるわけで、その状況が県民に沖縄戦を想起させた。だから、ベトナムはこういう悲惨な目にあわされているといっても、東京の人ならピンとこないかもしれないが、沖縄の人なら具体的にわかるわけです。(64)

ベトナム戦争激化をきっかけとした戦禍の再来の懸念は、当然ながら沖縄戦を思い起こさせた。だが、それは、かつての沖縄と同じく地上戦と戦略爆撃に晒されているベトナムをも連想させるものであった。

そのことは、半ば必然的に、ベトナムに対する「加害」の議論につながっていった。新川明や岡本恵徳らと同じく、一九五〇年代半ばに『琉大文学』同人であったいれいたかしは、一九八二年の著書のなかで、六〇年代末の状況を回顧して、以下のように記している。

あのベトナム戦争が沖縄の米軍基地を中心に展開され、ベトナム反戦を叫んで嘉手納飛行場にデモをかけたとき、私は眼の前をつぎつぎと離陸していくB52をとおして、少年のころ北へ飛んだB29を憶い起していた。恐ろしい島だ沖縄は。そこにいること自体が人間の尊厳性を否定し、罪深いものに思われ、怒りのこぶしをふりあげるどころか、酷い屈辱感に慄えていた。沖縄から飛来するB29を北朝鮮の人びとがどのような気持で見上げ、ベトナムの上空からナパームや枯葉剤などあらゆる種類の爆弾を投下しては沖縄の嘉手納基地へ帰投するB52を、北ベトナムの人びとはいかに憎悪しただろうか。アジアにおける民族解放闘争と敵対し、その制圧をめざす米軍基地拠点としての沖縄、そのなかで平安な日常に服することは、人間の名においてもはや赦されるものではないと思いつつも、眼前を離陸するＢ52を歯がゆい思いで見上げるしかなかった。(65)

いれいがここで念頭に置いているのは、「低賃金ながら」も「大規模な基地建設」の作業にありついて「口を糊」し、「基地から流出するドル」に「大きく依存して」きた戦後沖縄の社会・経済である。(66)しかし、それは朝鮮戦争やベトナム戦争において現地の人々の生存を脅かすことにつながっていた。そのことによる「酷い屈辱感」は、ベトナム反戦を叫ぶことに分かちがたく絡みついていた。安仁屋政昭も、先の座談会のなかで、「米軍基地があるためにベトナムの人々に対して「加害者」みたいな立場に立たされる。現実がわれわれにそれを教えた」と語っていた。(67)ベトナムに向けて飛び立つＢ52は、沖縄の「加害者」としての側面を否が応でも浮かび上がらせたのであった。

さらにそのことは、太平洋戦争における対アジアの「加害」の問題にも議論を波及させた。安仁屋政昭は、前記の発言に先立ち、次のように述べている。

われわれは被害者だけなのかというとけっしてそうではない。いわばアジアの近隣諸国の人民に対して否応なしに加害者の立場にも立たされていたわけです。たとえば沖縄戦について言えば、朝鮮人の問題があります。日本軍によって沖縄に連行されてきた朝鮮人男女の数は八千とも三万ともいいます。これが軍夫や慰安婦として、西表《いりおもて》の白浜なども含めて沖縄各地にひっぱってこられたようですが、座間味島には軍人千人に七人の割合で慰安婦がいたらしいのです。この正確な実態はよくわかっていません。それに、敗戦後、この人たちがどうなったのか消息さえ満足につかめていないような実情なんです。ですから沖縄戦を語る時に、われわれはこうした最底辺におかれた人たちのことを欠落させたのでは片手落ちになるのではないか。幸いわれわれは一九六〇年代の後半からこの問題に気づきはじめました。これはおそらくベトナム戦争に対するわれわれのかかわり方にも関連があるだろうと思います[68]。

「米軍基地があるためにベトナムの人々に対して「加害者」みたいな立場に立たされ」ている状況は、先の戦争における沖縄の「「加害者」みたいな立場」を思い起こさせた。沖縄の「責任」は、戦争体験の掘り起こしともに、ベトナム戦争のインパクトも絡みながら、議論されるようになったのである。

総合雑誌の隆盛

戦後派世代の知識人によるこれらの議論の盛り上がりは、年長世代の戦争体験論をも活性化させた。戦前期からのジャーナリストで、戦後は琉球新報社の主筆・社長も務めた池宮城《いけみやぐしく》秀意《しゅうい》が、自らの沖縄戦体験を『戦場に生きた人たち』『沖縄に生きて』にまとめたのは、一九六〇年代末から一九七〇年にかけての時期であった。元鉄血勤王隊員で戦後は琉球大学法文学部教授に就いた大田昌秀も、『醜い日本人』（一九六九年）や『沖縄のこころ』（一九七二年）のなかで、自身の戦争体験をまじえながら、沖縄の戦時期と戦後を問いただした。さらに大田は、一九八二年に『総史沖縄戦』をまとめた。これは、日米両軍の作戦資料と沖縄住民の体験記録を綜合した最初の本格的な通史であったが、それも一九六〇年代末の沖縄戦史研究の隆盛を経て生み出されたものであった。

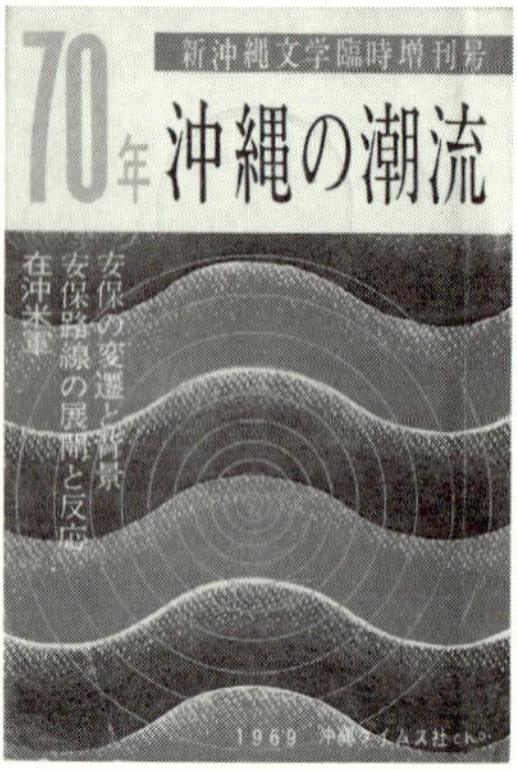

『新沖縄文学』臨時増刊号（1969年11月）および1975年４月号

沖縄で総合雑誌が隆盛したのも、一九六〇年代末以降であった。沖縄タイムス社は文芸誌として一九六六年四月に『新沖縄文学』を創刊したが、一九六八年秋号以降、時事的なテーマで特集を組むようになり、総合雑誌の色彩を強めるようになった。その背後にあったのは、沖縄返還のあり方に対する違和感と、その基底をなす沖縄戦の体験や記憶の問題であった。一九六九年一一月には、臨時増刊号「七〇年沖縄の潮流」が出され、沖縄戦体験と七〇年安保、沖縄返還について議論されたほか、一九七〇年一二月号と一九七一年三月号では、それぞれ「反復帰論」「続・反復帰論」が特集テーマとされていた。

新川明が編集長を務めた一九七五年四月号以降は、その傾向がいっそう顕著になった。一九七五年四月号では、「沖縄と天皇制」と題した特集企画が組まれ、太田良博「沖縄出身兵と天皇の軍隊」、船越義彰「戦争体験と天皇制」といった論文が寄せられたほか、川満信一「戦後思想と天皇制」、友利雅人「戦後世代と天皇制」、岡本恵徳「戦後沖縄の「天皇制」論」といった特集論文でも、本土復帰前後の政治状況を批判的に問いただしながら、沖縄戦体験について議論がなされていた。『新沖縄文学』は、一九九三年五月に九五号をもって休刊するまで、沖縄を代表する論壇誌であり続けた。

雑誌『青い海』（青い海出版社）も、一九七一年に創刊され、一五〇頁ほどの誌面のなかで、政治や社会、現代史の問題を多く扱った。「大和世《やまとゆう》のはじまり」（一九七二年六月号）、「沖縄戦後史の流れのなかに」（一九七二年七月号）、「戦後沖縄の重要論文集」（一九七四年一一月号）、「三十三年目の沖縄戦と集団自決」（一九七七年五月号）といった特集も組まれ、新川明や岡本恵徳、大城将保もたびたび寄稿していた。一九八五年に休刊となったが、一時は発行部数は『新沖縄文学』を上回っていたという[69]。

『青い海』（1977年５月号）

『沖縄思潮』（1974年７月号）

このほかにも、一九七四年一月には、「科学と芸術のすべての分野にわたる総合雑誌」として『沖縄思潮』が創刊された。これは、大城立裕と在野の歴史家で弁護士の新里《しんざと》恵二が中心になって発行され、編集委員には安仁屋政昭や大城将保らも加わっていた。第四号（一九七四年七月）では「沖縄戦と戦後精神」を特集し、安仁屋政昭や太田良博らをまじえた座談会が収録されたほか、大城立裕や大城将保も沖縄戦に関する論考を寄せている。この雑誌は、発行母体が地元の大手メディアではなく、大城立裕ら有志で構成された編集委員会であった。そのため経営基盤は脆弱であり、一九七七年八月の第九・一〇号合併号をもって休刊した。だが、逆にいえば、彼らが有志で発刊しようとするほどに、当時の沖縄では総合雑誌が求められていた。

一九五〇年代初頭に『月刊タイムス』（沖縄タイムス社）や『うるま春秋』（うるま新報社）が廃刊となって以降、沖縄の雑誌メディアは長く低迷を続けた。一九六〇年以降、『沖縄公論』『沖縄新潮』『現代沖縄』といった雑誌も出されたが、長続きせず、著名な論者が執筆することも少なかったので、社会的な影響力は限られていた。しかしながら、一九六〇年代末以降になると、『新沖縄文学』『青い海』『沖縄思潮』が創刊され、新川明、岡本恵徳、大城立裕、大城将保、安仁屋政昭、石原昌家といった知識人が意欲的に執筆した。そこでは、沖縄返還をめぐる問題とともに、戦争体験や戦争責任について多く論じられた。

本土復帰をめぐる違和感は、沖縄の戦後派知識人たちに戦争体験と戦争責任への関心をかきたてた。それは、池宮城秀意や大田昌秀ら年長世代の議論を促したばかりではなく、雑誌メディアの活性化をも導いたのであった。

「集団自決」「住民虐殺」のアジェンダ

こうした潮流のなか、沖縄戦の記憶をめぐって、ある議題が前面に押し出されるようになってきた。それは、集団自決や住民殺害の問題であった。そのきっかけとなったのが、赤松元大尉来島阻止事件であった。

かつて渡嘉敷島の守備隊長であった赤松嘉次は、一九七〇年三月二六日、同島の沖縄戦戦没者慰霊祭に出席するため、那覇空港に降り立った。沖縄戦後四半世紀を経て初めての来訪であった。このとき赤松を出迎えにきていた渡嘉敷村長・渡嘉敷村遺族会長の玉井喜八によれば、赤松は三年ほど前から慰霊祭に出席したい旨の連絡をしており、村側もスケジュールを送るなどしていた。赤松の来島についても、「ことしも村から慰霊祭のスケジュールを送ったらぜひ行きたいという返事があり、喜んでいたところだ」と述べていた[70]。

これに対し、「平和を守る沖縄キリスト者の会」や沖縄原水協など平和団体数十名は、赤松を取り囲んで抗議声明を突きつけた。渡嘉敷島でも上陸を阻止され、結局、赤松は慰霊祭への参列をあきらめて本土に戻った。

沖縄戦当時、赤松は渡嘉敷島の海上挺進第三戦隊長の任にあり、Ⓛと称された陸軍特攻艇（二五〇キログラムほどの爆雷を装着したベニヤ製の舟）で敵艦に肉薄し爆雷を投げ込む役割を担っていた。しかし、一九四五年三月末、米軍が猛烈な砲爆撃を開始し、慶良間列島への上陸を始めようとすると、秘密が漏れることをおそれて、赤松はⓁ艇を自沈させ、島北部の山中陣地に守備軍を集結させた。赤松は、兵事主任や巡査を通じて島民に対して、日本軍陣地近くへの移動命令を出した。こうして集められた住民のあいだで生じたのが、「集団自決」であった。三月二八日のこの事件で、三二五名の村民が絶命し、手榴弾の不発などで三三六名が死を免れた。

その後も、元教頭の防衛隊員や伊江島から投降勧告にきた男女六名、島の少年二名が、スパイ容疑などで処刑されたほか、朝鮮人軍夫の処刑も相次いだ[71]。

平和団体による抗議行動も、これらに対する赤松の責任を問うものであった。これに対し赤松は、「私は自決命令は下さなかった。それでは真相はどうだったかといわれると、あれこれいうことは村民の中に新たな被害者を出す結果になる。村の人たちはじゅうぶん理解していると思う」という言葉を残して、沖縄を去った[72]。赤松が自決命令を出さなかったとすれば、村民自らが自決を選び取り、相互に殺戮しあったことになる。そして、その責任は全面的に住民に帰してしまう[73]。この発言は、集団自決や住民虐殺事件に対する責任をめぐって、論争を引き起こしていくことになった。

作家の曽野綾子は、赤松はじめ旧隊員へインタビューを行ない、『ある神話の背景』（文藝春秋、一九七三年）を著わした。曽野はそのなかで、「集団自決の命令は出さなかった」とする赤松を全面的に擁護した。

これらの動きに対し、沖縄サイドの反発は大きかった。『鉄の暴風』（一九五〇年）のなかで集団自決事件に関する取材・執筆を担当した太田良博は、一九七三年七月、『琉球新報』に「渡嘉敷の惨劇は果たして神話か――曽野綾子氏に反論する」を一一回にわたって連載し、「なぜ、〔武器弾薬が底を尽きかけていたにもかかわらず〕戦闘必須の兵器である手榴弾が多数住民の手に渡っていたか」と曽野を批判した[74]。

「住民虐殺」をめぐる議論もエスカレートしていった。沖縄戦下の久米島では、鹿山正兵曹長が、スパイ容疑と命令不服従で、村民一九名、兵士一名を殺害した。それから二七年後、鹿山は『サンデー毎日』（一九七二年四月二日号）の取材のなかで当時を振り返り、「ワシは悪いことをしたと考えていないから、良心の呵責もない。ワシは日本軍人としての誇りを持っていますよ」と語っていた[75]。曽野綾子も『ある神話の背景』のなかで、赤松隊の住民殺害を機密漏洩や部隊の士気低下を防ぐためにやむを得ない措置だったとして、その正当性を示唆していた。

当然ながら、沖縄メディアはこれらにつよく反発した。そして、一九八二年の教科書問題は、論争に拍車をかけた。

一九八二年六月二五日、文部省は翌年四月から使用される高校用教科書の検定結果を発表した。そこでは、東南アジアへの戦時期の侵出や植民地朝鮮の独立運動をめぐる表記の書き換えが明るみになり、東アジア諸国の強い批判を招いた。[76] だが、記述の変更要請はこればかりではなく、沖縄戦についてもなされていた。実教出版発行の高校用『日本史』の原稿本では、脚注のなかで日本軍による住民殺害に言及されていた。その根拠史料としては、『沖縄県史』の「沖縄戦記録」が用いられていたが、文部省側は「住民虐殺の数字には根拠がない」「沖縄県史は体験談を集めたもので研究書ではない」として、その記述を認めず、住民殺害に関する表記は削除された。

こうした措置に対し、『琉球新報』や『沖縄タイムス』は、日本軍による住民殺害の実態や背景を検証した特集企画を連載した。とくに『沖縄タイムス』の特集記事「平和への検証」は、連載が計六一回にも及んだ。虐殺現場の目撃者も少なからず名乗り出るようになった。大城将保によれば、肉親を殺害されたある男性は、「戦争中の忌わしいでき事なので、今まで誰にも語るまいと黙り通してきたが、事実を闇に葬ろうとする文部省の態度にがまんができないのであえて証言する」として、新聞に事の経緯を語ったという。[77]

このような言説構造のなかで、「日本軍は集団自決を命令したのか」「日本軍による住民虐殺の事実はあったのか」「住民処刑に正当性はあったのか」といった点が、議論の争点になっていった。

二項対立への違和感

だが、日本軍と沖縄住民を加害と被害の二項対立図式でとらえるのとは異なる議論も、少なからず見られた。その基底にあったのは、沖縄の戦争責任をめぐる問題であった。川満信一は、集団自決や住民虐殺をめぐる議論の盛り上がりに関して、一九七五年の論考のなかで、次のように述べている。

戦禍が余りにも大きく、生き残った人々の精神的な深傷もあって、沖縄は、戦争の総被害者という一般的な見方がなりたち、沖縄内部での戦争責任の追究《ママ》という問題は、殆ど触れられないままになった。〔中略〕

鹿山や赤松だけでなく、島々の戦場の到るところで、彼らと同じ責任を問われなければならない事件を起した連中がいたことは、公表された体験記からだけでも十分窺える。要するに鹿山、赤松はそれら無数を代表したかたちになったわけだが、思想の問題からすれば、沖縄における戦争責任の追究が、軍隊に所属する個々の責任者を対象としたことによって、発展性のないものとなったことは疑えない(78)。

ここでは、住民殺害における日本軍の責任について疑義が挾まれているわけではない。だが、川満が違和感を抱いていたのは、「日本軍＝加害者」対「沖縄住民＝被害者」という二項対立図式であった。そうした議論は「本土、日本へ向けての、告発、抗議」とはなりえても、結果的には、「旧権力への呪詛か、新たな権力への政治的抵抗、あるいはなし崩しの戦争反対運動にとどま」るのみで、「沖縄の内部へ向けた鋭い戦争責任追究《ママ》を通しての思想的な成熟」を阻んでしまう(79)。川満は、集団自決や住民虐殺の問題に高揚する沖縄の輿論に、こうした不毛さを感じ取っていた。

同様の問題意識は、大城将保の議論にも見られた。大城は『沖縄戦を考える』（一九八三年）のなかで、こう述べている。

私自身は、今のところ赤松氏個人への責任追及には興味がない。自決命令はあったかどうか、住民処刑は正当性をもつかどうかという問題だけにとどまっていては、より根本的な問題を見うしなってしまうおそれがあるからである。

私が追及したいのは、集団自決や住民虐殺はなぜ、発生したのか、その根本的な要因をつきつめるところにある(80)。

大城にとって、集団自決が強要されたのは沖縄住民だけではなかった。第三二軍が首里を撤退して喜屋武《きやん》半島に南下した際、南風原《はえばる》の陸軍野戦病院には重傷病患者が残され、彼らも自決を強要された。彼らには青酸カリ入りのミルクが配られ、手の不自由な者には、看護要員の女学生の補助のもと、薬品注射が施された。青酸カリが致死量に達しなかった場合には、衛生兵が銃剣で刺殺したという(81)。

他方で、沖縄住民がスパイ嫌疑の摘発に乗り出すことも少なくなかった。国頭《くにがみ》郡の地元有力者で組織された秘密諜報機関の国士隊はその一例であった。大城も指摘するように、「県民相互に疑心暗鬼の空気を醸成し、虐殺事件、スパイ嫌疑事件が発生し易い土壌が形成されていた」のである(82)。

裏を返せば、集団自決や住民虐殺は、日本軍と沖縄住民の問題であると同時に、「強者」と「弱者」の問題でもあった。陸軍病院に遺棄され、青酸カリで自決を強要される日本軍の負傷兵は「弱者」であり、スパイ嫌疑を告発する国士隊は、少なくとも住民のなかでは「強者」であった。「ヤマトゥンチュー」と「ウチナンチュー」のヒエラルヒーのみならず、日本軍内部のヒエラルヒー、沖縄住民のなかのヒエラルヒーが、集団自決や住民虐殺においていかに絡まり合っていたのか。大城にしてみれば、解くべきは、そうした重層的な問題であった。「赤松氏個人への責任追及」「自決命令はあったかどうか」「住民処刑は正当性をもつかどうか」もたしかに不可避の問題ではあっても、それらのアジェンダのみにとどまることで議論が矮小化されることが、大城には懸念されたのであった。

さらに集団自決をめぐる議論は、復帰運動を問い直すことにもつながっていた。岡本恵徳は、「水平軸の発想」（一九七〇年）のなかで、「「渡嘉敷島の集団自決事件」と「復帰運動」は、ある意味では、ひとつのもののふたつのあらわれであった」と述べている[83]。岡本は、「命令が下されなかったならば、そのような〈集団自決〉事件が起こらなかったという可能性はありうる」としつつも、次のように記していた。

何としてでも生きのびなければならないという意識とそのための努力を放棄して、親や子供をみずからの手によって死に追いやるという心情のうちには、やはり「共同体」的なものが働いていたといわざるをえないだろう[84]。

本来、共に生きる方向に働く共同体の生理が、外的な条件によって歪められたとき、それが逆に、現実における死を共にえらぶことによって、幻想的に〝共生〟を得ようとしたのがこの事件であった[85]。

岡本は集団自決の問題を、単に軍命令の有無に還元するのではなく、かりにそれがあったにしても、それが「親や子供をみずからの手によって死に追いやる」ほどに機能する社会構造との関連で考えようとした。そこで岡本が議論の俎上にのせたのが、島の人々の共同体意識、すなわち「共同体の生理」であった。集団自決事件は有形無形の軍命令だけでなく、共同で生きることを重んじる社会意識の影響もあったのではないか[86]。岡本にはこうした問題意識があった。

したがって、岡本にとって問うべきは、「共に生きる方向に働く共同体の生理」が、「現実における死を共にえらぶ」ことに至った構造や要因であった。岡本は先の引用に続けて、こう論じている。

だから問題は、〝共生〟へとむかう共同体の内部で働く力を、共同体自体の自己否定の方向に機能させた諸条件と、そういう条件を、あらがい難い宿命のようなものに認識した共同体成員の認識のあり方にひそんでいたといえるだろう[87]。

それは、復帰運動にもつながる問題であった。戦後沖縄の復帰運動は、「アメリカに対する異質感や危機感」といった「日常生活の感覚」が「「共同体的生理」において増幅された」ものであり、それゆえに全島的な高揚を生み出した。しかし、そこでは同時に「日常生活の面での危機を救抜するものとして「祖国」が幻想的に美化」されることとなった。つまり、復帰運動は「「共同体的生理」の機能や構造を正確にとらえなおすなかで組織化」することを怠り、「思想としての論理性を欠く」ものとなってしまった[88]。それは、集団自決事件と同じく、「共同体の生理」が負の方向に作用したものにほかならなかった。

集団自決や住民殺害をめぐる議論は、一九七〇年代以降の沖縄戦体験論のなかでは主要なアジェンダとなった。その背後には、赤松嘉次来島阻止事件や曽野綾子『ある神話の背景』、そして教科書問題などが絡んでいた。しかし、そこでの議論は、「日本軍」対「沖縄住民」、「加害」と「被害」といった二項対立図式にとどまっていたわけでもなければ、「軍命令の有無」に論点が限られていたわけでもない。むろん、それらも多く論じられたが、そればかりではなく、沖縄内部の戦争責任を問いただし、復帰運動の背後にある社会意識の検証をも促した。集団自決や住民虐殺の議論は、じつは多様な論点の広がりを内包していたのであった。

「カクテル・パーティー」への嫌悪

これらの議論は、戦後派世代の知識人によってのみなされていたわけではない。戦中派の大城立裕も少なからず、そこから思考を紡いでいった。大城は、赤松嘉次来島阻止事件を念頭に置きながら、責任をめぐる議論のあり方について、次のように論じている。

> 赤松元大尉来島でひきおこされた諸反応は、対外姿勢における沖縄人の主体性のありようを実証するに十分であった。〔中略〕赤松の責任を徹底追及する側については、かりにたとえば赤松がひそかに暗示したと伝えられるように被害者たちのなかにも戦争責任を問われるべき者がいたとしたばあい、それへの追及も同時になしうるか、が問題となろうし、一方、罪を忘れて迎えようとする側については、他日再びあの悲惨な歴史をくりかえさないことに責任をもてるかどうか、が問題となろう。[89]

大城立裕が感じ取っていたのは、赤松を非難する側と迎え入れようとする側の双方の責任意識の問題であった。赤松を糾弾する側には、「被害者」のなかに責任を問うべき者がいるかどうかについて思考を及ぼすことがなく、赤松の慰霊祭出席を歓迎する側は、過去を水に流すことで、責任の所在をあいまいにする。

それは言いかえれば、「寛容さ」に対する懸念でもあった。赤松を迎える者たちは、かつて渡嘉敷島の守備隊長であった彼に対して「寛容」であり、赤松を糾弾する者たちは、「被害者」たちに「寛容」であった。しかし、そうした「寛容さ」は、往々にして、思考の掘り下げを阻んでしまう。大城にとって、「戦争責任の追及ということは最もすぐれて主体的なこと」であり、それゆえに「自分をふくめてすべてにたいしてこの上もなくきびしいもの」が要求されねばならなかった[90]。

大城のこうした思いは、小説「カクテル・パーティー」にも投影されていた。これは、一九六五年に執筆され、『新沖縄文学』一九六七年二月号に発表された。戦後の沖縄が舞台とされ、中国への出征経験を持つ沖縄人の主人公、日本人の新聞記者、中国人の弁護士、そして、米軍関係者の交友が描かれる。彼らのあいだには、幾多のタブーが存在した。主人公はかつて日本兵として中国戦線に出征していたし、日本軍は沖縄で住民にしばしば暴虐をなした。アメリカは、沖縄戦後も引き続き沖縄を占領し、統治者として振る舞っていた。しかし、彼らのあいだではそれらに言及しない注意深い配慮がなされ、人間関係は波風を立てることなく維持される。

大城立裕（1968年）

しかし、主人公の娘が米兵にレイプされたことから、彼らの人間関係に亀裂が生じる。米軍関係者は、さまざまな理由をつけて法廷での証言を拒もうとする。中国人の弁護士に相談したところ、かつてその妻が日本軍に犯されたことを告げられ、こう言われる――「中国は、戦争中に日本の兵隊どもから被害をうけた。いまの沖縄の状態をみれば、その感情も理解できるのではありませんか[91]」。かつて南京で軍務についていた主人公は、半ば詰問されることとなった。だが、それは同時に、日本軍が沖縄で行なった行為を思い起こさせるものでもあった。

こうしたことをきっかけに、主人公は、彼らに対しても自分に対しても不寛容に振る舞うことを目指すようになる。

このさいおたがいに絶対的に不寛容になることが、最も必要ではないでしょうか。私が告発しようとしているのは、ほんとうはたった一人のアメリカ人の罪ではなく、カクテル・パーティーそのものなのです[92]。

相手に深く立ち入らず、ほどよい距離を保って会話を楽しむ「カクテル・パーティー」は、前述の赤松嘉次来島阻止事件を連想させる。そこでは、「被害者」あるいは「加害者」に対して詰問を避ける「寛容さ」がみられた。だが、それは言い換えれば、ある一線を越えた思考や議論を避けることにほかならない。大城立裕は、その状況を打開する方途として、不寛容に可能性を求めたのであった[93]。

こうした議論のあり方は、日本本土でも見られた。渡辺清の議論が、その好例であろう。渡辺はかつてレイテ沖海戦で撃沈された戦艦武蔵に乗り組み、奇跡的に生き伸びた。戦後は、日本戦没学生記念会の事務局長を務めるなど、安田武や橋川文三とともに、代表的な戦中派イデオローグであった。

序章でもふれたように、渡辺が精力的に取り組んだのが、天皇の戦争責任追及であった。

戦時下の渡辺は、純粋なまでに天皇を崇拝していた。一六歳で海軍を志願したのも、その思いからだった。終戦後もしばらくは、その念は変わらなかった。それだけに、一九四五年九月二九日の新聞で、天皇がマッカーサーを訪問したときの写真を目にしたときには、大きな衝撃を受けた。渡辺は、「その写真を見た瞬間怒りくるったようにな」り、「あの新聞の写真を千枚通しでめちゃくちゃについた」という。天皇に対する信仰や「殉国」の念が強かったがゆえに、「心底天皇に裏切られた」という思いもまた強烈であった[94]。

大城立裕『カクテル・パーティー』（文藝春秋，1967年）

渡辺は『私の天皇観』（辺境社、一九八一年）や『砕かれた神』（評論社、一九七七年）といった著書のなかで天皇の戦争責任を追及した。また、一九七一年以降、自らが中心になって、日本戦没学生記念会機関誌で幾度も「天皇問題特集」を組んだ。その背景には、渡辺のこうした思いがあった。そこには、天皇に対する渡辺の「不寛容」が浮かび上がる。

だが、その「不寛容」は同時に自らにも向けられたものであった。

> おれの手はたくさんの人間の血で穢れている。おれは〔戦艦〕武蔵でも〔駆逐艦〕早波でも砲手だった。そしておれは射った。射って個人的にはなんの敵意もない米兵を倒したのだ。また海戦のたびに仲間の多くが死んだ。〔中略〕おれはそのようなおびただしい仲間の死骸を海底に沈めたまま、あまつさえある場合に

は見殺しにさえして、自分だけ生きて帰ってきたのだ。天皇の問題と同時に、おれはこのことも自分にたいしてあらためてはっきり確認しておきたい。〔中略〕人には責任がないような顔をしてすましていることはできる。しかし自分は欺くことはできない[95]。

また、渡辺が「おれは天皇に裏切られた。欺された。しかし欺されたおれのほうにも、たしかに欺されるだけの弱点があったのだ」「天皇に裏切られたのは、まさに天皇をそのように信じていた自分自身にたいしてなのだ」と語っていたのは、序章でも述べたとおりである。

天皇への不寛容さの延長上に、戦時下の自身への不寛容さが導かれ、他者の責任を問うことが自らの責任への問いにつながる。このような思考は、「戦争責任の追及ということは最もすぐれて主体的なことだが、自分をふくめてすべてにたいしてこの上もなくきびしいものを要求する」ことを論じた大城立裕にも通じるものであった。

本土―沖縄の「断絶」

とはいえ、戦争体験論が生み出される構造を見てみると、そこには本土と沖縄の差異が浮かび上がってくる。

一九六〇年代末以降の沖縄では、大城立裕ら戦中派知識人と岡本恵徳や大城将保といった戦後派世代のあいだに、戦争体験論をめぐる大きな相違は見られなかった。戦中派世代のみならず、戦後派世代も戦争体験へのこだわりを見せ、本島南部の激戦の記録だけでなく、中北部の飢餓やマラリア禍、離島での集団自決の状況など、多様な沖縄戦記録が掘り起こされていった。同時にそこでは、日本の戦争責任に加えて、沖縄内部の責任を問う動きも見られた。大城立裕がそうした問題意識を持っていたことは、第二章でも述べたとおりだが、大城将保や安仁屋政昭ら下の世代の歴史学者たちは、戦史研究の立場から同様の問題関心を持っていたし、岡本恵徳にもそれに近い問題意識が見られた。

むろん、大城立裕と戦後派世代のあいだに、議論の対立が見られなかったわけではない。雑誌『琉大文学』の評価については、大城立裕と新川明のあいだでしばしば論争がなされたし、新川や岡本が大城立裕の文学作品を批判することも多かった。[96] また、沖縄県職員でもあった大城立裕は、一九七五年に開催された沖縄国際海洋博覧会の事業計画員となったが、そのことで、新川らから批判を受けることもあった。だが、少なくとも一九六〇年代末以降の時期においては、大城立裕と戦後派知識人とのあいだに、戦争体験をめぐる議論の決定的な断絶は見られなかった。

それに対し、日本本土では、戦中派と戦後派の議論の対立には根深いものがあった。序章でも記したように、戦中派世代は戦争体験そのものにこだわり、それを安易に反戦運動や政治運動に結びつけることを嫌悪した。戦後派・戦無派世代は、そうした戦中派の語りがいかにも体験を振りかざしているように見え、むしろ、自分たちが積極的に担っている反戦運動に戦争体験を流用することを主張した。両者の議論は一九六〇年代末の大学紛争期以降も平行線をたどり、日本戦没学生記念会では若い世代が大量脱会するという事態も生じた。

では、なぜ沖縄では大城立裕らと戦後派知識人のあいだで、こうした隔絶が生じなかったのか。その要因としては、復帰をめぐる社会的な反感が大きかった。一九六〇年代末には、沖縄返還のあり方への不満から、反復帰の輿論が高揚し、従来の復帰運動に批判が向けられた。それを担ったのが、新川明、岡本恵徳ら戦後派世代であった。彼らは一九五〇年代半ばの時期には、土地闘争への共感や米軍に対する反感から日本復帰を支持していたが、一九六〇年代末には反復帰の主張を鮮明にしていった。そうした思いを起点に、戦争体験を掘り起こし、沖縄内外の戦争責任を論じ、復帰運動における戦前–戦後の連続性を洗い出した。

他方、大城立裕は、戦時期の中国での体験から、政治的なスローガンを忌避し、アンビヴァレンスにこだわっていた(97)。そのことは、戦後の復帰運動への違和感を導くと同時に、自らを含む戦争責任の問題への関心につながった。一九五〇年代には、政治主義志向のつよい『琉大文学』同人と大城立裕のあいだには、議論の相違が顕著であったが、一九六〇年代末以降になると、少なくとも、戦争体験や戦争責任をめぐる論点については、かなり重なり合うようになった。両者が復帰運動への反感や戦争体験への関心を抱くに至ったプロセスは全く異なるが、一九六〇年代末の反復帰の輿論が結果的には両者の近接を導いた。

大城立裕と岡本恵徳や大城将保ら戦後派知識人がともに、沖縄戦体験を有していなかったことも重要であろう。日本本土の場合、前線での戦場体験を有する戦中派世代に対し、幼少期に銃後での戦争体験があるか、それすらもない戦後派・戦無派世代は、戦争を語るうえで、どうしても劣位に立たされた。しかし、大城は東亜同文書院に進学していた関係上、戦時期を中国で過ごし、岡本恵徳や大城将保も宮古島や熊本など、沖縄本島に比べれば戦禍が限られた土地で終戦を迎えた。両者がともに沖縄戦体験を有していなかっただけに、本土の場合のような経験に基づくヒエラルヒーは生まれにくかった。

むろん、戦中派知識人のなかには、鉄血勤王隊として沖縄戦をくぐった大田昌秀などもいた。だが、大田は一九六〇年代前半まで本土やアメリカに滞在することが多く、琉球大学に着任後も、近代ジャーナリズム史が専門であっただけに、戦争体験や沖縄戦史に関する発言は六〇年代末まではさほど多くなかった。それ以降は、大田も沖縄戦史や戦争責任に関する発言・執筆が増えたが、それも戦後派知識人たちの問題意識とかけ離れたものではなかった。

戦後沖縄では、このようなプロセスを経て、さまざまな戦争体験論が語られてきた。そこでの主張はときに、日本本土での議論に重なることもあった。だが、議論が生成される磁場には大きな相違があった。たとえ議論が似通っていたとしても、それを生み出す社会背景は異なっていたし、世代間の議論の断絶や近接の状況も、本土と沖縄とではまったく違っていた。

戦後の日本と沖縄のあいだには、戦前期や戦時期と同じく、さまざまなヒエラルヒーが存在した。それによって、戦争体験を語る磁場は両者のあいだで決定的に異なるものとなった。たとえ表面的には議論の類似が見られたとしても、そこにはまったく異質な力学が作用していたのである。

第二部　被爆体験と「広島」「長崎」の戦後史

その日から終戦の日まで、伯父は自分の部屋から出てこなかった。八月一五日、終戦のラジオ放送を聞いたときの伯父の言葉は、忘れられない。震える唇をかんでラジオに聞きいっていた伯父は「なして、もっと早う言うてくれん」と声の主に恨みを言った。

終戦後、その人が諫早にやって来た。「見にいくう」家を飛び出した妹の衿を、伯父がつかんだ。

「行たてみろ（いってみろ）家には入れんとじゃっけん。ほかの者もよう聞いとけっ」

昼ひなか、雨戸を全部閉めさせた。その頃私たちは伯父の家に、一緒に住んでいた。

無力な伯父の精一杯の抵抗である。

――林京子「祭りの場」(1)

広島や長崎では被爆体験をめぐっていかなる輿論が紡がれてきたのか。そこには、戦後の日本や沖縄における戦争体験論と比して、どのような相違が見られたのか。この点について、第二部では考察する。被爆体験は、一九四五年八月六日や八月九日の原爆投下によるものではあるが、戦後の広島や長崎において、それは単に過去の出来事であったわけではない。プロローグでも述べたように、後遺症や被爆二世などの問題を考えれば、被爆体験は過去の問題であると同時に、その時々の現在の問題でもあった。そのことが、体験をめぐる議論をいかに駆動してきたのか。また、広島と長崎とでは、いかなる相違が見られたのか。これらの点について、第二部では検証を進めていく(2)。

第四章　祝祭と燔祭──占領下の被爆体験言説

「八・六」の明るさ

　被爆というと、筆舌に尽くせぬ悲惨さが連想されよう。だが、終戦直後の広島では、それはしばしば明るさをもって語られた。

　一九四六年八月五日から七日にかけて開かれた広島平和復興祭では、ブラスバンドや花電車、山車《だし》が市内を巡回し、演芸大会が催された。[1] 翌年八月六日の平和祭でも、「広島中心部新天地の娘さんたち七十余名」が「あでやかな衣しょうに花がさをかざ」し、「ピカッと光つた原子のたまにヨイヤサー、飛んで上がつた平和の鳩よ」（平和音頭）の囃子に合わせて、銀座通りを練り歩いた。山車や仮装行列も繰り出されたほか、商店街は「平和ちょうちん」を下げて、福引き付きの「平和大売出し」を行なった。[2]『中国新聞』（一九四七年八月七日）では、「至るところで盆踊が行われ休みどころか徹夜で踊りまくろうと息ま」く人々の姿が報じられていた。[3] 前日や同日の『中国新聞』『夕刊ひろしま』（中国新聞社発行の夕刊紙）には、「祝　平和祭」を大きく掲げた企業広告も掲載されており、平和祭は前年以上に盛り上がった。

　もっとも、こうした風潮への違和感も垣間見られた。『中国新聞』（一九四六年八月六日）のコラム

歡喜でもみくちゃ
こぞり讃う巷の晴姿

『中国新聞』1947年 8 月 7 日

平和祭（1947年 8 月 6 日）の仮装行列と御輿かつぎ

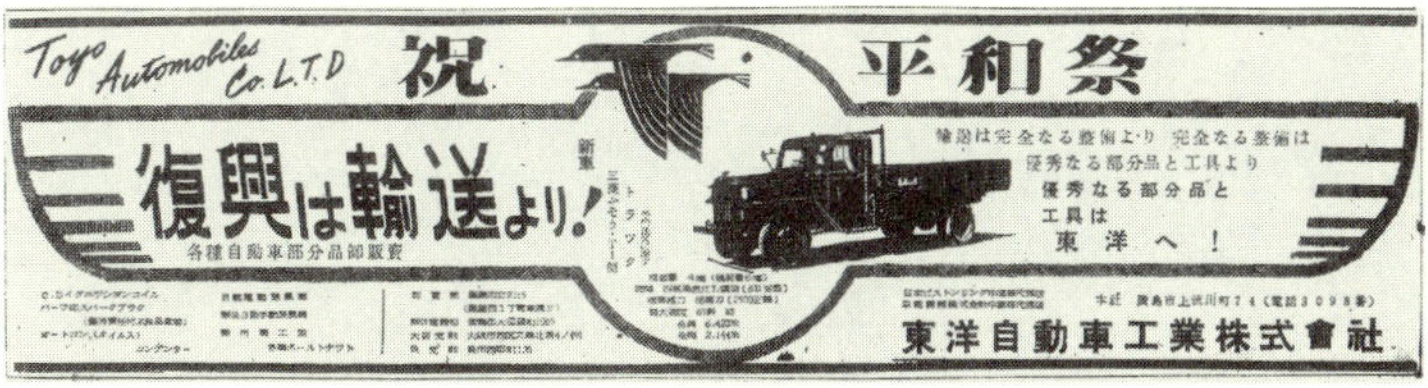

『夕刊ひろしま』1947年8月6日一面の広告欄

欄「放射線」には、「「まるでお祝ひのやうですね。死んだ者が一番可哀さうだ」と嘆息する人がある」ことにふれながら、「平和を祝ふ前に平和を購《あがな》つた莫大な生命を想起してほしい」と記されていた。一九四七年の平和祭の際にも、「あのようなお祭りさわぎをするのはもってのほか」「厳粛な祭典はひとつもみられなかった」という投書が主催団体（広島平和祭協会）によせられたほか、アメリカの『ライフ』誌も「アメリカ南部の未開拓地におけるカーニバルだ」と酷評した(4)。

この風潮の背後には、原爆投下と市民の犠牲が平和を導いたとする認識があった。『中国新聞』（一九四六年八月六日）には、一面に「けふぞ巡り来ぬ平和の閃光」「広島市の爆撃こそ原子時代の誕生日」という見出しが掲げられ、コラム欄には「広島の市民が犠牲になつたゝめにこの戦争が終つた。よいキツカケになつたことがどれだけ貴い人命を救つたか知れない」と記されていた(5)。

一九四八年八月六日に広島市長・濱井信三が出した声明でも、同様の認識が表現されていた。

一九四五年八月六日午前八時十五分、広島に投下せられた一発の原子爆弾は二つの面から史上に特筆せらるべき偉大な力を発揮しました。その一つは現に進行しつゝ、あつた戦争そのものを終息せしめる力として、他の一つはその偉大な破壊力を前にして全人類に改めて永遠の平和への熱望をよびさました建設の力としてゞあります。
われわれ広島市民はそれを身をもつて体験しました。(6)

原爆投下は第二次世界大戦の終結を導くと同時に、その破壊力の大きさゆえに、その後の戦争をも抑制する。その起点として、広島は位置づけられていた。一九四六年八月六日の『中国新聞』には、「この広島が世界平和を招来する因となり時代の波にのり〝アトミックシティ・ヒロシマ〟として一躍世界史上に登場した」という記述があるが、(7)「アトミックシティ・ヒロシマ」という自己定義には、「世界平和を招来する」という自負が込められていた。

占領下の制約と広島

このような原爆観が語られた背景としては、当時の日本がGHQ(連合国軍総司令部)の占領下にあったことが大きかった。GHQは一九四五年九月一九日にプレス・コードを発表し、日本のメディアに対し、「連合国にたいして、事実に反し、またはその利益に反する批判をしてはならない」(第三項)、「連合国占領軍にたいして、破壊的な批判を加えたり、同軍にたいして、不信や怨恨を招くような事項を掲載してはならない」(第四項)といった方針を提示した。

原爆をめぐる議論も、その制約を受けた。原爆による一般市民の大量殺戮の事実が議論されることで、米軍批判が強まることを、GHQは懸念していた。それゆえに、原爆に関する報道・出版はかなり抑え込まれる傾向にあった。原民喜「夏の花」(一九四七年)や大田洋子「屍の街」(一九四八年)のように、原爆を扱った文学作品も皆無ではなかったが、それらは発表にあたり、検閲で大幅な改変・削除を要求された。また、正田篠枝が被爆体験を綴った歌集『さんげ』が一九四七年に出されているが、これは広島の刑務所で一五〇部ほどを印刷し、秘密出版として人づてに配布するという発表形態がとられた。正田には、「数十万の人が広島で死んでしまったのだから、自分はこの歌集を出して死刑になっても仕方がない」という思いがあったという[8]。占領下において原爆を論じることは、これほど危険を伴うものであり、戦後の「民主化」も、原爆を語るうえでは、「言論弾圧」の謂いにほかならなかった。

それだけに、広島のマス・メディアや集会では、原爆への言及に慎重さが求められた。実際に、一九五〇年には、広島市警察本部は「反占領軍的または非日的と認められる集会、集団行進、あるいは集団示威運動を禁止する方針を決定」し、平和祭は中止された[9]。すでに検閲そのものは廃止されていたが、同年六月二五日の朝鮮戦争勃発に伴い、GHQは官公庁や民間企業に対し、共産党員や同調者の追放を指示した(レッド・パージ)。こうしたなかで、原爆投下日に開催される集会は、「平和祭に名を借りる不穏行動」を引き起こし、反米・反占領軍の議論を惹起しかねないと考えられた。

このような言論状況下では、必然的に原爆投下を非難する議論は抑制された。『中国新聞』(一九四六年八月六日)では、広島は「恩讐を越えて再建」すべき「米日合作都市」であることが強調されていた[10]。アメリカは原爆投下責任を問う対象ではなく、逆に日本とともに新しい広島を「合作」してくれる存在とみなされていたのである。そして、先の「八・六」をめぐる言説も、その流れのなかで生み出された。広島への原爆投下と市民の犠牲が平和を導いたとする認識は、被爆を肯定的に捉え、アメリカの原爆投下責任を不問に付すことにつながる。「八・六」の祝祭性は、これらの言論状況を反映していたのである。

『中国文化』と中国文化連盟

こうしたなか、一九四六年三月、広島で『中国文化』という雑誌が創刊された。これは、一八九二年生まれの細田民樹、一九〇七年生まれの栗原唯一《ただかず》、一九一三年生まれの栗原貞子ら、在広島の中堅・若手作家が中心になって立ち上げたものであった。この雑誌は、小説や詩歌を中心にしつつ、社会評論や政治評論をも扱うものであった。発行団体である中国文化連盟の綱領には「文芸ヲ中心ニ学術、思想、音楽、美術、映画ノ研究鑑賞批評創作ヲ活発ニシ民衆ヲシテ美ト真ノ生産ト消費ヲ自由ナラシメントス」(11)とあり、一種の総合雑誌が目指されていた。

もっとも、その構想は戦争最末期にさかのぼる。広島の被爆直後に、細田民樹が栗原唯一・貞子夫妻を訪ね、「爆風で散乱した部屋」で「もう戦争も長くない、戦争が終わったら、文化運動を始めよう」と語りあったことが、その発端となっていた。(12)彼らは戦前期からプロレタリア文学や無産運動に近かった。細田は戦争末期に広島に疎開をかねて帰郷するまでは、東京で作家活動をしており、労農芸術家連盟や日本プロレタリア作家同盟に参加していた時期もあった。栗原唯一は、関東大震災時の朝鮮人虐殺事件を機に平民社に入るなど、アナキズムにつよい関心を抱いていた。戦時期には上海に徴用され、帰国後、「バスで軍の残虐行為を話した」という密告から警察に拘禁されたこともあった。唯一の妻の貞子も、一七歳のころから詩作を始め、戦中期には「黒い卵」などの反戦詩をノートに綴っていた。無政府主義者の唯一との結婚も、その思想への共鳴から親の反対を押し切ってのものだった。(13)それだけに、当時の状況には不快感を抱いていた。栗原貞子は、一九六七年の文章のなかで、かつての心境を次のように回想している。

私たちはと言えば十五年戦争の間、合理を不合理にし、不合理を合理とする国家主義、軍国主義の猛々しくすさぶるなかでひそかにその暴虐な非人間性に抵抗し、日独伊のファシズムを軸とするものに対して反ファシズムの立場から、連合軍にひそかに期待しながら、戦争の終りを待っていた。(14)

こうした思いを抱えながら発刊に至ったのが、『中国文化』であった。

加えて、「文化の中央集権主義」に抗する意味合いも、この雑誌発刊には込められていた。先の「中国文化連盟綱領」では、その第一項に「本連盟ハ文化ノ中央偏重ヨリ脱シ文芸振興ニヨリ中国文化ノ建設ヲ期シ併セテ新日本建設ニ参与セントス」と謳われていた。(15) 細田民樹も、『中国新聞』(一九四五年一二月二一日)に寄せた「中国文化連盟の結成」のなかで、その思いをこう記している。

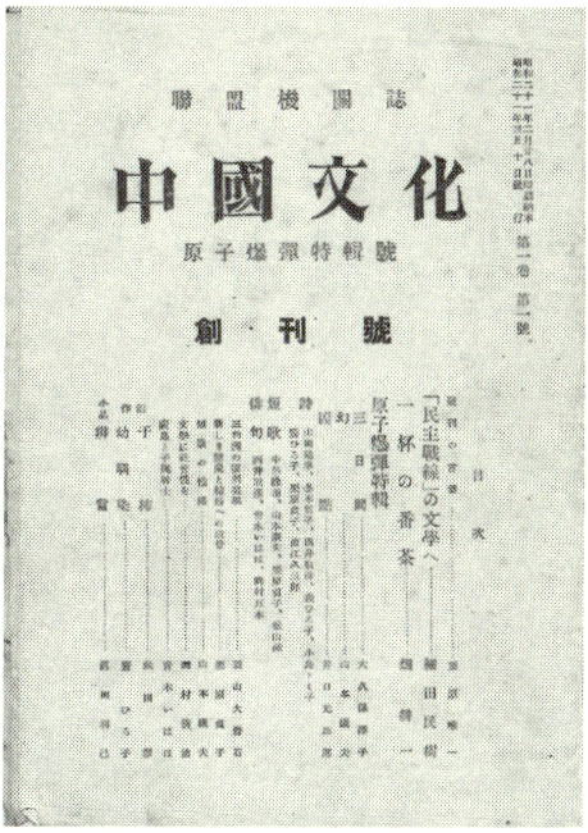

『中国文化』創刊号(1946年3月)

かつて日本の戦国時代に、織田豊臣の「天下取り」に対抗して、中国毛利勢は、天下取りの一大敵国であった。「中国文化連盟」も日本において、少くとも、それほどの存在になつてほしいと思ふ。

文化の中央集権主義も、たしかに日本の敗因の一つであつた。あらゆる文化が、東京に集まるといふやうなことは、今後の文化発展には、まことに「低い」価値しか持たない日が来るであらう。

さうして「中国文化連盟」を日本で、将来一つの有力な存在とするか否かは、一般の中国人——とくにその先輩としての、一般知識人の双肩にかゝつた問題なのである。願はくは、まづ中国の知識人が一致協力せられ、世界的にその名を知られたこの広島の地に文化復興の新しい槌を振はれんことを。(16)

敗戦をきっかけに、「文化の中央集権主義」を脱し、中国地方の新たな文化を興隆させようという意欲が、そこには満ちていた。

創刊号「原子爆弾特集号」

この雑誌の創刊号は「原子爆弾特集号」と銘打たれた。これは、広島のみならず、戦後の日本で原爆の問題を大々的に扱った最初期の雑誌メディアであった。そこには、栗原らの「原爆を避けて戦後の出発はあり得ない」という思いがあった。

細田民樹は市外に居住していたので、直接の被爆経験はなかったが、原爆投下の翌々日に義弟の安否をたずねて入市し、市内の惨状を目の当たりにしていた。栗原貞子は、祇園町長束の自宅で被爆した。爆心地から約四キロ離れてはいたが、爆風・熱線による家屋倒壊や火災を目の当たりにしたほか、「市内から避難して行く人間襤褸《らんる》の行列」や「被爆直後市内へ知人を探しに行った」ときの惨状など、「とうてい正視出来ないどす黒い世界」を見ていた。(17) 栗原唯一も、徴用先の広島精機で救護活動にあたるなか、黒い雨を浴び、約一ヵ月後には脱毛や血便の症状が出ていた。栗原夫妻やその周囲では「急性原爆症で死亡者が続出し、無傷で生きのびた人間が、突然発病し、一時間先には誰が死ぬかわからないような不安と恐怖」があった[18]。

それらのことが、『中国文化』発刊に駆り立てる要因になっていた。栗原貞子は、「毎日ボロ自転車に乗って無人の原子野を通過して、周辺地区の知人をさがし原稿をもとめた」という[19]。その結果、細田や栗原夫妻の評論のほか、原爆体験を綴った手記三編（大久保沢子「三日間」、山本康夫「幻」、井口元三郎「凶点」）、詩一二編、短歌一七六首、俳句六四句が創刊号に掲載された。栗原貞子の有名な詩「生ましめん哉――原子爆弾秘話」が発表されたのも、この号であった。

とはいえ、既述のように、当時は占領の関係で原爆の問題は扱いにくいものであった。栗原貞子が広島県庁で雑誌発行の計画を伝えた際には、担当の係官は「原爆だけはやめておきなさい」と、「役人の立場を離れて、同国人として心配してくれた」という[20]。実際、大田洋子が被爆当時の状況を記した『屍の街』（一九四五年一一月執筆）も、当時は出版できない状況に置かれていた。それだけに、この雑誌の起ち上げは容易ではなかった。呉のＣＩＣ（対敵諜報部）の事前検閲はパスしたものの、事後検閲でクレームをつけられ、「原爆の惨禍が、原爆以後もなお続いていると言う表現は如何なる意味でも書いてはならない」と厳重に言い渡されることもあった[21]。

当然ながら、原爆への言及は、占領軍を意識せざるを得なかった。栗原唯一による巻頭言「『中国文化』発刊並に原子爆弾特集について」では、原爆について以下のように記されている。

実に広島の原子爆弾は我々に平和をあたへた直接の一弾だつた。もしそれがなかつたら我々日本人は「最後の一兵まで」を合言葉に本土決戦を余儀なくされ、やがて文字通り日本民族は滅びたであらう。〔中略〕我々はこの新しき文化建設の出発に際して、原子爆弾の広島の相貌を歌ひ、その当時を追憶しやう。そこには悪夢のやうな地獄の世界があり、又その中に於いてさへ人間の高貴な魂が如何なる形で現れ又、人間恩愛の情の如何に痛切なものであつたか。我等をして否世界をして再び戦場に赴かざらしめざる用意として創刊号を原子爆弾特集号として世に送ろう。(22)

ここでは、原爆は「平和」をもたらし、「本土決戦」や「日本民族は滅び」るような状況を阻んでくれたものとして位置づけられている。これは、原爆投下を「その偉大な破壊力を前にして全人類に改めて永遠の平和への熱望をよびさました建設の力」とした先の広島市長声明(一九四八年八月六日)と同じロジックであった。原爆をいわば「恩寵」とみなす見方である。

むろん、そこには、表現の制約が伴っていた。前記の巻頭言を唯一とともに考えた栗原貞子は、後年、「文中「広島の原子爆弾は我々に平和をあたえた直接の一弾だった」の部分は当時としても抵抗なしに書けたわけではなかった」と記している。もともとは「広島の原子爆弾は日本の降伏を早めた最初の一弾だった」としたのを、検閲を意識して修正したという。(23) また、「原子爆弾の広島の相貌を歌ひ、その当時を追憶しやう」という一文でも、「追憶」に「告発」の意味を重ね合わせていた。(24)

しかしながら、これらの記述のすべてが、GHQの検閲でねじ曲げられたわけでもない。たとえ占領下であっても、戦後の「平和」に一種の解放感を彼らが感じていたことも、また事実である。栗原貞子は、一九七三年の「どきゅめんと私記「占領」」のなかで、当時のことをこう振り返っている。

敗戦当時、広島には七十五年間草も生えないと言われ、身近なところで被爆者たちが次々と死んで行き、とめどのない死の不安に囚われていた私たちだったが、長い戦争の年月重く垂らした黒い防空幕をとりはずし、被っていた防空カバーを電燈からはぎとってパッとつけた明るい輝きは今も忘れることはない。暗い戦争の谷間で抑圧されていたものが一時にあふれるような思いであった。

うちつづく十五年戦争の、非合理を合理とし、合理を非合理として、聖戦完遂の名の下に、弾圧され、自由を奪われていた人間にとって、占領軍の非軍事化政策と民主化政策は、自身の要求として深い共感をもって受け止められた。国家のもっとも暗黒な暴力装置である軍隊と陰惨な特高警察が解体され、「兵士は速やかに復員して、家庭にかえって平和な生活をいとなむように」と布告されたことは驚異にも似た強烈な感動だった。(25)

栗原らにとって、占領軍が創りだした戦後は、少なくとも戦時に比べればはるかに眩しいものであった。それだけに、戦後の広島にいくらかの解放感を感じていた。「広島の原子爆弾は我々に平和をあたへた直接の一弾だつた」とまではいかずとも、『中国文化』創刊号の巻頭言に見られる「平和」への歓喜は、決して嘘いつわりではなかった。「原子爆弾特集号」でスタートした『中国文化』は、戦後の解放感と検閲による抑圧とが入り混じりながら、発行されたのであった。

責任をめぐって

『中国文化』では、戦争責任に関する議論も取り上げられていた。細田民樹は、一九四七年三月号に掲載された「文学の粗悪商品化」のなかで、文学者の責任について、次のように述べている。

　敗戦直後、その責任を軍部、官僚等に帰して他を非難した流行も、結局は八千万国民個々人の責任といふところまで戻つて来なければならなかつたと同じやうに、敗戦後の文学者もまた、この国家社会の一員であり、この侵略戦争に参加した人民の一人であつたといふ反省や自覚や悔恨から出発せねばならない(26)。

この議論は、戦争責任の対象を「軍部、官僚等」に限定するのではなく、「この国家社会の一員であり、この侵略戦争に参加した人民の一人であつた」文学者にも拡張しようとするものであった。こうした議論は、中央文壇の動きにも重なっていた。

新日本文学会のメンバーであった荒正人《あらまさひと》、小田切秀雄、佐々木基一は、一九四六年一月から同年一一月にかけて雑誌『文芸時標』を発行し、文学者の責任追及を展開した。そこでは、吉川英治や菊池寛、高村光太郎、火野葦平の戦争協力が批判されたほか、谷川徹三や和辻哲郎といった教養主義知識人、林房雄や亀井勝一郎らマルクス主義からの転向者たちが議論の俎上にのせられた。新日本文学会でも、一九四六年三月に東京支部が設立された際に「文学者の戦争責任」が議論され、機関誌『新日本文学』第三号（一九四六年六月）には、小田切秀雄による「文学における戦争責任の追求《(ママ)》」が掲載された。そこでは、次のように責任追及の意図が綴られている。

日本文学の堕落のその直接の責任者・堕落への指導者はゐなかつたか。人民の魂たるべき文学者にしてかへつて侵略権力のメガフォンと化して人民を戦争へ駆り立て、欺瞞と迎合とによつて支配者の恥しげもない婢女《はしため》となつた者、特にその先頭に立つた者はなかつたか。自己の批判者が特高警察や憲兵やその他の力によつて沈黙させられたとき奇貨おくべからずとして飛び回つた者、或は自分の文学上の敵を「赤だ」とか「自由主義者だ」とかいつて密告し挑発して特高警察へ売り渡した文学者はゐなかつたか。また、粗雑な人間主義やヒューマニズムによつて今次戦争の本質をとりちがへ、そのことで侵略戦争を人間とかヒューマニティの名で飾り立て、世の柔軟な心をもつ若い人々を戦争へ駆り立てた文学者はゐなかつたか。そして更に、たとへ戦争をおのづからな現実の動きだとしてやむなく肯定してしまつたのであつたとしても、その肯定したといふことで若い文学的世代を戦争肯定へ押しやる力の大であつたといふやうな文学者はゐなかつたか。[27]

戦時期の文学者たちは、戦争賛美の文章を綴り、読者たちを戦場に駆り立てたばかりではない。ときに、ライバルや論敵を蹴落とすために、「赤」のレッテルを張り、官憲に密告するということすらあった。小田切たちは、こうした文学者たちの過去を問いただそうとした。[28]

折しも、当時は東京裁判が進行しつつあり、敗戦を招いた軍部や政治家に対する国民の怨嗟は強まっていた。そして、憤りの矛先は、聖戦熱を煽り、戦争協力に邁進した文学者たちにも向けられた。前記の細田の責任論も、このような流れのなかで書かれたものであった。

同様のことは栗原貞子の議論にも見ることができる。栗原貞子は一九五一年一〇月に、火野葦平を交えて開かれた懇談会に出席した。火野は戦時期に『麦と兵隊』『土と兵隊』などの戦争文学を量産し、従軍作家の第一人者であった。火野はその懇談会のなかで戦争責任を問われても、明確に答えようとしなかったが、それに対して栗原は「火野さんのお話しをきいていると、戦争責任に対しては軍の命令だから仕方がなかつた、私は戦時中の行動に誇りを持つている、これ以上何にも云ふことはないと云いきつて、いやな言葉だが居直つておられる。こう云はれゝば、私は不信のことばを呈上して引き下るより手はない」と批判した。さらに栗原はこの出来事を引きながら、一九五一年の文章のなかで、「原爆の火傷の漿液《しようえき》と血膿で血塗られた広島の傷痕は戦犯作家を歓迎する程浅くない。表面いえたように見られる傷口も不死身な汚れた手の作家のふてぶてしい言葉にさゝくれて血が流れ出すのである」と記していた(29)。

栗原唯一も、文学者の戦争責任を論じていた。「だから我々はしなければならない」(『中国文化』一九四六年一一・一二月合併号)のなかで栗原唯一は、「戦争責任の問題については、過去一ヶ年間文学界でも盛に論じられた。併し依然として厚顔にも真実追求を宣言する文学者が「だまされた」と云つて嘯《うそぶ》いている」「最近では戦争責任に対する論議に対して自己批判が少くて、他人の責任に対する論議のみ激しいと云ふ意味でこの種の戦争犯罪論は嫌悪されてゐる。だから一層なさねばならぬのである」と指摘していた(30)。

栗原はさらに、県や市の上層部の責任にも言及していた。

軍部を始め、権力者の手先となつて国民を虐げ自由を奪い、国民生活を破壊した彼等県の役人、市町村の吏員、翼賛会の構成分子等は一様に上からの命令に依るもので自分は何等責任はないと空嘯《そらうそぶ》いて居るが、それで良いのだらうか。
産業界に於ても前者の戦争犯罪者と結託し、徴用等に依り労働者を不当に搾取した事業家等は誰が如何に裁く可きか。更に又敗戦の混雑に乗じ国民の汗と油の税金に依つて購はれた軍需品等の不法取得をなした所謂敗戦成金と云ふ人々は、誰が如何に裁く可きものであるのか。(31)

栗原唯一は、戦争指導者を裁く東京裁判とは別に、「日本国内において無辜《むこ》の国民に対してなされた反道義的戦争犯罪」に言及し、なかでも、末端の国民を直接圧迫した「県の役人、市町村の吏員、翼賛会の構成分子」や「事業家等」の戦時下の振舞いを問題にした。

戦争末期に戦況悪化と物資不足が加速するなか、食糧配給は隣組や町内会、各職場の報国会などを通して行なわれた。これらの組織は、国民に政府の意向を伝達し、人々を動員するものであったが、同時に住民相互の監視と密告を横行させた。その上位に立つ隣組長や町内会長は、官憲への通報と食糧配給をコントロールすることで、住民の生存を左右する絶大な権限を有した。歴史家の遠山茂樹らが当時を回想して述べているように、「生活必需品配給の末端機構となった隣組の隣組長、町内会・部落会の役員となった町のボスや地主、はては配給所の職員となった米屋」は「官僚統制機構につながることでお役人意識をもつようにな」った。(32)

物資の不足は、地方有力者による横領や横流し、闇取引の横行をも生んだ。国家や戦争遂行に奉仕しているとの名目で、軍関係者や官吏、工場の役職者、隣組・町内会役員たちは半ば公然と役得をとって横流しを行ない、不正な利得を得ていた。

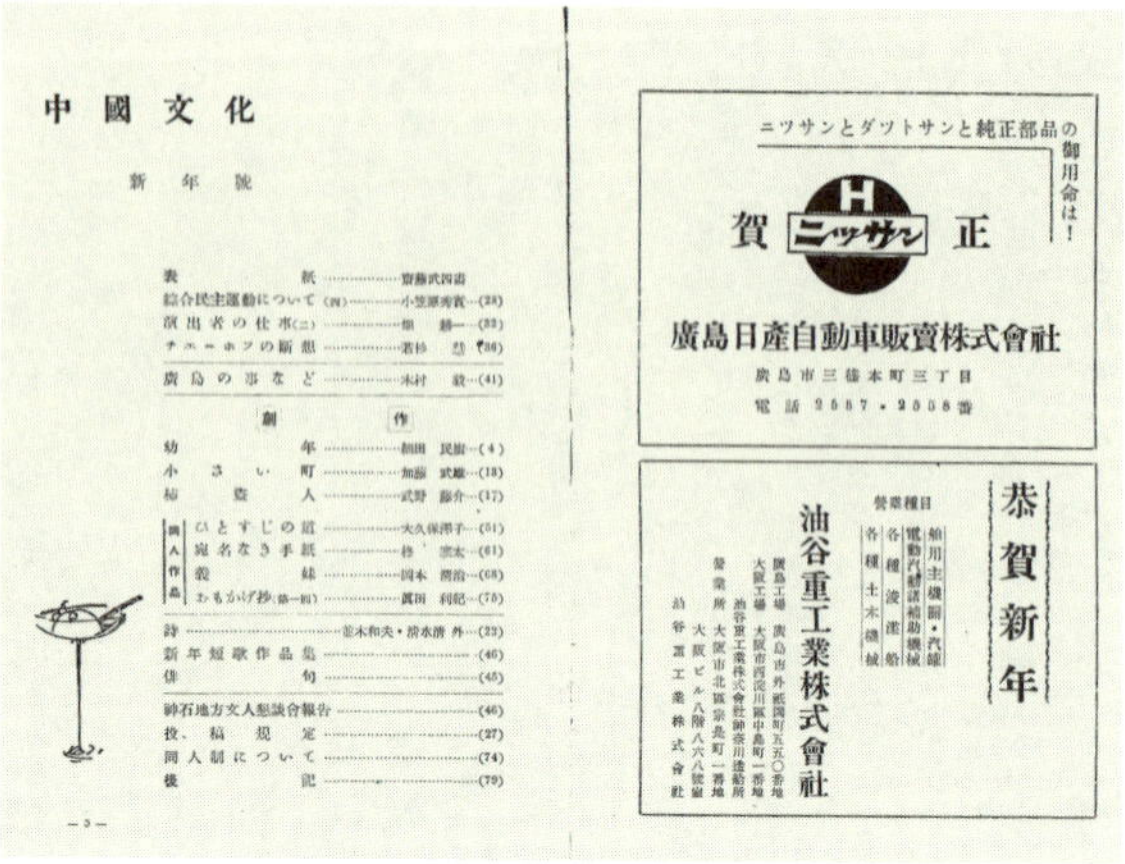

中國文化

新年號

— 3 —

『中国文化』1947年1月号の目次と広告欄

もともと無政府主義に関心があり、官憲に拘束された経験を持つ栗原唯一が、こうした状況で相当の苦労を強いられたことは想像に難くない。そこでの地域有力者たちへの憤りが、栗原の先の文章には込められていた。

しかし、責任をめぐる議論は、それ以上に掘り下げられることもなかった。地方有力者や事業主の責任を問おうにも、県や市のレベルに限ってもその人数は膨大であり、際限がなかった。また、地方の市町村であれば、彼らは日常のなかでしばしば顔を合わせる存在であっただけに、地域雑誌のなかで名指しで非難することも躊躇《ため》われた。

そこには広告収入の問題もあったように思われる。『中国文化』の一九四六年八月号および一九四七年四・五月号では、三菱重工業三原車輛製作所や帝国人造絹糸三原工場の広告が掲載されており、一九四七年六・七月号では、広島トヨタ販売株式会社の広告が収められていた。また、栗原唯一は、日本アナキスト連盟広島支部の機関紙として『広島平民新聞』を発行していたが、そこでも、広島県農業会、三菱重工業広島工作機械製作所、油谷重工業株式会社、宇佐郡祇園町役場、広島県燃料株式会社などの広告が掲載されていた。(33) 雑誌発行の資金として、広告収入は無視できるものではない。それを考えれば、広島の有力者の戦争責任を個別に名指しで追及することは容易ではなかった。

仲間内である郷土文学者の責任追及も、やはり困難を伴っていたように思われる。それは、新日本文学会（一九四五年一二月発足）や『文芸時標』の動きからも推測できよう。新日本文学会は共産党員やそれに近い文学者たちが集い、窪川鶴次郎、壺井繁治、藤森成吉ら、戦前期からのプロレタリア作家が発起人に名を連ねていた。しかし、彼らのなかには、かつて露骨な戦争賛美の文章を多く綴った者も少なくなかった。共産主義への弾圧が厳しく、積極的な戦争協力への姿勢を見せなければならなかったとはいえ、文学者の戦争責任を問うのであれば、彼らも批判の対象になるはずであった。必然的に、そこでの議論には躊躇が伴い、「すこし立入った話になると皆黙ってしまう」ことが多かった。小田切秀雄も「それらが心ならずも書かれたものであることをわたしはよく知っていただけに、それらの責任ということを正面からとり上げるということに気が進ま」なかったことを、のちに回想している[34]。

『文芸時標』が発刊から一年も経たない一九四六年一一月に終刊したことにも、こうした背景があった。『文芸時標』創刊号の「発刊のことば」には、「『文芸時標』は、純粋なる文学の名において、かれら厚顔無恥な、文学の冒瀆者たる戦争責任者を最後の一人にいたるまで、追求《ママ》し、弾劾し、読者とともにその文学上の生命を葬らんとするものである」と記されているが[35]、その矛先を同じ党派の文学者たちに向けることには、不可避的にためらいが生じた。

『中国文化』において、文学者の戦争責任追及がさほど進まなかった背景にも、おそらく同様の理由があったものと思われる。

地方雑誌文化の隆盛

これらの制約があったとはいえ、『中国文化』の発刊は、中国地方の在野知識人に発表の場を提供し、地域の輿論を生み出すことにつながった。

大学知識人であれば、論壇誌や学術誌に自らの論考を発表することができた。在野の書き手であっても、関東圏や関西圏であれば、大小さまざまな雑誌が生まれつつあっただけに、自らの著述を発表する手段はそれなりにあった。しかし、地方都市では、発表媒体にどうしても限りがあった。地方新聞の文芸欄も、その地の有力な作家や歌人に担われていたことを考えると、地方の大多数の文芸愛好者にとって、その発表媒体は、小規模な同人誌となることが多かった。『中国文化』もそのようなメディアのひとつに過ぎなかった。

しかし、逆にいえば、これらのメディアは、新たな書き手や論者を生み出すものでもあった。たとえば、それまで知名度もさほど高くなかった若手詩人の栗原貞子は、『中国文化』での文筆・編集活動を足がかりにして、その後、被爆体験に根差した詩や評論を多く綴り、原水禁運動や平和運動にも関わっていくことになる。栗原唯一は『中国文化』での活動ののち、一九五一年から一九六七年にかけて、町会議員や県議会議員を務め、発言の場を地方議会に転じていった。

この同人誌メディアは、文芸ばかりではなく、政治・社会に関する輿論をも紡ぎ出した。『中国文化』第五号（一九四六年八月）は「平和記念号」と題され、栗原唯一「平和と民主主義」や小笠原秀美「総合民主運動について」といった社会評論が掲載された。第一五号（一九四七年一〇月）では、「地方に於ける文化・文芸の諸問題」と題した特集が組まれ、『九州文学』（福岡）、『新樹』（名古屋）、『東北文庫』（盛岡）、『日本公論』（長野）の編集者による地方雑誌論が掲載されている。[36]

そもそも、地方都市において、政治評論や社会評論は、文芸以上に発表の場が限られていた。地方の政論メディアとしては、政党地方支部の機関紙などがあった。だが、それは多くの場合、党員に書き手が限られていたうえに、末端の党員に自由に書く場を提供するものでもなかった。必然的に、地方の文筆家たちは、文芸同人誌に評論を発表していった。『中国文化』もそのようなメディアのひとつであった[37]。

さらに『中国文化』の盛り上がりは、同様に「地方文化の確立」を志向する広島の文芸愛好者を刺激し、女性雑誌『新椿《しんつばき》』(一九四六年四月発刊)や総合雑誌『郷友《きょうゆう》』(一九四六年五月発刊)の創刊につながった[38]。中国新聞社も一九四六年四月に総合雑誌『月刊中国』を発刊し、同年八月号では五編の原爆体験記を掲載するなど、終戦直後の広島では雑誌文化が高潮していた。

もっとも、これらの盛り上がりは、そう長くは続かなかった。『中国文化』は一九四八年七月に一八号をもって終刊となり、『郷友』も一九四八年末に廃刊となった。『中国文化』は一九四八年一一月に『リベルテ』と誌名を改めて再刊されたが、執筆者が東京中心となり、翌年一〇月に第五号をもって休刊となった。同誌第二号(一九四九年二月)の編集後記

『月刊中国』原子爆弾記念号(1946年8月)

『郷友』創刊号(1946年5月)

『新椿』1946年7月号

には、栗原貞子の執筆で「大雑誌の頁数はますます増大し、小雑誌はますますやせて辛うじて存在を保つている」と記されている。[39]『中央公論』『世界』といった中央の総合誌の充実によって、広島の論壇誌が圧迫されていった状況がうかがえる。

だが、そうだとしても、『中国文化』をはじめとする雑誌メディアが果たした機能は、過小評価すべきではない。占領下で原爆が議論しにくい状況にありながらも、これら雑誌メディアは戦争体験や被爆をめぐる輿論を喚起し、新たな言論人を生み出していった。では、その後、広島ではどのような議論が展開されたのか。そのことを顧みる前に、同時期の長崎での動きを振り返っておきたい。

「八・九」イベントと広島への劣等感

終戦直後の長崎でも、原爆被災日は祝祭性を帯びていた。一九四七年八月九日には、本大工町の市民運動場で平和盆踊り大会（長崎市連合青年団主催・長崎民友新聞社後援）や花火打上げが行なわれ、[40]三万人の人出でにぎわった。翌年八月九日の復興祭でも、夜には「文化の夕」が催され、「さくら会の舞踊」などが行なわれた。[41]

とはいえ、これらに対する長崎市民の不満も見られた。だが、それは「お祭り騒ぎ」を批判するものではない。むしろ、同時期の広島でのイベントに比べて小規模であることを嘆くものであった。広島では、広島市・広島商工会議所・広島観光協会の三者によって広島平和祭協会が設立され[42]、その主催で五〇余りの催しが行なわれたほか、民間主催の行事も多かった。それに対し、長崎の一九四七年八月九日の「大供養会」は、連合青年団仏教連盟の主催、長崎民友新聞社の後援で行なわれたに過ぎず、長崎市はほとんど関与していなかった。

『長崎民友新聞』(一九四七年八月八日)には、そのことに対する不満を綴った複数の投書が掲載されていた。そのなかでは、以下のように綴られていた。

平和盆踊り大会(『長崎日日新聞』1947年8月10日)写真右には「八九祭」の文字が見える。

> 広島市では、平和祭を盛大に行い、その実況が電波に乗って、全世界に送られた。そして世界の人は斉しく、広島に同情の目をむけ、米国では広島デーとして祈念するという。ひるがえつて長崎市の現況はどうであろうか。〔中略〕長崎は九日には何の催し物もなく、淋しい原爆二周年である。平和を信じ昇天した原爆の霊は、さぞかし地下で意気地のない長崎のザマをなげいていることと思う[43]。

原爆被災日のイベントが小規模であることは、「意気地のない長崎のザマをなげ」く「原爆の霊」の姿を思い起こさせた。

さらに、広島の平和祭でGHQ最高司令官マッカーサーの声明が寄せられたことも、羨望の念をかきたてた。『長崎民友新聞』

（一九四七年八月八日）に掲載された別の投書は、「なぜ平和祭をやらぬか」と題して以下のように記している。

> 私はこの記事〔広島の「平和祭」の盛り上がりを伝える新聞記事〕を読み、何の音沙汰もない長崎の「この日」と思い比べ思わず男泣きに泣いた。猿のようにほえ廻つた。何とうらやましいことか！
>
> 何と口惜しいことか！
>
> 何と情けないことか！　マッカーサー元帥は広島の原爆だけを、広島市民の幸福だけを願つておられるのだろうか。ナガサキはご存知ないのだろうか。二発目の原爆弾《ママ》をご存知ないのだろうか？　思えば原子爆弾長崎は全く忘れられているかの感が深い。〔中略〕
>
> ひとたび長崎を思え！　いよいよあすに迫つた、この記念日にも、県が、或いは市が一大追悼を開くということも全く聞かない。もとより復興祭の「フ」の字も聞かぬ。ただ長崎市連合青年団主催、民友新聞後援の「盆踊り」があるということだけを聞いている。「広島」と「長崎」この二つの「ピカドン」にかくも大きな違いがあるものだろうか。[44]

祝祭イベントが盛り上がりを見せ、占領軍司令官の声明まで寄せられた広島に対するコンプレックスが、そこにはうかがえる。「二つの「ピカドン」」の相違は、「男泣きに泣」き、「猿のようにほえ廻」るほどの口惜しさを、長崎市民に感じさせたのである。

この種の議論は、これらの投書に限らなかった。当時の長崎の主要紙であった長崎民友新聞社社

公開状
法のどれいとなつている
長崎の官僚政治
正體見たりカビの生えた次官通牒
(下) 西岡竹次郎
長崎と廣島
何という情けない有様か
これだから、誰からでもいつまでも、バカにされる

西岡竹次郎「公開状（下）」（『長崎民友新聞』1947年8月13日）

昭和二十二年八月八日（金曜日）
耳あらば聴け
杉山知事・大橋長崎市長
なぜ平和祭をやらぬか
長崎にもマ元帥の聲明を

平和祭が行なわれないことを批判した投書（『長崎民友新聞』1947年8月8日）

長の西岡竹次郎は、自らこの問題を問う「公開状」を執筆し、一九四七年八月一二・一三日の二日にわたって、同紙一面に掲載した。そこでは「国際的行事となつた広島のピカドン」と「遺族の気持如何に淋しい長崎の其日」を対比させ、原爆被災日に「長崎市連合青年団主催、長崎民友新聞特別後援の平和復興盆踊り大会」以外に何の行事も開かれない長崎市のありようを批判した。西岡にとって、盛大な「平和祭」こそが、「十万の精霊」たちが「希つている」ものであった。西岡はさらに、「この平和祭によつて都市としての格というか、値打というか、長崎と広島との間には格段の相違が現われた」と述べ、広島に対する劣等感を吐露している。(45)

このような輿論が積み重なり、一気に噴出したのが、一九四九年の原爆被災日イベントであった。それを大きく後押ししたのが、同年八月九日に公布された国際文化都市建設法であった。

国際文化都市建設法公布と長崎の祝祭化

長崎国際文化都市建設法は、原爆罹災からの復興のために特別の国庫支出を認めるものであり、広島市に適用される平和記念都市建設法とともに、国会で審議された。衆参両議院ではいずれも満場一致で可決されたが、広島・長崎両市のみを対象とする特別立法であったため、憲法第九五条と地方自治法第二六一条に則り、住民投票が実施された。新憲法下で初の住民投票ということもあり、長崎市は棄権防止の運動を大々的に展開した。市長の街頭放送や宣伝ビラ配布、啓蒙ポスターの募集・審査のほか、新長崎音頭（文化都市長崎音頭）の歌詞募集も行なわれた(46)。

その結果、投票日（七月七日）は雨天であったにもかかわらず、投票率は七三・五パーセント、賛成票はそのうち九八・六パーセントに達した。それは、投票率六四・九パーセント、賛成票九一・一パーセントであった広島市を上回るものであった。

こうした機運のなか、一九四九年の記念祭は、八月九日をはさみ、一一日間にわたって開催された。その祝祭的な雰囲気は、従来をはるかに凌ぐものであった。テニスやボクシング、相撲の大会のほか、ダンス・パーティ、素人のど自慢、ミスコンテスト、ペーロン大会、花火大会、仮装提灯行列といった遊興イベントが、数多く挙行された。

このなかで、市民に歌詞を募集していた新長崎音頭が発表された。国際文化都市建設法公布を記念した次の歌詞は、この年の「八・九」の祝祭性を如実に示している。

爆心地公園で行なわれた盆踊り大会（『長崎民友新聞』1949年８月10日）中央の碑には「原子爆弾落下中心地の碑」と記されている。

日	イベント	日	イベント
８月７日	庭球大会	８月10日（続き）	長崎大音楽会
	婦人団体バレーボール大会		素人のど自慢大会
	ミス国際写真展開幕	８月11日	ミス国際表彰会
８月８日	新人拳闘大会		新長崎音頭などの発表指導会
８月９日	記念式典（原爆公園にて）	８月13日	市内団体・町内対抗相撲大会
	ペーロン大会		サッカー大会
	幻燈・映画大会	８月14日	町内対抗大運動会
	花火大会		籠球・野球・卓球・水泳大会
	仮装提灯行列	８月17日	拳闘大会（福岡対長崎）
８月10日	市制60周年記念式典		切手展
	水泳大会		盆踊り大会
	ダンス・パーティ		花電車運行
	児童文化祭		舞踊会

図５　1949年の「8・9」イベント（『長崎日日新聞』〔1949年８月８日〕記載のプログラムをもとに作成）

爆心地碑と花火大会（『長崎日日新聞』1949年８月10日）

アトムネー　アトム長崎　茜の空に
鐘が鳴る鳴る　夜明けだ朝だ
サッサ働こ　みんなで築こ
文化日本のモデル都市
ソラ　どどんとどんと来い
モデル都市[47]

鐘が鳴る「アトム長崎」は、「文化日本のモデル都市」であり、戦後の「夜明け」「朝」を象徴する。こうした明るさをもって、被爆は語られていた。

そこには広島との微妙な相違も見られた。広島でも戦後初期の原爆被災日は祝祭性を帯びていたが、そのピークは一九四七年であった。たしかに、一九四八年や四九年の広島平和祭でも、水泳会、ボートレースや音楽会、新音頭発表会といった催しが行なわれている。[48] しかし、一九四七年の平和祭の際に「あのようなお祭りさわぎをするのはもってのほか」「厳粛な祭典はひとつもみられなかった」という投書が主催団体に少なからず寄せられたこともあり、その後は抑制的な傾向を帯びるようになった。『夕刊ひろしま』（一九四八年八月七日）では、「汽車賃があがつたせいか昨年ほどめづらしくなくなつたため」か、「平和祭式典の参列者は昨年にくらべて大体半分くらい」にとどまっていたことが報じられている。[49] 一九四九年八月六日の広島平和記念都市建設法施行にあわせた催事も、三日間行なわれたにすぎず、長崎の一一日間に比べるとかなり小規模であった。

その三日間の行事でさえ、批判的なコメントが散見された。市長の濱井信三は「このたびの平和祭は平和都市法施行の意義深い日でもあった」としながらも、「〝平和〟〝平和〟といっている市民の一部の考えがややうわついてきている感じをうけないでもなかった」「平和運動は決してはでやかなものではなく、地味でしかもねばり強い精神力がいる。わたくしは平和祭はもっとどっしりと大地についたものでありたいと思う」と述べている。[50] 市議会議長の任都栗司《にとぐりつかさ》も、「六日は対外的な立場から

平和の誓い・文化祭の幕開く

蒼空に舞う平和の鳩

巡り来った原爆四周年記念日

『文化長崎』きのう第一歩

月光浴びて盆踊り

爆心地に集う二万余名

宣言

微笑む平和の女神

1949年の「8・9」イベントの報道（『長崎民友新聞』1949年8月10日）

1949年の「8・9」イベントで運行された花電車（『長崎民友新聞』1949年8月8日）

各種行事があっても結構だが、私はこの日一日だけは深い反省と祈りの日にふさわしい静かなそしてしめやかな行事で盛られてほしかった」「全市民がうちそろってたのしめ、あまりお金のかからない行事が催されると一段と苦難のなかに平和の希望をもとめて起ちあがる広島市民

の姿がほんとの姿としてうけとれたであろう」とコメントしていた[51]。行政や立法のトップも祝祭イベントに消極的であったことがうかがえる。そこには、国際文化都市建設法施行にわく一九四九年の「八・九」との相違が浮かび上がっていた。

その意味で、広島と長崎の祝祭イベントの盛り上がりには、タイムラグが見られた。そして、この背後にあったのは、長崎の広島に対するコンプレックスであった。一九四七年の広島平和祭の盛り上がりに対し、長崎は羨望と劣等感を抱いた。それは、長崎メディアでも大きく扱われた。その屈折した思いが累積した結果、国際文化都市建設法施行も相まって、一九四九年の祝祭イベントは文字通り飛躍的な盛り上がりを見せた。それは、祝祭イベントに批判的な輿論が目立ち始めていた広島とは異なっていた。

被爆の語りとカトリシズム

もっとも、長崎では「八・九」に祝祭性ばかりが求められたわけでもなかった。たとえば、『長崎民友新聞』には、「あす原爆三周年　祈りもあらた」(一九四八年八月八日)、「力の限り　大長崎の建設を」(同年八月九日)、「再出発の決意も新たに　平和建設に捧ぐ祈り　アンジェラスの鐘響く原爆記念祭」(同年八月一〇日)といった記事が並んでいた。『長崎民友新聞』とともに地元二大紙であった『長崎日日新聞』(一九四八年八月九日)でも、一面には「きょう長崎原爆三周年　鳴らす平和の鐘」という見出しが掲げられていた。

そこからもうかがえるように、被爆体験や復興は、キリスト教との関連で議論されることが多かった。長崎は近世より、キリスト教、とくにカトリックとの結びつきが強かった。禁制下においても、浦上地区を中心に隠れ切支丹が少なからず在住し、明治期に入るまでに四度の大弾圧にさらされた。禁制が解かれると信徒数は増大し、一九二五年には東洋一の規模を誇る浦上天主堂が建設された。奇しくも、爆心地は浦上付近であった。そのゆえに、原爆被災日の語りにはキリスト教色が伴いがちだった。「あす原爆三周年　祈りもあらた」「アンジェラスの鐘響く原爆記念祭」という見出しは、そのことを示していた。

あす原爆三周年
祈りもあらた

『長崎民友新聞』1948年8月8日

そして、カトリック信仰と被爆体験を結びつけながら著作を量産したのが、長崎医科大学助教授（一九四六年一月以降は教授）の永井隆であった。永井は、長年放射線医療に携わるなかでラジウム放射線を浴び続けたため、一九四五年六月に白血病と診断され、余命三年が宣告されていた。その二カ月後、長崎に原爆が投下され、彼は妻を亡くした。また永井も爆心地から七〇〇メートルしか離れていない長崎医大の研究室で被爆したが、自らの病状を押して救護活動にあたった。終戦後、永井は死期が迫るなか、遺された二人の子どもをできる限りの慈愛をもって育てた。そうした体験をもとに、『この子を残して』『ロザリオの鎖』『亡びぬものを』『生命の河』（以上、一九四八年）、『長崎の鐘』（一九四九年）といった著作を発表した。

これらの手記に特徴的なのは、原爆を「神の恵み」とみなす議論であった。永井は敬虔なカトリック信者であり、その信仰との関連で、被爆体験を解釈した。たとえば、永井は『ロザリオの鎖』のなかで、「原爆に見舞われて私達は幸せであった。浦上住民の信仰一途の姿を見

永井隆

よ。天主堂に存する御聖体の下、隣人互いに助けあって快く苦難の道を歩み続ける姿は、外観は貧苦であるが、幸福に満ちているのである」(52)と記している。そこに原爆に対する呪詛はなく、むしろ一種の明るさをもって被爆体験が捉えられている。

だが、カトリック信仰からなぜ、こうした認識が導かれるのか。そこにあったのは、「燔祭《はんさい》」として原爆を位置づける見方であった(53)。「燔祭」とは旧約聖書の言葉で、ユダヤ教の祭礼において、子羊などを焼いて神に犠牲として捧げるセレモニーを指す。そうした「神への犠牲」として被爆者たちを捉えたのが、永井の議論であった。

永井は一九四五年一一月二三日に浦上天主堂廃墟前で合同慰霊祭が行なわれた際、次のような弔辞を読み上げている。

昭和二十年八月九日午前十時三十分ころ大本営に於て戦争最高指導会議が開かれ降伏か抗戦かを決定することになりました。世界に新らしい平和をもたらすか、それとも人類を更に悲惨な血の戦乱におとし入れるか、運命の岐路に立つていた時刻、即ち午前十一時二分、一発の原子爆弾は吾が浦上に爆裂し、カトリック信者八千の霊魂は一瞬に天主の御手に召され、猛火は数時間にして東洋の聖地を灰の廃墟と化し去つたのであります。その日の真夜半天主堂は突然火を発して炎上しましたが、これと全く時刻を同じうして大本営に於ては天皇陛下が終戦の聖断を下し給うたのでございます。八月十五日終戦の大詔が発せられ世界あまねく平和の日を迎えたのでありますが、この日は聖母の被昇天の大祝日に当っておりました。浦上天主堂が聖母に献げられたものであることを想い起します。これらの事件の奇しき一致は果して単なる偶然でありましょうか？それとも天主の妙なる摂理でありましょうか？[54]

ここで強調されているのは、無条件降伏の決定と浦上の被爆の結びつきである。浦上の被爆死者は戦争を終焉させるための尊い犠牲として神に召されたのであり、長崎原爆は「天主の妙なる摂理」によるものであった。永井の解釈では、「世界大戦争という人類の罪悪の償い」として「犠牲の祭壇に屠《ほふ》られ燃やされるべき潔き羔《こひつじ》として選ばれた」のが、「日本唯一の聖地浦上」であった。[55]

そのことは、他の被災地に対する優位性を浦上に与える。長崎以前に広島に原爆が投下され、また、東京その他大都市も空襲で焼け野原となった。沖縄では地上戦の惨禍により県民の四分の一が戦災死した。しかし、それらの地域の被災は「犠牲としてふさわしくなかった」のであり、それゆえに「神は未だこれを善しと容れ給わなかった」。あくまで「浦上が屠《ほふ》られた瞬間始めて神はこれを受け納め給い、人類の詫びをきき、忽ち天皇陛下に天啓を垂れ終戦の聖断を下させ給うた」のであった。そのことは、「迫害の下四百年殉教の血にまみれつつ信仰を守り通し、戦争中も永遠の平和に対する祈りを朝夕絶やさなかつたわが浦上教会」こそが、「神の祭壇に献げらるべき唯一の潔き羔」であったことを意味する。そして、「この羔の犠牲によつて今後更に戦禍を被る筈であつた幾千万の人々が救われた」[56]のであった。

一六世紀より切支丹弾圧に苦しんできた浦上は、人類に平和をもたらすための犠牲として最もふさわしいものであり、それゆえに神は浦上の惨禍を燔祭として受け入れ、天皇に終戦の「天啓」を垂れ

永井隆『長崎の鐘』（日比谷出版社，1949年）

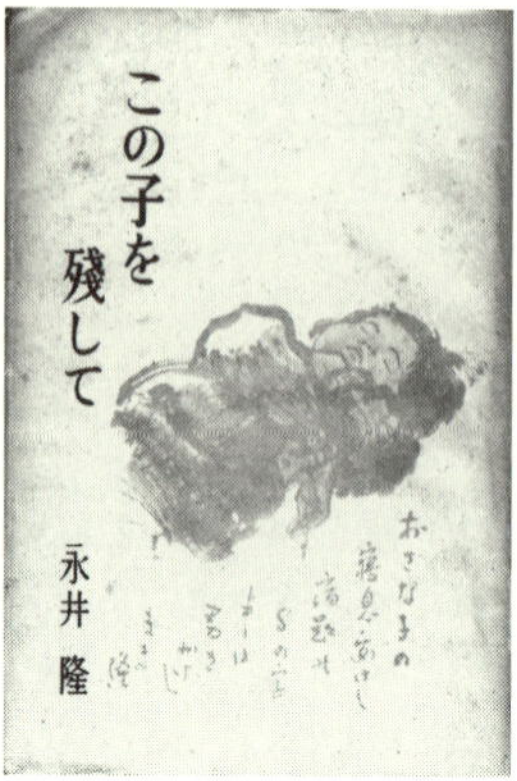

永井隆『この子を残して』（大日本雄弁会講談社，1948年）

た。他のいかなる都市の戦災にも付与し得ない聖性が、浦上に見出されていた。

永井の議論は、従来少なからず指摘されてきたように、原爆投下の責任、ひいては戦争責任を問う視座を曇らせるものであった。[57] 神への犠牲として浦上が位置づけられるのであれば、「神の摂理」としての原爆の肯定がなければならない。この論理こそが、被爆体験の記録でありながら、占領軍の検閲を通過し得た理由であった。

原爆により一瞬にして数十万人の市民を殺戮した事実は、アメリカへの非難を呼び起こしてもおかしくなかった。そのゆえに米軍占領下では、それらの議論が押さえ込まれる傾向にあったのは、前述のとおりである。しかし、永井の体験記は、むしろ原爆投下の正当化に通じるものであり、そうした言説を日本国内に流布させることは、米軍にしてみれば好都合であった。

しかしながら、この種の議論は何も永井に限るものではなかった。既述のように、『中国新聞』（一九四六年八月六日）には、「広島の市民が犠牲になつた、めにこの戦争が終つた。よいキツカケになつたことがどれだけ貴い人命を救つたか知れない」という記述がみられた。一九四八年八月六日の広島市長の声明でも、「広島に投下せられた一発の原子爆弾」は「戦争そのものを終息せ」しめ、「その偉大な破壊力を前にして全人類に改めて永遠の平和への熱望をよびさました」とされていた。「神」に結びつけるかどうかの相違はあれ、平和をもたらす恩寵として原爆を位置づけ、死者・被爆者がそのための崇高な犠牲者とされている点では、これらの議論と永井のそれとのあいだに、大きな相違はなかった。

「永井もの」への共感

永井の著作は戦後出版史に残る大ヒットを記録した。『この子を残して』は一九四九年のベストセラー第一位、『長崎の鐘』も第四位となった。『ロザリオの鎖』『生命の河』『いとし子よ』など、そのほかの永井作品の売行きもめざましく、原爆体験を扱った永井の一連の作品は出版界では「永井もの」と呼ばれた。読売新聞社がアンケートをもとに毎年発表していた「良書ベストテン」では、一九四八年度には『この子を残して』『ロザリオの鎖』がそれぞれ第一位、第四位、翌年度でも、『いとし子よ』『この子を残して』がそれぞれ第一位、第四位を占めていた。

さらに、一九五〇年には『長崎の鐘』が映画化された。これも、「永井ブーム」に乗る形でヒットし、配給収入五〇九二万円、同年日本映画で第七位という好成績をあげた。

永井の原爆観は、長崎においても広く受容されていた。肉親を喪い、後遺症に苦しみ、困窮に喘ぐ被爆者にとって、永井の原爆理解は、彼らの苦悶に「意味」を与えるものであった。

永井は『長崎の鐘』のなかで、戦地より復員したものの最愛の妻と五人の子どもを原爆で喪って悲嘆にくれる男性に言及している。その男性は永井に対して、「わしや、もう生きる楽しみは無か」「誰に会うてもこう言うですたい。原子爆弾は天罰。殺された者は悪者だつたと。生き残つた者は神様からの特別の御恵みを頂いたんだと。それじゃ私の家内と子供は悪者でしたか！」と感情をぶちまけていた。それに対し永井は、「私はまるで反対の思想をもつています。原子爆弾が浦上におちたのは大きな御摂理である」「浦上は神に感謝をささげねばならぬ」と述べ、先に引用した弔辞の予定稿を男性に手渡した。その男性は「始めは声を出して元気よく読んでいた」が、そのうち黙し、涙を浮かべた。そして、読み終えると、「やつぱり家内と子供は地獄へはゆかなかつたに違いない」「よつぽど〔教義を〕勉強せにや、天国で家内と会うことは出来まつせんばい。確かに戦争で死んだ人々は正直に自分を犠牲にして働いたのですからな。わしらも負けずによほど苦しまねばなりませんたい」と語ったという(58)。

これは永井の著作に書かれたエピソードだが、同様の思いを抱いた被爆者・遺族も多かったであろうことは想像に難くない。それは語りがたい体験に心地よい意味を付与するものであり、原爆投下責任や戦争責任の問題を棚上げしてしまう危うさを帯びていた。しかしながら、そうでもしなければ絶望の淵から這い上がることが困難な状況に彼らが置かれていたことも、また事実である。彼らにとって永井の議論は、絶望感を多少なりとも和らげるものであった。むろん、それは、語りがたい苦悶・絶望から目をそむけることと表裏一体であった。

永井の文筆活動は、長崎市からも高く評価された。長崎市は一九四九年八月一日、「多年学術の研究に精励し、且つ本市文化の向上に寄与した功績まことに顕著である」という理由で永井を表彰した(59)。長崎市議会はさらに、同年一二月、永井への名誉市民号授与を決議し、そのために必要な名誉市民条例を新たに制定した。そのときの決議文には以下のように記されている。

永井隆博士は、原子病と苦闘しつゝ、人類平和への強い信念と科学に対する鋭い探究心を以てペンを握り数々の尊い著書をあらわしてゐるが、これらは全国民の平和思想の上に又道徳昂揚に絶大なる貢献をなしてゐる。殊に本市にとつては国際文化都市として世界平和と文化の向上を目指してゐるとき、博士の如きを擁してゐることは誠に意を強うするものであり、今後一人でも多く博士に続く者を育成し立派な文化都市を築き上げねばならない。以上の意味から称号を贈るものである。(60)

国際文化都市建設法公布の高揚感も相まって、長崎市が「〔永井〕博士の如きを擁してゐることは誠に意を強う」していることが、直截に語られている。

永井はさらに、一九五〇年六月、首相・吉田茂の表彰を受けた。国会の表彰勧告に基づくものであった。一九五一年五月一日に永井が死去すると、長崎市は公葬を挙行し、市長・田川務が弔辞を読み上げた。永井はこうして、社会的に「原子野《げんしや》の聖者」と位置づけられていった。

恩寵論への不快感

しかしながら、永井の議論に対する反感も見られなかったわけではない。柏崎三郎は、長崎の文芸誌『地人』第五号(一九五五年一〇月)に寄せたエッセイ「茶番劇の系譜——永井隆の意味するもの」のなかで、「「ロザリオの鎖」「この子を残して」に示された永井隆の、原子爆弾に対する認識」は「投下者に対する一〇〇パーセントの恭順と、アポロギア〔弁明〕であ」り、「俗物的カトリック教徒に特有の「諦め」」「多過ぎる安易な感傷」「亡妻に対する日本の古い道徳に基いた家族主義的

山田かん（1973年ごろ，勤務先の長崎県立図書館にて）

回想」に満ちていると批判している。[61] 長崎史家の渡辺庫輔《くらすけ》も、『地人』第四号のなかで、「永井博士が書いたようなものを文学だとおもう人の多い」傾向を暗に批判し、「そうした「文学」観は、原爆に対しても正しい観察を欠く」と述べていた。[62]

なかでも、苛烈な永井批判を展開したのは、詩人の山田かんであった。山田かんは、『地人』第一〇号（一九五六年一一月）に発表した「長崎の原爆記録をめぐつて」のなかで、一連の永井の著作について、「怒りと良心を呼び起すには余りに弱く、ロマンティックなキリスト教的抒情に訴えるには強かつた」と評し、その影響で生じた「巷間にある原子爆弾が落ちたればこそ、戦争が終ることができたという、はなはだ侮蔑的な考え方の支配」を批判した。[63] その後も山田は、たびたび永井の議論への不快感を語った。一九七二年の「聖者・招かざる代弁者」でも、永井の原爆認識は「「原爆」の内質としてある反人類的な原理をおおい隠すべき加担にほかならなく、民衆の癒しがたい怨恨をそらし慰撫する、アメリカの政治的発想を補強し支えるデマゴギー」であると述べ、投下責任の問題や被爆当事者の苦悶を覆い隠す永井の論理を問いただした。[64]

これらの批判は、永井が死去した一九五一年以降のものであったとはいえ、長崎ではタブーに挑みかかることを意味していた。山田かんも後年の回想のなかで、「あの人〔永井隆〕は明らかにアメリカ占領軍の政策に組み込まれていたのは事実なんですが、それをいうと嫌うんですよ、みんな」と語っている。一九五〇年前後の永井は「ジャーナリズムの寵児」であっただけに「一種の権威のふう」にみなされ、長崎では「アンタッチャブルのタブーの雰囲気」があった。一九七二年に山田かんが

『潮』（七月号）に「聖者・招かざる代弁者」を発表したときでさえ、「誰も文学の運動体の中でも、みんなそっぽ向いて、ひとつの陣営、ひとつの共同体的なものは張ってくれ」ず、「ほんと大変なことになっ」たという。[65] 次男の山田貴己《よしき》も、このころを回想して、「掲載当時、家庭内にはタブーに触れた恐れのような、うっすらとした不安感が漂っていたのを覚えている」と記している。[66]

だが、それを押してまでなぜ、永井批判を展開したのか。そこには、山田かんの被爆体験や戦後体験が大きく関わっていた。

悔恨と屈折

一九三〇年生まれの山田かんは、原爆投下当時、旧制県立長崎中学三年に在籍していた。当日は、夜勤の勤労動員から帰宅し、自宅で休息していたときに、被爆した。自宅は爆心地から二・七キロの下西山町にあった。腹を突き上げる衝撃とともに、畳が一気に持ち上がり、反射的に伏せた頭上を大量のガラス片が越えて、柱や壁に突き刺さった。自宅の屋根と二階部分は吹き飛んだ。[67]

庭に爆弾が投下されたと錯覚した山田は、死の恐怖にかられ、一キロ先の壕に裸足のまま避難した。あとを追って妹の琇子《ゆうこ》が壕に現われたとき、かんは我にかえり、妹を自宅に置き去りにしてきたことに気がついた。妹は、かんの靴を両手にもち、顔色は蒼ざめ、茫然と立っていた。かんは、一人で逃げてきた恥ずかしさを打ち消すように、「ダイドコロノヒケシテキタカ?」「バカッ　ハヨイッテコイ　バカガ　ナンシヨットカ　ハヨイケ」と一喝した。[68] このことは、終生にわたって、「何故自分が行く勇気がでぬか」「ひどか仕打ちばした。狂っていた。謝らんばいかん」という深い悔恨をもたらした。[69]

翌日、山田かんと妹、父親の三人は、継母が疎開していた西彼琴海町《せいひきんかい》に逃れる途中、浦上の爆心地付近を、「累々として続く肥大した丸焼けの屍のあいだを難渋しながら」通り抜けた。(70) その途中、突然、父親が「だれがこのせんそうをはじめたんだ」と号泣し始めた。そのときの様子を、山田かんは次のように記している。

あの厖大な死の様相の中で泣けるという状態自体、助かったことを確認したことからくる一種の余裕を示すものであろうが、陸続としてくる避難者は言葉もなく黒い一団になってぼくらの側をすぎていった。

「だれがこのせんそうをはじめたんだ」と呟きながら泣きじゃくり動こうとしない父を先へうながすのにぼくと妹は手間どったが、その傍に立ち焦げている幹の根かたには、幼児の黒こげになった屍が這うようにして残されていた。(71)

この出来事は、山田かんにとって、「父のそれ以前の姿にさかのぼり始めるきっかけ」を与えるものであった。(72)

会計事務所を開いていた山田かんの父親は、中道系（カトリックとプロテスタント双方の要素を兼ね備える会派）の聖公会の古くからの信者であった一方で、若いときには、カール・リープクネヒトなどの左翼思想にも関心を持っていた。しかし、一九四一年一二月八日に対米英戦開戦がラジオで報じられると、「さあ、今日から頑張るぞ。戦力だ。タバコはやめた。一億一心火の玉だ」と興奮したという。「敵性音楽」は必要ないと庭でレコードを割ることもあった父親の姿に対して、山田かんは、

「隣人を愛さなければならないクリスチャンの筈なのにいやに好戦的」な印象をつよく抱いた。[73]
その父親が被爆の惨状を前に泣き叫ぶさまをみて、山田かんは内心、「あんたたち大人が始めたとやろうが。今ごろ叫んでも仕方なか」と思ったという。[74] のちに、「長崎被爆二十五年の視点」（一九七〇年）を発表した際にも、この出来事に言及しながら、「だから「だれがこのせんそうを」といってもそこにはひとつの重大な加担が無意識に見すごされていたということも、今ははがゆい思いで問いかけるべきなのだ」と綴っていた。[75] 山田かんは、父親の姿から、戦争で被害を受けるばかりではなく、特段の違和感を抱くことなく戦争に「加担」するような「きわめて通常の庶民感覚」を問い始めるようになった。[76]
それは、山田かん自身の戦時期を問うことにもつながっていた。山田かんは旧制中学二年のときに少年飛行兵を受験した。その理由のひとつに、対米英戦開戦以来、すっかり「好戦的」になった父親の影響があった。父親のみならず、自らも戦意をかきたてられたことを念頭におきながら、山田かんはのちに、「この不幸の始まりの日（太平洋戦争の開戦日）はぼくの家庭にとっても思い出したくない苦い日なのだ」と回想している。[77]
戦争末期には、山田は、浦上の三菱製鋼所幸町工場に学徒動員され、特攻機部品や手榴弾の製造に従事した。そのうち、手榴弾は、「粗悪な肌目の荒い鋳物の弾体（ドンガラといっていた）と、柄のついた蓋の部分にネジを切り、それを組むと一個の手榴弾の形になる」もので、「重さだけが本物のようで、ぼくら少年にもコレガ！と思う代物」だった。[78] 後年ではあるが、その使途に思い至ったときのことを、山田は次のように記している。

いつだったかNHKの「ザ・プレゼンター」という番組をみていると、壕（ガマ）から連れ出される沖縄の老幼婦女子の映像が出てきた。そのあと米軍に鹵獲《ろかく》された日本軍兵器に混って、婦人の足元に置かれた三個の手榴弾が映し出された。ぼくは、あれがあそこに、と一瞬思ったのである。この弾は安全ピンもない危険なもので、落としただけで爆発しそうな、思えば兵器というよりも沖縄人の自決用に作ったものではなかったろうか。その時、ぼくは殺したのか？と呟いていたのだった。(79)

兵器工場への学徒動員が強制されたものであったとはいえ、そのことが沖縄の死者の死に加担していたかもしれない。そうした自責の思いを、山田かんは抱いたのである。

これらの屈折・悔恨を考えると、山田かんが永井隆の著作に違和感を覚えたのも当然であった。「被害」と「加担」が入り混じった心情は、「原爆は信仰教理を確かめるがために落された」といった予定調和的な原爆解釈と相いれるものでない。(80) 少なくとも、山田かんの自責の念や後悔の思いは、「神の摂理」の心地よい論理では整理できないほどに、複雑で深いものであった。

天皇をめぐって

永井隆の天皇観も、山田かんには不快であった。キリスト者であった永井は同時に、天皇に対する思い入れもつよかった。永井は、『いとし子よ』（一九四九年）のなかで、天皇の長崎来訪（一九四九年五月）に言及しながら、こう記している。

天皇陛下をお迎えして、私はすぐ終戦の詔書を思い出しました。その中に「戦争犠牲者のことをおもうと、五体が裂ける」という意味の御言葉がありました。陛下がどんな気でいらっしゃるか、わかるような気がします。このたびの御巡幸は、御巡礼のようなお気持ちで、お歩きになっていらっしゃるのではなかろうかと、ひそかに私はおもいました。亡くなった国民をとむらい、生き残った国民を慰め励まして下さいました。

その心からのやさしい御言葉を、戦争犠牲者は心にしみじみとお受け致しました。[81]

天皇に対する親近感があったがゆえに、天皇に拝謁し見舞いの言葉を受けたときの永井の感激は大きかった。

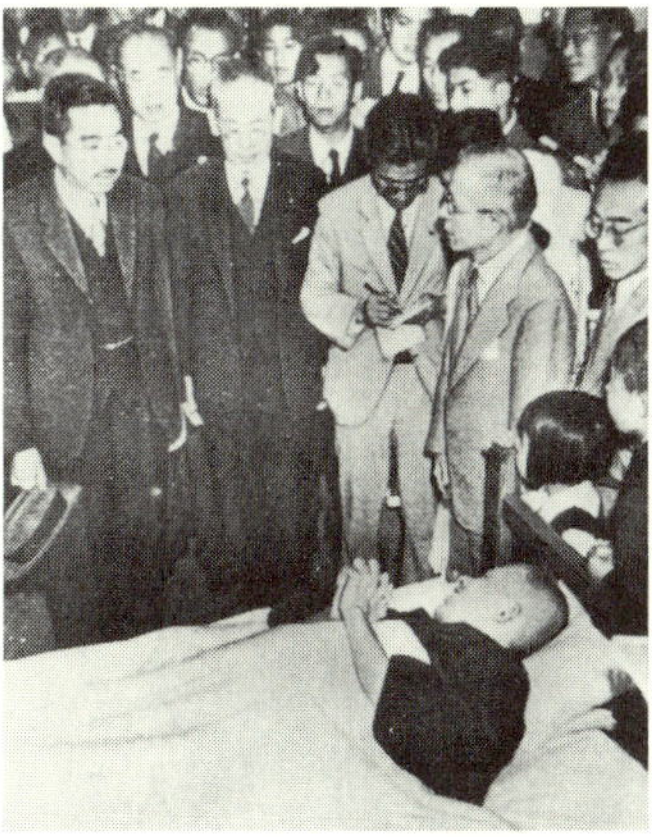
昭和天皇の訪問を受ける永井隆（1949年5月）

科学殊に生物学をやっている私が同じように生物を勉強していらつしやる陛下に対して、学問を通じての親しみが感じられた。今日の感激をずっと後まで持ち続けて陛下のお目にとまっても恥かしくないものを書き続けて行こうと思います。[82]

永井はこのコメントを、天皇の訪問を受けた翌日に『長崎民友新聞』に発表している。これについて、山田かんは、「永井は放射線医学専門のはずであるが、対象が人間であるから「生物学」といって生物研究をする天皇に追従したつもりなのであろう」と述べたうえで、「自らを「科学者」となす意識」が「「科学者天皇」との自己同一化」に込められており、「俗悪な内面が余すことなく剝きだされ」ていると、永井の天皇観への嫌悪感をあらわにしている[83]。

ここにも、山田かんの戦時体験の影響が見られた。一九三〇年ごろに生まれた山田らの世代は、出生間もなく満州事変が勃発し、尋常小学校入学直後に日中戦争、一一歳のころに対米英戦が始まるなど、戦時下に幼少期・少年期を過ごした。必然的に彼らの多くは、「聖戦」を信じ、天皇に忠節を尽くすことを夢見る皇国少年であった。しかし、山田かんの少年期は、そう単純ではなかった。

幼児洗礼を受けていた山田かんは、戦時下の学校のなかでは、差別の対象とされた。そのときの苦痛を、山田かんは次のように綴っている。

> 戦中における基督教徒は、秀吉に始まる迫害が復活したような状況に直面しなければならなかったのも事実である。切支丹殉教にみられる大量死ほどでなくとも、その内面する状況は同じであり、いくらかの牧師、信徒は獄死し、また病をえて戦後亡くなっている。信仰がためされる時は、きまって恐怖の専制支配の時代なのである。
>
> ぼくさえも、その時の童さえ、小学校を通じてそして中学三年〔で〕敗戦するまで、アダ名は「耶蘇」であり、仏壇、神棚が家にないことをもって、事毎に差別され侮辱され、「天皇」と「キリスト」の対比において査問されつづけてきた。中学二年、少年飛行兵を受験したのも素速く死ぬことによって、この差別を見返してやろうという衝動に駆られていたことに他ならなかったの

だ。空々漠々の世界へそのようにして逃げようとしたのである。(84)

戦時下の学校は山田かんにとって、「耶蘇」と「事毎に差別され侮辱」され、「「天皇」と「キリスト」の対比において」つねに踏み絵を迫られる抑圧の世界だった。必然的に、同年代の皇国少年たちとまったく同じように「皇国の大義」に共感できたわけではなかった。

もっとも、先述のように、山田かんは、対米英戦開戦から好戦的になった父親の影響もあって、少年飛行兵を受験していた。しかし、そこには同時に、「この差別を見返してやろう」「空々漠々の世界へそのようにして逃げよう」という思いもあった。(85)

そこからは、永井隆のような天皇観が生まれるはずもなかった。山田かんは、被爆前夜にある級友が天皇について次のように語っていたことを記している。

おい、天皇陛下のことな、天皇陛下ぞ。皇后陛下もおるやろ。皇太子殿下は学習院に行きよらすやろが。子供が生まるっていうことば考えてみろ。皇太子殿下は子供になっとぞ。どげんして生まるっかワイは知っとるか。(86)

山田はこのとき、「何となく不可解だったようで明確にそれを問いただす勇気に欠けたまま、充分な共感の上ではないあいまいな笑い」を返したという。(87) しかし、このことを後々まで記憶にとどめるほどには、天皇への違和感があったのだろう。それから一週間後の八月一五日に玉音放送を聞いたさいには、「難解な特殊な語法で読んでいる初めて聴く天皇の甲高い声と奇妙なイントネーションに、これが「天皇か」という頼りなさと失望のみを覚えた」(88)。

そうであれば、「浦上が屠《ほふ》られた瞬間、始めて神はこれを受け納め給い、人類の詫びをきき、忽ち天皇陛下に天啓を垂れ終戦の御聖断を下させ給うた」とする永井の原爆解釈に不快感を覚えたのは当然であった。山田かんにしてみれば、それは「「天啓」なるカトリシズムの摂理教義と天皇の強引な接合」でしかなく、「家父長的共同体国家意識のもとに永年生かされてきた「被爆者」の、当然戦後に目覚むべきものをも、はやばやと圧殺する反動イデオロギーとしての役割をにな」うものに思えたのであった(89)。

オールド・リベラリストとしての永井隆

こうした議論の構図を考えるうえでは、永井隆のオールド・リベラリストとしての側面も見ておく必要がある。

和辻哲郎、田中耕太郎、安倍能成ら、戦前期からの自由主義知識人は、戦時中、右翼の執拗な攻撃を受けた。その彼らは、戦後になって「反共」「親米保守」の姿勢を鮮明にした。共産主義は戦時ファシズムと同様に彼らの「自由」を奪うものであったし、さらにいえば、社会階層としては明らかに高い地位にある彼らの生活を脅かすものであった。そして、彼らの議論の根底にあったのが、教養の規範と天皇への信頼であった。戦前期の教養主義を担った彼らにとって、「無知蒙昧な大衆」の跋扈を抑え、国家に秩序をもたらすのが、豊かな教養・知性と天皇であった。それは、下層階級出身の軍人・労働者が社会を支配する状況を阻む拠り所と考えられた。

戦後の彼らは、「旧時代の自由主義者」という含意をもって「オールド・リベラリスト」と呼ばれたわけだが、永井隆にも少なからず同様の思考様式が見られた。

永井は、大正末期から昭和初期にかけて、旧制松江高等学校と長崎医科大学で学生生活を送っている。当時、旧制高校や大学のキャンパスでは、教養主義文化が盛り上がっており、文学や哲学の読書を通じた人格陶冶がひとつの規範をなしていた。永井は自然科学への関心を深める一方で、短歌に興味を持ち、また、美や人生について友人たちと多く議論していたという[90]。大学時代には、母の死をはじめ人生の煩悶にぶつかることも多く、パスカル『パンセ』などを紐解き、その延長でカトリックに関心を抱くようになった。

他方で、共産主義に対する嫌悪感は際立っていた。永井は、日中戦争期に陸軍軍医中尉として出征し、中国各地を転戦したが、共産党軍との戦闘に関して「あやまれる思想のためにうつしみの　いのちを捨てし若き学生あはれ」と歌っている[91]。「反共」の姿勢は、戦後の著作のなかでも明瞭に記されている。

まあ今日の世間を見給え。鴻毛より軽い連中が集まって民主国家をつくると騒いでいるが、まるでところてんで家を建てるようなものだ。一本立ちすればぶつぶつ震える骨なしだから、一人の田中という男に会うために何百人も徒党を組んで赤旗たてたりなんかしてデモをやった上、いざ会見となると何十人も手をつながなきゃ文部省の門をくぐれないんだ。〔中略〕こんな連中に任せておいたら、軍閥の代りに勤労階級出身の独裁者をかついでナチス独逸の二の舞をするようになるかも知れないよ[92]。

これは、『ロザリオの鎖』（一九四八年）の一節である。ここには、「軍閥」とともに「赤旗」「勤労階級」への不信感が浮かび上がっている。

ちなみに、「一人の田中という男」は、かつての東京帝国大学法学部教授で、一九四六年五月から翌年一月にかけて文部大臣を務めた田中耕太郎を指していると思われる。田中も著名なオールド・リベラリストの一人であった。田中は、一九五二年の論文のなかで左翼学生運動に言及しながら、「一時的感情によつて動いたり、基礎ができていないで、未熟なる政治論を振りまわしたり、一部過激分子の煽動に乗つて街頭に進出する位学究らしからぬ態度はないのである」と述べている。[93] そこには、「基礎ができていないで、未熟なる政治論を振りまわ」す者たちへの教養に根差した軽侮が垣間見える。こうした認識は、永井の次の記述にも通じるものであった。

労働は神聖だという、それはいい。労働といえば筋肉労働が主だと大衆は考えている。そして腕まくり上げていばっている。彼らは衆をたのんで、脳を汗する者の値打を引下げようとする。しかし、あの焼跡の地ならしをするときに痛く感じたろう、日本の労働者がもっこと、くわで腕と肩と脚に汗を流して幾百人か働いていたが、そのまだるっこさに、いきなり一台のブルドーザーがやってきて、またたく間に地ならしを仕上げてしまったことを。

腕力が貴いなら熊は人間より偉い。肩の力が貴いなら人間は牛にかなわぬ。走れば馬に負け、鼻は犬ほども利かぬ。人間の人間たる貴さは智恵と自由意志とを持っていることだ。筋肉労働の独裁とは、智恵と自由意志をそなえた人間にとって、何と縁遠い言葉ではないか？　人間が人間らしい生活をするとは、この智恵と自由意志とを天主の御意に従って正しく用いることだ。[94]

「脳を汗する者」を「筋肉労働」の上位に位置づける議論は、エリート主義的な教養主義の価値観に基づくものである。それはすなわち、自由主義と教養への信仰から、軍閥と共産主義を嫌悪したオールド・リベラリストたちと同様の思考様式であった。前述のような永井の天皇への思慕も、また、そのことを裏づけていた。

山田かんの人生経路

永井に対する山田かんの違和感は、この点にも起因している。山田かんは、永井の「信徒としてのエリート意識」に加えて、「「学者」として自己規定する顕示欲」にも不快感を抱いた。山田は、一九七二年の「聖者・招かざる代弁者」のなかで、永井の「今突如原子爆弾なるものが爆発した。〈中略〉自然科学特に純粋な理論科学の重要性を今こそ日本人は覚ったであろう」「学者を忽《おろそか》にし、冷遇し軽蔑した罪の報《むくい》を今こそ身にしみて味ったろう」（『原子爆弾救護報告』）という記述を引きながら、「アメリカ科学者にかわっての、この尊大ともいうべき以外に言葉のない惨酷な代弁者」と厳しく批判している。(95) また、先にふれたように、山田は、永井の「自らを「科学者」となす意識」が「「科学者天皇」との自己同一化」に込められていることを批判したが、そこにも、永井の教養人的な言動への反感があった。

だが、それも山田かんの青少年期の体験を考えれば、当然であった。一九四八年七月、山田かんは、一七歳で父親を喪った。長崎市内の川に誤って転落し、水死するという事故だった。一家の稼ぎ手を失い、八人の山田かん兄弟と病弱な継母の生活は、極度の困窮に陥った。継母は保険の外交も始

青年期の山田かん

めたが、それだけでは家計はまわらなかった。当時、長男の山田かんは、地元エリート校の新制長崎高校（旧制長崎中学）三年に在籍していたが、大学進学を断念したばかりか、長崎高校も中退し、夜間高校に通いながら長崎県立図書館出納手の職に就いた。妹の琇子も活水高校一年在籍時に退学し、文具店に働きに出た。この時期、山田かんは過労も響いて結核を患ったが、家計のために勤めを休むことができず、それでも困窮のゆえに十分な栄養も摂れなかった[96]。

こうしたなか、山田かんは一九四九年に日本共産党に入党した[97]。「家族の苦しみを救うのは労働階級の解放しかありえない」という思いがあったという[98]。共産党は同年一月の総選挙で三五名の当選を果たし、議席数を大きく伸ばしたが、同年夏の下山事件・三鷹事件・松川事件で警察に弾圧された。翌年にはGHQの指令でレッド・パージが進められ、非合法化された共産党は、火炎瓶闘争など武装闘争路線を先鋭化させた。山田は、共産党が武装闘争路線を撤回する六全協（第六回全国協議会、一九五五年七月）のころまで在籍し、仕事を終えたあとには、細胞会議やビラ張りに奔走した[99]。

こうした経歴も、永井隆と好対照であった。旧制高校から長崎医科大に進み、その教授に就いた永井は、明らかにエリート文化人であり、長崎の名士であった。一方、山田かんは、大学進学の夢をもちながらも、家庭の困窮でそれもかなわなかった。

病に冒されていた永井は、病臥にありながら多くの作品を世に出したが、そこにも山田と対照的な面があった。山田かんは共産党に入党したころから詩作に関心を持つようになったが、あくまで図書館勤務のかたわら同人誌に発表するという在野の詩人であった。それに対し、永井は病臥にありながらもベストセラーを量産する流行作家であった。それは同じく文筆に関心を寄せつつも、経済的な困苦に喘いでいた山田かんとは異なっていた。

当然ながら、山田にとって、労働者や共産主義に対する永井の侮蔑は、不愉快なものであった。先にあげた永井の労働運動批判についても、山田は「その思想性の浅薄」「徹底した反民衆的体質の持主」「労働民衆を嫌いぬいている」と記している。[100]

山田の永井批判は、「神の摂理」論への不快感だけでなく、永井とはあまりに好対照な人生経路にも起因していたのである。[101]

教会への不信

キリスト教や教会に対する感情も、永井隆と山田かんは異なっていた。山田は、必ずしもカトリックではなかったとはいえ、幼児洗礼をうけた信者であった。戦時期に学校で「耶蘇」と揶揄されても信仰を捨てることはなかった。しかし、戦後、その思いは変質を来たすようになる。

終戦直後の食糧難のころ、山田かんは牧師館を訪ねたことがあった。そのときに見た光景を、彼は以下のように記している。

室内にアメリカ給与のジャムとバターの匂いがただよい、テーブルに白パンの塊が散乱し、パン屑が地の塩のような色合いでこぼれているだけで、無人の廃屋のように不在であった。ジャンバルジャンの行為ににた激しい気持が動こうとするのを抑えつづけていた。こうしてひとつの時代がぼくの中で炎のように終ったのだ[102]。

牧師は米軍政官の通訳も務めていたらしく、その関係で一般の信徒・市民には入手できない食糧を得ることができた。しかし、山田かんにしてみればそれは、ふだん高尚な説教をする牧師が信徒を裏切り、私欲に走る行為に見えた。

妹の死の際の教会の対応もまた、山田かんに憤りを呼び起こした。

山田かんが共産党の活動に奔走していたころ、すぐ下の妹琇子と継母の関係がこじれ、事あるごとに衝突する日が続いていた。琇子はかんの詩作に好意的で、つねに「兄ちゃん、よか詩ば書いて」と話すなど、最大の理解者であった。しかし、山田かんは家庭内不和の問題で妹を助けることに消極的で、党活動に没頭していた。琇子は「兄ちゃん、平和平和って言うけども自分の家の平和の問題はどうしとっとね」となじったが、山田はさほど家族を顧みなかった[103]。一九五四年一月、妹は佐世保近くの路上で致死量の睡眠薬を飲んで倒れているところを発見された。自殺だった。山田は、激しい自責と後悔の念を抱き、その思いを『いのちの火』（一九五四年三月）と題した私家版の詩集に綴った。

だが、妹の自死は、自責の念とともに、教会への不信感をかきたてた。山田かんは、妹の葬儀を教会に依頼したが、教会側はそれを拒否した。自殺者の葬儀は引き受けられないという理由からだった。山田は、このときの憤りを、後年、次男の貴己にせきこみながらこう語ったという。

自殺を教会が嫌った。おれが牧師の代わりに聖書を読み、自宅で執行した。屈辱だった。教会とは何かということだ。貧乏人が苦しんで死んで…。許せんて思った。ますます教会から遠ざかった。[104]

教会に対するこうした思いは、明らかに永井隆とは異なっていた。永井は教義に全幅の信頼を置きながら議論を展開したが、山田かんは教義や教会人への違和感をつよく抱いていた。山田の永井に対する強烈な不快感は、そのことともまた、無縁ではなかった。「カトリックエゴイズムともいえる独善主義」「ロマンティックなキリスト教的抒情」といった永井批判は、同時に山田かんのキリスト教との距離感をも反映した言葉であった。[105]

広島への劣等感

このように、一部では永井の著作に対する批判も見られたわけだが、にもかかわらず永井の著作はベストセラーとなり、長崎市は名誉市民号まで授与した。こうした状況は、長崎の文学関係者に広島へのコンプレックスをもたらすことになる。

長崎の同人誌『地人』第四号(一九五五年八月)では、地元文学者を対象にした「原爆文学について」と題したアンケートの結果が紹介されていた。そのうち、最初にあげられていた質問項目は、「広島にはかずかずの原爆文学が生れているのに、長崎では本格的原爆文学は見られておりません。これは何に原因するのでしょうか」というものであった。[106]

在野の文学研究者・林田泰昌は、その回答内容に言及しながら、広島との対比で浮かび上がる長崎の「あまりにも前近代的な抒情性」「われわれの周囲に巣くつている前近代性」を指摘した。[107]

山田かんも、「広島は知らづ長崎では運動という理論化されたものでこれ〔原爆体験〕を引つぱつていく力は皆無であつた」「広島の『中国文化』はもちろん、昭和二十四年の『広島文学サークル』『われらの詩』、二十五年の『反戦詩歌集』など数多くのグループの活動と比較するとき、長崎の「被爆意識」のおくれが、文学表現のうえにおいてもいかに決定的なものであったかということを如実に示している[108]」と述べるなど、広島に対する劣等感を吐露していた。

その原因としてしばしば指摘されたのが、永井隆の影響であった。『地人』の先のアンケートの回答のなかでも、佐世保出身の作家・井上光晴は、「長崎の人々の気持が真正面から原爆の悲惨さにたちむかうかわりに、永井博士の一連の記録――所謂『ロザリオの鎖』の方向に眼をそらしてしまつた」ことを、長崎原爆文学の停滞の理由としてあげている[109]。柏崎三郎も、「茶番劇の系譜」(『地人』第五号、一九五五年一〇月)のなかで、「原子爆弾の主題に、今なお自らを賭している広島」と対比しながら、「戦後ジヤーナリズムの狂乱に一役を買つた長崎の生んだ永井隆と、彼を表彰した日本国会の醜態」を指摘した[110]。

たしかに、原民喜「夏の花」(一九四七年)、大田洋子『屍の街』(一九四八年)、峠三吉『原爆詩集』(一九五一年)など、広島原爆を経験した作家の作品には、評価が高いものも少なくなかった。しかし、広島にも永井と同種の「恩寵」論がかつて存在したことは、先述のとおりである。だとすると、永井作品の存在をもって、「長崎の「被爆意識」のおくれ」と見ることもできないはずである。

そもそも、広島と長崎とでは、被爆の状況が異なっていた。それによる認識の相違も、考えてみる必要があるだろう。

広島の場合、市内中心部の細工町(現・大手町)が爆心地であったが、それは三方が山に囲まれた平野部のほぼ中央であった。したがって、被害は同心円状に市域全般に及んだ。

それに対し、長崎の場合、市街地は標高二〇〇メートル程度（最高三六六メートル）の丘陵によって、中島川流域と浦上川流域とに分かれていた。そのうち行政や商業の中心は中島川流域であった。浦上川流域は平行して南北に走る二つの丘陵に挟まれており、工場が比較的多い地域だった。そして、原爆が爆発したのは、浦上川地域のほぼ中央の松山町上空五〇〇メートルであった。そのため、熱線や爆風による被害は、ほとんど浦上川地域に集中していた。市の中心街である中島川地域は丘陵で遮られていたため、その余波は軽減された(111)。図6にあるように、長崎の建物被害は広島に比べてかなり少ないが、そこには地理的な要因も大きく作用していた。

	被爆前の建物数	被害の状況（%）			
		全壊全焼	全壊	半壊・半焼・大破	計
広島	約76,000戸	62.9	5.0	24.0	91.9
長崎	約51,000戸	22.7	2.6	10.8	36.1

図6　広島・長崎の建物被害（長崎市原爆被爆対策部編・発行『原爆被爆50年史』1996年，35頁）

それゆえに、「原爆は長崎に落ちたのではなく浦上に落ちた」という市民の声もしばしば聞かれたという。そして、この認識の背後には、差別をめぐる問題があった。南に面した中島川地域は、近世より貿易で活況を呈し、陽気な賑わいを見せていた。それに対し浦上は、北にのびる谷あいに位置していた。そこに多く集まっていたのは、カトリックの信徒たちであった。江戸期には市街地との交流も少なく、隠れ切支丹たちが閉鎖的に集住していた。その間、彼らは四度の大弾圧を受け、そのたびに集落はゴースト・タウンと化した。近世の浦上は、宗教差別と陰鬱さを帯びた町であった。明治初期に禁令が撤廃されたのちも、そのような差別の視線は、少なからず見られた(112)。

こうした背景に起因する長崎市民の原爆観について、郷土史家の越中《えっちゅう》哲也は、次のように記している。

大正初期に浦上が長崎市へ編入されて、両者の関係が深くなると、かえって「キリシタン邪宗観」は浮き彫りにされたようだ。浦上の人びとに対して「クロ宗」という蔑称さえ生まれた。旧市街と浦上との間に公然の往来はなかった。まして縁組みなど思いもよらなかった。〝浦上もん〟という言葉が不快な気持をこめて用いられ、呪われた浦上というイメージがつくられた。だから、原爆が浦上に落ちたので〝ほっと〟した、という一般市民の感情も、あながち否定はできない。(113)

原爆は必ずしも長崎市民が広く経験した出来事ではなかった。だとすると、そのことが、原爆を積極的に扱う長崎文学者の少なさにつながったことも考えられよう。二次被爆（原爆投下時点で被爆してなくても、その後、被爆地に入ることで残留放射能の影響を受けること）の問題はあるにせよ、かなりの程度、浦上地区に被害が集約されていたのであれば、原爆を必ずしも自らの問題とは捉えない長崎文学者がいても不思議ではない。「原爆が浦上に落ちたので〝ほっと〟した」という見方があったとすれば、それはなおさらであろう。

しかしながら、先の『地人』アンケートでは、そのことに言及した回答は皆無に近かった。唯一、井上光晴が(114)「原爆を直接体験した作家が、長崎の場合少なかつたこと」を理由のひとつにあげていただけである。

そう考えると、ここで問うべきは、長崎の原爆論議が広島に比べて遅れていたかどうかではなく、むしろ、なぜ、そのような論点が生じてきたのかであろう。換言すれば、こうしたアジェンダが論じられる際に、なぜ、広島と長崎の被爆状況の相違が考慮されなかったのか、ということでもある。

そこに大きく作用したのは、ベストセラーを連発した永井隆の社会的なインパクトであった。その反響の大きさゆえに、永井作品以外に目立った原爆文学が生まれない長崎の状況が、広島に対する「後進性」「停滞性」に見えたのである。原爆を「神の摂理」とする永井への不快感も相まって、長崎の「後進性」はいっそう際立って見えた。少なからぬ論者たちが、永井隆の影響と長崎の「後進性」を関連づけていたことは、先に見たとおりである。それは、広島と長崎の被爆状況の差異をも考慮の範疇から締め出すほどに、大きなものであったのである。

その後の長崎文壇・論壇でも、一種の強迫観念のように、広島へのコンプレックスが意識され、語られることになる。永井作品の長崎における影響は、「後進性」をもたらしたというよりはむしろ、広島に対するコンプレックスを生み出したというほうが正確であった。

ただ、同時に押さえておくべきは、永井隆批判がなされたのは、その著作刊行の直後ではなかったことである。永井に対する批判は、一九五〇年代半ば以降に多く見られる。先に紹介した永井批判の言説も、いずれも一九五五年ごろか、それ以後のものである。

では、なぜ、そのようなタイムラグが生じたのか。その背景を検証しながら、その後の被爆の輿論を整理していきたい。

第五章　政治と体験の距離——占領終結と原水禁運動の高揚

占領終結と第一次原爆文学論争

一九五一年九月八日、サンフランシスコ講和条約が締結され、日本と連合国四八ヵ国とが調印した。この条約は、翌年四月二八日に発効し、約七年に及ぶGHQの占領統治が終結した。

このことは、原爆をめぐる言説空間を大きく変容させた。占領が終結すると、日本の出版界では占領政策批判・アメリカ批判が噴出した。それにともない、従来抑え込まれていた原爆関連の報道・出版は急激に増加した。とくに一九五二年八月六日に出された『アサヒグラフ　原爆被害特集号』は、原爆の惨禍についてほとんど知らされていなかった国民に衝撃を与え、五二万部を売り上げた。同様に広島の原爆被害の写真を収載した『岩波写真文庫　広島』も、一九五二年のベストセラー第一三位の売行きを記録した。

映画界においても、一九五三年に『ひろしま』（日教組プロ）が製作された。『きけ、わだつみの声』（一九五〇年）を手がけた関川秀雄が監督を務め、被爆の惨状や後遺症の恐ろしさに焦点を当てていた。これは、日教組のバックアップもあり、独立プロ作品ながら、五〇〇〇万円の配給収入を記録し、話題になった。

こうしたなか、広島でも被爆体験をテーマにした作品が多く生み出された。一九五二年四月には、画家の丸木位里《いり》・俊子夫妻が『原爆の図』を第五部まで完成させ、青木文庫より刊行した。同年六月には、同じく青木文庫より、峠三吉『原爆詩集』が出されている。

また、占領終結に先立ち、講和条約発効前後の時期には、広島文理科大学教授の長田新《おさだあらた》が児童・生徒たちの被爆体験記を編纂した。これは『原爆の子』と題して、一九五一年一〇月に岩波書店より発刊された。映画『ひろしま』も、この作文集を原作にしていた。一九五一年八月には、大田洋子『人間襤褸』『屍の街』が河出書房から出されるなど、この時期には原爆体験の手記・文学の出版が相次いだ。

もっとも、その背後には、再軍備や朝鮮戦争をめぐる懸念もあった。一九五〇年六月に朝鮮戦争が勃発し、在日米軍が出兵する事態になると、米軍基地が多数存在する日本も攻撃を受ける危険性が懸念された。さらに、トルーマン大統領は朝鮮半島での原爆使用を示唆しており、報復として日本に三度目の原爆が投下されることさえ、危ぶまれた。他方で、一九五〇年八月、GHQの意向で警察予備隊が組織され、一九五二年一〇月には保安隊に拡充された。それにともない改憲をめざす動きも見られた。広島や長崎の知識人にとって、こうした状況は憂うべきものであった。

栗原貞子は、一九五一年の文章のなかで、「私どもは今、日本の再軍備の問題に直面し、今の日本は、ちょうど、この前の戦争が始まる前のような政治状況におかれている。このような状態のなかで、作家、知識人は如何に深く苦しんでいるか」と綴っていた。[1] 山田かんも、朝鮮戦争勃発の報に「激しい衝撃」を受け、「終わったと思ったものが、すぐ傍らに生き返った」「飛行機の爆音にも、去ったと思った空襲のなまなましい記憶がよみがえり脅えかえった」という思いを抱いたという。[2]

これらの不安が、原爆体験の手記発刊を後押しした。長田新は『原爆の子』の序文のなかで、「依然として世界は不安につつまれ、またしても新たな戦争への脅威が身近に感じられる」なか、「世界中の一人一人をして「吾々は戦争を欲しない」「吾々は平和を求める」という力強い意志表示をさせる」ことが求められていると述べている。(3) 占領終結、あるいはそれを目前に控えた言論状況とともに、朝鮮戦争や再軍備への懸念が、原爆をめぐる出版物の相次ぐ発刊を促したのである。

しかし、このことは、広島の文壇・論壇のなかで論争を引き起こした。第一次広島原爆文学論争と呼ばれるものである。発端は、広島在住作家・志条《しじょう》みよ子が『中国新聞』(一九五三年一月二五日)に寄稿した「「原爆文学」について」というエッセイであった。

志条はそのなかで、「原爆を書かない小説や原爆を取上げない絵画は広島の人間に限り、真の作品ではないごとくいわれている。七年も経った今日、もう昔のことと忘れ去ってしまえというのではないけれど、しかし、もうそろそろ地獄の絵を描いたり、地獄の文章ばかりをひねり上げることからは卒業してもいいのではないか」と述べ、被爆体験を扱う作品への嫌悪感を綴っていた。(4) 志条には、「あんなむごたらしい地獄絵図なんか、もはや見たくも聞きたくもない」という思いがある一方で、原爆を「売物」にするかのような身振りへの不快感もあった。志条は、同じ文章のなかで、「地獄の絵や地獄の文学をいつまでも看板にかかげ、それを売物としなければ平和への意志や幸福への祈願が達せられない」ことは「情けない」ことでしかないと記している。志条にとって重要なことは、むしろ「人生の本質へ向って美しく突き進む」ことであった。(5) 志条は、それに関して、次のように述べている。

原子爆弾という名前の下に、努めて文学の二字を加えたり、ましてや芸術などという至高の言葉をそういつまでも付け加えたりしてもらっては困る。文学はもっと純粋な人間の問題であり、人生そのものの問題である。〔中略〕

それ〔戦争をしないこと〕はただわれわれがいつまでも原子爆弾にこだわっていることからは出発しない。それよりももっとわれわれは真剣になってわれわれの愛のことを振り返り恋のことをおもい、男と女の限りない悲しみのことを考える方が大切である。その人生の本質へ向って美しく突き進むことのみが文学なのだ。(6)

志条にとって、「原子爆弾」や「むごたらしい地獄絵図」は「芸術などという至高の言葉」にそぐわないものであり、「われわれの愛」「男と女の限りない悲しみ」こそが文学にふさわしい素材であった。

しかし、原爆文学への憎悪は、被爆体験に対する志条の無理解によるものではない。むしろそれは、被爆体験の重さに起因するものであった。志条は座談会「原爆文学の行く手を探る」(『中国新聞』一九五三年四月一九日)のなかで、「父がひどい被害者でしていまも半病人なんです。私の目のわるくなったのも慢性神経炎とか申しますが、やはり原爆の時からなんです。体験が身近なだけにほんとうにいやなんです」と発言していた。(7) 志条にしてみれば、原爆は思い出したくもないものであり、文学に逃避することでその痛みやつらさを忘れようとしていた。しかし、占領終結前後から原爆をテーマにした体験記や映画、文学作品が巷にあふれかえるようになった。こうした状況は、彼女に改めて被爆の苦痛を思い起こさせるものであった。そうしたことへの反発から、志条は原爆文学や原爆絵画への嫌悪感を吐露したのであった[8]。

志条のこの記述は、広島メディアのなかで、波紋を呼び起こした。中央百貨店の役員であった筒井重夫は、『中国新聞』（一九五三年一月三一日、夕刊）に「「原爆文学」への反省――志条みよ子氏へ与う」と題した反論文を発表した。そのなかで筒井は、「「何かといえば原爆、原爆といまだにいわれている」とは単なる文学論を逸脱して悪意にみちた広島市民に対する言葉だ」「「あんなむごたらしい地獄絵図はもはや見たくも聞きたくもない」とは要するに戦争の悲惨に眼を覆い、迫りくる現実の恐怖から逃避しようとする自己欺まんか、さもなくば文学的「意識の低劣」さを表明する以外の何ものでもない」と、志条へのつよい違和感を綴っている[9]。広島の作家・小久保均も、「再び「原爆文学」について」（『中国新聞』一九五三年二月四日、夕刊）のなかで、志条の議論を念頭におきながら「原爆はしょせん文学の扱うべき問題のらち外に、はみ出たものだ」とみなし、「現実を遠く遊離したところで閉鎖的な作品を書き始め」ている書き手を批判した[10]。

おもに『中国新聞』紙上で約二ヵ月にわたって繰り広げられたこの論争について、中国新聞社編『炎の日から20年――広島の記録2』（一九六六年）では、「本質的な文学論争としてかみ合うことはなかった」と評されている[11]。しかし、ここで提起された問題は、文学の範囲を超えて、被爆者の生そのものをめぐる輿論に及ぶものであった。つまり、被爆者という烙印《スティグマ》を隠して生きるか、それとも、それを前面に出し、「売り物」にして行動するのか、ということである。

スティグマと「売り物」

被爆者であることは、少なからず、スティグマを伴うものであった。のちに日本原水爆被害者団体協議会（被団協）の理事を務めた高橋昭博は、一九五一年四月に市役所勤務を始めたころの状況を以下のように記している。

高校を卒業して市役所に入ったころの私は、社会の目が級友たちの目とはまったくちがうものだというのを自覚しなければならなかった。市電やバスに乗っても、道路を歩いても、遠慮のない視線が私に集まってくる。隠しようのないケロイド、その部分を見つめられ、ひそひそ話をされると、私は口惜しさと同時に恥ずかしさを感じてならなかった。

朝、出勤の前に傷痕のある部分に包帯を巻くのが習慣になった。乗り物に乗っても、あまりなかには入らないようにした。隅のあまり目立たぬ所に立っているのが、私の癖になった。人の集まる所ではできるだけ死角になる場所にすわるようにもなった(12)。

高橋は広島市立中学二年のときに朝礼中の校庭で被爆した。祖父母の手厚い介護によって、何とか一命は取り留めたものの、ケロイド状の火傷痕と右手の不自由さが残った。それは、広島市内においても、非被爆者から好奇の目で見られた。高橋は、そのことへの羞恥から、被爆の痕跡を極力隠し、自らも人目につかないように振る舞おうとした。

顔面と頸部にケロイドを負ったある少女は、近所の子どもたちに「鬼が……」「お化けが……」とはやしたてられ、同年代の女性の好奇と憐憫の視線に、言い知れぬつらさを感じたという。母娘が心中を考えたこともしばしばであった(13)。

こうしたスティグマを負っていただけに、彼らがそれを隠そうとすることは珍しくなかった。被爆を「売り物」にすることを嫌い、その体験から目をそむけることを望んだ志条みよ子の議論も、そこに通じるものがあったと言えよう。

しかし、他方で、被爆の痕跡を積極的に人目にさらすことを選び取る者もいた。背中や腕に重度のケロイドを負い、日赤病院に入院していた吉川清《きっかわきよし》は、一九四七年四月、アメリカの通信社・新聞社・雑誌社の記者の求めに応じ、自らの傷跡を見せ、被写体となった。記者たちが「ATOMIC BOMB VICTIM NO. 1」と言ったことから、吉川は「原爆一号」と呼ばれるようになった。吉川はその後も国内外の医学関係者や報道関係者の要請があれば、自らの上半身を露わにした。退院後は、原爆ドームの傍らにバラックを仮設し、絵葉書などの土産物を売る仕事をしていたが、観光バス会社の依頼で、観光客に被爆体験を話したり、腕のケロイドを見せることもあった。(14)

これについては、「ヒロシマの困った恥さらし」「ケロイドを売り物にして、金をもうけている」という見方もあった。(15) しかし、吉川自身は「ケロイドを見せものにしてなぜ悪い」という思いがあった。「私の身体に焼きついた、醜いケロイドを見せることによって、一人でも多くの人に原爆の恐ろしさを事実によって知ってもらいたかった」というのが、吉川の意図するところであった。(16)

原爆体験を短歌に綴った正田篠枝は、「原爆を売り物にすると言う。原爆が売り物になるなら、売って売って売りまくりたい。原爆の作品を書くことでアカに利用されていると言う人がある。利用価値があるなら、左でも右でも利用してほしい。私の作品が、原爆をつくろうと言うことに利用出来る筈はない」と泣きながら栗原貞子に語ったことがあったという。(17) ここにも、被爆というスティグマを積極的に人目にさらすことによって、自らの情念を表現しようとする意志を見ることができる。

このような姿勢は、被爆者団体の結成につながった。一九五二年八月、一二〇名ほどの被爆者たちが集《つど》って「原爆被害者の会」が結成されたが、吉川清はその創設メンバーの一人であった。この会に参加していた高橋昭博によれば、「会員同士で花見に行ったり、会員の家で酒を飲んだり」する親睦団体の色彩もあり、「この会に入会した私も、そしてそこで知りあった多くの会員も、とにかく被爆者同士が互いになぐさめあい、励ましあおうという点によりどころを求めていた」という。「被爆者の苦しみは被爆者にしかわからない」という思いがそこにはあった。(18) しかし、「原爆被害者の会」はそればかりではなく、医療施設の整備・充実、困窮者の生活向上や治療無料化を行政に働きかけることも主要な活動目的にしていた。

それまで、多くの被爆者は生活苦を強いられていた。一九四八年、労働省婦人少年局長崎職員室で一七八名の「原爆婦人」を対象にした面接調査が行なわれた。そこでは、不自由な生活を続ける者が六八パーセントに上っていた。とくに医療の問題は深刻で、「未治療者達は辛うじて生活を維持出来る程度で、治療費を出して病院通いの出来る患者はほとんど見受けられない実情」が『長崎民友新聞』(一九四八年九月二三日)でも報じられていた。彼女たちのなかには、無料診療所の一日も早い開設を望む声が多かったという。(19)

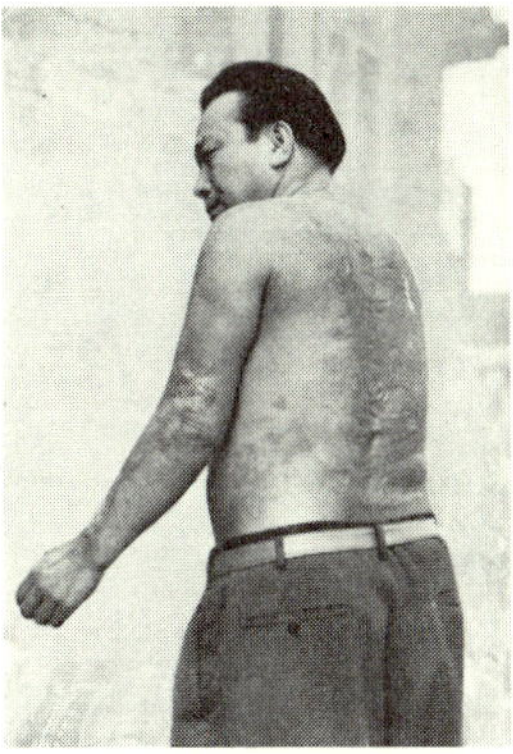
吉川清(1956年ごろ)

実際、治療を受けるうえでの経済的負担は、被爆者たちにとって過重であった。自費では思うような治療を受けられない原爆障害者は広島市で六〇〇〇人、長崎市で三〇〇〇人に及ぶと言われ、気休めにしかすぎない輸血を受けることさえ、比較的恵まれた層に限られていた。大部分は、肉体を蝕まれるにまかせ、近代医学とは縁のない生活を送らざるを得なかった。白血病その他内臓疾患を起こした者は、ＡＢＣＣ（原爆傷害調査委員会）に送られることも多かった。だが、これは米国学士院によって設立された組織で、もっぱら被爆による生物学的・医学的影響を調査するのみで、治療は施さなかった。

住居の問題も深刻であった。旧軍用地であった太田川沿いの基町地域には、被災者向けに市営のバラック住宅が建てられたが、希望者が殺到し、入居できたのはごくわずかであった。一九五一年においても、市営住宅申込みは二三七八件に対して入居は六七件、競争率は三五倍に達した。抽選に漏れた市民は、やむなく川土手に不法住宅を構えざるを得なかった[20]。そうした光景は基町に限らず、随所に見られた。

原爆により家計の経済的基盤を失った被災者たちは、復興需要にともない、建築現場や道路工事現場で職を得ることも少なくなかった。しかし、それも多くの場合、日雇いという不安定な雇用形態でありながら、重労働を強いられるものであった。なおかつ、そうした仕事は、一家の働き手を亡くした女性たちを多く吸い寄せていった。そして、それらの工事の結果、「不法」に建てざるを得なかった彼らの住まいが追い立てられることとなった。

職場や家族のなかでの軋轢も小さくなかった。被爆の影響で、重度の全身性疲労や健忘症、環境への適応力の低下も見られたが、彼らのなかには職場を解雇されたり、夫や義父母から離縁を迫られることもあった。

こうした状況のなかで設立されたのが、「原爆被害者の会」であった。その事業計画では、「指定病院で無料診療の実施」「傷害者の実態調査、生活困窮者には国家予算による無料治療を実施してもらうため国会に陳情する」「就職の斡旋、生活保護のため生活相談所の設置」「市、県に対し原爆生活困窮者に特別措置を要求」といったことが掲げられていた[21]。

自らを積極的に「見せもの」「売り物」として人々の視線にさらす行為は、同時に被爆者団体を結成し、固有の要求を社会に訴えることにもつながっていたのである[22]。

この動きは、一九五五年以降の原水爆禁止運動の高揚にともない、さらなる盛り上がりを見せることになる。その原水爆禁止運動の発端となったのは、一九五四年三月におきた第五福竜丸事件であった。

原水禁運動の高揚

一九四九年九月にソ連の原爆保有が明らかになると、アメリカの原爆独占体制が崩れた。それに危機感を募らせたアメリカは、一九五二年に水爆開発に着手し、一九五四年三月一日、ミクロネシアのマーシャル諸島ビキニ島で水爆実験を行なった。その威力はアメリカの予想の二倍以上であった。ちょうどそのとき、米軍指定の「危険区域」の外で操業中のマグロ漁船・第五福竜丸が降灰を知らずに延縄《はえなわ》作業に従事していた。乗組員は全員、致死量に近い放射能を浴び、焼津港帰港後、水揚げされたマグロからは多量の放射能が検出された。九月二三日には無線長・久保山愛吉が死亡した。

だが、影響はそれにとどまらなかった。第五福竜丸以外でも、各地で水揚げされた魚は放射能で汚染されており、一時は魚市場からマグロが姿を消す事態も生じた。また、気流に乗って放射能を含んだ気団が日本に押し寄せ、それが雨を降らせたことで、イチゴ、野菜、ミルクなど、水産物以外の食品も放射能に汚染された。国民は、安全な食品を求めてパニックに近い状況に陥った。

第１回原水爆禁止世界大会（1955年８月）

そうしたなか、同年五月九日、東京都杉並区の主婦たちが原水爆禁止署名運動を始めた。そのリーダー的な存在は、杉並公民館館長で法政大学教授の安井郁であったが、この運動はあくまで主婦層を主体とした「草の根」的なものであった。その影響は瞬く間に全国に広がった。八月八日には原水爆禁止署名運動全国協議会が結成され、署名総数は三〇〇〇万人を突破した。翌一九五五年八月六日には、被爆一〇周年の広島で第一回原水爆禁止世界大会が開かれ、予定していた二〇〇〇人を大きく上回る五〇〇〇人が参加した。この運動は、当初は町内会・婦人会・青年団あるいは自治体など、どちらかというと保守的な色彩の強い団体が多く集い、平和運動に参加したことのなかった広範な層を取り込んだ。これは文字通り、国民的《ナショナル》な運動に膨れ上がり、その点、従来の左派勢力主導の平和運動とは、性質を異にしていた。

これ以前にも、日本で反原爆の運動が見られないわけではなかった。ストックホルム・アピールを受けた署名運動はそのひとつの例であった。ストックホルムで開かれた世界平和擁護大会常任委員会（世界平和評議会の前身）は、一九五〇年三月に原子兵器の絶対禁止を訴えた「ストックホルム・アピール」を発し、これに対する署名運動を展開した。冷戦構造が明らかになるなか、その反響は大きく、八ヵ月という短期間のうちにソ連一億一五〇〇万、東西ドイツ一九〇〇万、イタリア一七〇〇万、フランス一五〇〇万など、全世界で五億以上の署名を集めた。日本は当時占領下にあっただけに、さまざまな制約や抑圧があったが、それでも六四五万の署名を集めることができた。しかし、世界平和評議会はソ連の影響をつよく受けていたため、日本での署名運動も共産党をはじめとする左派勢力によって主導される傾向があった。それに占領下での弾圧も加わり、全国民レベルでの広がりを見せたわけではなかった。

その意味で、原水爆禁止の動きが社会運動として飛躍的に大規模化するのは、一九五四年の署名運動まで待たねばならなかった。その盛り上がりを受けて、原水爆禁止署名運動全国協議会は一九五五年九月、世界大会日本準備委員会と統合して、原水爆禁止日本協議会（日本原水協）へと改組された。第二回大会は翌年八月に長崎で開催され、以後、原水爆禁止世界大会は継続的に開催されるようになった。(23)

このような動きは、被爆者団体の活動を刺激した。前述の「原爆被爆者の会」は、人間関係のもつれなどもあり、一九五四年一月に「原爆被害者の会本部」や「八・六友の会」に分裂していた。しかし、原水爆禁止運動が高揚するなか、一九五六年三月一八日、原爆被害者の会本部や八・六友の会、原爆乙女の会など、広島県下の被爆者団体が集まり、広島県原爆被害者大会が開催された。(24)そこでは、被爆者援護法制定のための国会請願を行なうことも決議された。(25)その流れのなかで、一九五六年五月、広島県原爆被爆者団体協議会（広島県被団協）が創設され、同年八月には日本原水爆被害者団体協議会（日本被団協）が発足した。日本被団協は、「今後の目標」として、「原水爆被害の実相を訴」え、「禁止運動を進め」るとともに、「被害者の医療と生活を守る」べく、「原水爆被害者援護法」「原水爆被害者健康管理制度」の制定を掲げた(26)。

これらの運動は、鬱屈した被爆者の心情を、少なからず解き放つものであった。のちに広島県被団協副理事長を務めた池田精子は、二〇〇一年の座談会のなかで当時を回顧しながら、「被団協に集まるようになって、「生きていて本当によかった」という気持ちになりました。体がだるくてだるくてやり切れなくても、周囲の者からは横着病と言われ、医者に行くと栄養失調だと馬鹿にされて取り合ってもらえない日々でしたから、心を許せる仲間との語らいは本当に救いでした」と語っていた(27)。

体験と政治の接合

原水禁運動の盛り上がりは、被爆体験記類の発刊を促した。一九五四年には『星は見ている——全滅した広島一中一年生・父母の手記集』(鱒書房)、歌集『広島』(第二書房)、平和と学問を守る大学人の会編『原爆と広島』(広島県教組)、大田洋子『半人間』(大日本雄弁会講談社)などが出され、翌一九五五年には、『広島の詩』(広島中央公民館)、『句集広島』(句集広島刊行会)、『広島原爆誌』(中国電気通信局編・発行)、細田民樹『ビショップの輪』(講談社)などの刊行が相次いだ。

他方で、体験を政治に結び付けて語ろうとする動きも目立ち始めた。栗原貞子にはその面が顕著であった。栗原は、『中国新聞』(一九五九年八月二一日)に寄せた文章のなかで、次のように述べている。

原爆の非人間性が、広島、長崎への一時的なものでなく、さらに破壊力を強化し、いく千万倍のエネルギーを持って人類の頭上に擬せられていることを思うとき、私はどんなに告発しても告発しきれない憤りを感じ、書くことだけでなく、すべての人々と力を合わせて原水爆禁止のため可能な一切をかけねばならないと思ってささやかな努力をしてまいりました。

〔中略〕

原爆について語るのは、広島の特権ではなく、生きのこったものの義務として可能な限りの証しをせねばならないと思います。

そう思った時、私たち広島の文学に関心を持つものは、原水爆禁止を中心に据え、文学活動を発展させ、広島の良心を具体化して行かねばならないと思います。[28]

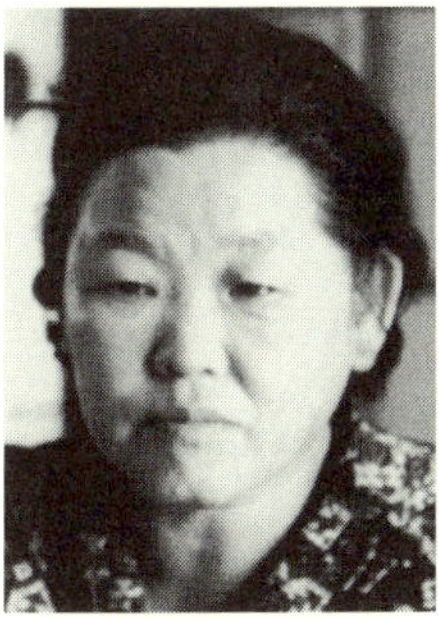

栗原貞子

栗原貞子は、「原水爆禁止」の主張を抱きながら、「文学活動を発展させ、広島の良心を具体化して行」こうとした。そこには、体験や文学をその範囲に閉じ込めるのではなく、積極的に政治に結び付けていこうとする意志があった。

それゆえに、「文学者は作品だけ書いておればよい」という意見には露骨な反感を示した。栗原は同じ文章のなかで、「文学するものがデモに加わったり、ビラハリに駆り出されて行く必要はない」というある作家のコメントを引きながら、「文学者が書斎で書いておればよいと言う考え方が、いかに文学を空疎な実感のないものにして来たことでしょう」と記している。[29]

さらに栗原貞子は、文学者が平和運動に参加する意義を、こう述べている。

私たちは平和行進に自らの意志として参加することによってこそ、村々や町々の人々の平和へのあつい思いをじかに知ることが出来、汗やほこりにまみれてこそ、汗やほこりにまみれて生きている人の生活を知ることが出来るのではないでしょうか。(30)

『ひろしまの河』第3号（1961年10月）

栗原にとって、平和運動への参加は「村々や町々の人々の平和へのあつい思い」や「汗やほこりにまみれて生きている人の生活」にふれ得る機会であり、それはまた、「原水爆禁止を中心に据え」た自らの文学の基礎となるべきものでもあった。

原水禁運動に接近した広島文学者は、栗原に限るものではなかった。一九五九年、広島の女性文学者らが集まり、原水爆禁止広島母の会が結成された。そこには、森滝市郎（広島県原爆被害者団体協議会理事長）夫人の森滝しげ子のほか、歌人の正田篠枝や山口勇子、詩人の藤井ゆり、俳人の小西信子らが参加していた。この会は、被爆者救援のための署名・募金活動を実施したほか、翌年の日米安全保障条約改定反対を訴えるデモ行進を行なうなど、参加者たちの政治的な意志を表明する場となった。(31) 栗原貞子も、この会の発起人の一人であった。

原水爆禁止広島母の会は、一九六一年六月から機関誌『ひろしまの河』を発行した。第四号（一九六一年一二月）までは隔月刊、その後も年に二回刊行されたこの雑誌は、被爆体験をめぐる手記や詩歌を多く掲載するとともに、「米・ソ核実験抗議特集」（第三号）、「被爆地の原水禁運動はどうあるべきか」(第四号)、「被爆十七年の広島市民感情の方向」(第五号)といった特集を組んだ。二〇頁弱の小冊子ではあったが、広島の女性文学者が広く集まったこの雑誌は、一九六七年八月まで刊行され、原水爆禁止の輿論の喚起をはかる地域メディアとして機能した[32]。そして、栗原貞子も第五号までこの機関誌の編集人を務めるなど、誌面の編集に深く関わった。

長崎文芸誌の隆盛

長崎でも、手記の発刊が盛り上がりつつあった。一九五四年には『長崎の原爆』(長崎市原爆資料保存委員会編・発行)が出されたほか、一九五五年には『句集長崎』(平和教育研究集会事務局)、風木雲太郎『長崎詩篇』(東峰書房)が発刊された。一九五六年に長崎で開かれた第二回原水爆禁止世界大会の際には、長崎原爆青年乙女の会編『もういやだ——原爆の生きている証人たち』(原水爆禁止世界大会長崎実行委員会)が刊行され、一九五九年には『長崎市制六十五年史』の後編第五部として林田泰昌「原爆と長崎」がまとめられた。これは、被災当時の状況から理工学、生物学、医学関連の調査結果、被爆者福祉や平和運動、記録発刊の推移などを全三一一頁にまとめたものであった。

それと同時に、雑誌メディアのなかで長崎原爆を問い直す動きも見られた。一九五二年六月に創刊された文芸サークル誌『芽だち』では、ほぼ毎年八月に原爆関連の作品や論説が多く集められた。とくに原水禁運動が盛り上がる一九五四年以降は、第二一号「原爆記念平和特集」(一九五四年八月)や第二六号「原水爆反対特集」(一九五五年八月)といった特集が組まれ、第三一号(一九五六年八月)は「原水爆禁止特集号」と銘打たれていた[33]。この雑誌は、一九五九年八月の終刊までに三八号が出された。

『芽だち』は、その会則に「此の会は〔中略〕働く者の文学を育てます」「このサークルは働らく人であれば誰でも入会出来ます」とあることからもうかがえるように、労働者を対象にしたものであった。[34]しかも、構成メンバーは全員、共産党員であった。それもあって、メンバーは互いにペンネームで呼び合い、プライベートについてはほとんど話さなかったという。[35]武装闘争路線をとっていた共産党は、当時、弾圧下にあり、彼らはいつ警察に捕まるかわからなかった。そのときに、万一、仲間内のことを漏らしてしまっても、最小限のダメージで済むことを意図してのことであった。

この雑誌は従来の長崎文芸誌とはかなり異質であった。長崎における代表的な文芸誌としては、一九三一年創刊の『長崎文学』があげられる。これは、終戦前後に一時中断したが、一九四六年五月に復刊した。当初から文化サロン的な雰囲気を有し、著名な長崎文化人の寄稿が多かった。永井隆も一九四七年九月に小説「黒百合」を『長崎文学』に発表していた。労働者や共産党員を主な書き手としていた『芽だち』は、それとは一線を画していた。創刊号の巻頭には次の文章が記されていた。

働らく者として、自分達の喜びや悲しみ、苦しみや望みを、歌に盛り、詩に托し、又、世の不正に抗議し、働らく者同志の愛情と団結を謳い、そして、当然のこと乍ら、戦争をにくみ、平和を愛し、民族独立の戦いの一翼に参じて、私達働らく階級の歴史的役割に微力を尽したい、と、こう思つています。

一日、巷につるはしを振い、工場に鉄を打ち、事務所に算盤を弾き、或はそのために病を得て床に臥す、働らく者達です。作品の拙さ〔は〕恥じません。働らく人間が自ら作つた文学、それを他のすべてのサークルと共に、自ら誇りたいと思うのです。[36]

逆にいえば、『芽だち』は発表の場を持たない労働者層に書く場を提供し、新たな輿論を生み出していく機能を有していた。創刊メンバーのひとりであった田川実は、一九七八年の座談会「長崎・反原爆表現運動の軌跡」のなかで当時を回想して、「あの頃はまだ労働者たちの作品を発表する場なんてもちろんなかった。わたしたちの気持ちとしては、働く者の人間的な連帯の場として、仲間意識を育てることに主眼があったようです」と述べている。会員の大部分は、「それぞれ戦争体験、被爆体験をもち、生活的にも追いつめられたところでペンをとってい」たという。(37) 最末端の労働者層に自らの思いを公《おおやけ》にする場を提供し、「働く者の人間的な連帯の場として、仲間意識を育て」ながら、社会的な問題関心を研ぎ澄ませることが、『芽だち』では意図されていた。

そうしたなかで、詩や評論を多く発表していったのが、山田かんであった。山田かんは「中学時代から自分のノートに詩などを書きためて」おり、「文学的なものを通して社会的活動にアプローチしたい」と考えていた。しかし、もの書きとしてのキャリアも学歴もない山田かんにとって、自らの著作を発表する場はほとんどなかった。そのなかで出会ったのが、『芽だち』であった。山田は田川実や中村新七らとともに、編集実務の中心を担った。山田かんは先の座談会「長崎・反原爆表現運動の軌跡」のなかで、当時の心境について、「原爆と父の死、貧乏という情況のなかから、必然的に社会への関心はとぎすまされるし、ごまかしのきかない生き方を志向し、そういう方向での自己形成と表現活動に接近してい」ったと語っている。(38) そのような思いを文章として吐露することを可能にした場が、『芽だち』であったのである。

山田かんは、さらに同人誌『地人』の編集にも携わった。これはのちに「原爆と長崎」(『長崎市制

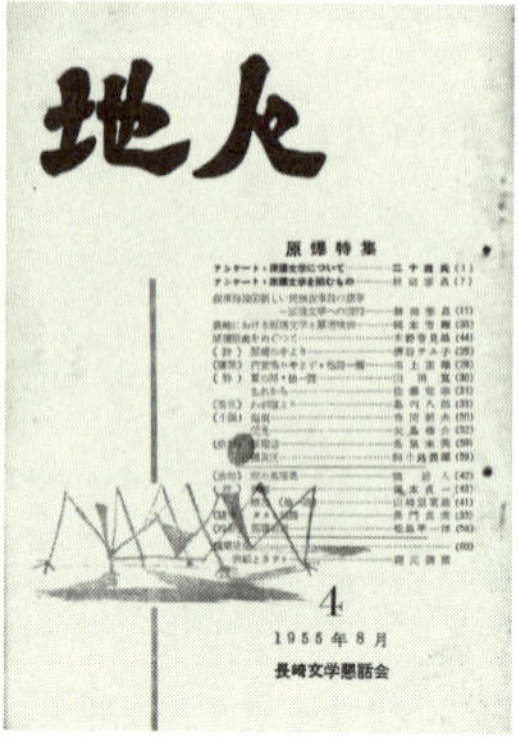

『地人』第4号（1955年8月）

『芽だち』第21号（1954年8月）

六十五年史』後編第五部）をまとめた林田泰昌を中心に、一九五五年三月に創刊された。長崎の知識層を主な書き手にしており、「純文学志向」が強かった点で『芽だち』とは異なっていたが、旧来の長崎文化人とは距離をとっていた。それは、林田の「既成文化人の、自慰的な表面は華麗な文化的行事など、なんらぼくたちの望むところではない」「特権的な位置の上に安住していた既成文化人に厳しい反省を要求しなくてはならぬ」という記述からもうかがえる。[39] 林田には「この雑誌をとおして、長崎における、一つの文学上の革新的勢力をもり上げたい」という意図があった。[40]

この『地人』第四号（一九五五年八月九日発行）で取り上げられたのが、前述のアンケート「原爆文学について」であった。そこでは永井隆の原爆観やそれが受容された長崎の風土に対する批判的な問い直しが見られた。そのほかの号でも、永井批判の論考がたびたび掲載されていたのは、前述のとおりである。

この背後には、長崎における原水禁運動の盛り上がりがあった。[41]

永井隆批判と長崎メディア

『長崎日日新聞』（一九五四年六月三日）には、「この問題〔第五福竜丸事件〕に刺激されたものか、長崎原爆から九年も経つた」当時、原爆の火傷や後遺症に苦しむ人々の訴えが長崎市社会課の窓口に殺到していたことが報じられている。そこでは、「長崎市会でも県議会とタイアツプし、これら原爆障害者救済のため治療費全額国庫負担を叫ぶなど、長崎原爆被災者の救済問題が時流に乗り、一つの社会問題として再び大きく浮び上ろうとしている」と記されていた。[42] 一九五五年一一月には民間二四団体が集まって原水爆禁止長崎協議会が発足、翌一九五六年六月には長崎原爆被災者協議会が誕生した。同年八月九日には、第二回原水爆禁止世界大会が長崎で開かれ、被爆者代表として原爆乙女の会の渡辺千恵子が「私のこの惨めな姿を見てください。一一年間上半身だけで生きているのです。これまで何度か死を予告されましたが、その度に母の愛で生きてきました。その私が生きる希望を持つようになったのは昨年の第一回世界大会でした。しかし私の青春は返って来ません。原爆の犠牲者はもう私たちだけでたくさんです」と訴えた。[43]

原爆批判と被爆者救済の輿論が盛り上がるなかで、原爆を「神の摂理」と捉える永井隆への社会的な違和感があらわれるようになった。前章で述べたように、山田かんは、『地人』第一〇号に発表した論考「長崎の原爆記録をめぐって」（一九五六年）のなかで永井批判を展開したが、同時に原水爆禁止世界大会にふれながら、「吾々も、この平和勢力と時間を背景に原子爆弾のあらゆる面への深刻な影響を、客観的に定着することで、なお去らぬ原水爆の脅威を徹底して除けるために闘わねばならないだろう」と記している。[44] アンケート「原爆文学について」の結果を掲載した『地人』第四号（一九五五年八月）の編集後記には、「なぜ原爆文学がこの十年に生れなかつたか、そして誤つている方向をどうただせばその成立を今後に可能ならしめるか、私たちはこの集〔特集〕でそういうことを冷静に考えてみたかつた」という記述がある。原水禁運動が高揚を見せる「惨禍の日から十年」という時期は、原爆をめぐる長崎文学の状況が「誤つてい」たことを感知させるものであったのである。[45]

従来の原爆観を見直そうとする動きは、『芽だち』のなかにも見られた。第二六号「原水爆反対特集」(一九五五年八月)の巻頭言「原爆十周年と芽だち三周年にあたって」には、「神に代つて、日本人の頭上に「洗礼」を浴びせたアメリカ占領軍は、神の使者にふさわしく、この日本に天上の楽園を作つてはくれませんでした」という記述があり、暗に永井隆の原爆観を批判している。[46] 第三一号「原水爆禁止特集号」に掲載された黒岩鉄雄「人間抵抗の原爆文学創造のために」には、次のような記述がある。

原爆が、神の摂理ではなく、衆知《マヽ》のようなきたならしい意図のもとに落されたということ、侵略者が、ひたかくしにかくしているこの意図を見抜き得ない歴史への科学的意識の欠如、こうした封建的遺物の思考様式こそが、いまだに万人の胸をゆすぶる抵抗文学を生み出し得ないでいる原因の一つではなかろうか[47]?

そのうえで、黒岩は「長崎においては、原爆への抵抗を神の摂理へと解消せしめんとする支配者の力が、まだ〳〵強いということ」や「あわよくば「アトム長崎」を売つて、観光売価を高まらせようとする権力が、支配の座にあぐらをかいているということ」を批判している。[48]

原水爆禁止の輿論が高揚するなか、永井隆に代表される従来の原爆観への批判が生まれた。そして、それらの言説を後押しすべく、『芽だち』や『地人』が盛り上がりを見せ、原水爆禁止を謳った特集を多く組んだ。一九五〇年代後半にあらわれるようになった永井隆批判の言説は、原水禁運動の隆盛と長崎同人誌メディアとの相互作用のなかで生み出されていったのである。

記念日言説の変容

このことはさらに、原爆被災日のあり方を問い直すことにもつながっていた。先の『地人』第四号（一九五五年八月）の編集後記では、「原爆記念行事が、いつのまにかおクンチなどと同質のお祭的行事にすりかえられ」てきたことが批判されている。[49] 山田かんも「長崎の原爆記録をめぐって」（一九五六年）のなかで、国際文化都市建設法公布（一九四九年八月九日）を記念して作られた「新長崎音頭」を、「アトムねー　アトム長崎茜の空にというバカ囃」と評したうえで、この年の祝祭的な被災日イベント通して、「長崎の受けた消えることのない深い傷痕が、外見的な屋並の復興とか街の明るさというヴェールによる清算的な解消で市民の目が直視すべき原爆から強引に外らされていった」ことを指摘していた。[50]

もっとも、これらの違和感は一九五〇年代半ばになって生まれたものではなく、当時においても、いくらかは共有されていた。広島の例ではあるが、一九四六年や一九四七年の「八・六」イベントについて、「まるでお祝ひのやうですね。死んだ者が一番可哀さうだ」「あのようなお祭りさわぎをするのはもってのほか」という意見が見られたのは、先述のとおりである。その種の違和感は、原水禁運動の輿論の盛り上がりのなかで、つよい説得力と社会的支持を得るに至り、地域の活字メディアにもあらわれるようになったのである。

しかし、「八・六」「八・九」の祝祭イベントに対する以下のような向き合い方があったことも、見落とすべきではない。

原爆七周年記念日がやってきます。ご承知のように「地元ヒロシマ」では戦後二、三年目まで、この記念日がくるたびドンチャン空《から》さわぎに明け暮れして心ある人の眉をひそめさせました。近年はさすがに自重しはじめたようです。

しかしこれを原爆体験者の身になつてみれば、あんなイヤなことをいまさら想い出そうより忘れようとしてのドンチャンさわぎ、無理からぬ一種の逃避、いや或意味の心理的な抵抗でさえあつて、とやかく見識ぶつて説教する者こそ、人類史の共同便所の蓋を人まえはばからずあける厚顔な無作法者、あれを体験した者は、あんなけつたいな追憶と真正面から取つ組むことに、今でも何ほどかの心理的な努力がいるんだ、と口をゆがめるでしょう。[51]

これは、『中国新聞』記者・金井利博が広島文芸誌『希望《エスポワール》』(一九五二年七・八月号)に記した文章の一節である。原爆被災日イベントについては、「あのようなお祭りさわぎをするのはもってのほか」という感情ばかりではなく、「無理からぬ一種の逃避」「或意味の心理的な抵抗」として祝祭性に浸るむきもあったのである。志条みよ子が「原爆にふれたくない」という思いから文学に逃避しようとしたことも、それに連なるものであった。[52]

だが、原水爆禁止運動が高揚し始めると、こうした心情は表に出にくくなるきらいがあった。後年ではあるが、栗原貞子は一九七八年の「原爆文学論争史」のなかで、前記の金井の指摘に対し、「原爆の大量虐殺の現場を、人類の共同便所とする死者への蔑視の中からは、平和への希求も祈りも起きるはずはない」と述べている。また、栗原は同じ文章のなかで、志条の議論に端を発した第一次原爆論争にふれながら、「被爆者間の意識の落差を示すもの」「その体験のいたましさのために、新たな創造へ出発出来なかった被爆者の後進的な排他性閉鎖性と、新たな創造へ立ち向かおうとする被爆者との問題であった」と記していた[53]。そこでは、直視しがたいほどの体験を持ち、語ることさえも多大な苦痛を伴う被爆者は、「原爆体験を克服し新たな意味を見出すことの出来な」い「後進」性に留まっていると非難される[54]。

原水爆禁止運動の「正しさ」は、ときに心理的な逃避に走らざるを得ない当事者の弱さを押さえつけ、彼らに「新たな創造へ立ち向か」う強さを強いる危うさを帯びていたのである。

福田須磨子「ひとりごと」をめぐって

同様のことは、長崎でも見られた。それは、福田須磨子の「ひとりごと」という詩をめぐるものであった。この詩は、長崎の平和祈念像や平和運動を題材にしていた。

一九五五年八月八日、翌日の平和記念式典に先立ち、平和祈念像の除幕式が行なわれた。祈念像を製作したのは、長崎出身の彫刻家で東京美術学校教授も務めた北村西望であった。この像は「平和克復の契機となった尊い犠牲者の霊魂をなぐさめるとともに、世界恒久平和への熱情を象徴する」ものとして建立され、爆心地に近い平和公園内に設置された[55]。高さ九・七メートルにおよぶこの巨大な青銅製男子裸体像は、「ピース・フロム・ナガサキのシンボル」と位置づけられ、地元紙も「祈念像〝平和への開眼〟夏雲の下、盛大に除幕式」「長崎市民の平和の祈念こめて、平和祈念像ここに開眼」と一面トップで大きく報じた[56]。しかし、福田須磨子には、平和祈念像への不快感が拭えなかった。

一九四五年八月九日、当時二三歳の福田は、会計係として勤務していた長崎師範学校で被爆した。

除幕式を目前に控えた平和祈念像
(『長崎日日新聞』1955年８月８日)

一命はとりとめたものの、父母と長姉は家屋の下敷きになって焼死した。実家は「浦上地帯では名を知らぬ人もないほどの大きな青果卸商」であったが(57)、家財は焼け出され、わずかに残っていた預金や疎開荷物もだまし取られた。福田はブローカーや女中、屋台の仕事を転々とし、酒びたりの日が続いた。福田は、経済的基盤を失っただけではなく、被爆の後遺症にも悩まされた。被爆して一年目には激しい疲労感と脱毛に襲われたほか、一九五五年四月ごろからは紅斑症が出るようになった。食欲が失せ、高熱が続いたばかりでなく、赤い斑点が全身に広がり、顔は「お化け」のようになったという(58)。大学病院で診察を受けると、即時入院を勧められたが、その日暮らしの生活では、入院どころか通院さえままならなかった(59)。

そのときの心情を、福田は次のように綴っている。

> 六月に医療保護の申請を出しているのに、市から何の音沙汰もない。貧乏人は死んでしまえというのであろうか。古ぼけた畳の上をはいずり回り、芋虫のようにごろごろ寝転がってばかりいた。もう、意地も張りも失くした感じだ。夜眠る時、このまま永遠に眠っていますようにと、それだけを願う私であった(60)。

福田は、経済的にも身体的にも精神的にも追い込まれた状況にあった。それだけに、平和祈念像の除幕式や市主催の慰霊祭は、「朝早くから拡声器でガアガアがなり立」てる「お祭りさわぎ」にしか見えなかった。「死んだ人間の供養もいい事だ。しかしこうして医療費もなく、病気に苦しむ人間はどうだろう。医療保護の申請をして二カ月もたっているのに、放ったらかされたままだ。死んでから手厚く供養されるより、生きているうちに何とか対策は出来ないのであろうか」――そうした思いから、「上半身がくずれそう」な病身をおして書きあげたのが、「ひとりごと」と題された次の詩である。(61)

何も彼も　いやになりました
原子野に屹立する巨大な平和像
それはいい　それはいいけど
そのお金で　何とかならなかったかしら
〝石の像は食えぬし腹の足しにならぬ〟
さもしいといって下さいますな、
原爆後十年をぎりぎりに生きる
被災者の偽らぬ心境です。(62)

平和祈念像の建立には、巨額の資金が投じられていた。当初、高さ三〇尺（九・一メートル）の予定であったこの像の製作にあたり、長崎市は一五〇〇万円の予算を見込んでいた。しかし、実際の経費は計画を大幅に上回ったうえに、高さも三二尺（九・七メートル）に引き上げられた。一九五四年三月、長崎市議会は建立予算を当初の二倍の三〇〇〇万円に増額したが、それでも不足し、最終的には三四六一・五万円が投じられた(63)。

これほどの巨像を製作した意図について、北村西望は次のように述べている。

姿が成れば、次は大きさだが、外国人にも見られるこの像だから、外国人にもぐっとこたえる偉容にせねばならず、それには大きければ大きいほどよいと考えた。私には、ずいぶん昔から大作願望がある。奈良の大仏は高さ五丈三尺五寸(約十六メートル)、鎌倉の大仏は高さ三丈五尺(約十メートル五十センチ)、この二つが日本の巨大銅像の代表で一位と二位を占める。私はこれらに比肩し得る大きな作品を生涯中に手がけてみたいという夢を長年抱いていた。しかもこの像〔平和祈念像〕は、野外に置かれるものだから、高さに制限を付けられているわけでもない。そこで、私は長年の夢の実現にはいい機会と思い、像の大きさは、奈良、鎌倉の大仏に伍すほど大きいのにする方針を立て、目標を高さ四十尺(約十二メートル)に置いた。だが、四十尺などという巨像を長崎市に言い出せば、これは向こうが驚いて、とても承知しまいと思われたから、試案を出した時は、十尺下げて三十尺とした(64)。

しかし、東大寺の仏像をライバル視し、外国人が受ける偉容をことさらに意識したこの巨像は、決して困窮に喘ぐ被爆者を救うものではなかった。「石の像は食えぬし腹の足しにならぬ」「そのお金で何とかならなかったかしら」——入院の必要があっても費用を捻出できず、自宅で「芋虫のようにごろごろ寝転が」るしかなかった福田にしてみれば、平和祈念像は何とも不快なものに映った。

同時に福田は、原水禁運動の盛り上がりにも微妙な距離感を抱いていた。福田の詩「ひとりごと」は、平和祈念像の除幕式だけではなく、「広島では第一回原水爆禁止世界大会が、華々しく開催されていた」ことや「長崎からも、原爆乙女の会から代表が出席して、被爆者の実態を涙ながらに訴えたというニュース」を念頭においていた(65)。長崎でも、除幕式があった八月八日に県労評主催の平和祈念行進が行なわれ、全国の労働組合関係者一五〇〇名がデモに参加した(66)。浦上の丘陵中腹にあった福田の自宅では、「向う側の原子野の丘はすぐそこに見え」た。そこで行なわれる各種平和祈念行事への違和感を、福田は「ひとりごと」のなかで、前記の引用に続けて、こう記している。

あゝ　今年の私には気力がないのです
平和！　平和！　もうききあきました
いくらどなって叫んだとて
深い空に消えてしまう様な頼りなさ、
何等の反応すら見出せぬ焦燥に
すっかり疲れてしまいました
ごらん　原子砲が　そこに届いている。

何も彼もいやになりました
皆が騒げば騒ぐ程心は虚しい
今迄は　焼け死んだ父さん母さん姉さんが

むごたらしくって可哀想で
泣いて許りいたけど
今では幸福かも知れないと思う、
生きる不安と苦しさと
そんな事知らないだけでも……

あゝ　こんなじゃいけないと
自分を鞭うつのだけど。[67]

「明けても暮れても自殺する事を考え」ていた福田にしてみれば、それらの行事の盛り上がりは、「いったいだれのための十周年記念であるのか」という思いと、「世の片すみに全く忘れられ、病気でもこうしておかれねばならぬ悲しみ」を実感させるものであった。[68]

福田はこの詩を『朝日新聞』に投書し、掲載された。さらにこれは、『芽だち』第二七号（一九五五年一二月）にも転載された。そして、『芽だち』誌上で「ひとりごと」の評価をめぐり、論争が展開された。

『芽だち』発行責任者であった中村新七（筆名うちのしろう）は、第二八号（一九五六年一月）に発表した「作品の批評とサークル活動について」のなかで、次のように福田の詩を批判した。

私はこの詩を、この詩がうたっている原子砲、その原子砲をもちこんでいる者達が見た場合などんなだろうかと考えてみる。この者達が私と同じ強さで絶望感をもったとしたら、こんな苦しんでいる人達に、この様な絶望感しかあたえきれない現在の平和運動の弱さをどんなにか喜ぶだろう。

それから次に、この詩を作者と同様な苦しみと絶望にある人達が読んだら、作者の絶望感は益々この人達の苦しみと絶望をこの人達の中に広げてゆく結果になるのではないかとさえ私は危惧する。(69)

中村は、福田の詩を、絶望感に満ち溢れ、平和運動の隆盛に寄与しないものと見たのであった。原水禁運動が高揚していたことと、『芽だち』同人が共産党に近かったことを考えれば、中村が被爆体験の語りに政治的な有効性を求めたことは当然であった。これは中村に限るものではなく、『芽だち』編集部では総じて、こうした評価が支配的だったという。(70)

だが、そうした評価への批判も、同誌には見られた。高木登は『芽だち』第一七号(一九五五年一二月)に寄せた「絶望的な詩についての私見」のなかで、編集会議での議論への違和感をこう記している。

編集会議のとき、うちのさんが、こんな詩は発表して貰うと困ると云われた言葉で、私は次のことを考えました。〔中略〕

この人は自分の苦しい事を詩に託して云わずに居れなかったのだと思います。それは、云うということより悲鳴をあげた、――といった方が適切でしょう。それをこの人は自分に最もぴったりした用語及び表現方法（即ち個性）をもってうたい上げたので、それが迫真力となって反響を呼び起したものと考えます。

それをうちのさんの云われた意味を言葉を変えていうと、（苦しいということは云うな）――ということになると思いますが、どうでしょうか。[71]

高木はここで、「こんな詩は発表して貰うと困る」という意見への不快感を語っている。それは、「苦しいということは云うな」と言わんばかりに、政治の言葉が当事者の心情を抑圧することへの懸念から発せられたものであった。

山田かんも、「魂は第二の誕生をなし得ても」（『地人』第九号、一九五六年七月）のなかで、福田の詩に言及しながら、「運動がさかんになつた、さかんになつたと、気分のなかにもつて満悦していたのは誰か。一番叫びたかつた彼女らの外側で、彼女らの不在のところで、運動しているという気分のなかにあつたぼくらこそ責められるべきだろう」と述べ、「彼女をここ迄追いつめた、我々の原水爆反対運動の声のみ高く、そして質的な低調さ」を指摘している。[72]

原水爆禁止を訴える政治的主張は、全国民的な盛り上がりを見せた。その動きは少なからぬ被爆者に期待を抱かせ、連帯感をもたらした。しかし、それにも希望を見出せない困窮者がいたことも事実であった。そして、原水爆禁止の政治主義の「正しさ」が、ときに彼らが絶望感を吐露することさえ、封じてしまう。高木や山田の議論は、こうした政治主義の危うさに対する問題提起でもあった。

浦上天主堂と瓦礫のアウラ

これらの輿論動向とともに、原爆遺構をめぐる議論についても見ておく必要がある。戦火の傷跡を残す遺構にはさまざまなものがあるが、原爆が実戦のなかで使用されたのは広島と長崎に限られるだけに、その遺構は特殊性を帯びている。浦上天主堂や広島県産業奨励館（原爆ドーム）がその代表であろう。それは、他に例をみない被爆体験を象徴するものと位置づけられてきた。しかし、そこでの議論は、複雑な捩《ね》じれや変容を伴った。原爆ドームは今日まで保存されているのに対し、浦上天主堂の遺壁は一九五八年に撤去され、新たな聖堂が再建された。その原爆ドームにしても、戦後長く存廃論議が続けられており、保存が決定したのは、一九六六年のことである。

戦前の浦上天主堂（撮影日不詳）

被爆間もないころの浦上天主堂（撮影日不詳）

　そもそも、これら遺構は、終戦直後の時期においては、除去されるべき瓦礫でしかなかった。飛散したコンクリート片や焼けた木材は道路を遮断し、建築物は倒壊の危険があった。戦後の復興のためには、まずはこうした瓦礫や破損建造物を取り除く必要があった。それらが保存の対象として見出されるのは、後年になってのことである。それはいわば、瓦礫がアウラを帯びるプロセスでもあった。しかも、それらは保存されるがゆえにアウラを帯びるわけではない。後述するように、浦上天主堂遺壁は、撤去されたのちにアウラを見出される傾向があった。

　では、これら遺構をめぐって、いかなる議論の変容や食違いが生じたのか。そこから、いかに被爆体験が論じられたのか。まずは、浦上天主堂をめぐるこれらの問題について、考えてみたい。

　原爆で倒壊した浦上天主堂はしばらく廃墟の状態にあったが、一九四六年一二月、木造平屋の仮聖堂が建築された。一九四九年のザビエル祭までには瓦礫も取り除かれ、正面右側と右側面の一部側壁のみが残された。しかし、復員や引揚げ、転入によって増加した五〇〇〇名の信徒を収容するにはあまりに狭く、本聖堂の早期再建が望まれていた。浦上教会は一九五四年七月、「浦上天主堂再建委員会」を発足させ、再建資金獲得のためにアメリカでの募金活動も行なった。

撤去前の旧浦上天主堂（撮影日不詳）

　これらの活動の結果、浦上教会は再建の具体策を固め、一九五八年二月、信者たちに説明を行なった。これらの動きは、地元紙でも報じられた(73)。

　それに対し、長崎市議会は、一九五八年二月一七日に臨時会を開き、市会議員の岩口夏夫らが市長の意向を質《ただ》した。会期末には、遺構の保存を求める「旧浦上天主堂の原爆資料保存に関する決議案」が可決された(74)。長崎市原爆資料保存委員会も、遺壁保存を強く要望した(75)。

しかし、教会側はそれに応じなかった。保存委員会は、別の建築用地の提供も打診したが、教会は「禁教迫害時代からの由緒あるところなので」という理由で、その案を受けなかった[76]。

当時の長崎市長・田川務も、遺壁保存に消極的だった。田川は、先の臨時会のなかで、次のように答弁していた。

この資料をもつてしては原爆の悲惨を証明すべき資料には絶対にならない、のみならず、平和を守るために必要不可欠の品物ではないとこういう観点に立って、将来といえども多額の市費を投じてこれを残すという考えはもつておりません。今日原爆が何物であるかという、ただ一点のあの残骸をもつて証明すべきものでなく、そんなちつぽけなものではないと私はこう考えておる、戦災を受けました日本国民の大部分があの残骸以上のものを経験し目撃して来ておると私はこう思っております。〔中略〕

むしろ、ああいったものは取り払つた方が永遠の平和を守る意味ではないかとそういう考えをもつている方も数多くあるのではないかとこういうふうに思うのであります[77]。

「平和を守るために必要不可欠の品物ではない」「多額の市費を投じてこれを残すという考えはもつておりません」という市長の意向と、従来からの地に再建したいという教会側の意図により、一九五八年三月一四日、遺壁の撤去工事が開始された。結果的に、その一部が爆心地公園に移設され、新たな浦上天主堂は一九五九年一〇月に完成した。

こうした動きに対する不快感は、少なからず語られた。爆心地から一七〇〇メートルの地点で被爆した医師・秋月辰一郎は、『長崎の証言』（第一集、一九六九年）に寄せたエッセイのなかで、次のように記している。

あの公園〔爆心地公園〕の中に浦上天主堂の煉瓦の一本の柱と聖人の石像が残されている。あの残骸は全くとるに足らない微妙なものである。
原爆が長崎の上空で炸裂した直後、あの東洋一を誇っていたロマネスクの赤煉瓦のカテドラルは上半分は吹きとんで噴火した如く火を噴いていた。そのあと幾日も幾日も赤煉瓦の壁と柱の塊が累々としていたのである。それに比べて、現在原爆公園の煉瓦の柱は何千分の一であろうか。見過してしまうのである。(78)

山田かんも、のちに「被爆象徴としての旧浦上天主堂」（一九八〇年）のなかで、遺壁撤去が「長崎被爆を現実的具体性をもって突き示す構造物の皆無という空白状況」を生み出したことを指摘した。(79)さらに山田かんは、国際文化会館の原爆資料を一瞥したあと、バスでグラバー園に向かう長崎修学旅行のあり方にもふれながら、こう述べている。

まさしく鎖国の窓、南蛮唐紅毛文化の遺産以外の長崎、現代史のなかにおける最も凄惨な渦中に叩きこまれた長崎は意図的にきれいさっぱりと拭き消されてしまった観があり、それは実感できないものとなってしまった。
戦後も十三年間にわたって、戦争の惨虐の極点として位置しつづけてきた天主堂廃墟を、「適切にあらず」として抹消するという思想は、国を焦土と化した責任を探索せずに済ましてしまうという、まことに日本的な「責任の行方不明」である。(80)

山田かんは、同年の別の論考のなかでも、「浦上天主堂の外装、内装ともに信者の浄財で赤レンガで美しく粧われた。これが観光としてのエキゾチシズムの底に、原爆の意味、その原点としての象徴が損なわれなければ幸いなのであるが」と記している。(81) 原爆の惨禍を直接的に示す遺構が消えたことで、「現代史のなかにおける最も凄惨な渦中に叩きこまれた長崎」が覆い隠され、「観光としてのエキゾチシズム」「鎖国の窓、南蛮唐紅毛文化の遺産」ばかりが前面に出てしまう。そのことへの不快感を、山田かんは綴っていた。

遺構との距離感

とはいえ、これらの見方が当初から根強かったのかと言うと、必ずしもそうではない。撤去作業の開始について、『長崎日日新聞』（一九五八年三月一五日）は、「〝貴重な原爆資料だ。二十世紀の十字架として残してもらいたい〟という市民の願いは遂にかなえられず、その姿は永遠に消えてしまう」と報じているが、それがどれほど長崎輿論を反映していたのかは疑わしい。(82)

当時の『長崎日日新聞』を見ても、天主堂保存問題をめぐる臨時市議会での質疑・答弁や、天主堂の撤去作業の開始については、翌日に報じられたが、いずれも一面ではなく、社会面の四分の一程度を割いて扱われただけであった。かつ、その前後の日付で遺壁撤去問題を大きく扱った報道は、特段見られなかった。また、市議会では先述のように撤去反対の動きが見られたわけだが、県議会では一九五八年において特にこの問題が扱われることはなかった[83]。

その意味で、当時の長崎では、この問題は大きな社会的争点とはならず、人々の関心もそう高くはなかった。撤去作業の際にも、現場に立ち会う市民はほとんどいなかった。撤去作業の三日間、現場でその模様を眺めていた井上光晴によれば、三日目に一人の青年が来た以外は、現場にいたのは「ぼくと工事人夫の方たちだけ」であったという[84]。

もっとも、この問題がさほど大きな関心を呼ばなかったとはいえ、どちらかといえば遺壁撤去を望む心情のほうが一般的であったという指摘もある。山田かんは、先の論考「被爆象徴としての旧浦上天主堂」のなかで、「当時の浦上天主堂の持った意味の常識的な共通意識」の例として、「市内の進歩的な人たちが集っていたある会の機関紙」から以下の文章を引いている。

赤レンガの鋭いひびにとどめられた浦上の悲しみは――旅人達の美しい目で見られるようになった。とり去ったがよい。ほうむったがよい。最初で最後の悲しみにするために。遠い想い出にすぎないものにするためにも[85]。

広島でも、かつての凄惨な体験を思い出したくないがために、原爆文学を拒んだり、祝祭的な「八・六」イベントの高揚感に浸ろうとする傾向が見られた。そのことを考えれば、長崎で浦上天主堂遺壁から目をそむけようとするむきがあったとしても不思議ではない。市会議員・岩口夏夫らのように遺壁保存をつよく訴える声もあったが、撤去を望む心情やこの問題に対する社会的な無関心も、同等かそれ以上に大きかった。

そのことは、長崎観光の言説にもうかがうことができる。長崎県観光連合会編・発行『観光の長崎県』（一九四九年）では、原爆関連施設を扱う部分は、全六八頁中、約二頁に過ぎず、多くの記述は、出島、唐人屋敷、シーボルト邸跡、雲仙温泉、島原など、江戸・幕末期の文化遺産か自然景観・温泉の紹介に重きが置かれていた。

これは、GHQ占領下における制約が作用したとも考えられるが、一九五九年に出された長崎観光協会発行『長崎への招待』でも、全二四四頁中、原爆を扱った部分は三頁に留まっていた。被爆の経験やその生々しさを感知させる遺構は、観光の場で積極的に扱うべきものではなかったのである。(86)

ちなみに、『中国新聞』（一九七一年八月四日）には、「二二六年目のナガサキ」という記事が掲載されているが、そこでは、長崎市の観光担当者の次のコメントが紹介されていた――「過去の傷跡は忘れよう、というのが市の方針。もっと端的に言えば、原爆を売り物にするのはやめよう、ということですよ」「広島は原爆で世界のヒロシマになったけど、長崎には開港四百年という古い歴史と、異国情緒がありますから……」。(87)一九七一年の記事ではあるが、一九五〇年代の長崎観光についても同様の傾向が見られた。(88)「原爆」は、「開港四百年という古い歴史」に比べれば、観光の「売り物」にはならないとみなされていたのである。

遺壁のアウラ、巨像と虚像

旧浦上天主堂の撤去が、強固な反対行動に直面することなく進められた背景には、このような事情があった。

だが、それから一定の時期が経過すると、遺壁撤去に批判的な言説がメディア上で多く見られるようになった。先の秋月辰一郎や山田かんの議論も、撤去後、一〇年以上経過したのちのものである。それ以外にも、長崎総合科学大学教授の片寄俊秀（建築学）は、一九七九年の座談会のなかで、「原爆を受けた浦上天主堂が姿を消したことは、長崎にとって非常に運命的というか、長崎のいろんな運動を変えてしまった一つの大きいモメントになっているような気がします」「あの形でなんとか保存することができておれば、恐らくアウシュビッツと並ぶ歴史的な存在として世界にアピールしたと思う」と述べていた(89)。

では、なぜ、そうした言説変容が生じたのか。その要因として、一つには、次章で述べるように、一九六〇年代末以降、長崎原爆の証言運動が盛り上がりを見せたことがあった。『長崎の証言』『原爆前後』といった体験記録の定期刊行物が、一九六九年ごろから相次いで発刊され、長崎被爆体験の掘り起こしや再考が進められるようになった。旧浦上天主堂は、そのような言説空間において、長崎固有の体験のシンボルとして思い起こされるにいたったのである。

だが、要因はそればかりではない。むしろ撤去されたことによって、旧浦上天主堂は被爆体験のアウラを帯びるようになった。その点も、決して見落としてはならない。

山田かんは、先の「被爆象徴としての旧浦上天主堂」のなかで、「一九四五年八月九日、一瞬にして死者七三八八四人、重軽症者七四九〇九人、合計一四八七九三人（長崎原爆戦災誌第一巻総説編）という厖大な戦争犠牲者の怨念と祈りが、この被爆原点の象徴たる天主堂廃墟にこもっている」と述べている(90)。そこでは、他に代え難い体験の固有性が、死傷者たちの「怨念と祈り」とともに、旧浦上天主堂のなかに見出されている。片寄俊秀の「あの形でなんとか保存することができておれば、恐らくアウシュビッツと並ぶ歴史的な存在として世界にアピールしたと思う」という記述にも、同様の思考を読み取ることができるだろう。

そのことは、残された遺構にアウラを付与することにもつながった。山田かんは同じ論考のなかで、焼け残った城山小学校校舎に言及しながら、「旧天主堂撤去のとりかえしのつかない愚挙を、もういちどくり返さないためには、全市民的、全労働者の支援体制をかためるなかで、最後の廃墟は護り抜かねばならないことをわれわれは心に銘じる必要がある」と書いている[91]。旧浦上天主堂の撤去は、のちに「護り抜」く対象として、「最後の廃墟」を見出させるに至った。そのなかで同時に、「旧天主堂撤去」は「とりかえしのつかない愚挙」として再確認されていったのである。

再建された浦上天主堂（1960年）

旧浦上天主堂撤去への反感は、平和祈念像への不快感にもつながった。山田かんは、その両者の連続性を次のように綴っている。

> 打ち壊されてしまった唯一の被爆の原像にすげ替えるごとく、昭和二十六年より製作に入っていた彫塑家芸術院会員北村西望（昭和二年「建国雄姿」、昭和十六年「閑院の宮」「荒鷲」などの作品がある。昭和三十三年に「文化勲章」受賞）の「平和祈念像」は四年の歳月を費やして、昭和三十年八月七日、その怪異な座像の除幕を終えてすでにそびえたっていたのである[92]。

山田かんは、一九五五年に建立された平和祈念像を、一九五八年に「打ち壊されてしまった唯一の被爆の原像にすげ替え」られたものと捉えている。それは「建国雄姿」や「荒鷲」といった戦意高揚の像をすら、想起させた。山田かんはさらに、平和祈念像の虚ろさをこう述べている。

長崎の平和祈念像の巨大な男神の前で、今日も記念撮影が行なわれているだろう。あの仕方もない像の前ではそれは仕方もなく似合う記念の写真に過ぎないものが、広島のドームの前でそれが同じく行なわれるとするならば、それは全く似合わない行為であるように思えてならなかったのであった。(93)

「あの仕方もない像」は、物見遊山の記念写真の背景として「仕方もなく似合う」ものでしかなかった。「厖大な戦争犠牲者の怨念と祈り」がこもっていた「被爆原点の象徴たる天主堂廃墟」を考え合わせれば、それに「すげ替える」ように作られた平和祈念像は、記念写真の撮影に恰好なだけの空疎なモニュメントにしか見えなかった。撤去された旧浦上天主堂が帯びるアウラは、逆に、それに代わるかのように製作された平和祈念像の虚ろさを照らし出した。いわば、平和祈念像という巨像の存在は、旧浦上天主堂の不在との対照で、虚像のイメージを喚起したのであった。そのことは、「広島のドーム」という遺構の実在と照らし合わせて、なおつよく印象づけられた。

では、撤去された浦上天主堂に対し、保存された原爆ドームについては、いかなる議論がなされていたのか。そのことを以下に見ていきたい。

原爆ドームと存廃論議

原爆ドームも、浦上天主堂と同じく、当初から保存の方向で合意されていたわけではない。むしろ、一時は除去の直前まで進んでいた。

国は一九四七年度と四八年度に危険建造物処理事業を興し、自治体に対し、事業費の四分の三の補助を行なった。全国の被災地では、焼け残った建造物が不意に倒壊して、大きな災害をもたらす危険があった。これを防ぐのが、この事業の目的だった。

原爆投下で大きく損壊した広島県産業奨励館(原爆ドーム)も除去の対象とされ、国の事業認証を受けていた。しかし、爆心地付近の建物であることから、除去の直前になって事業認証の変更を申請、補助金も国に返還して、取り壊しは中止になった。(94)

そもそも当時の広島では、原爆ドームは、原爆遺構の代表的な存在とはみなされていなかった。広島市は一九四七年八月、被爆遺跡一〇ヵ所を「原爆十景」として選定した。そこには「元安橋の欄干南北に開いた灯籠」「護国神社鳥居上の額」「国泰寺の煉瓦をはさんだ墓石」などが選ばれていたが、原爆ドームは選ばれていなかった。(95)

一九五一年には、旧産業奨励館の存廃問題が再燃した。『中国新聞』(一九五一年八月六日)に掲載された座談会「平和祭を語る」のなかで、濱井信三市長は、「原爆遺跡の保存を今後どのようにされますか」という質問に対し、「私は保存しようがないのではないかと思う。(原爆の熱光線による)石の人影、ガスタンク(に転写された影)とも消えつつあるし、いま問題となっているドームにしても金をかけさせてまで残すべきではないと思っています」と答えている。同じ座談会に出席していた広島大学学長・森戸辰男も「私も残す必要はないと思いますネ。あのドームも向いの建物は残っているんだし、建物の建て方が悪いんですネ。とにかく過去を省みないでいい平和の殿堂をつくる方により

被爆直後の産業奨励館

戦前の広島県産業奨励館

意義があります。そういうもの［ドーム］をいつまでも残しておいてはいい気分じゃない」と述べ、取り壊しを主張した(96)。

もっとも、原爆ドーム保存を望む声がなかったわけではない。『中国新聞』（一九五〇年二月一一日）に掲載された「広島原爆体験者についての産業奨励館保存の是非と平和祭への批判と希望に関する世論調査」（一九四九年一〇月実施）では、四二八人の回答のうち、「産業奨励館の残ガイの保存を望む」としたものが六二パーセントであった(97)。広島平和記念都市建設法公布にともない、一九四九年八月六日に採用された丹下健三の平和記念公園設計案では、中央に大アーチの記念碑塔を架けて、それを通して原爆ドームを見渡せるプランになっていた(98)。

しかし、保存の主張においても、原爆ドームを「平和のシンボル」と位置づけるものばかりではなかった。一九五六年三月一五日の市議会では、「観光資源として保存するつもりなのか、あるいは産業都市建設を促進するために、あれを原爆産業陳列館として保存するつもりなのか」という議員の質問に対し、広島市長・渡辺忠雄は「〔原爆ドームは〕科学的に見ました場合におきましては、原爆に対して価値のないものでありましょうけれども、一般の感情から申しますというと、みなあれを一応観光雑誌にも載せておるというような状況でございまして」と答弁している。この質疑応答からは、平和運動というより観光資源や産業都市建設の文脈で、原爆ドームが位置づけられていることがうかがえる[99]。

広島県商工部商工商政課編・発行『観光の広島県』（1953年）より

さらにいえば、原爆ドームを含む原爆遺構は、観光資源としてさほど重要視されていたわけでもなかった。その点では、長崎の場合と同様であった。

広島県観光連盟編・発行『観光の広島県』（一九五一年）は、全二四頁中、原爆関連施設を取り上げているのは半頁強、写真は原爆ドームを写したものが一枚使われているのみである。広島県商工部商工商政課編・発行『観光の広島県』（一九五三年）では、全七四頁中、原爆の遺構やモニュメントが三頁にわたり紹介されているが、掲載位置は四八頁から五〇頁であり、特段目立つ箇所ではなかった。これらの観光パンフレットでは、厳島神社や三段峡、鞆の浦などの自然景観の紹介に重きが置かれ、原爆関連史跡の扱いが小さい点で、共通していた。

広島県商工部商工商政課編『観光の広島県』四八頁には、「相生橋にて」という写真に原爆ドームが写っているが、それは後景に位置しており、修復された道路や橋が近景に配されていた。その解説文では次のように記されている――「昭和二〇年八月六日世界最初の原爆の洗礼をうけ一瞬に壊滅して以来、瓦礫の街は素晴らしく復興し外人観光客も多く、人口も四〇万を越え復興のいとなみは日夜つづけられている」[100]。遠景の原爆ドームとの対比で、近景の復興が浮かび上がる。原爆ドームは取り上げられたとしても、「反戦・平和」というより「復興」のシンボルとみなされていた。

原爆ドームの保存

原爆ドーム保存の是非をめぐって輿論が分かれる状況は、一九六〇年代に入っても続いた。原水禁運動が高揚するなか、一九六〇年五月には広島「折鶴の会」が原爆ドーム保存のための署名運動と募金運動の開始を決定した。原水爆禁止日本協議会は、一九六〇年一二月、広島市に原爆ドーム保存の要望書を手渡した[101]。

しかし、市長の濱井信三は、「ドームを保存するには約一〇〇〇万円が必要。この残骸には原爆そのものの威力を示す学術的な価値はない」「ドームを補強してまで保存する価値はない」と発言していた[102]。

そうしたなか、原爆ドームは損傷が進行し、自然倒壊の恐れが出てきた。外側へ三五センチも傾き、三〇メートル離れた電車道を自動車が通るたびに、五ミリ近くも壁が揺れたという[103]。コンクリート工学が専門の近藤泰夫（京都大学名誉教授）も、原爆ドームは「非常に危険な状態に陥って」おり、「近くを走る車の振動でいどでもくずれる恐れ」があることを指摘した[104]。それでも、広島市長・

濱井信三や広島市役所はドームの自然崩壊を待つ姿勢を崩さなかった。だが、保存を求める輿論は盛り上がりを見せていた。一九六四年一二月二二日には、原水爆禁止広島県協議会、広島キリスト教信徒会、平和と学問を守る大学人の会など一一団体が、原爆ドームの永久保存を市長に要請した[105]。翌年三月二九日には、近藤泰夫、丹下健三、湯川秀樹らが連名で「原爆ドーム保存要望書」を起草し、市長に手渡した。そこでは「原爆ドームは被爆都市広島を表徴する記念聖堂であって世界における類例のない文化財である」「原爆ドームは被爆後すでに二十年を経過し崩壊寸前の状態にある。速やかに補修工事を行ない環境を整備してこれが保存維持の措置を講ぜられたい」と記されていた[106]。自然崩壊の目前になって、原爆ドームを「被爆都市広島を表徴する記念聖堂」「世界における類例のない文化財」とする見方が広がり、いわばアウラを帯びるようになったことがうかがえる。

保存工事前の原爆ドーム（1967年）　立入禁止の看板と有刺鉄線が見える

　こうした輿論を受けて、一九六六年七月一一日、広島市議会は原爆ドームの保存を満場一致で可決した。費用は全額募金によることとし、濱井市長も自ら街頭に立って寄付を訴えた。最終的には、目標の四〇〇〇万円を上回る六六八〇万円が、全国から集められた。以後、補強工事は急ピッチで進められ、一九六七年八月六日を前に、作業は完了した。

原爆ドームの保存工事（1967年7月）

「保存」による「風化」

補強工事によって、壁の裂け目に強力な接着剤が注入され、壁の傾きや揺れも修理された。二二年のあいだに堆積したコケやごみも、すべて除去された[107]。

しかし、こうした保存のあり方に違和感を抱くむきもあった。英文学者で広島大学助教授の松元寛は、一九七〇年の文章のなかで、次のように述べている。

原爆ドームが補修されたさい、私はその趣旨に賛同してささやかな協力をしたが、補修工事が完成してドームが再び姿を現わしたとき、私は何か間違ったことをしたのではないかという思いに襲われたことを思い出す。工事は、ドームが風化して急速にくずれ落ちようとしているとき、その風化を防ぐために最新の薬剤で補強したのであったが、風化が中絶すると同時に、ドームは突然その生命を失ったように私には見えたのだ。

本質的に言えば、補強工事と同時に、ドームは全く別のドームになってしまったのだ。一九四五年八月六日の体験の遺跡としての意味は失われて、それは戦後数多く建てられた記念碑と同じものに変わってしまった。風化は防がれたのではなく、かえって促進されてしまったのではないか――[108]。

原爆ドームの補修工事は、「永久保存」を目指して行なわれたものであった。しかし、松元はそこに「永久」の「生命」どころか、その「生命」の死を感じ取った。補修工事が施されることによって、倒壊の恐れがなくなると同時に、被爆当時の生々しさが失われる。それは、原爆の惨禍を伝える遺構ではなく、「戦後数多く建てられた記念碑と同じもの」でしかない。松元にとって、それは「全く別のドーム」であった。松元はそれゆえに、「風化は防がれたのではなく、かえって促進されてしまったのではないか」という思いを抱いた。

だが、松元が懸念していたのは、風化そのものではなく、むしろ、「保存」や「補修」によって風化の事実が覆い隠されることであった。

松元は、「われわれが文学の問題として原爆被災のことを考えるとき、それは体験としては明らかに風化している。そのことを前提としない原爆文学論議を私は信用することが出来ない」としたうえで、「被爆体験の風化をまともに見すえ」ることに重きを置こうとする。[109]

その意図について、先の文章のなかで、こう記している。

私がこれまで用いてきた風化ということばも、世上使われているのと同じようにマイナスの意味を持っているが、それは単なるマイナスではなく、同時に体験の思想化というプラスをはらみうるということである。それはもちろん、風化現象自体のもつ人為のあらがうことの出来ぬ受動性とは異なって、人間の側における能動を必要とするものではあるが、同時に風化を前提としない限りありえないものである。

保存工事後の原爆ドーム（1967年12月）

〔中略〕

私たちは風化を恐れていてはなるまい。むしろそれを真正面から受け止めて、そこにはらまれている体験の思想化の契機をこそつかみとるべきではないだろうか[110]。

松元は、「被爆体験の継承」をことさらに叫ぶのではなく、その断絶や風化を直視しようとする。それは、「体験の思想化」の前提になるものであった。体験の枠内に思考を留めるのではなく、体験から能動的に距離をとり、体験の意味を問い直す。それが、松元にとっての「体験の思想化」であった。

逆にいえば、風化が顕在化しない状況こそが、松元にとっては問題だった。原爆ドームは、自然倒壊に行きつくなかで、「体験の風化」を示すものであったにもかかわらず、その亀裂が接着剤で埋められ、柱の傾斜は人為的に補整される。それは、風化が進行している事実そのものを隠蔽することにほかならない。それゆえに、松元は「ドームは突然その生命を失った」と感じた。松元は先の文章のなかで、「風化は防がれたのではなく、かえって促進されてしまったのではないか」と記しているが、厳密にいえば、そこで促進されたのは、「風化」というよりも「風化の事実の隠蔽」であった。原爆ドームが「保存」され、「体験の継承」が謳われるなかで、本来、進行しているはずの「体験の風化」が見えなくなり、また、その事実を直視して思考を紡ぐことも困難になる。松元は、保存工事を終えた原爆ドームの姿に、こうした懸念を抱いたのである。

だが、松元の議論は、被爆体験をめぐる論争を導くことになる。体験や政治主義との距離の取り方について、一九六〇年代以降、いかなる議論が展開されたのか。広島と長崎のあいだで、議論はどう重なり、いかにずれが生じたのか。それについて、以下の章で考察していきたい。

第六章　「証言」の高揚――一九六〇年代以降の体験論

「ヒロシマ」への不快感

松元寛の議論にしばしば見られたのは、政治主義的な「ヒロシマ」の語りへの不快感であった。松元は、戦後四半世紀の広島での議論を振り返りながら、以下のように述べている。

昭和二十年八月六日をめぐる私の経験を述べる時に、私は、いわゆる片仮名の「ヒロシマ」という言い方がなかなかできないでいた。それは今思うと、片仮名の「ヒロシマ」という言い方が、問題を「政治」的にしか捉えていないと私には感じられていたからであるように思われる。

〔中略〕

現代の状況の中で「ヒロシマ」という主張にはそれなりの意味があるということは認めながら、ただ自分はそれに添っていけないから別の道を探ろうというつもりだったのであろう。(1)

今考えてみると、広島の文学青年たちの間で論議され、或いは平和運動の中で論議されていた原爆の問題、そしてそこから要請されてくるそれに応じた行動に、私が何かついていけないものを感じ、異和を覚えないではいられなかったのは、それが「政治」だったからだと思い当たらざるをえない。それは歴史的に言ってある意味ではやむをえなかったことであるかもしれないにせよ、余りにも安易に「政治」的になり過ぎていたように私には思われてならないのである。[2]

原水爆禁止運動の高揚にともない、広島は「ヒロシマ」として、「反戦」「反核」の政治主義に結び付けて語られることも多かった。こうした動きは、松元にも「強迫観念のようにさえ感じら」れ、また、「事実そう思わないではいられなくさせるような主張」を「地元の雑誌や新聞の文化欄」で目にすることも多かったという。しかし、松元には「自分が書こうとしていることと、広島で文学をするものがやらなければならないと言われていることとは、どうも、どこか違うのではないか」という思いが拭えなかった。[3]

松元寛（1987年ごろ）

だが、松元にとって「ヒロシマ」の政治主義の問題とは何だったのか。また、それをいつごろから明瞭に感じ始めたのか。

そのうちに私は、「ヒロシマ」という主張の仕方そのものの内部にも問題があるのではないかと考えるようになって、それは丁度六〇年安保闘争の時期だったと思うのだが、その頃から広島の問題を正面から論じようとしはじめたように思われる。つまり、「ヒロシマ」は、その置かれた状況の中でいわば外から「政治」化されざるをえなかったばかりでなく、その内部をも「政治」に浸蝕されているのであって、その「政治」的なゆがみを剔抉することこそ、ヒロシマの問題を考える上で最も緊要なことではないかと私は考えるようになり、ヒロシマについての一連の発言をしはじめたように思うのである。(4)

「丁度六〇年安保闘争の時期」に原水禁運動のなかに見られるようになったのは、内部の党派対立の激化であった。

一九六〇年には、日米安全保障条約改定問題をめぐって社会的に議論が紛糾したが、原水爆禁止日本協議会（日本原水協）内部でもこれをめぐって、激しい意見の対立が生まれた。民社党・同盟系メンバーは日本原水協を脱退し、一九六一年に核兵器禁止平和建設国民会議（核禁会議）を立ち上げた。だが、日本原水協内部の軋轢はこれによって収束したわけではない。むしろ、混乱はその後さらに大きくなった。

一九六一年九月にソ連が大型核実験を行なうと、共産党系のメンバーはソ連の実験を肯定すべく、「帝国主義の核」と「平和のための核」を混同すべきではないという論理を唱えるようになった。「いかなる国の核実験にも反対する」という原則を守ろうとする社会党・総評系メンバーは共産党を批判したが、ある共産党系メンバーは、一九六三年の原水爆禁止広島大会の場で「共産党としては、〈いかなる国の核実験にも反対〉という考えには賛成しかねる。なぜならソ連の核実験はアメリカとはちがって、戦争を防止するためのものだからである。したがってソ連の核実験による死の灰は、甘んじて受けます」と言い放ったという。(5) このような姿勢は、会場にいた被爆者たちを激怒させた。

一九六三年に成立した部分的核実験禁止条約も、議論の混乱に拍車をかけた。八月五日に米英ソ間で締結されたこの条約に対し、社会党・総評は支持の姿勢を示していた。しかし、共産党は地下核実験が禁止されていないことを理由にしつつ、中国の核実験が不利になることを懸念して、この条約に反対した。中ソ対立が激化していたなか、日本共産党は米ソ「平和共存」体制を批判し、中国共産党を支持していたためであった。

原水禁運動がこのようなイデオロギー対立の場と化した状況は、当然ながら被爆者には耐え難いものであった。高橋昭博の回想によれば、社会党と共産党のメンバーが互いに罵り合っているときに、ある被爆者の代表のひとりが「私たち被爆者の願いは、いかなる国であっても、核実験そのものに反対なのです」と口をはさんだ。それに対し、共産党のメンバーは「被爆者づらをするな」と返したという(6)。

結果的に、一九六五年になると、原水禁運動はさらに分裂し、社会党・総評系は日本原水協を脱退、原水爆禁止日本国民会議(原水禁国民会議)を結成した。

松元が違和感を抱いたのは、このように党派の政治主義に振り回される原水禁運動のありようであった。松元は、一九六一年一〇月に行なわれたある研究集会のなかで、その思いを次のように吐露している。

> 日本における原水爆禁止運動のこれまでの歴史を振り返って特に強く感じられるのは、それが運動として当然持つべき二つの面、即ち思想運動としての側面と政治行動としての側面のうち、前者が著しく弱いということである。そしてそのことが、結局は後者の側面をも弱めることになって、現在の沈滞をまねくことになったのではないかと思われる(7)。

被爆体験を「政治行動」に流用しようとする意識が過剰なあまり、体験そのものを掘り下げて思考する営為が失われる。そのことは、被爆当事者を置き去りにすることにもつながりかねず、結果的に、「政治行動」としての原水禁運動の停滞をもたらすのではないか。松元は、こうした疑念を抱いていた。

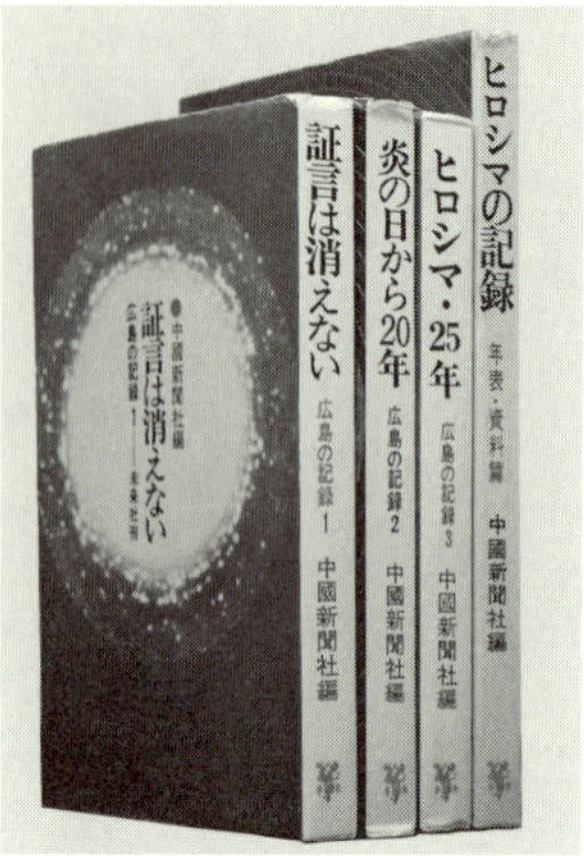

中国新聞社編「広島の記録」シリーズ四部作（未来社，1966年・1971年）

　同様の問題意識は、当時の広島の被爆体験記録にも見られた。中国新聞社は一九六六年に『証言は消えない――広島の記録1』（未来社）を編纂した。この企画の背景について、編集局長の森脇幸次は次のように記している。

> 原水爆禁止運動はいつも被爆者救援をスローガンに掲げてきたけれども、実際には看板倒れの傾向がないではなかった。その原因はいろいろあろうが、上の方から〝救ってやる〟といった意識がからんでいたことも否定しえない。私たちは被爆者をまず人間としてみることから出発したい。そういう視角から、原爆が人間に与えた肉体的・精神的な被害をとらえることが、被爆者と非被爆者の真の連帯に役立つものと思う。(8)

　ここには、原水爆禁止運動の「上の方から〝救ってやる〟といった意識」への違和感とともに、「被爆者をまず人間としてみる」ことを出発点にしながら、体験記録を収集しようとする意図が綴られている。これは、運動の政治主義に距離をとろうとした松元寛の議論にも通じるものがあった。

ちなみに、中国新聞社は一九六六年、『証言は消えない――広島の記録1』に加えて、『炎の日から20年――広島の記録2』『ヒロシマの記録――年表・資料編』(いずれも未来社)を編纂した。一九七一年には、『ヒロシマ・25年――広島の記録3』(未来社)をまとめあげた。これらは、被爆体験者の証言や彼らの生活史を収めたもので、合計一一〇〇頁以上におよぶ厖大なものであった。被爆後二〇年・二五年という節目であったことも刊行動機のひとつではあったが、それればかりではない。松元が感じていたような従来の原水禁運動への不信感も、体験記録の収集を後押ししていたのである。

戦中派の情念

政治主義に対する松元寛の違和感は、戦時期の体験に根差すものでもあった。

一九二五年生まれの松元は、東京帝国大学文学部英文科在学中に学徒出陣で徴兵され、一九四五年一月に陸軍輜重《しちょう》兵学校に入隊した。陸軍輜重兵学校はもともと世田谷にあったが、連日の空襲を避けるべく、一九四五年六月に福島県白河市に疎開した。そこでも食糧不足は東京と同様であったが、それを除けば、比較的平穏であり、とりたてて空襲もなかった。むろん、学徒兵として入隊したインテリ将兵に対し、上官・古参兵による私的制裁は多かったが、南方戦線や沖縄戦線のような激戦をくぐることはなかった(9)。松元は、その白河の陸軍輜重兵学校で終戦を迎えた。

そのことは、松元に生き残ったことへの後ろめたさを強く意識させることになった。松元は戦中派世代であっただけに、同年代の友人を多く戦争で失っていた。松元は一九八二年の著書のなかでも、「「戦中派」の一人としての私のなかにある、中学や高校の同級生のなかに何人もの戦死者をもち、本来ならば私自身もそのなかに入っていたかもしれない、その死者たちに死に遅れたという気持ち」「死んだ人々にたいして強く申し訳ないと感じる負い目の気持ち」を綴っている[10]。

さらにこうした思いを強くさせたのは、広島での被爆をめぐる問題であった。松元は白河の陸軍輜重兵学校で終戦を迎えたので、広島での被爆体験はなかった。しかしながら、家族は広島市内に住んでおり、母親を原爆で失っていた。「自分の戦争体験にこだわり、原爆で母を奪われたことを忘れることができず[11]」にいた松元は、「半分の被爆者」という自己認識を抱くようになった。一九八二年の著作のなかでも、「私は原子爆弾投下から一カ月ばかりたってから広島に帰ってきましたので、文字通りの意味では被爆者ではありませんが、家を焼かれ母を失ったという意味で、物質的、精神的に原爆の被害を受けており、被爆者手帳を受ける資格こそありませんが、半分は被爆者だと自分では思っております」と記していた[12]。

しかし、「半分の被爆者」という自己認識は、被爆体験に対する思い入れと同時に、自らにその体験が欠如していることをつよく思い起こさせることになる。そのことは、「生き残ったものの後ろめたさ」に対するこだわりを導いた[13]。

それは、ロバート・リフトン『死の内の生命』(一九七一年)に対する評価につながった。アメリカの心理学者であったリフトンは、一九六〇年代前半に広島に滞在し、七〇名ほどの被爆者にインタビューを行なった。そこから、被爆者たちの苦悶や精神構造を分析したのが、『死の内の生命』であった[14]。計五五〇頁を超えるこの著書のなかで、リフトンは「他者の死に対する罪意識」に着目していた。ある被爆者は、肉親や隣人が倒壊した家屋の下敷きになりながら、炎が差し迫るがゆえに、なす術もなく見殺しにしなければならなかった。別の被爆者は、助けを求めている瀕死の重傷者を横目に、もしくは、ときにそれを踏みつけながら、家族を探し回った。生き残った彼らは、「他者を見殺しにして、自分だけが生き残った」という自責の念を強く抱いた。原爆投下に対する非難よりも、こうした罪責感が、生き残った被爆者たちのあいだにつよく見られることを、リフトンは記していた。[15]

これらの指摘は、松元にとってかなり共感できるものであった。松元はリフトンの著書に言及した文章のなかで、「いっしょに死ぬべきであったのに死なないで生き残ったものが、一方でその幸運を喜びながらも、反面、死んだ人々にたいして強く申し訳ないと感じる負い目の気持ち」について、「半分の被爆者でしかない私には、直接、自分の感覚としては理解できませんが」という留保をしつつも、「本来ならば私自身もそのなかに入っていたかもしれない、その死者たちに死に遅れたという気持ちに通ずる」ことを述べていた。[16]

「後ろめたさ」へのこだわりや共感は、政治主義への違和感と分かちがたく結びついていた。松元は政治運動から距離をとろうとする被爆者たちの心情について、以下のように記している。

戦後かなり長い間、ごく最近までといってよいと思いますが、「広島、長崎の被爆者は自分たちの経験を語ろうとしないが、黙っていないで平和のためにもっと積極的に語るべきだ」という声がありました。広島、長崎の問題に関心をもっている人たちほど、それをもどかしく感じるらしく、被爆者への要望が、ときには批判といってよい強い語調でなされることもないではありませんでした。その人たちには、少数の被爆者たちが自分の経験を語りはじめているなかで、そうしようとしない大多数の被爆者たちが、むしろ卑怯であるように感じられたのだと思います。

〔中略〕

〔占領期は〕アメリカ軍の方針による制約があり、その後もその余韻のようなものがつづいて、おおっぴらに広島、長崎の悲惨を語るにはかなりの勇気がいりました。
また、原子爆弾の放射線による後遺症の問題があるために、本人自身あるいは子どもの結婚の障害になることを恐れて、できるかぎり黙っているということが多かったことも事実です。〔中略〕
しかし、もの言わぬ被爆者たちは、そのような外からの力の前に屈していただけでは決してなかったのです。声を出していた人々をもふくめて、もっと大きな力が被爆者たちの心に重たくのしかかっていました。それは、いまわしい記憶は早くふり捨ててしまいたいという、人間だれにでもある願望と重なりあっていましたから、はっきりした形では被爆者の意識にのぼりにくかったかもしれませんが、ひと口でいうならば、生き残ったものの後ろめたさとでもいうべきものです。[17]

ここで松元は、原水禁運動の政治主義に回収しきれない「生き残ったものの後ろめたさ」を指摘している。「平和のためにもっと積極的に語る」ことに微妙な距離感を抱き、「卑怯であるように感じられ」るむきがありながらも、「できるかぎり黙っている」しかない。そうした被爆当事者の語りがたい内面に松元は向き合おうとした。

これらの議論は、他の戦中派知識人に通じるものであった。序章でもふれたように安田武は、戦争体験を「直ちに反戦・平和のための直接的な「行動」に組織されなければならぬ、あるいは、組織化のための理論にならねばならぬ」とするような議論に「発想の性急さ」を感じ、苦々しく思っていた。また、『人間の再建』（一九六九年）のなかでも、こう記していた。

そもそも「祈り」をもたぬ、「祈り」のこころとまったく無縁であるような平和運動とは何なのだろう。戦後の平和運動は、そのアクティヴな活動家たちによって、「祈り」が踏み躙《にじ》られ、「念仏」をあざわらわれ、そして、彼らの政治主義的な過熱の渦中で、急速に崩壊してゆくという不幸な経過をくりかえしている。(18)

そこにも、「行動」「政治主義」の論理で戦争体験が論じられることへの不快感が示されている。安田にとって、この種の議論は、戦争体験やそれに根差した「祈り」を「踏み躙」り、それを「組織化のための理論」に従属させるものに見えた。

安田の姿勢は、「生き残ったものの後ろめたさ」に執着し、政治主義的な広島の語りに違和感を抱いた松元寛にも通底していた。松元の「ヒロシマ」に対する距離感は、戦中派世代に特有の心情に根差すものであったのである。

第二次原爆文学論争

他方で、松元寛の議論は、栗原貞子の主張とは対照的だった。

前述のように、栗原貞子は、自らの被爆体験をふまえながら、原水爆禁止を訴える議論を多く展開した。原水禁運動の内部の対立が表面化すると、その傾向はいっそう顕著になった。栗原は、一九六八年の文章のなかで、以下のように記している。

第七回の〔原水爆禁止世界〕大会以後、ソ連の核実験再開の問題から生まれた紛料と混乱を、統一と団結と言う名の下に抑え、第九回の分裂まで共存し得たのは、運動の基本課題を伏せることで、社会主義体制内部の中ソの決定的な分裂の時まで引きのばしたと言えるのではないだろうか。〔中略〕

第五回の大会の保守系の脱落をもって市民不在と言うにはあたらないとしても、組織の統一のために、「いかなる」問題〔＝いかなる国の核実験にも反対する」というテーゼの是非〕を明確にしなかったことによって市民や被爆者が参加しなくなった点は充分に反省されるべきであろう。(19)

ここには、原水爆禁止運動の分裂騒ぎへの不快感というよりも、「いかなる核実験にも反対する」という主張を通さないことへの反感が綴られている。また、栗原は同じ文章のなかで、初期の原水禁運動が「再軍備賛成論者」をも含む「半官半民運動」であったことを批判している。(20) 栗原にとって重要であったのは、多様な党派や立場を横断して原水禁運動を進めることではなく、その政治的な「正しさ」にこだわり抜く潔癖さであった。

「いかなる核実験にも反対する」という「筋」を通すのか、それとも、政治的党派の「幅」の広さを優先すべきなのか。その論点は、原水爆禁止広島母の会にも波及した。幅広い連帯を許容しようとする会の動向に不満を募らせた栗原は、一九六七年にこの会を脱退した。(21)

『ひろしまの河』第一五号〔原水爆禁止広島母の会発行〕の「編集後記」では、このことが次のように記されている。

ご承知のごとく、ソ連の核実験により、原水禁運動は分裂いたしました。その前夜母の会では、ソ連の核実験を支持するような人たちとは共同行動をすることは出来ぬと会を脱会した方がありました。

原水禁運動の分裂後、私たちは意識的に政治的発言が、政党的発言と見なされ、分裂の溝を深めてはならないと充分に警戒いたしました。

文字の上で叫ぶことがいさましく、こぶしを振り上げることが社会を変えてゆくとは思えません。

人それぞれの立場で物事を理解することが大切ではないでしょうか。[22]

ここには、自らの政治的な立場にこだわり、党派を超えた連帯を重視しない栗原らへの不満が綴られている。逆にいえば栗原は、「文字の上で叫」び「こぶしを振り上げ」て政治信条を語ることを、それほどまでに重んじていた。

それだけに栗原にとって、政治に距離をとろうとする松元寛の議論は不快なものであった。栗原は、『中国新聞』(一九六〇年三月一九日・二一日)に寄せた「広島の文学をめぐって」のなかで、広島文学会の会合における松元寛らの発言に言及している。栗原は、彼らの発言の主旨を「原爆の問題は象徴としてとりあげるべきで、〔文学のなかで〕正面からとりあげるべきではなく政治の問題だから政治的に解決するよりほか仕方がない」と理解したうえで、「広島の若い世代の共通の意識は原爆を回避した地点で成り立って」おり、「文学の底を流れる思想性や政治に作用された文学的リアリティーさえ文学が政治や思想に従属するとしてマユをしかめる」ことを批判している[23]。

それに対し松元寛は、「不毛でない文学のために」というエッセイを『中国新聞』（一九六〇年四月一日）に寄稿し、栗原に反論した。松元はそのなかで、「若い世代」から、氏が言うような意味で原爆の問題に発言された意見は一つもなかったように記憶している」としながらも、以下のように述べている[24]。

ぼくらは、原爆が人間の問題である以上、それに対して政治的角度からも、文学的角度からも真剣に対決されねばならないと信ずる。ただ現在において、直接にはより多くの政治的問題として、それはぼくらに迫っているのであって、そうであるからには、ぼくらはそれをより多く政治の場で対決すべきだと思うのだ。政治的にしか処理しえない問題を直接に文学に持ちこんだところで、ぼくらはせいぜいプロパガンダ小説を生み出すぐらいのことしかできまい。そういうものを広島の文学の至上命令のようにおしつける考え方に対して、ぼくらは反発せざるをえないのだ[25]。

ここには、政治と文学を結びつけて思考しようとする栗原への反感が明瞭に綴られている。『中国新聞』紙上で展開されたこれらの議論の応酬は、第二次広島原爆文学論争と呼ばれた。

両者の立ち位置の違いは、ロバート・リフトン『死の内の生命』をめぐる評価にもあらわれていた。先に述べたように、被爆者たちの「生き残ったものの後ろめたさ」に着目した同書を、松元寛は高く評価していた。それに対して栗原貞子は、「読後に残るものは、被爆者やその運動に決定的な致命傷をあたえるような悪いイメージであり、何とも後味が悪い」「この本が学問的に書かれていればいるほど、徹底した被爆者無視、運動アレルギーの部分は強烈に浮かびあがり、社会的、政治的に利用されるということになれば、その役割りはABCC〔米国学士院が設立した原爆傷害調査委員会〕的である」と述べ、リフトンの著書を厳しく批判した。[26] 被爆者たちの「後ろめたさ」を強調することは、政治運動に水をさすばかりか、それに対する否定的なイメージを喚起する。栗原は政治的な有効性の観点から、同書に対し違和感を抱いた。そこにも、体験の語りと政治主義をめぐる松元寛との差異が鮮明に浮かび上がっていた。

被爆体験への距離感

だが、松元の議論には、政治主義への嫌悪と同時に、体験を声高に語ることへの不快感も入り混じっていた。

松元は先の栗原への反論のなかで、「「原爆だけを騒ぎたてるような」いわゆる原爆文学論に対して、ぼくらは反対した」「文学においても、原爆を直接に描くことが原爆の持つ人間にとっての問題性を最も痛切に提示することではない」と記している。[27] また、後年ではあるが、一九七九年のエッセイ「原点としてのヒロシマ」のなかでも、被爆体験を「聖別」することへの違和感を以下のように綴っている。

広島の被害を、戦場ではなく非戦闘員を含む都市での、つまり戦場におけるそれとは異質な、また同時に、被爆の後遺症被害が示すように、東京をはじめとする他の戦災都市におけるそれとも性質の異なる特異な被害として、つまり核時代という新しい時代における戦争の最初の被害として、いわば人類の十字架を負うものだという風に聖別し、実際の被爆体験者以外にその本質は理解できないものだと考えられているとしたならばどういうことになるであろうか。

事実、広島の原爆被災には、人類の歴史において比類をみない特異な側面があったことは否定できない。しかしだからと言って、それを体験者以外には本当の理解ができないものとして特殊化してしまったならば、それを人類全体の課題として普遍化すべき契機を自ら放棄するに等しいと言わざるを得ない(28)。

そこには、被爆体験を特権化して語ることへの不愉快さが浮かび上がる。「実際の被爆体験者以外にその本質は理解できない」「体験者以外には本当の理解ができない」——体験者が体験の語りを占有するかのようなこうした言辞に、松元はつよい反感を抱いた。栗原への反論においても、その思いが投影されていた(29)。

だが、この種の体験への距離感は、広島の場合はともかく、戦後日本全体でみれば、戦中派世代にはあまり見られない感覚であった。むしろそれは、もっと若い世代の議論に見られることが多かった。とくに、日本戦没学生記念会では、その傾向が顕著であった。

戦後派世代の古山洋三は、一九六四年の座談会のなかで、「戦中派の中には、戦後のいろいろな過程ではじきだされて戦争体験に閉じこもってしまい、ぼくらとは通路がないようなところに入ってしまっている人がいるんじゃないか」と述べていた(30)。

序章でもふれたように、古山のこの発言は、戦争体験の語りがたさにこだわる安田武を念頭に置いたものだった。安田は、体験の重みにこだわるがゆえに、それを安易に政治主義に結び付けたり、あるいは、わかりやすく言葉にすることを頑なに拒もうとした。だが、そうした姿勢は、古山らからすれば、自分たちの体験を占有し、それについて若い世代が議論することを抑えつけているように感じられた。

一九四一年生まれの長浜功も戦中派の議論に対し、「おれたちはこういう目にあったんだ、お前たち知っているか、みたいなレベルで議論が止まってしまっている」「戦争体験を持っている人たちが発言すると、こちらはとっても発言しにくくなる」と語っていたのは、既述のとおりである。こうした不快感は、松元寛にも通じるものであった。

では、戦中派の松元はなぜ、体験への向き合い方について、戦後派世代のような感覚を抱いていたのか。それは、松元に被爆体験がなかったことに起因していた。

前述のように、松元は学徒出陣で徴兵され、陸軍輜重兵学校で軍務についていたため、広島での被爆を免れた。そのことが、被爆体験者への引け目につながった。「広島」や原爆を語ろうとしても、松元にはその体験がなかっただけに、議論のしづらさがどうしてもつきまとった。もっとも、母親を原爆で失っており、「半分の被爆者」という自己認識はあったわけだが、それも裏を返せば、「真正な被爆者」ではないことをどこかで意識していることにほかならなかった。

そうであれば、松元が被爆体験者の語りのなかに、体験の「特権化」や「聖別」を感じ取ったとしても不思議ではない。それは、安田武ら戦中派に対し、戦後派世代が「体験を振りかざしている」ような身振りを感じたのと同様の構図であった。

さらにいえば、被爆体験の欠如は、広島の戦中派に多く見られることでもあった。彼らは戦場に多く駆り出された世代であっただけに、戦争末期に広島を離れていることが多かった。必然的に彼らは、広島在住の前後の世代に比べれば、被爆体験者は少なかった。それゆえに、彼らは戦中派としての情念を抱きつつも、被爆体験の語りには引け目や距離感を抱くことが多かった。

この傾向は、広島在住の作家・小久保均の議論にも見ることができる。一九三〇年生まれの小久保均は、松元よりもやや年少ではあったが、戦争末期に熊本陸軍幼年学校に在籍していたため、広島での被爆経験はなかった。その小久保は、一九六一年のエッセイ「被爆体験の思想化のために」のなかで、原爆文学が「おもしろくない」ことの最大の原因は「作者が経験主義からくる悪しき素材主義にとらえられている」ことにあるとして、以下のように記している。

> ミもフタもないいい方をすれば、これらの作家は原爆といえば〝あの日〟広島ないし長崎の上空に炸裂した〝あの原爆〟のことしか考えないのだ。したがって原爆のもつ重大な意味を表現するのが、あの日のあの原爆を描くことだけで十分に果たされると速断しているのである。その結果、彼らの文学はこの世に多くの地獄の描写を送ったが、同時に救いがたい錯誤にもおちいった。(31)

ここには、第一次原爆文学論争の際の志条みよ子と同じく、原爆文学に対する嫌悪感がうかがえる。だが、志条の議論が被爆体験を思い起こすことの苦悩に起因していたのに対し、小久保の議論は体験に依拠する議論への違和感に根差している。その背後には、戦中派に近い世代ではありながらも、あるいはそのゆえに、被爆体験を有しないことへの引け目が存在した。

もっとも、被爆体験を持つ年長知識人は、必ずしもその体験を振りかざしていたわけでもない。栗原貞子は一九六八年の文章のなかで「被爆者が自分の個人的な体験に固執してとじこもり、体験しない人が被爆者に対してうしろめたさや引け目を感じるという現状ではほんとうの連帯をつくり出して行くわけにはいかない」「原爆体験も戦争体験の一部である。原水爆禁止に集中することで通常戦争を軽視し、通常戦争の犠牲者を視野のなかから見失ってはいないだろうか」と述べている。[32]

それでも、栗原の体験者としての使命感には、強固なものがあった。「ヒロシマに沈黙の権利はない」というのが、栗原の信条であった。[33] 栗原は、「広島の文学的課題」（一九五八年）のなかで、広島在住の劇作家・畑耕一が「原爆文学に話題がふれるといつも「それはよそう」と言って回避」していたことにふれながら、「畑さんの場合、生理的にも原爆の持つ重みに対抗し得るような強靭な神経と思想的背景を持っておられない」と難じている。[34] 前章でふれたように、第一次原爆文学論争で原爆文学を否認した志条みよ子に対しても、「その体験のいたましさのために、新たな創造へ出発出来なかった被爆者の後進的な排他性閉鎖性」を批判していた。[35] 体験の語りをめぐるこうした厳しさを前にすれば、被爆体験を持たない松元寛や小久保均はたじろがざるを得なかっただろう。そのことが、彼らの被爆体験への距離感につながっていた。

松元寛は一九六〇年に、小久保均ら近い世代の友人らとともに「若い広島の会」を結成しているが、そこにも彼ら戦中派に近い世代の広島における位置づけが浮かび上がっている。

当時の中央論壇では、戦中派世代は戦後派世代からの批判にさらされつつあった。一九二二年生まれの橋川文三は、十数年若い石原慎太郎や大江健三郎らと一九五九年に対談を行なっているが、戦時期の体験にこだわる橋川に対し、大江は「回顧趣味」「被害体験を売つているようなもの」と揶揄していた。石原も、橋川の姿勢を「おれたち〔戦中派〕はつらいんだ」「戦争を知らないだろう」という「世代のもつエリート意識」として切り捨てていた[36]。日本戦没学生記念会機関誌『わだつみのこえ』(第二号、一九六〇年)に寄せられた「一橋大学『不戦の集い』経過報告」でも、「戦中派の実感からくる体験を同情的にみたりするようなセンチメンタリズムには我慢ならない。われわれ学生には現在の反動的改活状況をラヂカルに打破していく使命がある」という意見が記されていた[37]。

それに対し、松元寛らは年長世代との差異化を意識していた。そうであるがゆえに、「若い広島の会」という名称が選びとられていた。同会機関誌『若い広島』第二号(一九六二年一二月)所収のエッセイ「「若い広島の会」の方向」のなかには、「「若い」という言葉は、プラスの価値をもつものとして誇らしげに使われることもあるし、逆にマイナスの価値をもつものとして非難のために使われることもある」という記述がある[38]。そこからも、この会の同人たちが、年長世代に対する対抗関係を意識していたことがうかがえる。

しかも、「若い広島の会」は、大江健三郎や江藤淳、石原慎太郎らが集って結成された「若い日本の会」に呼応する形で結成された[39]。戦中派の松元寛らは、同世代ではなく、年少の中央知識人に親近感を抱いていたのである。その両者に共通していたのは、体験を振りかざす(かのように見える)年長世代への違和感であった。逆にいえば、中央論壇と広島論壇における世代対立の構図の相違は、松元ら広島の戦中派に被爆体験がなかったことによる面が大きかった。

被害と加害

だが、松元寛と栗原貞子に共通する問題意識もあった。それは「被害」と「加害」を横断して広島を考えようとする思考であった。
松元は、一九七一年の講演のなかで、「広島を単なる戦争の被害者として、この被害をどうしてくれる、というふうな形で訴える訴え方」は「考えようによっては、自らも、他をも欺くものでしかない」として、こう語っている。

私達に重要なのは、「八・六、広島」が持っている意味を、ただ単に被害者の側からだけではなくて、同時に加害者でもある、加害者にして被害者という、そういう錯綜した立場にまず自らをはっきりと位置づけること、私は、それがこの問題を考えていくための欠くことのできない第一歩ではないか、というふうに思うのです(40)。

「加害者にして被害者」という「錯綜した立場」を考えるうえで念頭に置かれているのが、軍都としての「廣島」であった。
広島は、第五師団が置かれ、日清戦争時には広島城内に大本営が設置されるなど、明治期から軍との結びつきが緊密な都市であった。広島は、海軍基地・呉に近接し、郊外に良港・宇品港をもつなど、兵士・軍事物資の輸送拠点としての立地条件を兼ね備えていた。軍事施設は拡充の一途をたどり、陸軍運輸部本部、陸軍兵器支廠《ししょう》、陸軍被服支廠、陸軍糧秣廠、俘虜収容所などが広島に置かれた。それにともない広島市の人口は増加し、一八九四年には八万七〇〇〇人だったものが、約三〇年後の一九二八年には倍の一六万三〇〇〇人に、さらに一九四一年末には四一万四〇〇〇人に達している。また、軍事施設と結びつきながらマッチ工業や缶詰工業が進展し、軍の下請けで武器弾薬を生産する民間工場も多く存在した。戦争末期には本土決戦に備え、内地の陸軍諸部隊は東部の第一総軍と西部の第二総軍に二分されたが、第一総軍司令部が東京に置かれたのに対し、第二総軍司令部は広島に置かれた。広島は西日本を代表する軍事拠点であったのである[41]。

当然ながら、戦前期には広島は大陸侵出の拠点であった。一九三一年の満州事変の際には第五師団とともに弘前の第八師団が宇品港から出立し、翌年の上海事変時には、金沢の第九師団が同じく宇品港から戦線に赴いている。一九三七年に勃発した日中戦争以降も、広島・第五師団は宇品港を出て華北・華中・華南方面を転戦し、戦争末期にはニューギニア方面での戦闘に従事している[42]。

松元は、こうした軍都としてのかつての広島を念頭に置きながら、「兵士として中国大陸で戦って、中国人に対して残虐行為を行なった加害者が、たまたま八月六日に広島にいて、そこで原子爆弾で殺されたという、そういうケース」があり得たことを指摘している[43]。

また、軍都広島では、多くの工場労働者を必要とした。必然的に、安い賃金で多数の朝鮮人が使役された。とくに、米英戦開戦後はその傾向が顕著だった。広島県在住朝鮮人人口は一九二〇年には一一七三人であったのが、一九四〇年には三万八二二一人、一九四四年には八万一八六三人に増加した。そのうち、広島市在住人口は原爆投下時点で五万二〇〇〇から五万三〇〇〇人と推測されている。彼らの就労先としては、三菱重工、三菱造船、東洋工業、陸軍被服廠など軍関連の工場が主であり、市中心部にほど近い川沿いに住まう者が多かった。そして、彼らのうち、推定で二万五〇〇〇人から二万八〇〇〇人が被爆した[44]。

松元は、『わがまち、ひろしま』(一九七三年)のなかで、こうした事実にも言及し、「戦争中、労働力として朝鮮人を強制連行して、昭和二〇年八月六日には、四万三〇〇〇から四〇〇〇〇人が広島市内にいて、そのうち二万七〇〇〇から八〇〇〇〇人が被爆死した」と記している。

松元が懸念したのは、被爆体験が議論されるなかで、「広島が明治以来果たしてきた軍事都市としての責任を捨象してしまう傾き」であった(45)。いわば、「ヒロシマ」が過剰に語られる一方で、「廣島」が抜け落ちてしまうことの問題を、松元は論じようとした。

同様の問題意識は、栗原貞子にも見られた。栗原は一九七二年の文章のなかで、息子を原爆で失った元職業軍人の発言にふれながら、次のように述べている。

私はある原爆歌集の出版記念会の席上、元職業軍人から次のような告白をきいた。

……私は南京虐殺のとき、部下を指揮した戦争犯罪の過去をもっている。原爆で三人の息子を焼きころされたが、自分のやったことを思うとアメリカを非難することはできない。私のしたことも、原爆もいずれも戦争中の出来ごとだったのだ。相互に許し合わねばならないと思っている。

その人は自身の戦争責任を問いアメリカの原爆投下責任を問うことで、虐殺した中国人や焼きころされた三人の息子にこたえねばならないにもかかわらず、犠牲者を放置したまま、加害者同士が許し合うことで疑似モラルを見い出しているようだった。

自身の戦争責任を避けるために原爆投下の責任を不問にするこの元職業軍人の姿勢は、そのまま国家の戦争犯罪者たちの姿勢であろう。こうして戦争は何度もくりかえされ、犠牲者は暗黒の底に放置されたままである(46)。

栗原はここで、「自身の戦争責任を避けるために原爆投下の責任を不問にする」心理の存在を指摘している。栗原にとって、「原爆投下の責任」を追及することは、「自身の戦争責任」を不問に付すのではなく、逆にそれを厳しく問い詰めることにつながるはずであった。原爆の「被害」を考えることと、日本や広島の「加害」を問いただすことは表裏一体であり、「被害」の問題と「加害」の問題は連続線上にあるべきものであった。

「唯一の被爆国」という認識とは距離をとっていた点も、栗原貞子と松元寛には共通していた。先述のように、松元は朝鮮人被爆者の問題にも言及していたが、栗原も「原水禁運動の再生を求めて」（一九六八年）のなかで、「沖縄の被爆者も数年前まで放置され、韓国に帰国した八千人の朝鮮人被爆者、マーシャル諸島ロンゲラップの被爆者の真実もかくされたまま」であることや「ユタ州には大量の患者がいる」ことを指摘していた(47)。一九六二年に『ひろしまの河』に寄せたコラムのなかでも、栗原はマーシャル群島での核実験による現地被爆者にふれながら、「唯一の被爆国だの、世界最初の原爆を受けた広島などとマンネリ化した禁止運動の眼を太平洋の孤島に向けよう」と記している(48)。そこでは、ともすれば広島・長崎以外の被爆の問題を見えにくくする「唯一の被爆国」の認識が、問い直されていた。

こうした問題意識は、当時の広島原爆記録にも見られた。中国新聞社編『証言は消えない――広島の記録1』（一九六六年）には、広島在住者のみならず、朝鮮半島で暮らす被爆者の記録も収められていた。前述のように、広島では多数の朝鮮人が被爆した。彼らのなかには、戦後、朝鮮半島に帰郷したのちに原爆後遺症を発症した者も多かった。しかし、彼らは満足に治療を受けることもできず、日本在住の被爆者以上に困苦を強いられた。被爆体験と「加害」の問題の絡み合いは、松元寛や栗原貞子のみならず、当時の原爆記録でも、少なからず着目されるようになっていた。

ベトナム戦争と「広島の記録」

これらの議論の背景としては、ベトナム戦争の激化とそれへの反対運動の高揚が大きかった。一九六五年二月以降、米軍によるベトナム北爆が本格化し、地上部隊も多く投入されるようになった。日本は米軍への後方支援を行ない、積極的な支持を表明した。ベトナムに軍隊こそ送り込まなかったものの、米軍の出撃・兵站《へいたん》基地としての日本の位置づけは、誰の目にも明らかになっていた。その状況を念頭に置きながら、栗原貞子は「八・六の意味するもの」(一九六八年)のなかで、以下のように述べている。

最近になって若い人たちの原爆に対する積極的な関心が深くなってきました。なぜかと申しますと、ベトナム戦争の状況が進んでまいりまして、ベトナム戦争は実は海を隔てたベトナムにあるのではなく、内なるベトナムは私たちの生活の中に起きているという認識が起ったのであります。沖縄のB52の基地、佐世保の原潜の問題、八王子のアメリカ軍の野戦病院の問題、この間は九州大学に米軍機が墜落いたしました。そして広島からつい近くの、江田島の秋月、呉・川上の弾薬庫の問題、ベトナム戦争は遠いベトナムにあるのではなくて、日本の内に私たちの内に燃えているのです。と言うことは、たんに私たちが原爆の被害者であるというだけでなく、日本の政府のベトナム戦争への協力を通じて、私たち自身がベトナムの人たちを殺すという間接的な加害者になっていることです。だからかつてはアメリカなど原爆を持っている国だけを問いつめて来た私たちが、今度は自分を問わなくてはならなくなったのです[49]。

ベトナム戦争は、「たんに私たちが原爆の被害者であるというだけでなく、日本の政府のベトナム戦争への協力を通じて、私たち自身がベトナムの人たちを殺すという間接的な加害者になっていることを思い起こさせた。それゆえに、「アメリカなど原爆を持っている国だけを問いつめ」るのではなく、「自分を問わなくてはならなくなった」。そのことは同時に、戦時期の日本や広島を問うことにもつながった。

栗原は、詩集『ヒロシマというとき』（一九七六年）の書名に言及しながら、次のように記している。

詩集のタイトルである、〈ヒロシマというとき〉は一九六五年に始まったベ平連運動が、「被害者であると同時に加害者である」という、反戦の新しい視点をきりひらいたことにより、原爆被害者もまた、軍都広島の市民として侵略戦争に協力した加害者としての自身の責任を問う同名の作品名をそのまま用いました[50]。

「被害者であると同時に加害者である」という認識は、栗原の記述にあるとおり、「ベトナムに平和を！　市民連合」（ベ平連）を立ち上げた小田実《まこと》らの議論に基づくものであった。小田実は、ベ平連の活動を通して、ベトナム反戦運動や脱走アメリカ兵の支援活動に積極的に取り組む一方で、そこから戦時期日本の「被害」と「加害」を横断する議論を展開した。

小田は、その著書『「難死」の思想』のなかで、「ベトナム反戦運動を始めるなかで、ベトナム戦争に対する日本の、いや、私たち自身の戦争への荷担が明瞭に見えて来たとき、同時に私の眼にはそのかつての私たちの姿もありありと見えて来た」と述べている。[51] 一九三二年生まれの小田は、戦時下を大阪で過ごした。東京や神戸と同じく、大阪は激しい空襲にさらされ、そのたびに焼け焦げた死体が散乱した。そのなかを逃げ惑うことが、小田にとって戦時下の日常であった。小田は、そのときの体験をふまえながら、戦死を英雄的なものと捉えて美化する「散華《さんげ》」に対し、死の無意味さや醜さを強調する「難死」を掲げた。小田はかつて、度重なる大阪空襲のなかで、「ただもう死にたくない死にたくないと逃げまわっているうちに黒焦げになっ」てしまった無数の「虫ケラどもの死」を目の当たりにした。小田は、「空襲で黒焦げになって死ぬことが、なぜ「大東亜共栄圏の理想」達成に役立ち、「天皇陛下のために」なるのか」、疑問を感じていた。小田にとって、戦争での死は「散華」には程遠く、「立派でもなんでもなく、ただ、みにくく」いものでしかなかった。[52] だが、同時に、彼らは「戦争賛美」や「加害」とも無縁ではなかった。

一九四五年の「敗戦」に終る日本の近代の歴史は、つまるところ、侵し、焼き、奪ったはての、侵され、焼かれ、奪われた歴史だった。その歴史の展開のなかで、日本人はただ被害者であったのではなかった。あきらかに加害者としてもあった。被害者でありながら加害者であった、と言うのでは、それはむしろなかった。被害者であることによって、加害者になっていた。そのありようは、召集されて前線に連れて行かれる兵士のことを考えてみれば容易にあきらかになることだろう。彼は、彼の立場から見れば、被害者だが、彼は前線で何をするのか。銃を射って、

「中国人」を殺した。そこで、彼はまぎれもなく加害者だった。加害者になっていた。(53)

「被害」と「加害」を表裏一体に捉える小田の議論は、原爆をめぐる議論のあり方に再考を促し、「原爆被害者もまた、軍都広島の市民として侵略戦争に協力した加害者としての自身の責任を問う」営みを生み出していった。

松元寛も、「原点としてのヒロシマ、ナガサキ」(一九八四年)のなかでベ平連の議論にふれながら、「ベトナム戦争の進展という外部的条件からの刺戟もあって、戦争中に両都市〔広島と長崎〕の果していた軍事的役割、つまりそこに存在した軍隊、軍事施設、軍需工場等の持っていた意味の認識から、日本帝国が行なった戦争全体の中で広島、長崎が果した侵略的役割の認識へと視野を広げ、単なる被害体験ではなく、加害と被害の錯綜した戦争体験として捉えられるようになっ」たと記している。(54) 松元も、栗原と同じく、ベトナム戦争をめぐる動きや小田実らの議論を視野に入れつつ、広島の「加害と被害の錯綜した戦争体験」を捉え返していった。

「水俣」との接点

松元寛と栗原貞子は、被爆体験の問題と公害の問題とに接点を見出していた点でも、共通性を有していた。

松元寛は一九七一年の講演のなかで、「文明災害としての面から考えてみれば、原子爆弾と、水銀あるいはカドミウムというふうに相手になる物質こそ違いますけれども、その物質が人間に害を及ぼしているという、この構図は、原子爆弾の場合と、カドミウムあるいは水銀による災害という場合は、本質的に言って同じではないかという気がするわけです」と語っている。[55]
栗原貞子も、一九七三年の文章のなかで、「原爆後遺症」と「公害病」の近接性について、次のように述べている。

原爆後遺症と公害病の多くは戦後新しく始まったもので、未知の部分が多いのを理由に、因果関係がはっきりしないとして認定を拒み、責任が回避される点や胎内小頭症と胎児性水俣病など、胎児への影響や次の世代への遺伝に対する不安など共通の点が多い。

被爆者と公害患者は現代科学技術の犠牲者であり、身をもって国家と資本による現代科学技術を告発し警告する生き証人である。[56]

公害病と被爆後遺症とは、一見、容易に結びつくものではない。しかし、松元や栗原にしてみれば、両者はともに文明が生み出した病であった。かつ、「因果関係がはっきりしない」ことを理由に被害者の救済が進んでいないことも、問題の共通性を感じさせた。

折しも当時は、公害の問題をめぐる市民運動が盛んな時期であった。日本は一九六〇年代に高度経済成長を遂げたが、その反動として、四日市ぜんそく、水俣病など、さまざまな公害を引き起こした。住民は状況の改善を行政に訴えたが、官庁・自治体は産業育成の立場から、解決に消極的であった。そうしたことへの反感から、一九六〇年代後半から、各地で住民運動が群発するようになり、革新系の首長が多く誕生した。また、べ平連のような市民レベルのベトナム反戦運動も、市民運動の活性化につながった。

このような状況のなかで、松元や栗原は、原爆の問題と公害の問題の接点を見出していった。もっとも、この両者に共通の問題意識が見られたとはいえ、関心を抱く動機はやや異なっていたように思われる。

栗原の場合、公害問題と被爆の問題を関連づけたり、「被害」と「加害」を連続上に捉えようとしたことは、自らの政治信条を直接的に表現することにほかならなかった。とくに後者の問題については、栗原も積極的に関わっていたべ平連の方向性がつよく投影されていた(57)。

それに対し、松元寛の場合、こうした議論を展開する背後には、被爆体験を絶対視するかのような議論への違和感があった。松元は、一九七九年の論考のなかで、こう述べている。

それら公害の犠牲者たちに負わされた問題と、原子爆弾の被災者たちの問題とは、一度として関連させて考えられたことがなかった。同じ高度の科学技術文明の生み出した犠牲でありながら、その血縁関係が全く意識に上らなかったことは、むしろ不思議といってよいようなことであるが、その認識を妨げていたのは、先に述べたような原爆被害者乃至はそれをバックアップしようとする平和運動関係者の中にあった、広島の体験を特異な戦争被害だとする閉じられた認識であったと私には思われてならない(58)。

松元はここで、「公害の犠牲者たちに負わされた問題」と「原子爆弾の被災者たちの問題」とが「一度として関連させて考えられたことがなかった」理由として、「広島の体験を特異な戦争被害だとする閉じられた認識」があったことをあげている。先述のように、松元は被爆体験の特権化や「聖別」に対して嫌悪感を抱いていたが、そうした感覚をここにも見出すことができる。

また、松元は先の一九七一年の講演のなかで、戦中派世代や戦前派世代の議論にふれながら、「たとえ口先でどんな美しいヒューマニズムを唱え、平和を謳っても、その人達が〔軍都であった戦時期の広島を〕生きてきたこと自体が、〔中略〕単純な被害者ではなく、加害者にして被害者という、そういうことを免れていないのですから、そういう人達が、それを棚に上げておいて、ヒューマニズム、あるいは平和主義を唱えるということは、はなはだしい欺瞞であるといわざるをえない」と述べている(59)。そこにも、広島の戦中派や戦前派世代の体験を相対化し、また、「平和主義」の政治主義から距離をとろうとする松元のスタンスをうかがうことができる。

松元は戦中派であったがゆえに政治主義で体験を語ることに躊躇し、被爆体験を持たなかったがゆえに、体験を振りかざすかのような身振りに違和感を抱いた。公害の問題と被爆体験の接合、あるいは「被害」と「加害」を横断的に捉える思考は、松元のそうした姿勢に根差していた。そこには、栗原との相違を見ることができる。

では、広島におけるこうした言説布置に対し、同時期の長崎の場合はどうであったのか。そのことを、以下に見ていきたい。


『長崎の証言』

一九六〇年代末ごろの長崎では、体験記録の発刊が盛り上がりを見せていた。一九七〇年には、長崎市婦人会編・発行『長崎の号泣』、長崎県教職員組合・被爆教師の会編『沈黙の壁をやぶって』(労働旬報社)、長崎原爆青年乙女の会編・発行『もういやだ 第二集』などの体験記録が立て続けに発刊された。

定期刊行の証言集も多く創刊された。『原爆前後』（思い出集世話人編・発行、一九六八年刊、三菱重工長崎造船所設計部員の手記集）や『原爆思い出の手記集　忘れな草』（旧長崎医科大学原爆犠牲学徒遺族会編・発行、一九六八年刊）などが、その一例である。一回限りの発行が前提とされている書籍とは異なり、定期的な刊行が意図されている雑誌・機関誌の場合、証言記録の長期的な収集活動が前提にされていた。発刊頻度は、年刊のものも少なくなかったが、それでも継続的な体験記録収集が念頭に置かれていたことには変わりがなかった。その意味で、この時期の長崎では、証言収集の機運が従来にない高まりを見せていた。

山田かんも、一九七〇年の文章のなかで、これらの状況について、次のように綴っている。

〔一九七〇年当時から〕十四年以前の雰囲気は、原水禁運動の盛大さにかかわらず、被爆者はやはり孤立的心情にあり、たとえば、記録集の発行にしても『もういやだ』一集のみで、ほか一、二の文芸誌、サークル誌が原爆特集を組んだにすぎなかったようであった。

だがことしはどうだろう。積年の鬱屈が一挙に噴出した感で、原爆の記録集が次々に出版されつつあり「四分の一世紀の原爆」というジャーナリスティックなキャンペーンともどこかでかかわりあいながらではあろうが、その表現されたものの内質の重さは、それらの一過性的喧騒とはまた異なった永遠に消されることのない痛苦と激しい恨みにうらうちされた人間としての、根底的叫びと希求にささえられているようである。(60)

なかでも、社会的インパクトと継続性の面で際立っていたのが、『長崎の証言』であった。一九六九年八月に刊行されたこの雑誌は、文字通り、長崎原爆の体験者の証言を集め、それを公《おおやけ》にすることをめざしていた。長崎の証言刊行委員会の代表には、かつて原爆被災者の救護活動を行なった医師・秋月辰一郎（長崎・聖フランシスコ病院長）が就いたが、編集実務の中心を担ったのは、長崎造船大学助教授・鎌田定夫であった。また、山田かんも編集委員の一人として、同誌に関わっていた。

同誌刊行委員会は、「原稿募集の訴え」（一九七一年）のなかで、次のように、その発刊趣旨を説明している。

> 私たちはここに四たびみなさんに訴えます。二十七年前のあの暗黒の日々の記録を、そしてその後の四半世紀にわたる苦闘の記録を、長崎の証言の会に寄せてください。被爆者とその家族や友人たちのみが証言しうる、生活や労働の記録、病気や差別とのたたかいの記録を提出してくだ

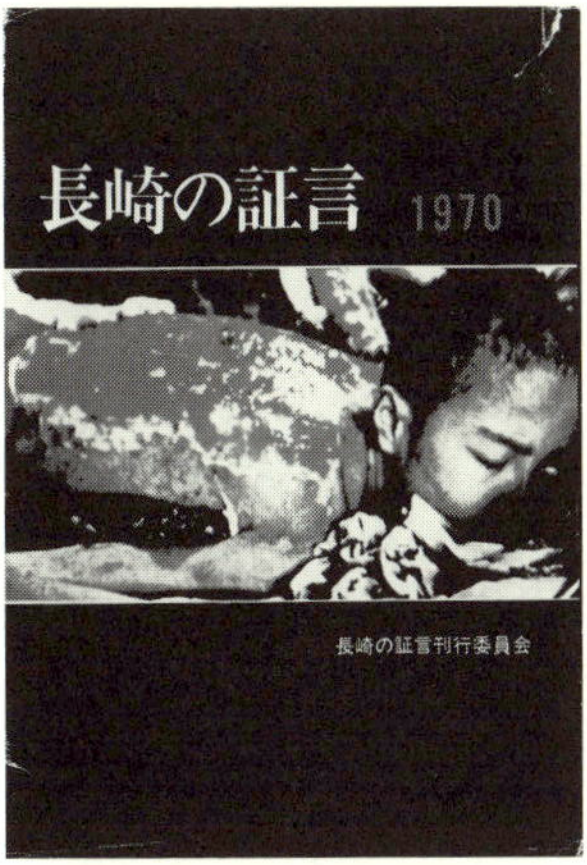

『長崎の証言』第２集（1970年）

『季刊長崎の証言』（1978年12月）

さい。そして、このような無謀、非人間的な戦争に加担させられた自己の戦争責任をもきびしく反省しつつ、同時に、戦争や原爆の恐ろしさ、残酷さを知らされることの少ない戦後世代の人びとに、真の被爆体験を正確に伝え、人間らしく生きることの尊さを訴えるとともに、真の平和と独立、連帯の精神を鼓舞するために、みなさんの力を貸してください。(61)

ここでは、栗原貞子や松元寛と同じく「戦争に加担させられた自己の戦争責任」を視野に入れつつ、「戦争や原爆の恐ろしさ、残酷さを知らされることの少ない戦後世代の人々に、真の被爆体験を正確に伝え」ることがめざされていた。(62)

この雑誌は、一九六九年から一九七七年までは年に一回の頻度で発行された。だが、そのボリュームは相当なものであった。創刊号こそ、全四五頁の小冊子であったが、第二集以降は、A5判で二五〇頁から三〇〇頁余に及び、それぞれ一〇〇名前後の体験記が収められていた。

一九七八年以降は、同じ判型で季刊へと変更された。各号は一三〇頁前後であったが、年四回程度の発行であったことを考えると、証言収集の活動のさらなる隆盛を見ることができよう。

『長崎の証言』の流通範囲も、決して小さなものではなかった。長崎の主要書店で販売されていたほか、職場の窓口を通して従業員たちが購読するケースも多かった。長崎地方貯金局では、一九七三年の時点で、組合員の一割近くが『長崎の証言』を毎年購入しており、かつ「長崎地方貯金局長崎の証言の会」も創設されていた。(63) その意味で、この雑誌は、当時の長崎で最大規模の「証言メディア」であった。

とはいえ、被爆体験記録を集める活動は容易ではなかった。鎌田定夫が証言を求めた際にも、次のような苦悶の言葉を吐露した被爆者がいたという――「ほんなこつ、あの日の事ばしゃべれて言わすとですか。あげん、ひどかこと、おとろしか、うらめしかこつば、どがんして語れと言わすとですか。思い出しとうなか。忘れよう、忘れよう、て思うてきたこつば……」[64]。被爆後四半世紀近くが経過したとはいえ、当事者にとって、そのときの惨状を思い返し、それを言葉にすることは、相当の苦痛を伴うものであった。

だが、それでも、かつての体験を語る当事者が、少しずつ増えてきたという。鎌田定夫は、のちにこの当時を回顧した文章のなかで、「かくれキリシタンのように、四半世紀もの潜伏をしいられた被爆者たちは、やっとその重い口を開き、胸奥にうっ積した悲しみと呪い、痛み、怒りとを、一挙に解き放つように、証言しはじめた」と記している[65]。

では、なぜ、彼らは「その重い口を開き」始めたのか。その心情を、ある被爆体験者は、鎌田らにこう語っていた。

語らんば〔語らなければならない〕ですたいね。ほんなこつば。ずうっと黙っとった、かくしとったばってん。あんたらが、そげん言わすとならね。黙っとったっちゃ、原爆は増ゆるばっかし。佐世保にゃ原子力潜水艦やら空母やらが来るちゅうし、こんだ沖縄や本土からでん、原爆ばつけたミサイルが飛ぶちゅうんじゃね。もう何のために生きてきたかわかりまっせん。おっとろしか、おっとろしか。原爆で殺された人たちに申し訳のたたん。証言ばして核戦争ば止めんば、もう安心してあの世へも行けんでっしょ……[66]。

ここに浮かび上がるように、証言収集が加速した背景には、ベトナム戦争期における佐世保や沖縄、そして日本本土の状況があった。

ベトナムと佐世保

『長崎の証言』第二集（一九七〇年）の序文のなかで、同誌刊行委員会は、「その後〔原爆投下後〕の二十五年間に朝鮮やベトナム、カンボジアと、人類虐殺の狂気からいまなお醒めやらず、いつまた広島・長崎の惨劇が繰返されるやもしれない、という今日の状況のもとで、どうして沈黙を守ることができようか」「地上から永遠に戦争を追放することを誓ったはずの祖国日本が、ふたたびアジアの同胞を敵として核武装をするという、許しがたい犯罪を、どうして黙認し、あるいはそれに加担することが許されようか」と述べ、その「危機感」が証言の収集に駆り立てていることを記していた。(67)

『長崎の証言』創刊号（一九六九年八月）でも、ベトナム戦争に言及した作文やエッセイが少なからず掲載されていた。ある中学生は、「戦争について私は思う――原爆とベトナム戦争」と題した作文のなかで、「「死の灰」をかぶった人々は二十年後の今も苦しみ続けている」ことにふれながら、「今でもベトナムでは争いが続いている」ことを憂えていた。(68)

これらの問題が思い起こされるうえでは、米海軍佐世保基地の存在も大きかった。一九六八年一月、米海軍空母エンタープライズが佐世保に寄港した。エンタープライズは、核兵器を搭載可能な航空機を積んだ主力空母で、ベトナム戦争でも活動していた。エンタープライズの寄港は、当時の佐藤栄作首相がアメリカにベトナム戦争支持を表明していたこともあって実現したものだが、人々にはベトナム戦争への加担や日本の「核基地化」をつよく印象づけることとなった。それもあって、佐世保では全国から集まった約四万人がデモを行ない、機動隊との流血も生じた。いわゆる佐世保闘争である。

長崎知識人もこうした状況に憤りを抱いた。山田かんは、一九七三年のエッセイのなかで、「佐世保は、安保体制の露骨な表現として、ベトナム侵略の前線基地そのものであった」「ここから九十キロと離れていない前進基地サセボからも、この戦争の核が動いたということは、はっきりおぼえておいていい」と述べている(69)。それは、「サセボ」のベトナム戦争への加担を感じさせるばかりではなかった。この佐世保の状況が、戦時下の長崎の死者たちにどう映るか――こうした問いをも想起させた。山田かんは同じ文章のなかで、戦争末期、長崎原爆や佐世保空襲で「理不尽に生を断たれた厖大な、個々の死者」に対して、「今なにをなし得るかという問いかけの上で面をあげて自答できるかという「自己認識」が厳しく要求されている」ことを記している(70)。こうした問題意識は、山田かんが編集委員を務めていた『長崎の証言』の同人にも、少なからず共有されていた。

長崎新聞
米原子力艦艇、佐世保に入港
黒い巨体のエンタープライズ
朝もやの中、ゆったり
"動く核基地"の威容
LT交渉に応じる
少人数で来るなら
汗をとり熱を下げる….
かぜに…コルゲンナナ
コーワ錠(正式名)

空母エンタプライズの佐世保寄港を報じた『長崎新聞』（1968年1月20日）

放射能汚染の問題も深刻であった。一九六八年五月、佐世保に入港中の米原子力潜水艦ソードフィッシュの周辺で、平常の一〇倍から二〇倍近くの異常放射能が検出された。当初は科学技術庁などがこの事態を

原子力潜水艦ソードフィッシュによる放射能汚染の影響（『長崎新聞』1968年５月14日）　鮮魚店で「放射能の魚ではありません」と記した紙が掲げられている。

隠そうとしたうえ、アメリカ側が「ソードフィッシュ修理のため出港を延期する」と通告してきたため、市民の不安は高まった。佐世保民主商工会の職員は、『長崎の証言』創刊号に寄稿した文章のなかで、「去年〔一九六八年〕は、佐世保港での原潜による放射能汚染があって、魚の売れ行きがさっぱりで、魚屋さんは大きな打撃をうけました」と記していた。[71]「長崎の証言」の収集が盛り上がる背後には、こうしたベトナム戦争下の佐世保の状況があったのである。[72]

「沖縄問題」という回路

当時の沖縄の問題も、また、「長崎の証言」の活動にインパクトを与えていた。第一部で述べたように、一九六〇年代末の沖縄では、沖縄返還のあり方が社会的な争点となっており、「反復帰」論の盛り上がりが見られた。この状況を念頭に置きながら、ある長崎の高校教師は、『長崎の証言』創刊号（一九六九年）に寄せた文章のなかで、「沖縄を手持ちの駒のように〝極東の平和と安全のために〟などと口ずさみながら自由に動かそうということは、醜いエゴイズムであり、特定のエリート意識の裏返しの心理であることを、執拗に告発しつづける必要を痛感している」と述べている。[73]

同じく『長崎の証言』創刊号には、沖縄の小学生の次の作文も転載されていた。

アメリカ人は沖縄に基地を作りベトナム戦争にそなえての演習をしている。〔中略〕ラッカサン部隊の隊長の言うには「ひなん訓練をしなさい」と。こんなばかなことがあるのでしょうか。戦争をしているのはアメリカだけだ。

どうしてわたしたち沖縄の人まで戦争のひなん訓練をしなければいけないのか。この沖縄の土地は沖縄のものだ。アメリカ人は、沖縄をどうおもっているのでしょうか。[74]

この作文を転載した意図は、とくに説明されていない。だが、そこに浮かび上がるのは、「ひなん訓練をしなければいけない」ほどにベトナム戦争に巻き込まれる沖縄の状況であり、それは、佐世保、ひいてはその近隣の長崎の状況にも連なっていた。沖縄の米軍統治が終結を迎えようとしていたとはいえ、広大な米軍基地は引き続き残され、核兵器の持ち込みさえ、危ぶまれていた。そのような状況は、ベトナム戦争の前線基地であった佐世保にも重なるものがあった。[75]
「長崎」と「沖縄」が結び付けて論じられるうえでは、沖縄在住被爆者の問題も大きかった。沖縄は、一九二〇年の世界的な糖価大暴落を機に、「ソテツ地獄」と呼ばれる経済的疲弊に見舞われた。それゆえに、大阪や京浜地方、南洋群島へ多くの出稼ぎ・移民を出したが[76]、広島や長崎のような軍需工業都市で働く者も多かった。当然、そこで被爆した者も少なくなかった。そして、彼らの戦後は、本土の被爆者たち以上に厳しいものであった。
彼らが帰郷した戦後沖縄は、日本本土と分断され、一九七二年まで米軍政下に置かれた。沖縄には原爆症の専門医もおらず、治療目的で日本本土に渡航しようにも、多額の費用を要した。それ以前に、米軍統治下の沖縄では本土への渡航も容易ではなく、軍政府の意向次第で渡航許可が下りないこともしばしばだった。これらの要因もあって、一九七二年時点で判明していた在沖被爆者二七四名のうち、本土で治療を受けたことがある者は三〇名に過ぎなかった(77)。

また、沖縄には日本の施政権が及ばなかったため、本土の被爆者に対してとられていたわずかな援護措置さえ、沖縄の被爆者は長らく受けることができなかった。日本本土では一九五七年に、健康診断の実施や医療給付を定めた原爆医療法が制定されたが、沖縄でそれに準ずる法整備がなされたのは、一九六七年のことであった(78)。

これらの問題は、沖縄返還が議論される状況のなかで、長崎でも取り上げられるようになった。『長崎の証言』第四集(一九七二年)には、那覇高校教諭で歌人の平山良明《りようめい》が「北緯二十七度線の被爆者――怨念燃やすオキナワ・凶区の民」を寄稿していた。平山はそのなかで、「彼ら〔沖縄の被爆者〕の二十七年の沖縄経験は、決して二十七年という時間をしてはかり得るものではなかった」「北緯二十七度線の彼方に幻の祖国を凝視しながら、そこへ向かって怨念を燃やす兇区の民でもあった」と記している(79)。

平山の議論には、同時に復帰運動に対する不快感も綴られていた。

祖国復帰運動という、大きな民族的統一目標を提示されたなかで、彼ら〔沖縄在住被爆者〕の胸深く痛む原爆の悲劇にふれる人は少なかった。大衆は祖国へ祖国へと大きな流れを作ってはいるものの、彼ら一人ひとりの胸のなかにある病いは、なおも心身ともに彼らを蝕んでいったのである。〔中略〕

恐らくは彼らの側からすれば、大きな口を開いて祖国復帰運動だけに終始した人びとが、どれほど異様に感じられたことであろう[80]。

そこには、基地闘争や復帰運動の盛り上がりによって、沖縄における被爆者の問題が見過ごされてきたことが指摘されている。その意味で、平山のこの議論は、反復帰論に連なるものであった。そして、本土復帰をめぐる幾多の矛盾が明らかになるなか、長崎でも在沖被爆者の問題が注目されるようになった。

『長崎の証言』第四集（一九七二年）では、「二十七年めの証言と告発」という特集が組まれている。その企画趣旨を説明した文章のなかでは、「ベトナムの虐殺がエスカレートし、〝祖国復帰〟したはずの沖縄から、また岩国、横田、そして佐世保から、その虐殺執行人たちと戦車や機雷が送られている」こととともに、「被爆と軍事占領、という二重の受難にたえてきた、オキナワ・北緯二十七度線下の被爆者たち」の「痛烈な証言」に言及されていた[81]。「長崎の証言」は、「オキナワ」の証言にも促されるかたちで、議論されていったのである。

在韓被爆者と「加害」の問題

だが、それまで見過ごされてきたのは、沖縄の被爆者だけではなかった。前述のように、長らく援護や治療体制の外に置かれていた点では、朝鮮半島在住の被爆者たちも同様であった。

広島と同じく、長崎もかつては主要な軍需工業都市の一つであった。市内には、三菱系の造船所、製鋼所、兵器工場が多く置かれていた。それだけに多くの労働力が必要とされ、朝鮮人も多数雇用された。当然ながら、彼らのなかで被爆した者は少なくなかった。一九七九年の推計で、長崎での朝鮮人被爆者数は一万一五〇〇から一万二〇〇〇名に及ぶとされている[82]。

生き残った被爆者たちのなかには、朝鮮半島に帰郷した者も多かったが、先にもふれたとおり、彼らはほとんど治療を受けられないまま放置される状態が続いた。沖縄と同じく、韓国・朝鮮には原爆医療の専門医はいなかった。韓国の被爆者たちは、日本政府に補償を求める動きを見せたが、日本は賠償問題は日韓基本条約（一九六五年締結）で処理済みとの立場を崩さなかった。そのようななか、一九七〇年一二月、韓国人被爆者・孫振斗が原爆症の治療を求めて佐賀県串浦港に密入国し、逮捕されるという事件が起きた。このころから、日本でも在韓被爆者の問題が知られるようになった。

『長崎の証言』でも、この問題は大きく扱われた。『長崎の証言』第四集（一九七二年）の特集企画「二十七年めの証言と告発」には、朝鮮人被爆者へのインタビュー記録が掲載されていた。また、この特集企画自体、サブタイトルに「ヒロシマ・ナガサキ・ビキニ・沖縄・朝鮮」とあるとおり、朝鮮・韓国人被爆者の問題を視野に収めていた。その企画趣旨の文章のなかでも、「「テンノーヘイカの御為《おんため》」に強制連行され、今なお原爆症におそわれつづけている朝鮮人被爆者たち」の問題が言及されていた[83]。『長崎の証言』第七集（一九七五年）においても、「韓国被爆者三十年の証言」と題した企画が組まれ、一二名の在韓被爆者の手記が掲載された。

このことは、当然ながら、日本の「加害」の問題を浮かび上がらせた。『長崎の証言』第四集では、編集部による文章のなかで、「日本の植民地政策がもたらしたこの結果について私たちはきびしく責任を自覚しつつ、在日・在韓被爆者とともにその生活と医療の前進のために力をあわせていかねばならない」「加害者の政治的軍事的意図と思想を抉るとともに被害者の内側にひそむ加害者あるいは共犯者をも抉りだすことなくして核権力に迫ることはできない」と記されていた[84]。

同様の問題意識は、広島においても見られた。栗原貞子は、「二十四年目の朝鮮被爆者」(一九六八年)のなかで、治療目的で日本に密航した在韓被爆者・孫貴達にふれながら、「日本帝国主義の屈辱と差別の植民地支配の上に、戦時中は国民総動員法によって強制徴用して内地へ移住させ、土木工事や、農作業、軍需工場に強制労働させたあげくが、原爆のまきぞえを受けさせ」た日本の過去を問いただした。[85]

在韓被爆者の問題は、広島や長崎において、「被爆」と「加害」の問題を連結させる一助となった。そのことが、広島や長崎に閉じない被爆体験記録の収集を促した。「長崎の証言」は、そうした潮流のなかで紡がれていった。

「原爆白書」と公害のアジェンダ

とはいえ、「長崎の証言」の活動の背後には、国外あるいは「本土」外の動向ばかりではなく、「本土」内の動きの影響もあった。そもそも、この活動の直接の発端は、一九六七年一一月に厚生省が出した『原爆白書』(『原子爆弾被爆者実態調査――健康調査および生活調査の概要』)に対する不信感にあった。この『原爆白書』の結語には、健康・生活の両面において、「被爆者と国民一般の間」には「全般的にいちじるしい格差があるという資料は得られなかった」と記されていた。[86] それは、後遺症と生活苦に喘ぐ被爆当事者たちの激しい憤りを招いた。そこでの「公正な客観的白書の実現を期待していた被爆者と国民のはげしい批判と失望」[87]から、長崎では一九六八年八月に『あの日から23年――長崎原爆被災者の実態と要求』という小冊子が発行された。これは、長崎憲法会議、長崎被爆者協議会、長崎高校原水協、日本科学者会議長崎支部の有志が一カ月ほどをかけて行なった長崎被爆者の実態調査の報告書であった。その活動の延長で刊行が始まったのが、『長崎の証言』であった。
また、証言収集の活動が盛り上がる背後には、栗原貞子や松元寛と同じく、水俣病やイタイイタイ病など、公害問題に対する関心もあった。鎌田定夫は「原爆・敗戦33年と長崎の反原爆表現運動」（一九七八年）のなかで、次のように述べている。

高成長政策・日本列島改造計画が次々に破綻し、イタイイタイ病や水俣病をはじめとする一連の公害問題の続出を契機に住民運動が激発していく。この国家や企業の加害責任を追及、補償を要求していく新しい市民運動の波が、長年にわたって放置されてきた被爆者たちの補償と援護の要求をもいっそう刺激していく。(88)

山田かんも、一九七五年の文章のなかで、「完全援護より遠ざけられたままの原爆患者、そして被爆二世、三世」の問題を、「昭和三十年の高度経済成長に見合うごとく群発した、水俣病、イタイイタイ病等の公害患者の生と死」とからめながら指摘していた。(89)
広島と同じく、長崎でも被爆の問題と公害の問題が延長線上に捉えられていたのである。

わだつみ像破壊事件の衝撃

ただ、それら以上に、『長崎の証言』創刊の背景として大きかったのが、「戦争体験の断絶」の問題であった。序章でも述べたように、一九六〇年代末の当時、戦争体験世代と若い世代とのあいだで、激しい世代間闘争が見られた。同様のことは、長崎でも懸念されつつあった。

とくに、一九六九年五月のわだつみ像破壊事件は、長崎にも大きなインパクトをもたらした。『長崎の証言』創刊号（一九六九年八月）の「発刊のことば」には、「私たちが留意したもう一点は、「わだつみ像」破壊に象徴されるような戦争体験継承の問題をいかにして実践的に克服しうるか、という点であり、小学生から中・高・大学に至る生徒と教師たちの証言を一篇でもこれに収録しようとしました」と記されている[90]。

同じく創刊号に掲載された鎌田定夫「「わだつみ」と「原爆」の怨念を追いつづけて」でも、「被爆者や社会の基部で働く人びとの中に入って、連帯の、より新鮮かつ強固な水路を開かねばならない」と考えるに至った背景のひとつとして、「「わだつみの像」への蛮行」があげられていた[91]。「反戦のシンボル」をいともたやすく破壊し得るところに、鎌田らは若者の戦争に対する想像力の欠如を感じ取った。そのことが、被爆体験の継承をはかるべく、証言収集の活動に彼らを駆り立てることとなった。

とはいえ、鎌田は戦争体験に固執しがちな世代に属していたわけではなかった。一九二九年生まれの鎌田は、旧制中学四年のときに終戦を迎えていた。したがって、戦中派世代とは異なり、戦場体験や軍隊経験を持ち合わせていなかった[92]。鎌田自身も言うように、彼は「〝わだつみ〟の弟の世代」にあたる年代であった。序章でも述べたとおり、戦場体験を持たない戦後派世代は、しばしば、戦中派の体験の語りに威圧や暴力を感じていた。鎌田は、戦後派世代としてはやや年長であったが、それでも戦場体験を持ち合わせていない鎌田が、戦中派、ひいては戦争体験への疎外感を抱いたとしても不思議ではなかった。

さらに鎌田は、戦争末期を宮崎・都城で過ごしていたため、被爆体験も有していなかった。だと

鎌田定夫（2000年）

すると、松元寛と同じく、被爆経験を声高に語る体験者に対して、距離感や抵抗感を抱いたとしてもおかしくなかった。

では、なぜ鎌田は戦争体験や被爆体験につよい共感を抱くにいたったのか。そこには、鎌田の戦時期や戦後の体験が関わっていた。

中学二年ごろまでは鎌田は平凡な皇国少年であり、校友会誌に「「麦植えの帰るたび聞く大戦果」などとソロモン群島沖海戦勝利の虚報を信じて、たわいもない句をのせて」いた。しかし、一九四四年の夏に富高海軍飛行場に勤労動員に出るころには、「「非国民、偽善者、ニセ聖人」といった最大級の侮蔑でもって同級生から鉄拳制裁を受ける」ようになっていた[93]。

鎌田は勤労動員の組織形態につよい不満を抱いていた。「中・小隊長、班長から部下の隊員へ、という軍隊の内務班をまねた権力支配を、本質的には平等であるべき同級生のなかへ持込み、「軍歌の声が低い」とか、「作業成績がわるい」といって、ことごとく同級生の制裁のタネにされることに、わたしは我慢できなかった」――鎌田は一九七五年の文章のなかで、当時をこう回想していた[94]。

鎌田はこのような思いを日記に綴っていたが、それが摘発されてしまう。その結果、鎌田は全校生徒が見守るなかで、生徒会幹部と対決し、顔面が腫れあがるほどの制裁を受けた[95]。鎌田は「タテの秩序でヨコの関係を律するのは許せない。教育勅語でも〝朋友相信ジ〟とあるではないか。真理をまげて戦争に勝てるはずがない」と主張したが、「上官ノ命ハ朕ガ命ト心得ヨ」という軍人勅諭の論理が優先されるなかで、それが通るわけもなく、鎌田は「国賊、偽善者」というレッテルを貼られた。以後、鎌田は、「厭世、厭戦的心情」に傾き、「「国難に殉ずる」というタテマエで、ともかく「親に迷惑をかけずに死ぬ」こと」ばかりを考えていた。(96)それゆえに、終戦の報に接したときには、「天皇の放送に落涙し、茫然自失する教師や学友たち」とは異なり、「「国難に殉ずる」という虚構が取り払われたことからくる解放感」を強く感じたという。(97)

これらの体験は、戦後の鎌田の活動を水路づけた。鎌田はその後、旧制第五高等学校（熊本）を経て、一九四九年、九州大学医学部に進学した。(98)そのなかで、鎌田は学生運動に力を入れ、第一次わだつみ会にも参加した。そこには、「自分が平和と民主主義の子であり、他の誰よりも反戦反ファシストの旗手たらねばなるまい、という自覚」があった。(99)当時、再軍備問題や改憲問題を背景に学生反戦運動が盛り上がりを見せていた一方、GHQの意向でレッド・パージが進められ、運動はしばしば弾圧された。そうしたなかでも、鎌田は次のような思いを抱いていた。

戦争末期の一年、たえず「死にたい」という言葉を反すうしつづけ、その独白が内心の消えぬ痣《あざ》として残っている。その自分の弱さを意識すればするほど、それがバネとなって、わたしは前に進まねばならなかった。戦争とファシズムの暗い谷間の記憶が、わたしを本能的にかりたて、捨て身にさせるのだった。(100)

これらの活動のなかで、鎌田はストックホルム・アピールの原水爆禁止署名運動にも奔走したほか、広島や長崎で被爆体験を持つ友人とも知り合うこととなった。また、鎌田は、一九五一年に爆心地近くの城山小学校の少年平和像除幕式に立ち寄った。そこで児童たちの作文や父兄・教師たちの話を聞きながら、鎌田は「この世の地獄を見た者のみが感知しうる鮮烈な泉が噴き出て」おり、「それが、かつて自分の少年時代の想い出や、悪夢のような戦争体験と奥底において深くつながりあっている」と感じた。[101] それは、「衛生無害なお祭り騒ぎに仕立てあげられ」た「当局公認の平和祈念式」とは異質なものであった。[102]

鎌田は、「わだつみの声の悲劇を繰返すな」という反戦学生運動の理念と長崎の被爆体験の結びつきを、一九六九年の文章のなかでも、こう記している。

私のなかの「わだつみ」の理念は、朝鮮戦争下の「ながさき」の怨念と結びつき、少年時代からの庶民意識と絶望的な軍事動員下の戦争体験から芽生えた反戦意識のなかに、「原爆とのたたかい」という、新しい、より強烈な意識の核を生みださせることとなった。[103]

鎌田は、九州での反戦学生運動を通じて、「ナガサキの嘆きと怒り」[104] と自らの「絶望的な軍事動員下の戦争体験」を重ね合わせて捉えるようになった。鎌田が「長崎の証言」につよい関心を抱くに至った基点には、こうした思いがあった。

駆動因としての「広島コンプレックス」

鎌田らが「長崎の証言」の活動に駆り立てられるうえでは、広島に対するコンプレックスの存在も無視することはできない。

『長崎の証言』創刊号の「発刊のことば」では、従来の長崎の手記にふれながら、「これらは広島の豊富多彩な証言に比して、はるかに少なくまた貧しくもみえ、広島と長崎の精神風土や文化的力量の軽重が問われたりもしました」と記されており、[105]広島への劣等感が綴られていた。秋月辰一郎も、一九七五年の文章のなかで、広島との対比を念頭に置きながら、「長崎原爆については、たとえ出版されても一地方的局部に限られ、全国民の視野に入る機会はほとんどなく見捨てられ、それが長崎原爆の風化、空洞化につながってきた」と述べている。[106]

第四章でも述べたように、長崎の広島に対するコンプレックスは、戦後の初期から見られた。一九四七年ごろには、広島で実施されていた盛大な平和祭が長崎では行なわれないことへの不満が見られた。一九五〇年代半ばには、原爆文学や体験記の停滞が広島との対比のもとで見出されていた。そして、「原爆は神の摂理」とする永井隆作品の全国的な大ヒットが、さらなる劣等感をかきたてた。

そのコンプレックスが、一九七〇年代ごろになると、「長崎の証言」の収集への切迫感を生み出した。『長崎の証言』創刊号の「発刊のことば」に、あえて広島への劣等感が綴られていること自体、それがこの活動の駆動因になっていることを浮き彫りにしていた。鎌田定夫もこの点に関し、一九七五年の文章のなかで、次のように記している。

いうまでもなく、広島の運動はつねに長崎に先行し、わたしたちはほとんど広島のあとを追いつづけている。広島の先輩たちにとって、長崎の立ち遅れと稚拙さはがまんならぬものかもしれない。しかし、長崎は、広島と共通する原爆体験によってだけでなく、まさにその独自の歴史と風土によって、ヒロシマと比肩するナガサキたりうるはずである。[107]

長崎では、その「立ち遅れと稚拙さ」を認めつつ、「ヒロシマと比肩するナガサキたりうる」ことが模索された。それを、ベトナム戦争やわだつみ像破壊事件の衝撃、沖縄問題の余波が後押しする形で、長崎の被爆体験記録の収集は、進められていったのである。

広島へのインパクト

こうした動きは結果的に、広島知識人にもインパクトを与えた。栗原貞子は「原水禁運動の新しい波」（一九七一年）のなかで、「長崎の証言」運動の高揚と広島での第二次原爆文学論争とを対比させながら、「広島では〔中略〕若手作家たちが、体験記を低次元のものとして、体験の思想化をとなえたが、しっかりした記録の土台のない思想化は砂上の楼閣にひとしい」のに対し、「長崎の記録運動」は「「長崎の証言の会」によって発展的にひきつがれ、原水禁運動の新たなよみがえりを思わせる」と記している。[108] 栗原は、「原爆作品・長崎と広島」（一九七〇年）においても、『長崎の証言』に言及し、「広島の原爆文学論争が、賛否二派に別れて激しく行われたけれど、感情的で、みのりが少なかったのに対して、長崎では、現状分析の上に立って具体的な方法を生み出している点、ずっと進んでいたと言わねばなるまい」と述べている。[109]

それまでは、広島知識人にとって、長崎はやや遠い存在であった。栗原貞子も一九六八年の文章のなかで、「ナガサキはヒロシマと同じ被爆姉妹都市でありながら、東京とヒロシマより遠く、東京とナガサキは絶望的に遠い」という感覚を抱いていたことを綴っている。[110] しかし、『長崎の証言』のインパクトもあり、広島と長崎の知的交流はこのころから加速的に進んでいった。

長崎の広島に対する影響は、広島・長崎の証言の会編『広島・長崎30年の証言』（上・下、未来社、一九七五―一九七六年）にもうかがうことができる。『広島・長崎30年の証言』は、広島や長崎のみならず、沖縄や朝鮮の被爆者の証言、第五福竜丸事件関連の記録を集めたもので、上下巻合わせて七八〇頁に及んだ。この編纂を主導したのは、秋月辰一郎や鎌田定夫ら「長崎の証言」の主要メンバーであった。秋月はこの書物のまえがきのなかで、「広島の仲間たちのすすめで、本書刊行のイニシアチヴは、けっきょく、わたくしたち長崎在住の証言者たちがとることになり、この序章もまた、わたしたち（秋月・鎌田）が担当することとなった」と記している。[111]

また、長崎主導のもと、雑誌メディアとして「広島・長崎の証言」を継続的に取り上げようとする動きも見られた。鎌田定夫は、一九七五年六月に開かれた「「広島・長崎の証言の会」座談会」のなかで、「すでに『長崎の証言』が七集までの自主刊行を持続してきたという実績」をふまえて、「被爆者運動の全国誌として『ヒロシマ・ナガサキの証言』が刊行されていくこと」を提案している。[112] 鎌田は、『季刊 長崎の証言』第一二号（一九八一年八月）の「編集後記」のなかでも、「広島の仲間たち」

広島・長崎証言の会編『広島・長崎30年の証言（上）』（未来社，1975年）

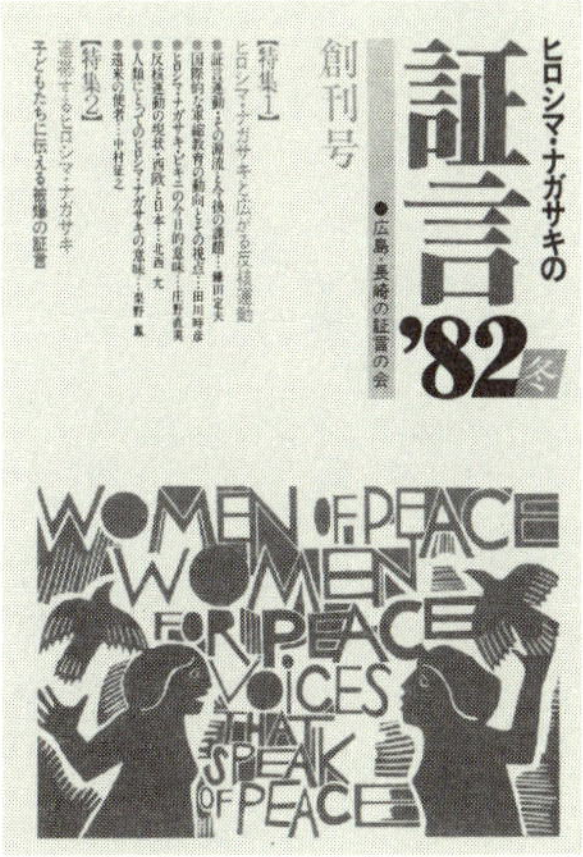

『ヒロシマ・ナガサキの証言』創刊号（1982年２月）

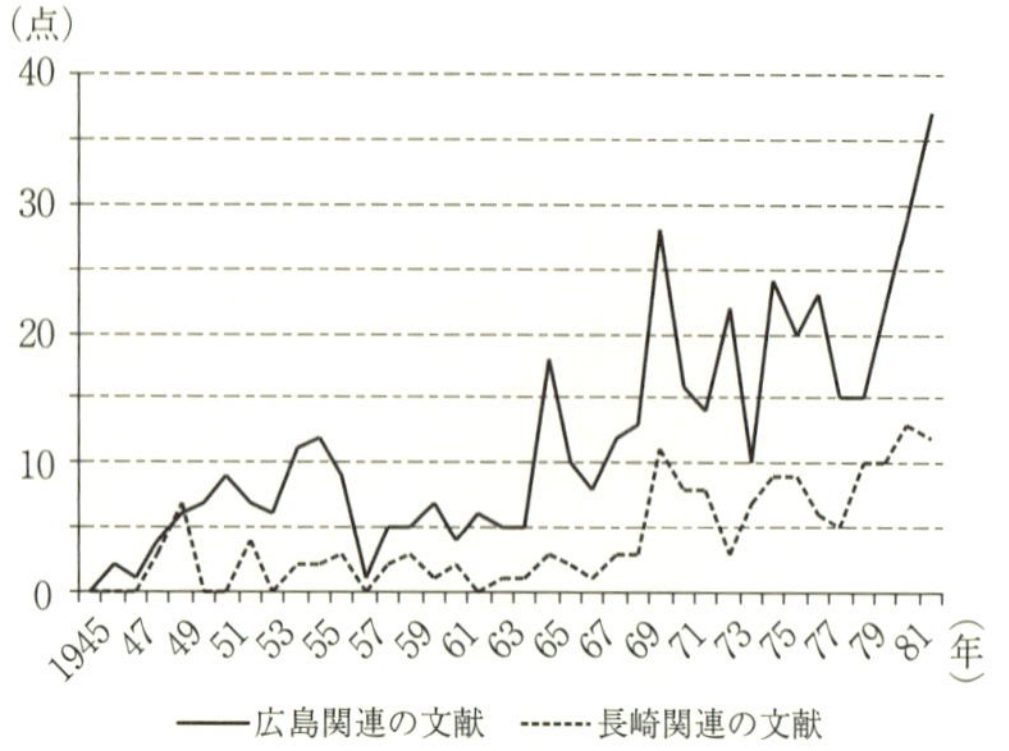

図７　広島・長崎の原爆関連書籍の刊行点数推移（国立国会図書館蔵書データおよび『日本の原爆文学』第15巻〔ほるぷ出版，1983年〕の「原爆文学史年表」をもとに作成）

に対し、「全国誌『季刊・広島・長崎の証言』の実現めざして、立ち上がってほしい」とつよく訴えていた(113)。

鎌田のこの提案を受け、一九八二年二月、『長崎の証言』の後継誌として、『ヒロシマ・ナガサキの証言』（広島・長崎の証言の会発行）が創刊されるに至った。この雑誌は、一九八七年に『証言　ヒロシマ・ナガサキの声』と誌名を改めながら、現在まで発刊が続けられている(114)。

もっとも、広島に対する長崎のインパクトが大きかったとはいえ、長崎原爆関連の書籍刊行点数が広島のそれを上回ることは、一九六〇年代後半以降においても見られなかった。だが、そうだとしても、『長崎の証言』をはじめとする長崎の被爆体験記録に広島知識人が少なからぬ影響を受けていたことも事実である。むしろ、そのインパクトが、広島関連書籍の刊行を後押ししたと見ることもできよう。何より、「証言雑誌メディア」の刊行という点では、一九六〇年代末から八〇年代にかけて、明らかに長崎が広島をリードしていた。『長崎の証言』をはじめとする長崎原爆体験記録の隆盛は、書籍刊行点数の単純比較だけでは測れないインパクトを、広島知識人に与えていたのであった。

あった。

「天皇の戦争責任」論

この時期の被爆体験言説においては、新たな論点も生じつつあった。それは、天皇の責任の問題であった。

山田かんは、『長崎の証言』第四集（一九七二年）に寄せた「長崎・戦後基点の虚妄」のなかで、「長崎では〔終戦の〕僅か六日前に、未曾有の異変が起りすぎていた」ことや「あの屠殺の現場に立ち合った以上、詔書のいう「忍ビ難キヲ忍」ぶことができなくなった時、敗戦がきた」ことを記している。[115] そのうえで、「米英二国ニ宣戦セル所以モ亦実ニ帝国ノ自存ト東亜ノ安定トヲ庶幾スルニ出テ他国ノ主権ヲ排シ領土ヲ侵スカ如キハ固ヨリ朕カ志ニアラス」「堪ヘ難キヲ堪ヘ忍ヒ難キヲ忍ヒ以テ万世ノ為ニ太平ヲ開カムト欲ス朕ハ茲ニ国体ヲ護持シ得テ忠良ナル爾臣民ノ赤誠ニ信倚シ」という「終戦の詔書」の一節に言及しつつ、次のように述べている。

> 天皇制の反国民的体質をこれほど見事に解明している文章はないだろう。「帝国」つまり「天皇制」の自存のために朝鮮・台湾を併呑し、中国・東南アジアの諸国の主権を排し領土を侵し遂に米英を相手に戦をエスカレートさせ、一億の人民を死地に駆りたてたことは「朕」の志ではなかった、というわけである。では何か。残虐な原爆を使いはじめて事態を測ることができなくなり、皇祖皇宗に謝することができなくなるので、ここで戦いをやめる、それも「時運の趨く所」に過ぎず、いわば成り行きであり、「臣民は国体を護持するために堪え忍んで欲しい」というまことに無反省な、冷酷きわまるほどに責任の所在を捨象した一方的な通告文であった。

民衆のはかり知れない大量の死そのものを先ず苦慮して戦争の終結をはかったというものでは決してなかったのだ。〔中略〕先ず天皇制の存続以外に、戦争終結の取り引きは考えられなかったのだ。原爆被爆もかくして天皇制維持のための手段として充分に利用されたのである。(116)

山田かんは、長崎原爆の惨状を思い浮かべながら、「国体」の安定を意図して戦争が始められ、また、同じ意図をもって戦争が終結されたことを、「終戦の詔書」の文面に感じ取っていた。山田にとって、それは、「天皇制の反国民的体質をこれほど見事に解明している文章はない」と思わせるものであった。

とはいえ、天皇や天皇制の問題は、被爆者自身を問うことでもあった。山田は、先の文章のなかで、一九六一年四月に天皇・皇后が長崎原爆病院の入院患者を見舞った際の被爆者たちの反応に言及している。そこで山田は、「両陛下の私共原爆患者に寄せられる御慈愛深きこの大御心《おおみこころ》に対し感謝と感激にうたれ」たことを語る彼らの「内なる天皇制」を、次のように評している。(117)

被害民衆が何ゆえにこうして自身があらねばならないのかということを、その根源にまでさかのぼって直視し得ない限り、患者は患者であることを自己放棄する以外にないであろうし、原爆に被爆した歴史的現実でさえ、それは被爆でさえなく、過去に遠ざかったひとつの災難として葬りさられる運命をはらむことになるであろう。(118)

山田かんが、天皇の戦争責任や「天皇制の反国民的体質」を論じる背後には、「被害民衆が何ゆえにこうして自身があらねばならないのか」を突き詰めようとする意図があった。天皇の責任を不問に付し、「大御心」への「感謝と感激」に浸ることは、被爆体験を「その根源にまでさかのぼって直視」することを阻み、思考停止をもたらすことになる。山田かんの天皇(制)批判は、被爆体験を掘り下げようとする意志に根差していた。

こうした議論は、山田かんに限るものではなかった。同じく『長崎の証言』第四集(一九七二年)には山田和明「私のなかの原爆と天皇陛下」が掲載されたが、そこでも書き手の被爆体験に根差した天皇制への違和感が綴られていた。

同様の問題意識は、栗原貞子にも見られた。栗原は一九七二年の論考「被爆者にとっての天皇」のなかで、前年の天皇の広島訪問に言及しながら、「被爆者を無視して来た天皇が、積極的に来広する意図は何なのだ。天皇の戦争責任をゆるすわけには行かない」「多くの費用を使って訪問するより、被爆者の援護に使ったらどうか。持っている土地や財産を投げ出して償ってほしい」という意見が広島で見られたことを好意的に紹介している。さらに栗原は、「天皇絶対を普遍的原理として他民族に強制し、暗黒支配をゆるした加担者としての私たちは、戦後は強制連行の裏返しである出入国管理法によって、かつての皇民の往来の自由を阻み、同じ被爆者である朝鮮人を見殺しにさせている」と記し、天皇制と加害責任、そして在韓被爆者の問題を関連づけて議論していた[119]。

「やむを得ない」発言

これらの議論の背後には、天皇訪欧と、それにともなう天皇の戦争責任論の盛り上がりがあった。一九七一年九月から一〇月にかけて、天皇はヨーロッパ諸国を歴訪した。そこで直面したのは、戦

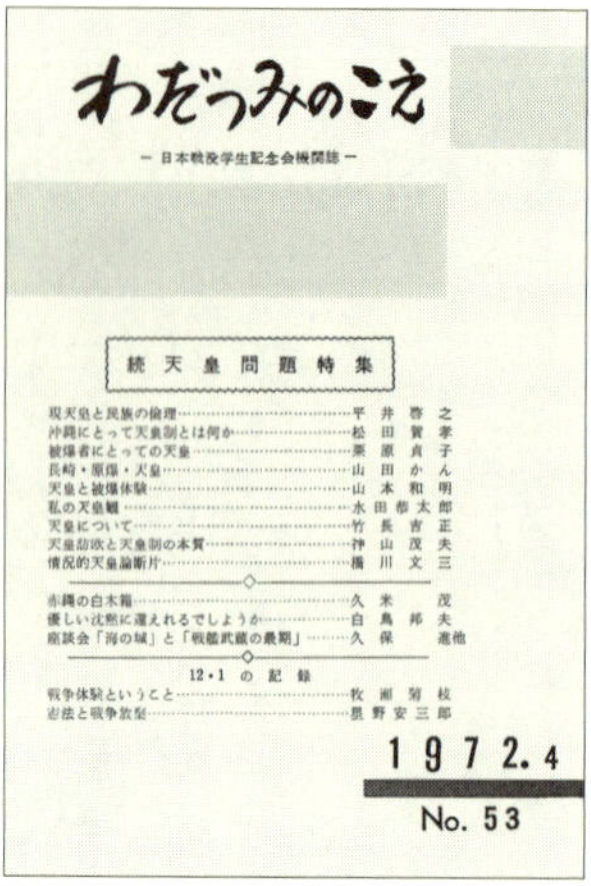

日本戦没学生記念会機関誌『わだつみのこえ』第53号（続天皇問題特集号，1972年４月）山田かんや栗原貞子も寄稿している。

争責任を追及する人々の声であった。オランダでは、過酷な労働に従事させられた元日本軍捕虜を中心に、約二〇〇名が天皇訪問阻止を叫んだ。ホテル前には「父を返せ」「この断末魔の声を聞け」などのプラカードを持つ数百名の若者が集まり、日章旗が焼かれた。ベルギーでは天皇・皇后が乗る自動車に生卵が投げつけられ、イギリスでは、天皇が記念植樹した杉の木が翌日には切り倒されていた。各国政府は狼狽し、万全を期すために天皇・皇后の血液型を知らせてほしいと日本政府に要望したほどであった。

この出来事は、日本の知識人にも衝撃を与えた。日本戦没学生記念会では、これを機に、事務局長・渡辺清を中心に天皇の戦争責任問題に積極的に取り組むようになった。機関誌『わだつみのこえ』では、一九七一年一一月から六年にわたり一一号続けて、この問題の特集を組んだ。これは社会的にも大きな反響を呼んだ[120]。「天皇問題」を初めて特集した第五二号（一九七一年一一月）は、非会員の購入も相次ぎ、約一年の間に四度の増刷を重ねた。「続天皇問題特集」を盛り込んだ第五三号（一九七二年四月）や「続々天皇問題特集」を組んだ第五四号（一九七二年一一月）も刊行後一年足らずで増刷されている[121]。

広島・長崎における天皇の戦争責任追及や天皇制批判も、こうした潮流の影響を受けていた。『長崎の証言』第四集（一九七二年）所収の山田かん「長崎・戦後基点の虚妄」や山田和明「私のなかの原爆と天皇陛下」も、もともとは、『わだつみのこえ』第五三号（「続天皇問題特集」号）に発表された文章に加筆されたものだった。[122] 先にあげた栗原貞子の論考「被爆者にとっての天皇」も、『わだつみのこえ』同号に発表されていた。

　これらの議論は、一九七五年ごろになると、さらなる過熱を見せた。一九七五年一〇月三一日、天皇はアメリカ訪問から帰国した。その記者会見の場で、広島・中国放送記者にアメリカによる原爆投下について問われた際、天皇は次のように発言していた――「この原子爆弾が投下されたことについて遺憾に思っていますが、こういう戦争中であることですから、広島市民に対しては気の毒ですが、

中國新聞
悲しかった第二次大戦
天皇・皇后両陛下、記者団とご会見
広島市民 気の毒だが
原爆やむを得まい
「戦争」ですれ違い
ご真意十分うかがえず

『中国新聞』1975年11月１日

やむを得ないことと私は思っております」。また、自らの戦争責任の問題に話題が及んだ際にも、「そういうことばのアヤについて、私は文学方面はあまり研究しておりませんので、よくわかりませんから、そういう問題にはお答えできません」と語っていた。[123]

　これに対する広島の被爆者の違和感は大きかった。『中国新聞』（一九七五年一一月一日、夕刊）では、広島原爆病院の患者の声として「やむを得ないとすませばそれまでだが……。もう少し言いようがあったように思う。いかに戦争中といえども原爆は許される兵器ではない。被爆者への温かさがほしい」「陛下としての立場で、めったなことは発言出来ないのでしょうけ

ど、被爆者として感激出来る言葉ではない。陛下は原爆のことをよくわかっておられないのではないか。被爆者の難儀は被爆者にしかわからんのかも……」という感想が漏れていたことが報じられていた。[124]

栗原貞子も、『長崎の証言』第八集(一九七六年)に寄せた「天皇の原爆発言と被爆者」のなかで、以下のように書きつけ、天皇発言への不快感をあらわにしている。

天皇には悲惨のうちに悶死した三十万の原爆死者のことも、小頭症患者のいたましい三十年も、放射能におびえて生きる四十万の生存被爆者のことも思い浮かばなかったのだろう。「こういう戦争中のことですから……」とは、どのようにして始まった、どのような性質の戦争だったのだろう。

「戦争中のこととしてやむを得なかった」としてアメリカの原爆投下責任をゆるし、原爆投下にいたらしめた十五年戦争への天皇自身の戦争責任についても何の反省も示されなかったのである。[125]

日本戦没学生記念会が主導した「天皇の戦争責任」論のインパクトと、一九七五年の天皇発言への不快感が折り重なるなか、原爆投下にまつわる天皇の責任が焦点化されていったのである。それは、戦後も被爆の後遺症に苦悩する人々にとって、その根本的な原因を問いただそうとするものであった。

正典化への違和感

『長崎の証言』を中心として議論が盛り上がりを見せる一方で、「証言」の語り方やその収集の仕方に微妙な違和感を抱くむきもあった。

秋月辰一郎は、座談会「長崎の証言運動の展望を語る」（一九七八年）のなかで、「少くとも人が読めるものに仕あげねば。ぼくにはどうも『長崎の証言』にのるものも単なるくり返しという印象が強くて……」と語っていた[126]。

山田かんも、後年ではあるが、一九九九年に「長崎の証言」の活動を振り返りながら、こう述べている――「「証言の会」の活動は、今まで沈黙していた人たちに口を開かせて、そのような層まで含めて広げていこうとしていますが、そのところがちょっとわからない。「証言の会」そのものは、長い活動の上にひとつの歴史性をもっています。しかし、第一次資料的な証言は出尽くしています。そこに、いわく言いがたいものがあります[127]」。

秋月や山田が意識していたのは、多くの証言が発掘される一方で、それがともすれば語りの「型」を生みだし、定型化の傾向を帯びがちなことへの懸念であった。また、無理を押して証言を得ようとすることに対しても、山田かんは一種の暴力を感じとっていた。

山田かんはさらに、証言を過度に重んじることの危うさを、次のように指摘している。

五十数年という時間の摩耗そのものが質的なものを変化させている。他人の経験が、気づかないうちに自身に重なってしまうということもあります。記憶の中で混入してしまっていつの間にか変化してしまう。未経験が経験となってしまうことは、この情報社会の中で当然あり得ることです。これも、証言運動の難しさのひとつだと思います[128]。

体験者といえども、歳月の経過による記憶の摩耗には抗いがたい。また、多くの証言記録があふれるなか、「未経験が経験となってしまう」ことも、決して珍しいことではない。山田かんは、「記憶」「証言」をめぐるこれらの問題にも自覚的であった[129]。

「原爆文献を読む会」と断絶

だが、これとはまた異なる形で、被爆体験に距離をとる動きも見られた。大学紛争が激化するなか、学生運動に熱心な若者たちは、しばしば、被爆体験を運動に従属すべきものとして捉えた。なかでも、「原爆文献を読む会」の機関誌には、そうした意見が多く見られた。

「原爆文献を読む会」は、のちに『原爆文学史』(風媒社、一九七三年)をまとめる長岡弘芳が、千葉で発足させたものである。一九三二年に東京で生まれた長岡は、被爆体験は持っていなかったが、原爆文学につよい関心を抱いていた。「若い人たちが始めた《千葉べ平連》の動きにもまきこまれ」た長岡は、「自分にできる範囲を少しはひろげるべく」、一九六八年に「原爆文献を読む会」を組織した[130]。この会は、「月に一度集まって文献を読む。そのことを通じ、夏だけのお祭りだと言われていた原爆の事実が、各人のなかに相応に積み重なる。それだけでもいいじゃないか」という思いから始められたものであり[131]、山代巴編『この世界の片隅で』(岩波新書、一九六五年)や広島市原爆体験記刊行会編『原爆体験記』(朝日新聞社、一九六五年)、栗原貞子『私は広島を証言する』(詩集刊行の会、一九六七年)などの輪読・合評を定期的に行なっていた。しかし、学生運動に熱心な若者が多く参加したことあり、しばしば政治主義的な議論が繰り広げられた。
東大闘争で検挙された経験を持つ佐藤博史は、『原爆文献を読む会会報』第四号（一九六九年七月）に寄せた「怒りを共有する者にとってヒロシマとは何か――東大闘争の中から」のなかで、次のように述べている。

「あの日私は広島に居た」というだけで「被爆者」の言葉が重みを持つかのような幻想から僕たちは脱け出さなければならない。自己の〈被爆体験〉を闘いの中で日々新たな〈体験〉として甦えらすことを放棄した、眠ってしまった「被爆者」たちが、時々寝言のように「あの日」のことを語り、それをとり巻く人間どもが、その言葉を砂の中に見つけた砂金のごとく追いまわすということほど、闘いに無縁なものはない[132]。

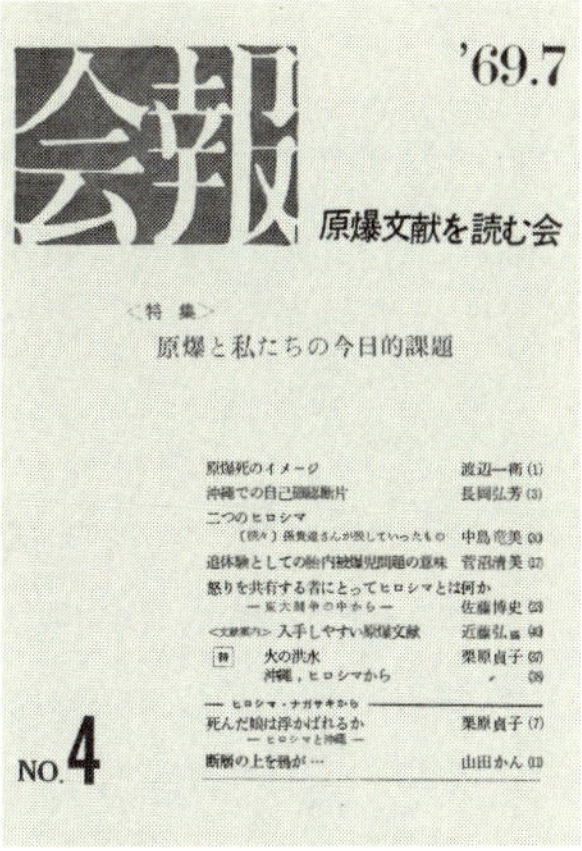

『原爆文献を読む会会報』第４号
（1969年７月）

佐藤は、「「あの日私は広島に居た」というだけで「被爆者」の言葉が重みを持つかのような幻想」への不愉快さとともに、「自己の〈被爆体験〉を闘いの中で日々新たな〈体験〉として甦えら」せることの必要性を説いている。それゆえに、佐藤にとって、被爆者の体験の語りは、ときに「寝言のように」感じられ、被爆者証言収集の活動も、「砂の中に見つけた砂金のごとく追いまわす」ものでしかなかった。

そこにあったのは、「運動」や「闘い」を重んじる姿勢であった。

原水禁運動はなによりも〈運動〉でなければならないのであり、それ故〈運動〉として前進してゆくなら、それは固定した「被爆者」などいつかはのり越え、さらに先へと進んでゆくべきものとしてあるだろう。そして運動が闘いとしてあるのなら、参加者一人ひとりは常に運動全体と自己の間に緊張関係を持ち続けているはずであるし、「被爆者」も闘いの中で自己変革を遂げてゆくだろう[133]。

運動を前進させるうえでは、「固定した「被爆者」など」は乗り越えていかねばならず、また、被爆者自身も「闘いの中で自己変革を遂げ」てゆかねばならない。そこでは、被爆体験は原水禁運動を進めるうえで、必ずしも重視されるべきものではない。むしろ、体験の理解の仕方そのものを、運動との関わりのなかで変えていくべきことが主張されている。

当然ながら、佐藤にとって、被爆体験や戦争体験は、是が非でも継承すべきものではなかった。佐藤は、『原爆文献を読む会会報』第六号（一九七〇年四月）に掲載された「アンケート　戦争・原爆体験の継承について」のなかで、次のように回答している。

戦争体験の継承とは二重の意味で形容矛盾だと考える。戦争体験の名に値いする全的体験は常に現在の時点に立つ者らにより検証され構築され続けなければならぬのであるから、それはそもそも継承の対象ではないし、また戦争体験を個人体験としてとらえるのならば、その継承は不可能さらに不必要といわざるを得ない[134]。

「体験の継承」に不信感を抱く議論は、何も佐藤に限らなかった。同じく「アンケート 戦争・原爆体験の継承について」のなかで、学生会員の淵脇耕一は「ほんとうに兵士たちは戦争を闘ったのだろうか。それは国家のあるいは民族の闘いではなく、ひたすら妻や子という私生活的な情動の振幅において、暗いある漠とした感情に支配された「闘い」ではなかったのだろうか。〔中略〕そのような体験を継承するほど現代のわれわれはヒマではない」と述べていた[135]。

もっとも、「継承」の拒絶の強調は、彼らが体験者に威圧感や引け目を感じていたことの裏返しでもあった。一九六九年七月に開かれた「原爆文献を読む会」の討論会のなかで、ある学生会員は次のように発言していた。

ぼくは被爆体験をしていないということについてひけ目を感じていたが、四月二八日を前に広島に行ってみて少しもひけ目を感じることはないと思った。体験は継承されるものではない。ぼくたち自身の体験から原爆をとらえていかなければならない。今日、真の意味で戦争に反対しているのはぼくたちだという自信をもたなければならないと思った。今のおとなが、〝君等は戦争の体験者ではない〟とえらぶったいい方をする。が、おとなは何もやっていない[136]。

彼らは、「被爆体験をしていないということについて」の「ひけ目」や「今のおとなが、〝君等は戦争の体験者ではない〟とえらぶったいい方をする」ことをつよく感じていた。それは、彼らが「継承」をめざす限り、体験者や「今のおとな」に永遠に従属しなければならないことを意味していた。そのことへの不快感もあって、彼らは「ぼくたち自身の体験から原爆をとらえ」ようとし、そのゆえに「体験は継承されるものではない」という結論を得るに至ったのである。

この種の議論は、「原爆文献を読む会」に限らず、当時の戦争体験論にしばしばみられた。序章でもふれたように、日本戦没学生記念会でも、学生運動や反戦運動に熱心な若い世代は、「体験の継承」を否認し、その時々の運動や政治主義にあわせて体験を読み換えていくことを主張した。その背後には、「戦争体験を持っている人たちが発言すると、こちらはとっても発言しにくくなる」と感じてしまうような戦中派の圧迫感もあった。「原爆文献を読む会」における学生層の議論も、こうした潮流に沿うものであった。

もっとも、学生会員の動向は、長岡弘芳が目指したものとは異なっていた。長岡は政治主義が先行する議論のあり方を好ましく思っていなかった。長岡は、『原爆文献を読む会会報』第四号（一九六九年）に寄せた文章のなかでこう記している。

七〇年安保、沖縄奪還・解放もいい、霞ヶ関解放区の実現もいい、必要だろう。また平和運動・原水禁運動と被爆者救援運動との両輪説も、あながち間違いではなかっただろう。しかしそれらの網の目から洩れた部分、大問題ではないが、人間が人間らしくあり得べきための、人間一個のいのちを何ものにもかえがたく大切にしてゆくといった、だから網の目から洩れた部分を僅かながら埋めてゆく、そうした方向が、貧弱なこの私に出来る仕事であろうかと思うのだ。(137)

やみくもに政治主義や運動に走るのではなく、「月に一度集まって文献を読む。そのことを通じ、夏だけのお祭りだと言われていた原爆の事実が、各人のなかに相応に積み重なる。それだけでもいいじゃないか」というのが、この会を発足させた長岡の意図であった。一九六九年に行なわれた合宿討論会においても、長岡は、「読むだけじゃむろんしょうがないが、さりとてゲバ棒もって先頭に立つのがこの会の第一義だとは毛頭思わない。もう一度ノラクライズムを強調しとこうと思う」と発言していた(138)。

だが、若い世代は長岡の姿勢に苛立ちを募らせていた。この長岡の発言に対して、反戦運動や学生運動に近い者からは、「そういうけど今度の佐藤訪米は、本土の沖縄化を狙ってる。そうなら文献の会としては精一杯のアピールを試みることが必要だろう」「会の現状は教養主義以外の何ものでもない」という反論が出されていた(139)。

そうしたなか、長岡はこの会のなかで孤立感を抱くようになった。そのときの心境を、長岡はのちにこう綴っている。

次第に私の思惑をこえて動いてゆく若い人たちを、例えば読み続けることも一つの思想運動ではないのかと、強引に説得することは、とても私には出来なかった。私は今でもそうであるように、非力であり無能であり小心であった。念のために書き添えるが、《読む会》の若い人たちが歩み出そうとした方向も一つのあり方であろう。そうだとしても、ある程度自分の力のほども判っている私としては、彼らにすっかり、ついてゆけなかったのである(140)。

こうした思いもあって、長岡は「原爆文献を読む会」を組織して三年ほどのちに、そこを離れることとなった。

「体験の現在」と「継承」

若い世代との齟齬は、広島でも多少は見られた。栗原貞子は、「被爆者青年同盟の軌跡」（一九七一年）のなかで、被爆者青年同盟（一九七〇年結成）への批判を綴っていた。栗原は、「ヒロシマは日帝アジア侵略の行きついた場所であり、日帝の破滅の最も悲惨な姿である」「被爆者は城内平和の加担者であり、その破滅のいやしがたい犠牲者であると言う自己矛盾の中で、戦時中に生きているかの如く生きて来たのは当然である」という被爆者青年同盟のアピール（八・六ヒロシマ反戦集会、一九七〇年）を引きながら、次のように記している。[141]

被青同〔被爆者青年同盟〕は、侵略戦争に加担した被爆者の戦争責任を追及するに急なあまり、原爆投下を当然化し、アメリカの原爆犯罪への追及が見られないのは、既成の運動と対照的である。原爆投下が日帝のアジア侵略の当然の帰結であり、そのむくいであるとするならば、なぜ戦争犯罪者たちが生き残り、戦闘員の十数倍にのぼる非戦闘員の女や子どもや老人が、焼き殺されねばならなかったのか。今なお続く放射能障害も、戦争協力のむくいとして生命ある限りおびえ苦しまねばならないというのであろうか。[142]

そこには、「加害責任」の追及のゆえに、被爆当事者の苦悶や原爆投下者への責任追及が見落とされることへの懸念が綴られていた。

とはいえ、広島や長崎では、「原爆文献を読む会」ほどの世代間の軋轢は見られなかった。少なくとも、言説のレベルにおいては、この種の問題が焦点化されることは少なかった。一九七一年七月、『中国新聞』は特集「〝戦無派〟のヒロシマ」（全七回）を連載した。[143] そこで着目されていたのは、若者と体験者のギャップではなく、むしろ彼らの被爆体験への関心やその背景であった。企画趣旨でも、「原体験の〝風化〟がいわれ、ヒロシマ、ナガサキが追憶のかなたにうすれようとする」なか、「これをあくまで拒否」する若い世代に注目し、「〝戦無派〟と呼ばれ、戦争体験を持たぬ彼らを「ヒロシマ」へかりたてるものは何か」を探ることが、その目的に掲げられていた。同じく一九七一年に刊行された中国新聞社編『ヒロシマ・25年――広島の記録3』でも、世代間のギャップへの目立った言及はなく、刊行の背景でもこのことが念頭に置かれていたわけではなかった。

『長崎の証言』やその後継誌である『ヒロシマ・ナガサキの証言』でも同様であった。先述のように、『長崎の証言』創刊の背景には、戦争体験や被爆体験の断絶に対する懸念があった。だが、その後の誌面では、世代間の断絶や軋轢が表面化することはなかった。

その点で、広島・長崎の被爆体験言説は、同時期のわだつみ会の議論とは大きく異なっていた。序章でも言及したとおり、当時のわだつみ会は、会員の世代間の対立が著しく、戦中派とそれ以下の世代の対話がいっこうに進まない状況にあった。わだつみ像破壊事件についても議論がまとまらず、会としての統一見解すら打ち出せなかった。[144] しかし、広島や長崎の場合は、それとは状況を異にしていた。たしかに、「断絶」に対する不安感は垣間見られたが、世代間の軋轢や葛藤が焦点化されることは少なかった。栗原は前記のように、「被爆者青年同盟の軌跡」（一九七一年）のなかで被爆者青年同盟に対する一抹の違和感を綴ってはいたが、同じ論考のなかで、この組織による天皇の戦争責任追及の動きについては、高く評価していた。その意味で、広島・長崎では、わだつみ会や「原爆文献を読む会」に比べれば、世代間の対話はそれなりに成り立っていた。

だとしたら、それはなぜなのか。その理由としては、被爆体験が「過去」のみならず「現在」の問題でもあったことが大きかった。一般に戦争体験という場合、沖縄戦体験や南方戦線の体験など、あくまで過去に根ざした経験を指している。しかし、被爆体験は、原爆投下時の体験に限られるものではない。それは、後遺症や被爆者援護など、体験者にとっての「現在」の問題をも含んでいた。しかも、それは被爆体験者のみの問題ではない。胎内被爆者や被爆二世もときに同様の問題を抱えていた。

それだけに、証言を聞き取るということは、被爆者たちの過去だけではなく、現在の困苦を聞き取ることでもあった。中国新聞社編『炎の日から20年――広島の記録2』（一九六六年）では、「原爆症二十年」と題した章が設けられ、ケロイド・白血病・ガンの問題や、それらにともなう経済的・精神的な苦痛が記されていた。『長崎の証言』でも、被爆二世や原爆小頭児の親たちの手記・対談がしばしば特集されたほか、(145) 広島・長崎の証言の会編『広島・長崎30年の証言（上）』（一九七五年）でも「30年を生きて今――被爆者30年目の証言」と題した章が設けられ、そこに六名の記録が収められていた。

当事者の困苦が綴られたこれらの記録は、彼らに対する支援・援護をどう実現するかという問題意識と結びついていた。広瀬方人「被爆二世の生と死」（『広島・長崎30年の証言（上）』所収）では、被爆二世や胎内被爆者に対する国の医療保障や健康管理の必要性が指摘されていた。同じく『広島・長崎30年の証言（上）』に収められた文沢隆一「胎内被爆から三十年」でも、胎内被爆障害者の親たちが他界しつつある状況をふまえながら、彼らに対する終身保障や援護のあり方が議論されていた。

そして、その延長にはしばしば、「反核」や「戦争批判」が見出されていた。広瀬の文章には「被爆者がわが子にその体験を語り継ぐことは、核時代のはじまりを原爆という悲惨な形で体験した者の責務であり、それを受け継ぐことはまた、被爆二世の義務であると私は思う」と記されている。(146) 文沢隆一も先の論考のなかで、「補償要求の心底」には「責任の果せない者に原水爆禁止はあり得ないのである。その責任を果たすために保障《（ママ）》を要求するので、物乞いではない」という意識があることを述べている。(147) 被爆体験の「現在」を聞き取ることは、当事者たちの生活改善や医療支援を考えることにつながり、さらに、そうした事態を招いたものに対する責任追及の意図も込められていたのである。(148)

その意味で、「原爆文献を読む」ことと「証言を聴く」こととは、やや異なっていた。原爆文献があくまで過去に書かれたものであった以上、それを「読む」ことはすなわち、過去の体験や記憶を汲みとろうとすることであって、「現在」の運動に直結すべきものではなかった。長岡芳弘は「読む」ことの目的として、「夏だけのお祭りだと言われていた原爆の事実が、各人のなかに相応に積み重なる。それだけでもいいじゃないか」と考えていたが、それは「ゲバ棒もって先頭に立つ」こととは別個のものとして位置づけられていた。しかし、反戦運動や政治運動に近い若者たちにしてみれば、「原爆文献」はいくらか参照の対象にはなっても、現時点の政治課題に直結するものではなかった。会に集う若者たちは、「読む」に留まることへの物足りなさを感じ、「会の現状は教養主義以外の何ものでもない」という思いを抱くにいたった。

それに対し、「証言を聴く」ことは、過去の体験と同時に、いま現在の問題についても聞き出すことであった。被爆者や被爆二世の証言記録は、社会的な援護・支援のあり方を考え、その充実を訴えることにつながった。在韓被爆者の証言は、彼らに対する医療・補償の問題と同時に、日本の「加害責任」の追及にもつながり得た。そして、これらの延長で、反戦・反核運動を考えることができた。「原爆文献を読む」ことに比べると、「証言を聴く」ことは、政治運動・反戦運動との垣根が低かった。そこでは体験に寄り添うことと運動を志向することは、さほど遠いものではなかったのである。

被爆体験も戦場体験もない鎌田定夫が「長崎の証言」の収集に関心を抱いたことにも、そのことが関わっていた。前述のように、鎌田は、学生時代からの反戦平和運動の延長で、証言の掘り起しに行き着いた。それが可能になったのは、被爆体験の証言を「聴く」ということが、被爆者たちの現在を問うことでもあったからである。彼らの現在を理解することは、援護・支援について考え、彼らの現状を招いた要因を批判的に問いただすことにつながる。その点で、学生反戦運動と「証言を聴く」行為は接続可能なものであった。そうした状況は、「戦争体験に固執する戦中派」と「政治主義に走ろうとする戦後派・戦無派」とのあいだで対話が成立しなかったわだつみ会とは、全く異質なものであった。

「証言」の背後の「忘却」

だが、証言収集が盛り上がりを見せる一方で、後景に退けられた論点があったことも見落すべきではない。たとえば、体験と政治の距離をめぐる問題は、その一例であろう。本章冒頭でもふれたように、栗原貞子と松元寛は、体験や政治との距離の取り方をめぐって論争をしていた。また、前章で紹介したとおり、福田須磨子「ひとりごと」の評価をめぐって、『芽だち』誌上で論争が展開されたが、それも「体験にこだわること」と「体験を政治に結び付ける」こととの裂け目を浮き彫りにしていた。しかし、その後、広島や長崎でこれらの問題が掘り下げられることはなかった。栗原と松元の論争は、彼らの範囲を超えて議論が広がることはなかった。「ひとりごと」論争にしても、その論点が『長崎の証言』などで積極的に扱われることはなかった。

それは、被爆体験を聞き取ることが政治運動につながりやすかったためでもあった。体験と運動のあいだに何らかの齟齬が見出されているのであれば、両者の関係を問う必要性が生じてくる。わだつみ会では、安田武らが「体験」に対する「政治」の侵入を拒もうとし、そのことから、体験と政治をめぐる激しい世代間闘争が生じた。沖縄でも、大城立裕らが政治主義に頼らないかたちで戦争体験や戦争責任を考えることをめざした。それは、沖縄戦体験と反米闘争・土地闘争を接続しようとした当時の琉大生らとのあいだに論争を惹起した。しかし、被爆体験は過去の体験であると同時に、現在の体験でもあった。それゆえに、被爆体験を語ることは、現在的な政治課題に結び付きやすかった[149]。当然ながら、そこでは体験と政治の関係を改めて問い直すという議題設定は、生じにくかった。

また、自らの過去を問い直しながら被爆体験論のあり方を考える議論も、広島や長崎では、さほど見られなかった。

戦後日本の戦争体験論を見渡してみると、自らの過誤や悔恨を直視しながら、戦争体験をめぐる議論のあり方を構想しようとする議論は決して少なくはなかった。第二章でも述べたように、大城立裕は「戦中派として軍国主義に染まってしまった悔しさ」や「軍国主義の教育のなかで「自分の頭で考える能力」を去勢されていた」という思いを起点に、戦争体験や戦後沖縄を論じていった。渡辺清は、一九七〇年ごろから天皇批判の文章を多く綴るようになったが、それは、天皇を信じ切っていた自らの責任をも問いただすものであった。

しかし、同様の議論は、広島・長崎ではあまり見られなかった。たしかに、山田かんは、第四章でも記したように、父親の戦争賛美や山田かん自身が勤労動員で手榴弾製造にあたったことを振り返りながら、被爆体験を「加害」との関わりで捉え返そうとした。そのほかにも、被爆体験者の証言記録のなかには、被爆時に知人や近親者を置き去りにしたことの悔恨はよく見られる。しかし、自らの戦時期の思考や戦争協力の問題を焦点化しながら被爆体験を論じた議論は、広島・長崎の知識人においては総じて少なかったように思われる。栗原貞子や松元寛の議論には、「被害」と「加害」の問題を横断的にとらえようとする傾向は見られたが、自らの戦時期の行為については、ほとんど言及することはなかった。(150)『長崎の証言』においても、先の大城立裕や渡辺清に連なるような議論は、ほとんど見られなかった。

そこにも、被爆体験論が、過去だけでなく現在をも問うものであったことが関わっていたように思われる。大城立裕にせよ渡辺清にせよ、あるいは安田武にせよ、戦争体験にこだわった戦中派イデオローグは、自らの過去を直視しようとしたがゆえに、その議論には自責や悔恨の念がつきまとっていた。戦争体験を論じることは、しばしば自らの苦い過去に向き合い、自己を責めることにつながっていた。それに対し、被爆体験を論じることは、現在を問うことでもあった。そこでは、戦時期の自己の苦い過去に向き合うことは、相対的に限られていた。

被爆体験言説の「現在」志向は、政治運動に熱心な若者と体験者との断絶を抑え、若者たちにも証言への関心を引き出すことになった。戦後派・戦無派世代が戦争体験から距離をとろうとしたわだつみ会の場合とは異なり、被爆体験の証言収集には、戦後派・戦無派世代も積極的に関わった。鎌田定夫のように、被爆体験を持たない者が、証言収集活動の中心になるということさえあった。しかし、その「現在」志向のゆえに、「自らの過去を問いただす」という姿勢はやや薄れがちだった。被爆体験論は、若い世代との連帯を可能にしやすかった反面、「自己への問い」を捨象しがちな危うさも帯びていたのである。

結論

かつて家並が建てこんでいた狭い道筋、露地、袋小路——人間の生活のいきれの立ちこめていた道は、現在の平和公園において、かき消されている。公園の道は、かつて人々が体を寄せ合って住んでいた家の居間を、台所を、店の土間を、情容赦もなく貫いて、優美な曲線を描いて交錯している。

——松元寛『わがまち、ひろしま』[1]

終章　沖縄・広島・長崎に映る戦後——「断絶」と「継承」の錯綜

本書ではこれまで、戦後日本との対比も念頭に置きながら、沖縄や広島、長崎における戦争体験論の変容プロセスを概観してきた。そこには共時的にも通時的にもさまざまな断絶や差異、捩《ね》じれが見られた。議論そのものは一見、似通っていたとしても、その力学や社会背景にはしばしば違いが見られた。終章では、以上の議論を改めて整理し、体験を語る力学の位相差や、そこに浮かび上がる「戦争の語り」のポリティクスについて、考察したい。

戦後初期と体験記ブーム

第一部・二部を通して明らかになったのは、沖縄や広島、長崎では、戦争体験論が生み出される力学や背景が、戦後日本の場合とまったく異なっていたことである。

沖縄では、一九五〇年代初頭に、沖縄タイムス社編『鉄の暴風』（一九五〇年）、仲宗根政善『沖縄の悲劇』（一九五一年）、大田昌秀・外間守善編『沖縄健児隊』（一九五三年）といった戦争体験記が発刊され、第一次沖縄戦記ブームの様相を呈した。その背後にあったのは、旧日本兵らによる沖縄戦記への不快感であった。

古川成美『沖縄の最後』（一九四七年）・『死生の門』（一九四九年）や宮永次雄『沖縄俘虜記』（一九四九年）は、あくまで日本兵の沖縄戦体験記であっただけに、沖縄住民が体験したものとは大きな相違があった。石野径一郎『ひめゆりの塔』（一九五〇年）など沖縄戦を題材にした小説もあらわれたが、これも事実に基づくものではなく、「ひめゆり」の少女たちの悲哀と美談が際立つきらいがあった。それは、地上戦のなかを逃げまどいながら、表現しがたい煩悶や自責の念を抱いた仲宗根政善にしてみれば、空疎なものにしか見えなかった。日本本土での沖縄戦記発刊をめぐるこうした違和感が、沖縄での体験記刊行につながった。

もっとも、本土の戦記ブームに沿う形で発刊された沖縄住民の体験記も見られた。GHQの占領終結にともない、日本本土では占領軍批判や東京裁判批判など、それまで抑え込まれていた言説が一気に噴出した。そのなかで、戦記出版が盛り上がりを見せていたが、『沖縄健児隊』（一九五三年）はこうした流れのなかで、戦記出版大手の日本出版協同から刊行された。

しかし、そこにも、本土と沖縄のギャップを見ることができた。同書が戦記ブームのなかで発刊されたとはいえ、そこには沖縄住民に対する日本軍の暴力が記されており、戦時のあり方を肯定したり懐古したりするものではなかった。また、『沖縄健児隊』が沖縄メディアで紹介されるうえでは、「沖縄が払った犠牲」が強調されるむきがあった。だが、これも、単に日本に対する沖縄の献身や日本ナショナリズムへの共感が主張されたわけではない。むしろ、そこには本土復帰の願望があった。それは裏を返せば、一九五二年のサンフランシスコ講和条約発効にともない、沖縄を切り捨てる形で独立を果たした本土への違和感に根差していた。

同様のことは、広島や長崎にも見ることができた。一九四〇年代末には、『長崎の鐘』をはじめとする永井隆の一連の著作が刊行され、全国的なベストセラーを記録した。そこでは、原爆投下は「神の摂理」として位置づけられ、被爆者や死者たちは、神に捧げられた敬虔な犠牲とみなされた。それは、GHQの占領下にあって、神の名の下に原爆を投下したアメリカを肯定するものであった。こうした原爆観は、映画『長崎の鐘』(一九五一年)のヒットとも相まって、全国的に広く流通した。

この認識は長崎でも広く共有されたが、そこでの受容は必ずしも被爆体験を「神の摂理」とみなすにとどまっていたわけではない。むしろ、原爆を神の摂理とする論理に頼らざるを得ないほどに、体験が重く、そして、その意味づけが困難であることも浮かび上がっていた。

このことは、広島・長崎の原爆被災日イベントにもうかがうことができた。戦後初期の「八・六」「八・九」は、花火大会や仮装行列が催され、花電車が運行されるなど、祝祭的な色彩を帯びていた。それらは現在の観点からすれば、不謹慎にも見えるかもしれない。だが、むしろそこには、過去を直視できないほどの体験の重さを垣間見ることができた。金井利博は、この種のイベントについて、「原爆体験者の身になつてみれば、あんなイヤなことをいまさら想い出そうより忘れようとしてのドンチャンさわぎ、無理からぬ一種の逃避、いや或意味の心理的な抵抗」「あれを体験した者は、あんなけつたいな追憶と真正面から取つ組むことに、今でも何ほどかの心理的な努力がいるんだ、と口をゆがめる」と語っていたが、戦後初期の「お祭り騒ぎ」の背後には、被爆当事者の表現しがたいこれらの心情があったのである。

GHQの占領が終結し、一九五五年ごろから原水禁運動が盛り上がるようになると、原爆関連の出版物は全国的に刊行点数が急増した。広島・長崎でも体験記や原爆文学の発刊が相次ぎ、地元文芸誌で被爆体験が議論されることも急速に増えるようになった。

これらの状況は、被爆当事者たちに希望や連帯感をもたらした。第五章でもふれたように、それまで彼らは非被爆者の無理解もあって、自らの体験について黙しがちであった。しかし、原水爆禁止運動が全国的に高揚するなか、彼らも公《おおやけ》の場で発言することが多くなり、被爆者同士の連帯も生まれていった。

とはいえ、こうした動きにやりきれなさを覚えた当事者がいたことも、また事実であった。一九五三年の第一次原爆文学論争において、志条みよ子は「あんなむごたらしい地獄絵図なんか、もはや見たくも聞きたくもない」「もうそろそろ地獄の絵を描いたり、地獄の文章ばかりをひねり上げることからは卒業してもいいのではないか」と述べ、原爆の語りがあふれることへの嫌悪感をあらわにした。そこにあったのは、過去を想起するにも強度の心理的負担を感じるほどの被爆体験の重さだった。被爆体験記が多く出され、被爆者たちの連帯が叫ばれる一方で、そこにやるせなさや鬱屈、孤立感を抱かざるを得ない当事者もまた存在していたのである。彼らに対し、「被爆者は声をあげなければならない」という主張がなされることもあったが、むしろ、そこに堪え難さを感じてしまうほどの体験の重さをこそ、読みとるべきではないだろうか。

六〇年代末の戦記の高揚

体験の語りを生みだす磁場の相違は、その後も顕著に見られた。奇しくも、一九六〇年代末は、日本における戦記ブームであったのと同時に、沖縄戦記や被爆体験記の発刊もひとつのピークを迎えていた。しかし、議論を突き動かしていたものは、それぞれ異なっていた。

当時の日本の戦記ブームの要因として大きかったのは、世代間の軋轢であった。序章で述べたとおり、戦中派世代は戦後派・戦無派世代の批判にさらされていた。戦中派は戦争体験にこだわり、しばしば安易な政治主義への流用を嫌悪した。それに対し、反戦・平和運動への志向がつよかった戦後派・戦無派には、戦中派が自らの体験を占有し、それを振りかざしているかのように映った。それゆえに、彼らは戦中派の姿勢を「体験に閉じこもっている」と批判し、若い世代の観点から戦争体験を流用することを主張した。こうした状況に由来する戦中派の疎外感は、戦中派アイデンティティの模索につながった。そのことは、戦友会創設件数の伸びにつながると同時に、『あゝ同期の桜』（一九六六年）や『青春の遺書――予科練戦没者の手記』（一九六八年）といった遺稿集の相次ぐ発刊を促した。

それに対し、沖縄戦記の発刊を突き動かしたのは、沖縄返還のあり方に対する反感であった。一九六〇年代後半になって沖縄返還は現実味を帯びるようになったが、他方で広大な米軍基地が引き続き残されることも明らかになった。この事態は、それまでの「祖国復帰」の幻想を打ち砕き、日本と沖縄の関係を問い直すことにつながった。そのことが、戦後沖縄の起点である沖縄戦体験への社会的関心を生みだした。沖縄本島の南部・中部・北部、あるいは離島で、住民がいかなる体験をしたのか。そこで、日本軍と住民はどのような関係にあったのか。こうした問題意識のもと、厖大な聞取り調査や手記収集が進められ、『沖縄県史――沖縄戦記録（１・２）』（一九七一年・七四年）などの成果が出された。

そこでは、沖縄の戦争協力やナショナリズムの問題も批判的に検証されることとなった。戦時体制下の沖縄では、学校教師たちは軍国主義教育を熱心に行ない、生徒たちに聖戦熱を焚きつけた。地元有力者のなかには、大政翼賛会沖縄県支部の幹部だった者も少なくはなく、当然、彼らは率先して戦争に協力した。沖縄戦が始まると、住民はしばしばスパイ容疑で処刑されたが、それは日本軍が手を下したばかりではない。護郷隊少年兵を含む沖縄出身兵が告発や詰問に関わることも珍しくなかった。[1] 沖縄戦体験の掘り起こしが進むなか、これまでほとんど議論されてこなかった沖縄の戦争責任や「皇民」としてのナショナリズムの問題が問い直されることとなった。

これらの言説の背後には、祖国復帰運動への批判もあった。復帰運動は日本への帰属をめざすものであっただけに、日本を美化して語る傾向があった。むろん、それは苛烈な米軍統治からの脱却を意図したものではあったが、そのゆえに、沖縄に対する日本の戦争責任、あるいは沖縄の戦争協力が復帰運動のなかで論議されることは少なかった。また、復帰運動を主導したのは教職員たちであったが、そこには、生徒たちに「皇民」としてのナショナリズムを説いた戦前期の教師たちに重なる面があった。沖縄の戦争責任を問うことは、復帰運動がはらむ問題性を洗い出すことでもあったのである。

第三章でも述べたように、この時期の沖縄戦記発刊は、以前とは比較にならないほどの大きな伸びを見せていた。それも裏を返せば、沖縄返還や復帰運動への違和感が、いかに沖縄戦体験の発掘を突き動かしていたのかを物語っている。

他方で、被爆体験言説の隆盛は、また異なる要因に支えられていた。まず挙げられるのは、佐世保や沖縄をめぐる核の問題であった。ベトナム戦争が激化するなか、一九六八年一月、佐世保米海軍基地に空母エンタープライズが寄港した。核兵器を搭載可能な航空機を積んでいただけに、このことは佐世保、ひいては日本が「核基地」と化しつつあることを印象づけた。沖縄は、すでにメースBなどの核兵器の配備が明らかになっていたほか、本土復帰の際にも在沖米軍基地への核兵器持込みが危ぶまれていた。これらの事態は、被爆体験を改めて掘り起こし、反核の輿論を喚起する必要性を、広島・長崎の文化人に実感させた。

だが、被爆体験論が盛り上がった要因は、そればかりではない。公害問題をめぐる議論の隆盛も、被爆体験言説を刺激した。当時、高度経済成長の負の遺産として、水質汚濁や大気汚染が大きな社会問題となっており、住民運動も高揚しつつあった。そこから、同じく文明の病として、被爆の問題が見出されるようになった。そのゆえに、「水俣」と「ヒロシマ」「ナガサキ」はしばしば関連づけて論じられた。

在韓被爆者や在沖被爆者の問題も、被爆体験言説の活性化に大きく関わっていた。朝鮮半島や沖縄に在住する被爆者の存在が明るみに出たことは、広島や長崎、あるいは日本に閉じた被爆体験の語りに再考を促した。そこから、朝鮮半島や沖縄への加害の問題と絡めながら、被爆体験が問い直されるようになった。

もっとも、日本、沖縄、広島、長崎で議論が紡がれるうえで、共通する要因も少なからず見られた。ベトナム戦争の影響は、その例であった。これは佐世保へのエンタープライズ寄港なども絡みながら、広島・長崎の議論を活性化させたばかりではない。小田実や鶴見俊輔らによるべ平連の活動は、ベトナム戦争における日本政府の加担を批判するのと同時に、戦時期日本の加害責任の問題をも焦点化した。沖縄においても、ベトナム戦争の余波で再び戦火に巻きこまれる懸念があったほか、沖縄がベトナム侵攻の基地として機能していることも指摘されていた。こうした「被害」と「加害」の問題が重なるなかで、沖縄戦体験記の掘り起こしが進められた。

しかしながら、戦争体験論を生みだす力学の相違も見落とすべきではない。一九六〇年代末に、日本のみならず、沖縄、広島、長崎で議論が活性化したとしても、そこには、それぞれ異質な要因に突き動かされていた側面も小さくなかった。それはときに、戦後日本の戦争の語りの矛盾を浮き彫りにするものでもあったのである。

広島と長崎の差異

広島と長崎とのあいだにも、さまざまな差異が横たわっていた。戦後初期には、広島と長崎ではともに、原爆被災日に祝祭イベントが見られたが、その背後にあるものはやや異なっていた。広島は、当初から市の関連団体が平和祭開催に関わっていたが、長崎の場合、市や県の関与は限定的であり、広島に比べれば規模も小さかった。そのことは、広島に対する長崎のコンプレックスを生みだした。その累積の延長に、長崎・国際文化都市建設法施行（一九四九年）にともなう祝祭イベントの盛り上がりがあった。

広島では、一九四七年の平和祭が盛り上がりのピークであったが、その際、市民の批判も少なくなかったことから、その後はいくらか抑制傾向が見られた。それに対し長崎では、最高潮に達したのは、一九四九年のイベントであった。そのタイムラグには、広島に対する劣等感が累積され、それが一気に噴出する形で、「八・九」イベントが挙行された事情が浮かび上がっていた。

長崎における広島コンプレックスは、その後もしばしば見られた。戦後約一〇年のあいだに、広島では原民喜、大田洋子、峠三吉、栗原貞子らによって、被爆体験を素材にした文学が多く生みだされたが、長崎では浦上カトリックのイメージと相まって、永井隆の存在が際立っていた。GHQの占領が終結し、原爆を「神の摂理」とみなす永井の議論への違和感があらわれるようになると、こうした広島との差異は、長崎知識人に広島への劣等感をかきたてることとなった。

もっとも、第五章で述べたように、『芽だち』『地人』といった長崎文芸誌には、従来の見方を問いただす論点も少なからず見られたが、そのことよりも、広島に対する後進性が多く語られた。だが、それは一九六〇年代末になって、長崎での議論を活性化することにつながった。広島に比べて立ち遅れているという意識は、長崎の体験記録を収集する必要性をつよく意識させた。そこに、佐世保へのエンタープライズ寄港や核をめぐる沖縄の問題が重なるなかで、『長崎の証言』が創刊された。これは定期刊行を意図した雑誌メディアであっただけに、継続的な証言記録の収集がつよく意識されていた。この雑誌は、長崎で議論を活性化させたばかりでなく、広島にも働きかけ、共同で体験記録集を編纂したこともあった。広島・長崎証言の会編『広島・長崎30年の証言（上・下）』（一九七五・七六年）や、『季刊 ヒロシマ・ナガサキの証言』（一九八二年創刊）がその例であった。その意味で、少なくとも一九七〇年代においては、長崎が広島をリードする傾向も見られた。

もっとも、それによって、広島への劣等感が払拭されたわけではなく、その感覚は引き続き持続された。しかし、たとえそうであったとしても、そのコンプレックスが長崎の被爆体験論を活性化させ、ときに広島の議論をも刺激していた点は、見落とされるべきではない。

広島と長崎は、被爆体験を共有してはいたが、議論が生み出される力学は、しばしば相違していた。そこには、長崎の後進性が見出されることも少なくなかった。だが、そのことが逆に、議論の活性化を促すこともあったのである。

沖縄と体験・政治・世代

これらの議論の構造を考えるうえでは、体験と政治の関係性を読み解く必要がある。そして、それは世代の問題とも関わるものであった。

第二章でも述べたように、大城立裕は復帰運動や反米軍闘争に対し、やや距離をとるところがあった。そこにあったのは、「戦中派として軍国主義に染まってしまった悔しさ」と「軍国主義の教育で、「自分の頭で考える能力」を去勢されていた」という思いだった。戦時期の東亜同文書院で学び、中国戦線に出征するなかで、大城は「大東亜共栄」の理念にいかがわしさを感じるようになった。他方で、沖縄陥落の報に接したときには、「日本人」として「沖縄の仇を討」つことを思った。こうしたアンビヴァレンスは、戦後の大城に「自信の欠如」をもたらした。しかし大城は、それにこだわりながら、「一方だけから見るのは危ない」という「戦中派としての用心深さ」を意識するようになった。かつての思考の揺れ動きを絶えず振り返りながら、大城は、既存の政治理念に頼るのではなく、「自分の頭で考え」ることを重視した。大城が、戦後の復帰運動や学生運動から距離をとろうとしたのも、そのゆえであった。

このような姿勢は、本土の同世代知識人にも共通していた。序章でも見たとおり、安田武は、「戦争体験の意味」を直ちに「反戦・平和のための直接的な「運動」」に結びつけようとする「発想の性急さ」を嫌悪した。そこには、自責や恥辱といった複雑な思いが交錯した戦争体験にこだわり、その語りがたさの前に苦悶する心情があった。

だが、そうしたスタンスは下の世代の強烈な反感を招いた。学生運動や反戦運動に熱をあげる戦後派・戦無派世代にとって、安田らの議論は、彼らの運動の有効性を切り捨てるかのように思われた。また、体験の語りがたさにこだわる戦中派の姿勢は、若い世代にしてみれば、体験を振りかざし、彼らを威圧しようとしているようにも感じられた。

同様のことは、沖縄でもいくらか見られた。一九五〇年代半ばの沖縄では、米軍の土地収奪に対抗すべく、島ぐるみ闘争が高揚した。他方で、第一次・二次琉大事件に見られるように、学生の反米軍闘争が軍政府によって弾圧される事件も頻発していた。そうしたなか、若い世代は、大城立裕のスタンスに不快感を抱いた。政治主義に懐疑的な大城の議論は、彼らにとって、「現在の沖縄の社会的矛盾との闘い」を「骨抜きにしようと」しているように感じられた。

しかしながら、第三章でも述べたとおり、一九六〇年代末の沖縄戦記発刊や沖縄戦体験論の隆盛を支えたのは、岡本恵徳、新川明、大城将保ら、戦後派世代の知識人であった。それは、わだつみ像破壊事件（一九六九年）に象徴されるように、戦争体験への拒否感を抱きがちであった本土の戦後派・戦無派世代とは、かなり異質であった。

沖縄の戦後派知識人たちを、戦争体験の収集に向かわせたのは、先にも述べたように、沖縄返還や復帰運動への反感、すなわち「反復帰」の輿論であった。日本に寄り添うことを求め続けてきた復帰運動を批判し、日本との関係を問いただそうとする意思の延長で、彼らは、戦後沖縄の起点としての沖縄戦体験に関心を抱くようになったのであった。

とはいえ、岡本恵徳や新川明らが反復帰を考えるようになったのは、六〇年代末の沖縄返還問題を契機とするわけではない。むしろ、六〇年安保闘争の前後に日本本土で暮らした経験が、そこには関わっていた。日本本土に渡る以前の彼らにとって、本土は民主主義と憲法九条が適用されている憧憬の地であった。しかし、実際に本土に渡ってみると、彼らは本土に対する違和感を抱くようになった。六〇年安保闘争が高揚する一方で、沖縄が切り捨てられている——そうした思いを彼らは抱いた。本土への憧れが強かっただけに、裏切られたという感覚も大きかった。そのことが、「祖国復帰」という沖縄での政治規範を疑うことにつながり、ひいては、日本－沖縄の関係性を問い直すべく、その起点としての沖縄戦体験に関心を向けるようになっていった。

他方で、彼らが本島南部の激戦を体験していないことも、そこに関わっていた。地上戦となった沖縄では、日本本土と異なり、戦後派世代の者たちも戦場に投げ込まれた。男女の学徒隊のように兵士・軍属として戦場に送られた者も多く、また、そうでない者たちも、地上戦のなかで逃避行を強いられた。しかし、岡本恵徳や新川明、大城将保らは、戦争末期を離島や本土で過ごしたため、それらの経験を持ち合わせなかった。そのことは、戦火で命を落とした同世代の者たちに対する「生き残ったことへの負い目」を抱かせることになった。

この感覚は、日本本土の戦中派世代に近いものであった。橋川文三は「死んだ仲間たちと生きている私との関係はこれからどうなるのだろうかという、今も解きがたい思い」をしばしば語り、安田武も「アイツが死んで、オレが生きた、ということが、どうにも納得できないし、その上、死んでしまった奴と、生き残った奴との、この〝決定的な運命の相違〟に到っては、ますます納得がゆかない」ことにこだわっていた。その点で、沖縄の戦後派世代には、本土の戦中派世代に重なる面があった。

しかし、同時に彼らは、体験を相対化する視点も持ち合わせていた。先にふれたとおり、彼らは沖縄戦体験を掘り起こし、それについて論じるなかで、沖縄の戦争責任や「皇民」としてのナショナリズムの問題についても言及した。それは、「日本」と「沖縄」を二項対立的に捉える議論とは異なっていた。本島南部の激戦を体験をしていなかったがゆえに、体験そのものからときに一定の距離をとり、多角的に捉え返していこうとする姿勢が、そこには見られた。

その意味で、沖縄で戦争体験論が紡がれる力学は、日本本土の場合とは大きく相違していた。体験への関心と世代の関わりは、本土と沖縄ではしばしば食違いが生じた。そして、その齟齬の断面には、両者のあいだに横たわるヒエラルヒーが浮かび上がっていた。

広島・長崎と世代の力学

広島や長崎の言説史においても、体験と政治、世代の関わりは複雑な変容プロセスをたどった。そして、そこにも戦後日本との相違が垣間見られた。

戦後初期の原爆被災日イベントをめぐる議論や、第一次原爆文学論争、福田須磨子「ひとりごと」をめぐる論争に、体験と政治主義との軋轢が見られたのは、すでに述べたとおりだが、世代の問題が表面化したのは、一九六〇年の第二次原爆文学論争であった。

被爆体験と原水爆禁止の政治主義を訴えようとする栗原貞子に対し、松元寛は体験と政治主義の双方に距離をとる傾向が見られた。そのことが論争の引き金になったわけだが、それは単にスタンスの違いばかりではなく、世代の問題も関わっていた。

学徒出陣の経験を持つ松元寛は、戦中派知識人にしばしば見られるように、過剰な政治主義を嫌悪した。それは「問題を「政治」的にしか捉えていない」ことを理由に「ヒロシマ」という表記を快く思わなかったところにもうかがうことができた。だが、他方で松元は、「体験者以外には本当の理解ができないものとして特殊化してしまったならば、それを人類全体の課題として普遍化すべき契機を自ら放棄するに等しいと言わざるを得ない」と述べるなど、体験に拘泥する姿勢にも違和感を抱いていた。それは、戦中派世代としては、異質な議論であった。

しかし、広島出身の戦中派の体験を考えれば、それもまた当然であった。戦中派は多くの場合、軍隊に動員されたわけだが、そのことは、戦争末期に広島を離れることが多かったことを意味していた。松元も、白河に疎開していた陸軍輜重《しちよう》兵学校で戦争末期を過ごしたため、被爆を免れることができた。しかし、そのことは体験者に対する負い目や引け目に通じる。それゆえに、松元は政治主義のみならず体験にも一定の距離をとりながら、原爆を議論しようとしたのであった。同じ戦中派であっても、安田武との微妙な姿勢の相違が見られたのは、こうした背景によるものであった。

一九六〇年代末の長崎では、また異なる言説構造が見られた。折しも原爆文献の発刊がひとつのピークを迎えていた時期だったが、それを下支えしたのは、鎌田定夫であった。鎌田は戦中派のやや下の年代に属し、戦場体験は持たなかった。また、戦争末期を宮崎で過ごしたため、被爆体験も有していなかった。その鎌田が被爆体験の収集活動にのめり込んでいったのは、戦後の学生運動との関わりからであった。いわば、反戦運動の政治性の延長に、証言の掘り起こしが見出されたのであった。

こうした状況は、同時期の戦争体験論としてはやや異質であった。当時の日本戦没学生記念会では、政治主義志向のつよい戦後派・戦無派世代は、戦争体験から距離をとろうとする傾向が色濃く見られた。しかし、鎌田は被爆体験者でないにもかかわらず、反戦運動の延長上に、体験や証言への関心を強めていった。

それが可能になった背後には、被爆体験そのものの特殊性があった。後遺症や被爆二世などの問題を考えれば、被爆の問題は「過去」のみならず「現在」の問題でもあった。他の戦争体験も、「現在」につながる面がないとは言えまいが、少なくとも「現在」の生存を脅かすものとして捉えられることは総じて少ない。沖縄戦体験であれ、南方の激戦体験であれ、多くの場合、戦争体験が論じられるうえでは、明らかに「過去」に比重が置かれている。それに対し、被爆体験を聞き取ることは、過去の体験とともに戦後の体験をも聞き取ることであった。後遺症にいかに苛まれているか。被爆者たちの医療援護や生活援護をいかに行なうべきか。被爆体験に向き合うことは、こうした彼らの「現在」を問うことでもあった。そこでは、必然的に体験への関心と政治志向とが両立する。実際に、『長崎の証言』では、被爆二世や原爆小頭児の親たちの手記・対談がしばしば特集されたし、広島・長崎の証言の会編『広島・長崎30年の証言（上）』（一九七五年）でも、「30年を生きて今――被爆者30年目の証言」といった章が設けられるなど、被爆者たちの戦後の生が大きく扱われていた。

被爆体験のこうした側面は、政治志向の非体験者の関心を促すことにつながった。被爆体験が「過去」に閉じないものであっただけに、非体験者や年少世代の者たちにとって、参入障壁は相対的に低かった。反戦運動の延長で鎌田が証言収集に深く関わることができたことには、こうした背景も存在した。そこには、日本戦没学生記念会や沖縄戦体験論とはまた異なる世代の力学が浮かび上がっていた。

教養の力学の差異と文芸メディアの輿論

体験と政治、世代の絡み合いとともに、「教養」の問題についても見ておく必要がある。序章でもふれたとおり、戦後日本では戦争体験論と教養は密接に結びついていた。戦没学徒の手記に対する戦前派知識人の批評には、教養の欠如を指摘するものが少なからず見られた。大正期や昭和初期の教養主義文化にふれた年長世代にしてみれば、戦時期に青春期を過ごさなければならなかった戦中派世代の教養は低いものに思われた。しかし、裏を返せば、教養主義の規範が戦争体験についての論評を駆動していたということでもあった。

一九六〇年代後半以降になると、戦中派と戦後派・戦無派の対立が際立つようになるが、そこにも教養の問題が絡んでいた。戦場体験を有する戦中派の語りは、若い世代にしてみれば、「お前たち、知らないだろう」と言わんばかりに従属を強いるかのように映った。それはいわば、「戦争体験という教養」の暴力であった。教養主義の規範には、古典の知識の蓄積が厚い年長知識人に跪拝を強いる側面があったが、同様の力学が戦争体験を語る際にもしばしば見られた。当然ながら、若い世代は、戦中派の姿勢につよく反発した。

折しも、当時は大学紛争が高揚し、教養主義の規範が没落し始めていた時期でもあった。それだけに、「わだつみ」を語る戦中派知識人は、教養と戦争体験を振りかざしながら、若者たちを威圧しようとしているように思われた。そうした身振りへの不快感も相まって、若い世代は戦中派批判を強めていった。

もっとも、世代間闘争と教養の関わりは、「わだつみ」をめぐる議論に固有のものと見えるかもしれないが、必ずしもそうではない。そもそも、戦没学徒という学歴エリートの手記が、なぜ、戦後初期に大ヒットを記録し、戦後長らく読み継がれてきたのか。そこには、序章でも述べたように、戦後の庶民レベルの教養主義が関わっていた。「わだつみ」は「教養主義的であったにもかかわらず」ではなく、「教養主義的であったがゆえ」に、社会的に受容される側面があったのである。その意味で、「わだつみ」をめぐる言説変容は、戦後日本における特殊事例というよりは、むしろ、ある種の代表性を帯びていると見ることができる。

しかし、だからといって、同様の議論の力学が沖縄や広島、長崎で見られたのかというと、決してそうではない。沖縄や広島、長崎では、教養と体験の語りが接合することは総じて少なかった。

たとえば、第二章でも述べたように、大城立裕が年長の文化人に言及する際には、彼らの責任を問うことはあっても、教養をめぐるコンプレックスのようなものはとくに見られなかった。それは、「教養ある「戦前派」」への苛立ちを隠さなかった村上兵衛や安田武ら本土の戦中派知識人とは異なっていた。新川明や岡本恵徳、大城将保ら戦後派知識人が沖縄戦体験に言及する際にも、とくに教養が焦点化されることはなかった。

広島や長崎でも、ほぼ同様であった。第一次・二次原爆文学論争や『芽だち』『地人』における論争でも、教養が絡んだ議論は見られなかったし、『長崎の証言』においても、とくに体験と教養を関わらせながら議論がなされることはなかった。

その要因としては、沖縄や広島、長崎では大学知識人の関わりが総じて限られていたことがあげられよう。日本本土では、大学知識人かそれに近い集団が戦争体験を多く論じてきた。日本戦没学生記念会には、小田切秀雄、柳田謙十郎、日高六郎、鶴見俊輔、橋川文三といった大学知識人が多く集《つど》っていた。また、同会メンバーならずとも、丸山眞男や藤田省三など、大学知識人が議論をリードすることは多かった。

それに対し、沖縄や広島、長崎では、主として議論を紡いだのは、在野の文学関係者であった。沖縄であれば大城立裕や新川明は大学という環境には籍を置かず、在野から沖縄の戦争体験を論じてきた(2)。広島や長崎では、栗原貞子や山田かんが多くの議論を生み出したが、彼らも大学とは離れた位置にあった。その意味で、沖縄や広島、長崎では、高等教育や教養が議論に組み込まれにくい状況にあった。

むろん、大学周辺に籍を置く知識人も皆無ではなかった。松元寛や鎌田定夫、岡本恵徳らは大学での教育・研究を生業とする者たちであった。大城将保は、沖縄県立沖縄史料編集所に勤務する史学研究者であった。しかし、彼らは同時に地域の文芸世界にも身を置いていた。松元や岡本はそれぞれ広島や沖縄の文壇で発言・発表する機会も多かった。大城将保も、嶋津与志の筆名で沖縄文芸誌に寄稿し、沖縄戦体験をたびたび論じた。鎌田にしても、大学に常勤職を得たのは、三〇歳代前半であり、それまでは、新日本文学会や九州の文壇を活動の場としていた。必然的に、沖縄や広島、長崎で戦争体験が論じられる際には、アカデミズムや教養の関与は限られていた。

会田雄二（歴史学者），阿部知二（英文学者），上原淳道（中国史家），江藤文夫（映画批評家），大江健三郎（作家），尾崎秀樹（文芸批評家），小田実（作家），小田切秀雄（文芸評論家），鎌田定夫（仏文学者），子安宣邦（思想史家），城山三郎（作家），末川博（法学者），高橋武智（仏文学者），高畠通敏（政治学者），竹内好（中国文学者），鶴見俊輔（哲学者），中野好夫（英文学者），中村政則（歴史学者），橋川文三（政治思想史家），日高六郎（社会学者），平井啓之（仏文学者），本郷新（彫刻家），松下圭一（政治学者），安井郁（国際法学者・日本原水協理事長），安田武（評論家），柳田謙十郎（哲学者），山下肇（独文学者），山田宗睦（評論家），吉川勇一（市民運動家）

第二次わだつみ会に参加した主な文化人

もっとも、そこにも例外がなかったわけではない。原爆燔祭説の永井隆をめぐる議論では、教養の問題も多分に争点化されていた。青年期に大正教養主義文化をくぐった永井の議論は、オールド・リベラリストに近いものがあった。永井は「脳を汗する者」を「筋肉労働」者の上位に位置づけ、共産主義を嫌悪した。また、天皇に対する思慕や親近感も大きかった。それに対し、山田かんは、永井の原爆燔祭説を批判したわけだが、そこには、永井のオールド・リベラリスト的な感性への嫌悪感も入り混じっていた。第四章でも述べたように、山田かんは家庭の困窮のために大学進学を断念し、その延長で、一時は共産党に近づいた。永井隆と山田かんの議論の対立は同時に、両者の教養をめぐる人生経路の相違にも根差していたのである。

しかし、こうした例外を除けば、やはり、沖縄や広島、長崎では、戦争体験が教養と関連づけて論じられることは少なかった。そこには、先述のように、大学知識人よりはむしろ、地域の文学関係者が戦争体験論をリードしてきたことが関わっていた。

それゆえに、これらの地域では、文芸誌がしばしば戦争体験論を喚起してきた。沖縄であれば、『月刊タイムス』『うるま春秋』『琉大文学』『新沖縄文学』、広島・長崎であれば、『中国文化』『芽だち』『地人』のほか、郷土文学関係者が多く集った『ひろしまの河』『長崎の証言』などが、戦争体験をめぐる議論を多く生み出した。

ナショナルな範囲であれば総合雑誌が成立し得たが、地方都市では市場の問題もあって、社会評論や政治評論を扱うメディアは成立しにくかった。したがって、文筆に関心があって、社会・政治を論じたい者は、サークル誌や文芸誌に発表の機会を求めていった。地方文芸誌は、何も詩や小説、短歌・俳句のみを掲載したのではなく、しばしば社会評論や政治評論も扱った。さらにいえば、文学を語りながら政治や社会が論評されることも珍しくなかった。そのようなメディアが、その地に固有の言説力学とも絡まり合いながら、戦争体験をめぐる輿論を紡いでいったのである。

アジェンダの消失

沖縄・広島・長崎の言説史から見えてくるのは、語られた事柄やその背後の力学ばかりではない。逆に何が語られなかったのかという点もまた、浮き彫りにされた。

広島や長崎では、一九六〇年代後半ごろから被爆体験言説に変化が見られた。在韓被爆者の問題やベトナム戦争、米空母エンタープライズの佐世保寄港などの問題を背景に、被爆体験は「被害」の問題としてだけではなく、「加害」の問題とも絡めて議論されるようになった。「被害」と「加害」を横断する立論そのものは、当時の日本や沖縄でも広く見られた。しかし、広島や長崎の議論には、ある特徴が見られた。それは、自らを問いただす論点があまり見られなかったことである。

大城立裕は「戦中派として軍国主義に染まってしまった悔しさ」や「軍国主義の教育で、「自分の頭で考える能力」を去勢されていた」という思いを起点に、戦争責任や戦後の沖縄について議論を展開した。渡辺清は、一九七〇年ごろから日本戦没学生記念会で天皇批判特集を多く手がけたが、それは、天皇を信じ切っていた自らの責任をも問いただすものであった。そこでは、戦争責任や加害の問題を考えることが、同時に、自己を問いただすことに接合していた。

これらの議論は、自らが行為したことばかりではなく、自身がその場にいたのであれば行為したであろうことについても、批判的に論及していた。序章でもふれたように、渡辺清は元日本兵の手記を評するなかで、「私がもし彼らと同じ立場に居合せたなら、私もやはり同じ非行行為を避けることはできなかったろう」と記していた。

「加害」と「被害」の問題を横断的に論じた小田実も、その起点には、「私はそれまですべてを加害者の眼で、見ていたのではないか」という自問があった[3]。アメリカ留学の際に、ある空襲の写真を目にした小田は、「あまりにもあっけらかんとただの煙にすぎなかった」という印象しか抱かなかった。だが、そのキャプションから、少年期にそのなかを逃げまどった大阪空襲の写真であることに気づくと、小田はそれを「アメリカ軍兵士の位置から見」ていたことに思い至った。たとえ戦場での殺戮に加担してはいなかったとしても、自身がいつでも「平然と爆弾を落とし、煙の光景を現出した下手

人」になり得るという恐れが、そこにはあった。(4)

しかし、広島や長崎では、「加害」の問題が焦点化されたとしても、こうした「自己への問い」はあまり見られなかった。山田かんは、戦時期の父親や自分自身について批判的な観点も交えながら言及していたが、それを除くと、広島・長崎でこの問題が主要な論点とされることは少なかった。「軍都」としての広島・長崎や日本の加害責任に言及されることはあっても、それを自己に向けられた問いとして捉え返す議論は目立たなかった。(5)

そこにはやはり、被爆体験を考えることが、「過去」のみならず「現在」を問うことでもあったことが関わっていた。日本人被爆者であれ在韓被爆者であれ、彼らの生存が焦眉の課題であった以上、「過去」を突き詰めるというよりは、「現在」において必要とされる医療・援護措置や、それを放置して来た日本政府への批判が前景化することは避けがたかった。おそらくは、こうした点も相まって、広島・長崎では「自己への問い」が相対的に目立ちにくかったのだろう。

体験と政治の拮抗がさほど社会的な論点にならなかったことも、同様の背景によるものであった。戦後初期の原爆被災日イベントや第一次・二次原爆文学論争、福田須磨子「ひとりごと」をめぐる『芽だち』誌上の論争など、広島・長崎でも、体験と政治主義の齟齬が表面化したことはあった。しかし、第二次原爆文学論争における栗原貞子と松元寛の論争を除けば、この問題が被爆体験論のあり方をめぐる重要な論点として位置づけられることは少なかった。また、栗原と松元の論争にしても、両者以上に広がりを持つことはなかった。

それに対し、日本戦没学生記念会では、この問題が戦中派と戦後派・戦無派の世代間闘争に発展した。沖縄では、大城立裕が戦時期の体験へのこだわりから政治主義に距離をとる姿勢を鮮明にし、そのことが『琉大文学』同人ら若い世代との論争を引き起こした。

広島や長崎で、体験と政治の拮抗が主要な論点になりにくかったことは、言い換えれば両者のあいだに親和性が見出されていたということでもある。被爆体験を聞きとることは、医療や援護など、「現在」の当事者の問題解決と連続するものとして捉えられていた。そのゆえに、他の戦争体験の語りとは異なり、体験と政治が対立的に捉えられることが少なかったのである。

そのことは、先述のように、非被爆者や若い世代の被爆体験への関心を促すことにもつながった。だが、そのなかで見えにくくされた問題が存在したことも見落とすべきではない。第一次原爆文学論争や福田須磨子「ひとりごと」をめぐる論争に見られたように、原水爆禁止や反戦の政治主義がときに、そこに回収できない心情の吐露を封じてしまうこともあった。原爆被災日イベントに対する後年の批判も同様であろう。「あれを体験した者は、あんなけったいな追憶と真正面から取っ組むことに、今でも何ほどかの心理的な努力がいるんだ、と口をゆがめる」ほどの体験の重さは、そこではかき消されてしまう。こうした政治の言葉の問題は、広島や長崎では、総じて焦点化されにくかった。

沖縄戦体験をめぐる議論でも、いまとなっては見落とされがちな論点がないわけではない。たとえば、一九七〇年代の沖縄戦体験論は、「集団自決が日本軍の強制であったか否か」、あるいは「日本軍＝加害者」と「沖縄＝被害者」という二項対立図式のみで論じられていたわけではなかった。旧日本軍の責任が論じられる一方で、「県民相互に疑心暗鬼の空気を醸成し、虐殺事件、スパイ嫌疑事件が発生し易い土壌が形成されていた」ことも指摘されていた。集団自決の問題を軍命令の有無のみに還元するのではなく、それが「親や子供をみずからの手によって死においやる」ほどに作動する社会構造を問う議論も見られた。そこでは、「被害」と「加害」が複雑に入り組んだ沖縄戦体験が論じられていた。

しかしながら、昨今の日本のメディア環境において、こうした立論は必ずしも容易ではないように思われる。二〇〇七年三月、文部科学省は高校教科書の検定結果を公表したが、集団自決の記述について、「沖縄戦の実態について誤解するおそれのある表現である」との検定意見を付し、日本軍による命令・強制・誘導等の表現の削除・修正を示唆した。これに対し、沖縄のみならず日本本土のメディアでも議論が沸騰したことは記憶に新しい。

だが、そこでは「日本」と「沖縄」の対立構図が際立ち、「被害」「加害」の重層性については、議論が限られていたように思われる。むろん、史実を曲解し、住民に対する軍の暴力を低く見積もるような議論は、批判されてしかるべきであろう。『沖縄県史――沖縄戦記録（1・2）』などで集められた膨大な証言資料を否認することは、公的文書には残らない日本軍と住民の軋轢をかき消すことにつながり、あきらかに公正さを欠くものである。しかし、「日本」と「沖縄」の二項対立図式が前景化し、議論が軍命令の有無に収斂されるなかで、沖縄戦下の「被害」「加害」の錯綜をめぐる論議は、相対的に後景に退くむきもあったのではないだろうか。[6]

検定批判の輿論の背後には、「日本」「沖縄」の対立図式を鮮明にせざるを得ないほどの切迫感や憤りがあったと見るべきではあるだろう。だが、そうだとしても、「日本」と「沖縄」を対置させることでは見えない論点が、かつて少なからず議論されていたことは、見落とされるべきではあるまい。[7]

沖縄や広島、長崎では、それぞれに固有の力学のなかで体験論が紡がれてきた。そこには、戦後日本が切り捨ててきたさまざまな論点が浮き彫りにされていた。だが、それればかりではない。沖縄や広島、長崎をめぐって、かつてはいかなる議論があり得たのか。それが、今日の議論の問題をどう浮かび上がらせるのか。こうした点についても、思考を促すものであろう。

　本書の結論は、いたって簡素なものである。戦後日本と沖縄、広島、長崎のあいだには、共時的にも通時的にもさまざまな断絶や捩《ね》じれが見られた。ただ、それだけのことでしかない。しかし、その断絶や捩じれはいかなるものであったのか。議論の類似が見られたとしても、それを突き動かす力学にはいかなる相違があったのか。そこに分け入ってみるならば、現代のわれわれが見過ごしがちなものが、逆に浮かび上がってくるように思われる。

　戦後六〇年以上を経た今日、戦争体験を理解することは容易ではない。当事者の語りがたい心情を想像することには困難がつきまとう一方、体験を聖視し、跪拝することが理解につながるとも限らない。だが、いかなる体験を語るなかで、何がそぎ落とされてきたのか――それを手がかりにしながら思考の幅を広げることは、決して不可能ではないだろう。体験をめぐる共時的・通時的な断絶に向き合うなかで、かつてはありえた立論の可能性を捉え返すことも可能なのではないか。沖縄・広島・長崎に映る戦後は、そのことを物語っているように思われる。

エピローグ

本書は、拙著『殉国と反逆——「特攻」の語りの戦後史』（青弓社、二〇〇七年）や『「戦争体験」の戦後史——世代・教養・イデオロギー』（中公新書、二〇〇九年）の延長上に構想したものである。両書では、戦後日本における戦争体験記や戦争体験論の変容を扱ったわけだが、沖縄の状況との相違については、『「戦争体験」の戦後史』を執筆していたころから気にかかっていた。沖縄では、一九六〇年代末になってなぜ、急激に戦記発刊が増えたのか。日本本土とは異なり、戦中派よりも若い世代がなぜ、体験記録の収集に深く関わったのか。その時期が、「反復帰」論の隆盛と重なっていたのはなぜなのか。また、広島や長崎の場合はどうだったのか、広島と長崎とでは議論が生み出される構造に相違がなかったのか——それらの疑問は、前著を執筆しているときから抱いていた。

当初はこれらも『「戦争体験」の戦後史』に盛り込むことを考えていたが、時間的な問題もさることながら、分量の面でも新書に収まるものではないことが、自分のなかで明らかになってきた。そして何より、議論の磁場の錯綜を考えると、別の一書とすべきであろうという判断に至った。本書はそこでの着想に基づくものである。

もっとも、共時的な位相差とその通時的な変容プロセスを考える作業は、これまでの仕事のなかでもいくらか行なってきた。拙著『「反戦」のメディア史』(世界思想社、二〇〇六年)では、戦後のポピュラー・カルチャー史のなかで、「銃後・前線」「学徒出陣」「沖縄戦」「原爆」がどのように議論され、いかなる捩《ね》じれや齟齬が見られたのかを考察した。『辺境に映る日本』(柏書房、二〇〇三年)では、戦前・戦時期の諸学知の系譜を比較対照しながら、領域横断的な知の編制プロセスと知識人のナショナリズムについて検討した。両書の分析対象は異なるが、個別のテーマや領域に特化するのではなく、複数の領域を視野に入れることによって見えてくるものに関心があった点では共通している。その意味で、筆者にとって五冊目の単著となる本書は、前著のみならず、これまでの研究全般の連続上に位置づけられるものでもある。

とはいえ、今回の作業では、これまでにない困難や困惑を感じていたのも事実である。沖縄戦記にせよ被爆体験記にせよ、その言説資料は膨大な量にのぼる。筆者も、それらの主たる文献はもちろんのこと、私家版も少なからず入手したが、正直なところ、資料群のあまりの多さに途方にくれたこともしばしばあった。それもあって、この研究を始めて一年ほどは、ほとんど作業が進捗しなかった。そこで、まずは主たる論者や彼らが論考を発表した媒体に重点を置くことにし、そこから地域の新聞や文芸誌に当たってみることにした。

新聞はともかく、ローカルな文芸誌となると、資料の散逸が甚だしく、国公立の図書館・資料館や大学図書館に所蔵がないものも少なくない。しかし、何とか資料の所在を突き止め、かつての地域文芸誌・評論誌(紙)をめくるなかで、大きな知的興奮に浸ることができたのも、また事実である。同時代の戦後日本の状況と照らして意外性のある議論も多々見られた。世代間の闘争や連携もさまざまに異なっていた。その過程で、沖縄・広島・長崎に対するそれまでの理解が覆されることも少なくなかったし、それとの対比で見えてくる戦後日本の像もいたって興味深かった。

ちなみに、筆者は本書で扱った時代をほとんど生きてはいないし、沖縄や広島、長崎で生まれ育ったわけでもない。本書の記述は見方によっては、「部外者」の受け止め方とも言えよう。だが、そのゆえに描けることを模索したいという思いもあった。

ここに本書を書き終えて改めて思うのは、戦争の記憶や体験の語りが共時的にも通時的にもいかに捩じれていたのか、ということである。

沖縄の場合、議論の主たる駆動因は、「本土への違和感」とでも言うべきものであった。旧日本兵による戦後初期の沖縄戦記、沖縄を切り捨てた形での本土の占領終結、米軍基地を存置したままの沖縄返還――これらに対する不快感が、沖縄の体験記や体験論を生みだす動機となっていた。

広島・長崎で議論を突き動かしていたのは、「継承の切迫感」であったように思われる。後遺症や遺伝の影響への懸念を考え合わせると、被爆体験は「過去」に閉じるものではなく、むしろ、当事者の戦後の生存を脅かす「現在」の問題でもあった。そのことが、政治的な問題解決への志向に結び付き、かつ、他の戦争体験の語りに比べれば、世代や体験の有無を超えた連携を可能にした。

むろん、「継承」をめざす動きは、戦後日本であれ沖縄であれ、見られなかったわけではない。しかし、そこにはしばしば、体験者や戦中派の語りと「あるべき政治的な議論」とのあいだに齟齬・軋轢が見られたのに対し、広島・長崎では、その問題は言説レベルではさほど表面化しなかった。他方で、それによって、どのような声が抑えられたのか、広島と長崎とでいかなる相違があったのかは、本書で既述したとおりである。

そして、これら「本土への違和感」や「継承の切迫感」がその時々の社会状況と複雑に絡まりながら、沖縄・広島・長崎の体験論は紡がれてきた。そこでは必然的に戦後日本の体験の語りとは異質な力学が作動していた。むろん、本土や沖縄、広島・長崎とで議論が似通うことも決して少なくなかった。だが、その背後にある意図や議論の動機は、大きく相違していた。

このことは、従来、ほとんど顧みられることがなかったように思う。語りや記憶の「内容」(何が語られているのか)については多々論じられてきた。それが「被害」の意識に留まっているのか、それとも「加害」の視座を有しているのかという点についても、議論が積み重ねられてきた。しかし、体験論や記憶が紡ぎ出される「構造」「力学」については、検証が十分ではなかった。

もっとも、本書とて、これらの検証が十全たり得ているわけではない。沖縄や広島・長崎以外でも、考察すべきものは多岐にわたる。個々の戦場体験の議論の変遷や銃後・疎開体験論の変化など、今後の検証が必要なものも少なくない。沖縄・広島・長崎に限っても、本書で扱い得たものは、多種多様な議論のなかのごく一部でしかない。だが、その限られた範囲ではあっても、議論が何に突き動かされてきたのか、そこから戦後日本の議論の構造をどう問い直すことができるのか——その一端を浮き彫りにしたことは、本書のささやかな存在意義ではないかと思っている。

「広島」「長崎」「沖縄」の個別テーマを専門にする研究者であれば、また別の見方をするむきもあろう。同時代をそれらの地で生きてきた読者も、また同様の感覚を抱くことがあるかもしれない。だが、繰り返しになるが、沖縄なり広島・長崎なりで言説がいかに変化したのか、その背後に、他の戦争の語りと比較していかなる力学を見ることができるのか。こうした点については、十分な検証がなされてこなかった。個々の言説の「評価」はさまざまになされてきたのかもしれないが、議論の通時的・共時的な位置づけについては、考察が限られていた。専門研究者の認識や同時代を生きた方の実感とは異なるところもあろうが、他方で、通時的・共時的な布置を見渡すことでしか見えないものもあるように思う。

この種の研究に対しては、「書き手の見取り図に合った資料のみを抜き出し、都合のよい図式を描いているのではないか」といった批判がなされることも少なくない。だが、その種の批判にどれほどの有用性があるのか、筆者には判然としない。何らかの全体像が検証されぬままに個々の言説を掘り下げたところで、対象となる言説の布置を把握することは難しい。

もちろん、前にも述べたとおり、本書の考察対象も、あくまで限られた範囲のものでしかない。だが、その範囲ではあっても、まずは資料を見渡したうえで、議論の系譜や位相差の見取り図を提示する必要性を感じていたのも事実である。「図式化」を批判することはたやすい。だが、それを懸念してなのか、あるいは資料の膨大さのゆえなのか、言説の通時的・共時的な比較検証は十分にはなされてこなかった。しかし、それを抜きに記憶や体験を論じ続けることが有益なのだろうか。そこでは、現在の観点から記憶や体験を批評することはできても、通時的・共時的な広い文脈に位置づけ直すことには限りがあるように思う。

言説史の見取り図を提示することは、それなりの批判を招くものではあろう。だが、学問の世界全体でみれば、そうした批判が重ねられることによって、言説群のより精緻な比較検証が進むのではないだろうか。裏を返せば、何らかの見取り図の提示があって初めて、多角的な検証作業が促されるように思う。本書への批判が、これらの研究動向の精緻化につながるのであれば、筆者としてこれに過ぎる喜びはない。

なお、本書では一九八〇年代以降の動向はほとんど扱わなかった。その理由にも少しばかりふれておきたい。八〇年代以降も言説構造が大きく変化しているのは間違いない。何より冷戦構造の崩壊は大きなものだろう。それをきっかけに、東アジアの視点から日本の戦争の記憶のあり方を問う動きが加速した。そのことは少なからず指摘されているし、拙著『「戦争体験」の戦後史』や『「反戦」のメディア史』でもいくらか論じている。

本書でもこれらの時期の議論を取り上げるべきだったのかもしれないし、その検証は今後の課題にしたいとは思っている。ただ、ここでの筆者の関心はむしろ、政治と体験の齟齬や緊張関係にあった。本書で論じてきたように、一九七〇年ごろまで、戦後の日本や沖縄では、それなりに政治と体験の関係性を問う論点が存在した。広島や長崎では、この論点がさほどの広がりを見せたわけではなかったが、それでも、一部の限られた論争のなかには、この問題を問う動きも見られた。しかし、八〇年代に入ると、その種のアジェンダは皆無とは言わないまでも、後景に退いていったように思われる。

その理由の一つには、世代の問題もあったように思う。戦中派世代が社会的な中堅層であった六〇年代とは異なり、八〇年代以降になると、戦後派・戦無派世代が論壇や社会運動の中核を占めるようになってくる。彼らの議論は、体験に固執する戦中派とは相違していた以上、政治と体験の齟齬が輿論の主要なアジェンダとされることは、相対的に少なくなっていった。

ただ、それればかりではなく、教科書問題のインパクトもあったように思われる。一九八二年の教科書問題では、日本の東アジア侵出を「進出」とみなすか「侵略」と表記すべきかで、外交問題にまで発展した。そこから、日本の加害責任をいかに捉えるかで論争が過熱したわけだが、そのなかで、政治と体験の緊張をめぐる問題は、社会的な議題から外れていった。

この傾向は、その後も続いているように思われる。一九九五年の戦後五〇年や二〇〇〇年代半ばの靖国問題、戦後六〇年をめぐる論争も、加害責任を焦点としている点では一貫している。むろん、記憶の語りがたさといった、そのほかの論点も議論されてはいるが、一九六〇年代以前のように政治と体験の緊張関係が社会的な議題となることは、総じて少ない。

政治と体験をめぐるかつての議論のなかには、しばしば、「正しさ」への微妙な距離感や戸惑いが見られた。それは今日から見れば、いささかわかりにくい議論なのかもしれない。だが、そこには昨今では見落とされがちな論点を見出すことができよう。政治と体験の距離をどう考えるのか。体験が「継承」されるなかで、何が見えにくくされてきたのか。「加害」を論じるなかで、自らがそこにいたならば犯したかもしれない「過ち」をどう位置づけるのか。こうした論点は、昨今では必ずしも焦点化されるものではない。だが、そのことは、これまでに何がそぎ落とされ、いかなる「断絶」が生じてきたのかを浮き彫りにしているのではないだろうか。

かつては、「被害」と「加害」が表裏一体のものとして議論されることもあったし、戦争責任追及の議論の延長に「自己への問い」が想起されることも少なくなかった。「集団自決」が論じられる場合でも、必ずしも「日本」と「沖縄」が硬直した二項対立図式で論じられたわけではない。体験や「反戦」「平和」を声高に叫ぶことで何が見えにくくされるのかという点についても、多くの議論がなされた。

誤解のないように言い添えておくと、筆者は何も「加害責任」論に異を唱えるつもりはない。それを否認するかのような大衆の耳目に心地よい議論は、やはり史料に照らして誠実ではないように思う。だが、そのことを前提としたうえで、近来の「正しさ」において何が見落とされ、何が抑え込まれがちなのかを考えることは、決して無意味なことではあるまい。むしろ、あるべき立論を構想するうえでは、不断に「正しさ」を相対化する営みが不可欠なのではないか。

安田武は、政治主義が過熱するなか、「無関心」や「ナンセンス」を「せせら笑われ」るところに踏みとどまりながら、「埋没した無数の死を掘りおこし、そのおびただしい死を、「死」そのものの側から考え直」そうとした。それを安田は「「臆病者」に甘んずる「勇気」」と形容した。本書で扱った言説のなかにも、「「臆病者」に甘んずる「勇気」」が感じられるものは少なくない。それらは、せいぜい一九七〇年ごろまで見られた過去の議論なのかもしれない。しかし、今日の「正しい」議論において何が切り捨てられ、何が断絶しているのか――それを問うためには、「「臆病者」に甘んずる」ことも決して無益ではあるまい。むしろ、そこからしか見えないものもあるように思える。本書がおもに戦後三〇年間の議論に重点を置いたのも、こうした問題関心のゆえである。

戦争体験の「継承」を叫び、記憶に寄り添うことを謳うのはたやすい。だが、本来、「継承」を模索するのであれば、何が断絶してきたのか、それこそを問うべきであろう。いかなる議論が紡がれ、何がこれまでにそぎ落とされてきたのか――それを考えるところから、従来の議論の問題点やかつてはあり得た立論の可能性を再考することができるのではないか。この点については前著『「戦争体験」の戦後史』でも論じたが、本書は通時的な断絶のみならず、共時的な断絶についても検討し、そこから、戦後日本と沖縄、広島・長崎それぞれの議論のありようを考察した。

とはいえ、思わぬ見落としや意図せざる誤認もあるかもしれない。読者諸兄のご批判を仰ぐ次第である。

＊

本書の初校を校閲していたころ、「三・一一」の震災がおきた。「焼跡」「配給」「疎開」「灯火管制」「大本営発表」――テレビに映し出される光景に圧倒されつつ、終戦前後の様相が想起された。また、校閲を進めるなかで、今回の震災・原発問題のメディア言説がどことなく重なって見えたこともたびたびあった。「体験」や「責任」をめぐる議論などは、その一例であろうか。歴史を安易に現在に結びつけることには慎重であるべきだろうが、過去と照らして初めて見えてくる現在や未来もあるのだろう。いくどかの校正作業のなかで、そうした思いが頭をよぎった。

本書は、前著『「戦争体験」の戦後史』刊行後、約二年をかけて書き下ろしたものである。執筆の過程で、第一章に相当する部分は、拙稿「戦後沖縄と戦争体験の変容（Ⅰ・Ⅱ）」（『立命館産業社会論集』第一四四・一四五号、二〇一〇年）として発表したほか、本書第二部に関わる論考としては、「「広島」「長崎」の論争とローカル・メディア――「被爆体験」をめぐる饒舌と沈黙」（『メディア史研究』第二九号、二〇一一年）を公《おおやけ》にしている。また、序章については、拙稿「「戦争体験」という教養――「わだつみ」の戦後史」（『史林』第九三巻一号、二〇一〇年）を大幅に改稿している。

本書をまとめるうえでは、多くの方の協力を得た。山田和子氏には、『地人』『芽だち』といった入手困難な貴重な資料を閲覧させていただいたほか、生前の山田かんに関するさまざまなエピソードもお聞かせいただいた。山田かんは、「恵まれた生活からは良い詩は生まれない」というのが口癖で、執筆用の机の新調も好まなかったという。山田かんは大学進学を断念し、図書館員としての職務のかたわら、詩やエッセイを執筆し、断続的ながらも、数十年にわたり、文芸誌の発行・編集に携わった。その意志の強靭さとともに、文筆に駆り立てた思いについて、多く考えさせられるものがあった。

新曜社・渦岡謙一氏には、本書執筆のお話をいただいたばかりでなく、分量を気にせずにのびのびと書かせていただいた。学術書の不況が続く昨今、原稿量を気にせず執筆できる機会など、まずあり得ないが、渦岡氏には「原稿用紙千枚を超えてもいいですから、好きなだけ書いてください」というお言葉をいただいた。それに対する甘えもあって、本書はそれなりの分量となってしまったが、書きたいことをすべて本書に盛り込むことができたのは、たいへん有り難かった。

「戦争体験の比較メディア論」研究会および、「ポピュラー・カルチャーにおける戦争とジェンダー」研究会では、出席の方々に有意義なコメントを頂戴した。とくに、山口誠氏、谷本奈穂氏、高井昌吏氏には、原稿の一部にもお目通しいただき、貴重なご意見を頂戴した。そのすべてを本書に盛り込むことはできなかったが、それについては今後の研究のなかで深めていきたいと思っている。

最後に私事を一言。私の仕事あるいは趣味の影響なのか、小学生の長男・次男も、水木しげる『総員玉砕せよ！』、三枝義浩『戦争の記憶』といった戦争マンガや、山口勇子『おこりじぞう』などの絵本、戦記アニメ『決断』等々を、ときどき見るようになった。長男にいたっては、一時期、就寝前に中沢啓治『はだしのゲン』を読むのが日課になっていた。本書を執筆しながら、彼らなりにこの問題について関心を持続してもらえればと思うこともしばしばであった。

そして、本務校の業務が何かと忙しいなか、何とか二年で本書の完成にこぎつけられたのは、妻の理解と支えによるところが大きい。記して謝したい。

二〇一一年五月

福間良明

註

プロローグ

（1）国立国会図書館の蔵書データで「普通件名」欄が「日中戦争」「太平洋戦争」とされているものを抽出し、発刊年ごとに集計している。

（2）この時期の戦記発刊状況やその社会背景については、拙著『殉国と反逆――「特攻」の語りの戦後史』（青弓社、二〇〇七年）参照。

（3）体験記史や体験論史を扱うものではないが、沖縄戦や被爆の記憶について、時系列的に考察を試みた近年の著作としては、北村毅『死者たちの戦後誌』（御茶の水書房、二〇〇九年）や奥田博子『原爆の記憶』（慶応義塾大学出版会、二〇〇九年）があげられる。北村毅『死者たちの戦後誌』は、沖縄戦跡の整備史を丹念に跡づけながら、死者をめぐる記憶の複雑な力学を描写している。ただ、そこでの分析対象は慰霊や戦跡であり、戦争体験記や戦争体験論の変容が考察対象とはされていない。また、同書では、戦後日本における体験の語りの力学との対比が意図されているわけでもない。その点で本書の問題関心とは異なっている。奥田博子『原爆の記憶』は、資料館、記念式典、新聞、教科書記述を対象にしながら、戦後の広島と長崎の記憶を論じている。しかし、対象領域の広さに加え、戦後六〇余年を扱っている一方で、歴史学を意図した研究ではないこともあり、言説の変容過程やその力学の精緻な分析に重点が置かれているわけではない。また、広島と長崎の間でいかなる議論の構造の相違があったのか、それらは戦後日本の輿論といかなる違いがあったのかという点も、とくに掘り下げられているわけではない。

（4）むろん、これまでも、その問いをめぐる議論はさまざまに紡がれてきた。一九九〇年代以降のポスト・コロニアル研究や表象分析、メディア研究、オーラル・ヒストリー研究でも、沖縄戦や被爆体験の「記憶」が多く論じられてきた。しかし、かつていかなる輿論が存在したのかということの確認がなされぬままに、議論がなされることも少なくない。そのことは、同時代の言説配置やその力学への想像を欠き、現在の問題意識からのみ過去を論じることにもなりかねない。

（5）広島市・長崎市原爆災害誌編集委員会編『原爆災害――ヒロシマ・ナガサキ』岩波現代文庫、二〇〇五年、一八頁、四七頁。

(6) 小熊英二『〈民主〉と〈愛国〉』新曜社、二〇〇二年。

(7) 今日、「よろん」もしくは「せろん」と言われるとき、「公的な意見 public opinion」を指している場合と「大衆的な心情 popular sentiments」の意味で用いられる場合とがある。「よろんに基く政治」が標榜されるとき、そこで念頭に置かれているのは人々の理性的な思考や政治意識、すなわち public opinion である。他方、「せろんも間違うこともある」というとき、そこでは論理的思考を伴わない大衆的な感情 popular sentiments が意図されている。戦後に当用漢字が制定されたこともあり、現在では両者はともに「世論」として混同して用いられるが、戦前期には前者が「輿論」、後者が「世論」として区別されることも多かった。本書でも、この概念区分を前提に「輿論《よろん》」「世論《せろん》」を用いることにする。「輿論」「世論」の弁別については、佐藤卓己『輿論と世論——日本的民意の系譜学』（新潮選書、二〇〇八年）、宮武実知子「「世論」（せろん／よろん）概念の生成」（津金澤聰廣・佐藤卓己編『広報・広告・プロパガンダ』ミネルヴァ書房、二〇〇三年）、拙著『「反戦」のメディア史——戦後日本における世論と輿論の拮抗』（世界思想社、二〇〇六年）参照。

(8) 安田武『戦争体験』未来社、一九六三年、一三七頁。

(9) 同時にそこには、スティグマ（烙印）が付きまとっていた。身体のケロイドや後遺症の発症は、同じ境遇にある者のあいだ以外では、往々にして秘匿すべきものであり、彼らはそれが人目につかないように腐心しなければならなかった。身体的な症状が見られない者であっても、被爆体験が社会的な差別を惹起しがちなだけに、往々にしてその体験を公言することは憚られた。これほどのスティグマの存在も、他の戦争体験の語りでは、あまり見られなかった。身体的な障害という点では、傷痍軍人や空襲の際の重傷者もいたわけだが、戦場や空襲を語るうえで、それらが焦点化されることは少なかった。むしろ、戦場の出来事や死者の遺念といった「過去」に根差した事柄が多く論じられた。それに対し、被爆体験においては、体験者の多くがスティグマを負っていた。身体的な表徴があろうがあるまいが、先に述べたように、体験者は「被爆者」という烙印に向き合わざるを得なかった。必然的に、被爆を語ることは、スティグマを語ることにもつながった。

(10) 松元寛「不毛でない文学のために」『中国新聞』一九六〇年四月一日、五面。松元寛「原点としてのヒロシマ」山田浩・森利一編『戦争と平和に関する総合的考察』広島大学総合科学部、一九七九年。引用は、松元寛『ヒロシマという思想』東京創元社、一九九五年、八〇—八一頁。

序章

(1) 日本戦没学生記念会「新版刊行にあたって」日本戦没学生記念会編『新版 きけわだつみのこえ』岩波文庫、一九九五年、四九七頁。『きけわだつみのこえ』の知名度は、他の戦争体験記に比べても群を抜いている。増刷頻度は、カッパ・ブックス版で八一刷(一九九七年八月時点)、岩波文庫版で五七刷(二〇〇四年時点)に達しており、一九五〇年と一九九五年には、これをもとにした映画も製作されている。

(2) 戦没学徒の遺稿集を内在的に考察したものとしては、大貫恵美子『学徒兵の精神誌』(岩波書店、二〇〇六年)や岡田裕之『日本戦没学生の思想』(法政大学出版局、二〇〇九年)がある。それに対し、本章は、メディア史や社会運動史の観点から、『きけわだつみのこえ』や日本戦没学生記念会をめぐる議論の変遷に着目する。日本戦没学生記念会(わだつみ会)とそこで紡がれる戦争体験論の変容の詳細については、拙著『「戦争体験」の戦後史』(中公新書、二〇〇九年)を参照されたい。わだつみ会の歴史については、保阪正康『「きけわだつみのこえ」の戦後史』(文藝春秋、一九九九年)がある。同書の前半は、関係者へのインタビューを多く盛り込みながら、活動の経緯を描いている。同書の後半は、一九七〇年から一九九四年まで理事長職にあった中村克郎の立場に沿って、九〇年代のわだつみ会の内紛を扱うことに重きが置かれている。

(3) 日本戦歿学生手記編集委員会編『きけわだつみのこえ』東京大学協同組合出版部、一九五一年、二頁。

(4) 同上、一三二頁。

(5) 杉捷夫「平和とは何か」『短歌研究』第七巻六号、一九五〇年、四頁。

(6) 佐多稲子「生かされねばならぬ感銘」東京大学協同組合出版部編『わだつみのこえに応える』東京大学協同組合出版部、一九五〇年、四九—五〇頁。

(7) 『映画年鑑』(一九五一年版)時事通信社、一九五一年、五六頁。映画『きけ、わだつみの声』(一九五〇年)をめぐる議論については、拙著『「反戦」のメディア史』(世界思想社、二〇〇六年)参照。

(8) 市原豊太「鳥の大尉の祈り」『中央公論』一九四九年一一月号。引用は、東京大学協同組合出版部編『わだつみのこえに応える』(前掲)七三頁。

(9) 本多顕彰「平和への祈り」東京大学協同組合出版部編『わだつみのこえに応える』(前掲)一〇〇頁。

(10) 佐多稲子「生かされねばならぬ感銘」(前掲)、四九―五〇頁。

(11) 筒井清忠が指摘するように、教養主義は同時に、庶民的な修養主義とも結びついていた(筒井清忠『日本型「教養」の運命』岩波書店、一九九五年)。修養主義とは、克己・勤勉による人格の完成をめざす道徳規範である。これは、江戸期の二宮尊徳や石門心学をはじめ、民衆の間に形成された勤勉や倹約を徳目とする通俗的生活規律をベースにし、明治後期に広く庶民に広がった。一九〇六(明治三九)年の修養団の設立や一九一一(明治四四)年の野間清治による講談社創設などが、その象徴であろう。講談社設立と同時に発刊された大衆雑誌『講談倶楽部』の発刊趣旨には「これを読むことに依つて、一般大衆は、精神的の慰安にもなり、修養にもなり、読書力も文章力も常識も、その他いろ〳〵のものを養ふことが出来る」とある(野間清治『私の半生』千倉書房、一九三六年、三六五頁)。

筒井は、この種の心性が、和辻哲郎、安倍能成、阿部次郎ら教養主義者の著述のなかにも垣間見られることを指摘している。新渡戸稲造も一高生に対し、週に一度、修身講話を行ない、「周囲に城壁を築くなく襟懐落々として性格の修養にこれ努めよ」と説いていたという。他方で、新渡戸は、大衆雑誌『実業之日本』に「修養」「世渡りの道」などの修養論稿を連載し、それらは単行本化されてベストセラーにもなった。大正教養主義と庶民的な修養主義は、かなりの程度、重なっていたのである。

もっとも、それも当然であって、多くの難解な思想書を渉猟し、しかも、しばしば英語・ドイツ語の原書を紐解かなければならない教養主義的読書行為には、忍耐と勤勉さが不可欠だった。本来、試験勉強のみにいそしむ「ガリ勉」を否認するための教養主義は、「読まなければいけない本を読む」という非公式カリキュラムを遂行する「ガリ勉」に拠らなければならなかったのである。

このような教養主義は、きわめて質実なものであり、華麗さやスマートさを基調とする都市中流階級のブルジョア文化とは相容れなかった。いわば、それは農村的とでも言うべきものであった。

上流階級の子弟は、生まれついて高尚な芸事や文化にふれる家庭環境に育ち、「自然」にそれらを吸収する。換言すれば、無意識のうちにそれらを吸収してしまう「見えないカリキュラム」が上流階級の家庭には存在する。それに対し、地方農村出身者は、しばしば家庭の貧しさにめげず、ガツガツと勉学にいそしみ、旧制高校に入学すると、教養主義的な教養を齷齪と身につけなければならない。見ようによってはがさつともいうべき勤勉さを内面化した教養主義は、それがどれほど西洋の古典や思想に関心を抱いたとしても、いかにも農村的なものであった。それは、「洗練」「優雅」を帯びた都市ブルジョア的なものとは対照的だった。竹内洋『教養主義の没落』中公新書、二〇〇三年。

(12) なお、戦時期には自由主義やマルキシズムを基調とした教養主義が退潮した一方で、日本主義的教養主義が旧制高校や大学で広がりを見せた。竹内洋・佐藤卓己編『日本主義的教養の時代』(柏書房、二〇〇六年)、井上義和『日本主義と東京大学』(柏書房、二〇〇八年)、井上義和「戦時体制下の保守主義的思想運動」『日本史学』第五八〇号、二〇一〇年参照。

(13) 永嶺重敏『東大生はどんな本を読んできたのか』平凡社新書、二〇〇七年一六九―一七〇頁。

(14) 竹内洋『教養主義の没落』中公新書、二〇〇三年、一九八頁。

(15)「書評　はるかなる山河に」『がす燈』一九四九年五月一日号、二八頁。

(16)『葦』や『人生手帖』が難解な哲学や古典文学を扱うものでない以上、教養主義というよりは修養主義に親和性を見出すことも可能である。だが、単に修養が意図されるだけであれば、それが何も『葦』『人生手帖』を読み、またそこに投稿するために書くという行為を伴う必然性はない。教会や参禅会に通ったり、奉仕活動に勤しむことで、「修養」を果たすことも当然、考えられよう。そうではなく、あえて、「読む」「書く」という行為と人格陶冶を結び付けているところに、庶民レベルの教養主義を見ることができる。柳田謙十郎、真下信一、小田切秀雄といった知識人がこれらの雑誌にしばしば寄稿していたことからも、読者たちの教養に対する憧憬がうかがえよう。

(17) この詳細については、拙著『「戦争体験」の戦後史』(中公新書、二〇〇九年) 参照。

(18) 荒正人「きけわだつみのこえ」『教育』第三巻一二号、一九四九年、七六頁。

(19) 出隆「『わだつみのこえ』になにをきくべきか」『人間』第五巻二号、一九五〇年、九―一〇頁。

(20) 和辻哲郎「教養」『和辻哲郎全集』第二〇巻、岩波書店、一九六三年、二五七―二五九頁。

(21) 竹内洋『教養主義の没落』(前掲) 五四―五五頁。

(22) 白鷗遺族会編『雲ながるる果てに』日本出版協

同、一九五二年、二頁。
(23)『読売新聞』一九五二年七月一三日。
(24)白鷗遺族会編『雲ながるる果てに』(前掲)二頁。
(25)三好十郎「愚者の楽園」『読売新聞』一九五二年一一月一四日。
(26)安田武『戦争体験』未来社、一九六三年、一七八頁。初出は安田武「再評価『雲ながるる果てに』」『わだつみのこえ』第一四号、一九六二年八月。安田武の思想については、拙著『「戦争体験」の戦後史』(前掲)参照。
(27)再軍備や改憲の動きも見られつつあったなか、『雲ながるる果てに』への批判も見られた。これについては、拙著『殉国と反逆』(青弓社、二〇〇七年)を参照されたい。
(28)岡田裕之「小史　わだつみ会の運動」日本戦没学生記念会編『わだつみのこえ』(復刻版)八朔社、一九九二年、v頁。
(29)山下肇「会の運動方針について」『わだつみのこえ』創刊号、一九五九年、六頁。
(30)同上。
(31)安田武『戦争体験』未来社、一九六三年、一三七頁。
(32)同上、九二頁。
(33)同上、一三三頁。
(34)同上、一四二頁。
(35)安田武『拒絶の思想』文和書房、一九七三年、一二五頁。
(36)安田武『戦争体験』(前掲)一四一頁。
(37)同上、一四三頁。「「臆病者」に甘んずる「勇気」」を考えるに至った背景には、安田の戦争体験があった。安田はそれに関し、こう述べている。

「八月十四日の朝、一緒に残留していた兵長が、オレは、中隊を追って前線へ行く。これ程、戦況が逼迫してきたのに、アンカンと留守部隊に居残っていることはできない。安田はどうするか、といい出した。私は、中隊長命令をタテにとって、いったんは残るといい張ったが、そういう私を、老兵長は、いかにも蔑んだ様子で、第一線に出ることを恐れている卑怯者といわぬばかりの言葉で非難した。

こうして、とうとう、私はその老兵長と共に、約二里ばかり先に陣地をはっているらしい中隊を追跡し、やっと夕刻近く、中隊本部を探し当てたが、ちょうどその時、私たちの中隊に出撃命令が下った。そして、その夜半から翌日にかけ冒頭に書いた戦闘に、私は参加することになるのである。

いまにして思えば、私を卑怯者、臆病者とののしった老兵長自身、戦場を間近にした留守部隊のたよりなさに不安をおぼえ、むしろ、中隊全員のなかに身をおくことを望んだ、それ故の追跡行であったのだ。生命の危機が身近に迫ると、人は、ひとりで守るよりも、より危険度が高くても、大勢の仲間と共に進みたいものらしい。そして、私自身のその時についていえば、卑怯者とか臆病者とか、いずれにせよ、他人の蔑みの眼のなかで、自分ひとりの判断を守りとおすことの、如何にむずかしいかを考えるのである。「臆病者」に甘んずる「勇気」について思うのである。

なお老兵長は、その夜の戦闘で、大腿部に盲貫銃創を受けて斃れた。その後のことはわからない。」(同上、一四三頁)

(38) 吉田満『戦艦大和の最期』創元社、一九五二年、一三〇頁。

(39) 安田武『人間の再建』筑摩書房、一九六九年、六二頁。

(40) 渡辺清「私の戦争責任――入会にあたって」『わだつみのこえ』第三号、一九六〇年六月、五四頁。

(41) 同上、五四頁。

(42) 渡辺清『私の天皇観』辺境社、一九八一年、一四頁。

(43) 渡辺清『砕かれた神』岩波現代文庫、二〇〇四年、二二〇―二二一頁。初刊は一九七七年、評論社。

(44) 渡辺清「私の戦争責任――入会にあたって」(前掲)五〇頁。

(45) もっとも、東京大学出版会は、一九五二年に東大新書の一冊として再刊していた。だが、それは格別の反響を呼ぶこともなく、書店から姿を消していった。

(46) 岩波茂雄「読書子に寄す――岩波文庫発刊に際して」一九二七年。

(47) 山下肇「『きけわだつみのこえ』秘話」『ほん』第八七号、一九八〇年、四頁。

(48) 佐藤忠男「カッパ・ブックス論」『週刊読書人』一九六三年一一月二五日。

(49) 大宅壮一・坂西志保・神吉晴夫(鼎談)「ベスト・セラーは追っかけず」『毎日新聞』一九五一年七月一四日。引用は、同鼎談を収めた加藤一夫編『カッパの本』光文社、一九六八年、二九頁。

(50) 神吉晴夫「刊行者のことば」日本戦没学生記念会編『きけわだつみのこえ』光文社(カッパ・ブックス)一九五九年、三頁。

(51) 高橋武智「総会への覚書」『わだつみのこえ』第二七号、一九六五年、一〇頁。

(52) 座談会「わだつみ会の今日と明日」『わだつみの

こえ』第二〇号、一九六四年、三九頁。
(53) 安田武『戦争体験』(前掲) 一四九―一五〇頁。
(54)「第六回シンポジウム報告――戦後二十年と平和の立場」『わだつみのこえ』第三〇号、一九六五年、四一頁。
(55) 座談会「わだつみ会の活動を考える」『わだつみのこえ』第七五号、一九八二年、六一頁。
(56)「集れ! 〝戦友〟五〇〇万」『週刊朝日』一九六六年一二月二三日、一二一頁。
(57) 海軍飛行予備学生第十四期会編・発行『別冊あゝ同期の桜』一九六六年、二三〇頁。
(58) 社説「戦没学生に声あらば……」『朝日新聞』一九六九年五月二一日、五面。
(59) この時期の戦記ものの受容についていえば、戦中派以上の世代のみが手にしたのではなく、若い世代が手に取ることも少なくはなかった。そこには、彼らが少年期であった一九六〇年代前半の戦記マンガ・ブームの余波もあった一方で、戦中派世代との受け止め方の相違も見られた。一九六六年に『戦艦武蔵』を著わした吉村昭は、「私の作品に対する読み方が、大ざっぱに分けて四十歳を境いに大きな相違があった」と述べている。吉村が言うには、戦中派世代にあたる四〇代、およびそれ以上の年代は、「戦争に対する郷愁として読んだらしい」のに対し、それ以下の年齢層は「戦争なんて全くはかない愚かしいものだ」ということを感じ取る傾向があったという(池田清・小田実・吉村昭・中島誠〔座談会〕「日本人における散華と難死」『現代の理論』第四巻三号、一九六七年、七三頁)。この点については、拙著『殉国と反逆』(青弓社、二〇〇七年)を参照されたい。この時期の戦記ものとして、陸軍ものではなく海軍ものが流行った背景については、前記拙著のほか、吉田裕『日本人の戦争観』(岩波現代文庫、二〇〇五年)参照。
(60) 座談会「わだつみ会の活動を考える」(前掲) 六一頁。
(61) 安田武『人間の再建』筑摩書房、一九六九年、三三頁。
(62) 高橋武智「総会への覚書」『わだつみのこえ』第二七号、一九六五年、一〇頁。
(63)「第七回シンポジウム記録」『わだつみのこえ』第三六号、一九六六年、三頁。
(64) 鮎原輪(吉林勲三)「死者たちの復権――わだつみ像破壊の思想」『朝日ジャーナル』一九七〇年二月八日号、四一頁。「吉林勲三」「鮎原輪」はともに、和田洽史のペンネーム。わだつみ像破壊事件については、拙著『「戦争体験」の戦後史』『「反戦」のメディア史』(前掲) のほか、小熊英二『196

8（下）』（新曜社、二〇〇九年）でも扱われている。わだつみ像破壊事件当事者による自伝的小説として、吉林勲三『壁なしの箱』（第三書館、二〇一一年）がある。

(65) 吉川勇一（小熊英二によるインタビュー）「国境をこえた「個人原理」」岩崎稔ほか編『戦後スタディーズ2』紀伊國屋書店、二〇〇九年、二五九頁。

(66) 吉林勲三「糸切れた凧、飛ばぬ鳥の空」松田政男・高橋武智編『群論ゆきゆきて神軍』倒語社、一九八八年。なお、吉林勲三（鮎原輪）は日本共産党や民主青年同盟のみならず、新左翼系セクトに対しても、議論の硬直性を快く思っていなかった。彼の自伝的小説『壁なしの箱』（第三書館、二〇一一年）でも、「セクトは、学生は、寝起きの広さ四畳半の外には出て行かない」「会議とは名ばかり、絶対に自分の巣穴を出ないセクト」と評している（三五頁、二〇五頁）。

(67) 田中仁彦「戦没学生は二度死ぬ」（『朝日ジャーナル』一九六九年六月八日号、一〇八頁）に引かれている矢作彰の文章を重引。原文は東大駒場のわだつみ会機関誌『道標』に掲載されているようだが、現物の入手は叶わなかった。

(68) 座談会「大学闘争と「わだつみの理念」」『わだつみのこえ』第四七号、一九六九年、四五頁。

(69) 同上、五一頁、二三頁。

(70) 田中仁彦「戦没学生は二度死ぬ」（前掲）一〇九頁。

(71) 安田武「わだつみ像破壊の意味するもの」『毎日新聞』一九六九年五月二九日、夕刊。引用は、安田武『人間の再建』（前掲）一〇五頁より。

(72) 野坂昭如『卑怯者の思想』中央公論社、一九六九年、一七四頁。

(73) 同上、八九頁。

(74) 星野芳郎「虚像としての〝わだつみ像〟」『毎日新聞』一九六九年六月五日、夕刊。

(75) 安田武「わだつみ像破壊の意味するもの」（前掲）一〇五頁。

(76) 星野芳郎「虚像としての〝わだつみ像〟」（前掲）。

(77) 同上。なお、わだつみ像は、建立間もない時期から、「偶像」にも見える側面を有していた。日本戦没学生記念会機関紙『わだつみのこえ』（一九五四年九月二七日、二面）には、「普及型　わだつみ像」の広告が掲載されている。これは高さ三〇センチほどの小型の像であり、家庭や職場での購入が勧められている。広告文には、理事長・柳田謙十郎の名で、次のように記されていた。

「わだつみ像は唯京都に一つたてておくという

だけでなく、私たちの書斎や応接間にもぜひ一つづつ立たせて、平和への意志を堅しとするかてとしたいものである。日本中の家庭にこの像が普及するときは、もう戦争のできなくなるときであるといってもよいであろう。」

「普及型わだつみ像」の販売で得られた収益は、新たなわだつみ像を建立するための資金に充てることになっていた。しかし、そこには、小型で廉価な複製を多く生産することで、戦争体験の厳かさやアウラが失われるかのような状況もうかがえる。つまり、「普及型わだつみ像」は、戦争体験を偶像化し、それを粗製乱造するものにも、見えかねなかった。

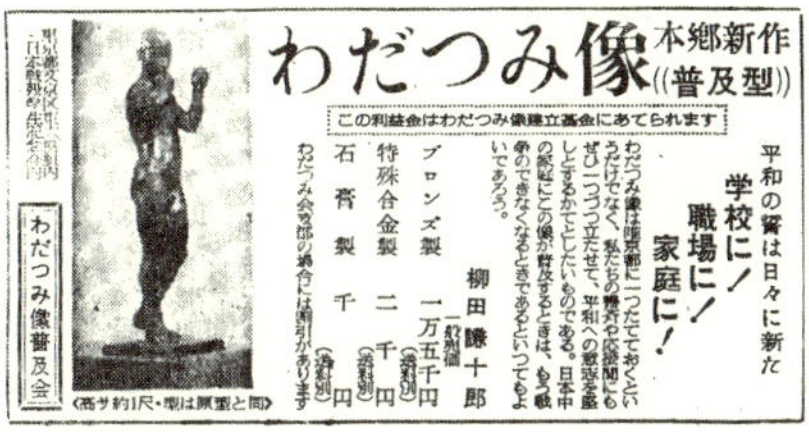

「普及型 わだつみ像」の広告（『わだつみのこえ』1954年9月27日，2面）

ちなみに、吉林勲三も、立命館のわだつみ像に同様の「偶像化」を読み取っていたようにも思われる。吉林は「死者たちの復権」の末尾で、「わたしたちは死者たちの象徴を作り出すこと、あるいは、彼ら死者たちに向けて美しいことばを偽造することによって、わたしたちは死者たちから遠のき、自らの死をも喪失してしまう」と述べている（鮎原輪〔吉林勲三〕「死者たちの復権」『朝日ジャーナル』一九七〇年二月八日号、四二頁）。

それは、一見、「『他人の死に感銘を受ける』というのは生者の傲岸な頽廃である」と語った安田武に通じるように見えなくもない。だが、吉林の議論は、安田をはじめとした年長世代への不快感に根ざしていたように思われる。いわば、戦中派の議論を封じるべく、「美しいことば」の「偽造」が論じられていた。吉林は同じエッセイ（四二頁）のなかで、安田武の像破壊批判にふれながら、「安田武がわたしたちの前に居直ってしまうとき（おお、この出過ぎた自負心はどこからくるか）、わたしたちは振向きもしないで、わたしたちの闘いを継続しなければならぬ」と記している。

(78) 教養主義が大学紛争期から退潮していくプロセスについては、竹内洋『教養主義の没落』（前掲）参照。

(79) 丸山眞男『自己内対話』みすず書房、一九九八年、一三三頁、一三五頁。

(80)『毎日新聞』一九六八年一二月二四日。

(81) 座談会「大学闘争と「わだつみの理念」」『わだ

つみのこえ』第四七号、一九六九年、四四－四五頁、四六頁。
(82) 同上、四六頁。

第一部

(1) 辻村明・大田昌秀『沖縄の言論』南方同胞援護会、一九六六年、一一九頁。
(2) 戦後沖縄の戦記史をめぐる主要な研究としては、仲程昌徳『沖縄の戦記』(朝日選書、一九八二年)や嶋津与志「沖縄戦はどう書かれてきたか」(『沖縄戦を考える』ひるぎ社、一九八三年)、屋嘉比収「戦後世代が沖縄戦の当事者となる試み」(『沖縄戦、米軍占領史を学びなおす』世織書房、二〇〇九年)などがある。いずれも沖縄戦記史を広く見渡しているが、「何が書かれていたか」への関心がつよい一方で、それらが書かれ、読まれる社会状況の分析に重点が置かれているわけではない。また、日本本土の議論との共通性や相違点、あるいはそれらが沖縄での議論に与えた影響についても、十分に考察されているわけではない。それに対し、この第一部では、日本本土の戦記出版史や戦争体験論史と対比しながら、沖縄における戦争体験論の変容プロセスを考察する。

とはいえ、ここでは、体験論史を網羅することを目的とするわけではない。むしろ、それが生み出される構造自体が、日本本土といかに異なるか、その点を明らかにすることが、第一部の主題である。戦後の本土と沖縄は、まったく異質な政治状況を辿ってきたばかりではない。知識人の位置やメディア環境も決定的に異なっていた。そのことにより、戦争体験をめぐる議論はもとより、それを生み出す磁場も、本土と沖縄とでは大きく異なっていた。そうした議論を生み出す構造を明らかにすることが、第一部のめざすところである。

このことは、第一部の分析対象の選択とも関わる。戦争体験については、多くの戦後沖縄知識人が論じており、そのすべてを網羅しようとすれば、かなりの紙幅を要することとなる。ここでは、そうした作業よりはむしろ、戦争体験論を生み出す社会的な磁場の変容を考察するうえで代表性を有する論者に焦点を当てながら、議論を進めたい。

戦後沖縄思想史を扱ったものとしては、鹿野政直『戦後沖縄の思想像』(朝日新聞社、一九八七年)、小熊英二『〈日本人〉の境界』(新曜社、一九九八年)などがあるが、沖縄知識人の戦争体験論を通時的に俯瞰し、それらの議論が生み出される構造や磁場を検証したものは、意外に少ない。大城立裕や池宮城秀意など個々の知識人の戦争体験に言及した論考はあるものの、戦後沖縄における戦争体験論の全体を見渡し、その系譜をまとめたものは、皆無に近い。本書第一部では、それを十全に描くことはできなくとも、まずは時代状況の変容を考えるうえで代表性を有する論者（戦後初期の仲宗根政善、米軍統治期の大城立裕、沖縄返還前後の新川明、岡本恵徳、大城将保など）の議論を検証しながら、それを日本本土の議論とも対比し、沖縄戦論が生み出される力学の一端を浮き彫りにしたいと考えている。大田昌秀や安仁屋政昭、石原昌家、新崎盛暉らの議論もさらに掘り下げて考察する必要はあるだろうが、それは今後の課題とし、まずは、沖縄で戦争体験論が生み出されてきた磁場を素描することを、ここでの目的としたい。

その他、沖縄戦跡の戦後史を扱いながら、沖縄戦の記憶の変容や葛藤を詳細に描いたものとして、北村毅『死者たちの戦後誌』（御茶の水書房、二〇〇九年）がある。戦後の沖縄文学を広く見渡した主要な研究としては、岡本恵徳『現代沖縄の文学と思想』（沖縄タイムス社、一九八一年）、岡本恵徳『現代文学にみる沖縄の自画像』（高文研、一九九六年）、新城郁夫『沖縄文学という企て』（インパクト出版会、二〇〇三年）、新城郁夫『沖縄を聞く』（みすず書房、二〇一〇年）などがある。

第一章

（1）集団自決をめぐる近年の研究としては、林博史『沖縄戦――強制された「集団自決」』吉川弘文館、二〇〇九年など。
（2）大城将保『改定版 沖縄戦』高文研、一九八八年、一四二頁。
（3）池宮城秀意『沖縄に生きて』サイマル出版会、一九七〇年、一四九頁。
（4）収容所での生活をはじめ、戦後初期の沖縄の社会状況については、川平成雄『沖縄空白の一年――一九四五―一九四六』（吉川弘文館、二〇一一年）に詳しい。
（5）フランク・ギヴニィ「沖縄――忘れられた島」『うるま新報』一九四九年一二月三日。引用は中野好夫編『戦後資料 沖縄』日本評論社、一九六九年、五九頁。原文は Frank Gibney, "Okinawa: Forgotten Island", *Time*, November 28, 1946.
（6）牧港篤三・大城立裕・川満信一・新崎盛暉ほか（座談会）「沖縄にとって戦後とは何か」『新沖縄文学』第二七号、一九七五年、九九頁。
（7）サンゴ・タロウ「啓示」『演劇・映画』一九五〇年七・八月号（詩作は一九四七年一〇月、「サンゴ・タロウ」は牧港篤三のペンネーム）。なお、誤植（あるいは活字の不足）によるものと思われる表記については、岡本恵徳編『ふるさと文学館・第五四巻　沖縄』（ぎょうせい、一九九四年）所収の同詩を参照し、訂正している。

（8）同様の認識は、沖縄本島だけではなく、八重山諸島でも見られた。一九五〇年八月一日から五日間にわたって八重山復興博覧会が開催されたが、その記念誌では米軍進駐に対する評価が以下のように記されている。

「一九四五年八月十五日、この日こそはわれわれにとって生涯忘れることのできない終戦の日です。同年十二月二十三日米国海軍の進駐によつて、ようやく救いの手がさしのべられました。住民も息を吹きかえしてきました。

それから五年の年月が流れました。荒廃した土地は耕され、くずれた家は建てなおされて、人々は健康で働けるようになりました。戦争による被害はだん〳〵復旧されてきます。住民も平和な日々が送れるようになりました。

「復興に輝く愛の星条旗」

全くその通りです。米軍政府の愛の手によつて今日あるを得ました。こゝに全住民とともに、感謝の誠をさゝげる次第であります。」（記念誌編纂局編『新八重山――博覧会記念誌』八重山民政府、一九五〇年、「まえがき」）

終戦直後の石垣島で深刻な問題になっていたのは、食糧難とマラリアの蔓延、治安の悪化であった。それは、終戦の年の年末に米海軍が来島するまで、改善の兆しが見られなかった。そのころの状況について、同書には以下のように綴られている。

「その時、私達は終戦だと聞いて、ああ、よかつたと思つたのもつかの間、あのおそいかゝるマラリアでした。食糧難でした。

私たちは、あえぎながら薬を求めました。救いの手を待ちわびました。けれども、薬も来ません。救いの船も見えません。私たちは施すべを失つて、野や山に、町や村に右往左往して、なげき悲しみました。暮しはせつぱつまつて窮迫のどん底をつきました。」（同上、六一頁）

「一九四五年八月十五日、終戦の報が伝えられたが、当時の駐屯軍からは何等の通知がなく、住民は半信半疑であつた。同日十八日になつて、駐屯軍から終戦についての発表があつて住民は初めてこれを確認したが、大体において行くべき処に行きついたという気持で動揺もなかつた。この終戦の報に接するや、有病地帯の山麓に避難してマラリアの猖けつと食糧欠乏のため、死衣をまとうていた住民は我が家さして各自の部落に帰つたが、全避難民が部落への帰還を終了したのは、九月の初旬であつた。

　部落に帰つてもマラリアは依然として猖けつを極め食糧は欠乏していた。マラリアに対しては治療薬が欠乏していたので、これをどうすることも出来ず、マラリアの弄ぶままにする外に方法はなかつた。又食糧は生産者が殆ど全部数ヶ月前から、軍隊に徴用されたために生産されていず、かつまた八重山と外地との交通杜絶のため食糧を入れることが出来なかつたので、食糧対策を講ずることも困難であつた。

　こうした状態にあつたので、住民はマラリアの治療と毎日の食糧を探し回るのが日課で、生産などということは出来ない状態にあつたので、食糧盗難が続出した。しかも白昼堂々と行われた。教養ある者もない者も、生きるためには窃盗を恥とも思つていなかつた。

　生きるために人間そのものの本能をありのままに現わしていたというても過言ではなかつた。」（同上、二二〇―二二一頁）

先に引用した「米軍政府の愛の手によつて今日あるを得ました。こゝに全住民とともに、感謝の誠をさゝげる次第であります」という記述は、米軍統治下にあって自由な言論に限りがあったがゆえの表現と見ることもできようが、前記のような食糧難、マラリアの蔓延、治安の悪化を考えると、一定の食糧配給と防疫・衛生策を講じた米軍の存在はまさに、「救いの手」に見えるものであった。少なくとも戦後の最初期に住民が「復興に輝く愛の星条旗」を感じ取ったのも、あながち誇張ではなかっただろう。
(9) 太田良博・大城立裕・新川明・池田和（座談会）「出発に際して――戦後沖縄文学の諸問題」『沖縄文学』創刊号、一九五六年六月、六―七頁。
(10) 同上、七頁。
(11) 太田良博「復員の頃」『琉球の文化』第五号、一九七四年。引用は『太田良博著作集3　戦争への反省』ボーダインク、二〇〇五年、一三二頁より。
(12) 太田良博「復員の頃」『琉球の文化』第五号、一九七四年。引用は『太田良博著作集3　戦争への反省』ボーダインク、二〇〇五年、一二七頁より。
(13) 太田良博・大城立裕・新川明・池田和（座談会）「出発に際して――戦後沖縄文学の諸問題」『沖縄文学』創刊号、一九五六年六月、六頁。
(14) 『月刊タイムス』『うるま春秋』といった当時の総合雑誌を通読する限り、一九四〇年代末の時期においては、戦争体験や戦争責任を論じたものはあまり見られない。大城将保も、当時の新聞やこれら月刊誌について、「もろに戦争体験をあつかった記事などはみあたらず、かえって、平和な日常を描いたような風俗小説がはばをきかせている」ことを指摘している。嶋津与志（大城将保）「沖縄戦はどう書かれたか」『沖縄思潮』第四号、一九七四年、三八頁。

(15)「再建めざして――沖縄人民政府誕生」『ウルマ新報』一九四六年四月二四日。

(16) 島清「知事就任を祝ふ」『ウルマ新報』一九四六年四月二四日。

(17)「米国保護の下に」『うるま新報』一九四七年八月一日、一面。

(18)「先島住民帰属問題に懸念」『八重山タイムス』一九四七年八月一五日、一面。なお、この記事では、先島諸島の中国領有に対する強い懸念が記されているが、日本による領有には特にふれられていない。日本帰属が選択肢にすら入っていなかったことがうかがえる。

(19) 牧港篤三・大城立裕・川満信一・新崎盛暉ほか（座談会）「沖縄にとって戦後とは何か」『新沖縄文学』第二七号、一九七五年、一〇一頁。牧港はそのなかで、「とにかく私たちにとっては仲良〔良光〕さんの行動というのは非常にショックなことで、今後沖縄がどうなるかわからない状況の中で、何故日本復帰を志向していったのか……」という思いを抱いていたことを語っている。

(20)「議会全員協議会に於ける答申案に対する重《ママ》なる質疑事項」琉球政府文教局研究調査課編『琉球史料』第二集、琉球政府文教局、一九五六年、七二－七三頁。これらの審議の結果、この件に関する沖縄議会の答申では、「日本公職追放令を沖縄に適用し審査委員会を設け之を審査せしめること」という原案の表記が、「軍国主義的経歴を有する者は審査委員会を設け之を審査せしめること」に改められた。なお、沖縄議会は、沖縄諮詢会（一九四五年八月－一九四六年四月）の後継となる住民代表による議決機関。沖縄諮詢会の執行機関機能は沖縄中央政府（一九四六年四月－一九五〇年一一月）、沖縄群島政府（一九五〇年一一月－一九五二年三月）に引き継がれた。

(21) 琉球新報百年史刊行委員会編『琉球新報百年史』琉球新報社、一九九三年、一七四－一七五頁。

(22) 仲原善忠「文化活動の一年」『沖縄文化』第三号、一九四九年一月。引用は、『仲原善忠全集』第四巻、一九七八年、四六九－四七〇頁。

(23) 比嘉春潮「『死生の門』を読みて」『沖縄文化』第四号、一九四九年二月。引用は『比嘉春潮全集』第四巻、沖縄タイムス社、一九七一年、一二〇頁。

(24) 金城朝永「琉球に取材した文学」『沖縄文化』第九号、一九四九年。引用は『金城朝永全集』上巻、沖縄タイムス社、一九七四年、五一一頁。
(25) 太田良博「『鉄の暴風』取材ノートを中心に」『琉球新報一九七三年一一月一五・一六日。『太田良博著作集』ボーダインク、二〇〇五年所収。
(26) 沖縄タイムス社編『鉄の暴風』朝日新聞社、一九五〇年、一頁、三頁。
(27) 牧港篤三「ノン・フィクション」『月刊タイムス』一九四九年九月号、三二頁。
(28) 牧港篤三、同上。真久田巧『戦後沖縄の新聞人』沖縄タイムス社、一九九九年、一四八頁。
(29) 真久田巧『戦後沖縄の新聞人』(前掲)一〇七頁。
(30) 仲宗根政善『沖縄の悲劇』華頂書房、一九五一年、i頁。
(31)「ひめゆり」言説の生成過程をめぐっては、北村毅『死者たちの戦後誌』(御茶の水書房、二〇〇九年)のほか、仲田晃子「『ひめゆり』をめぐる諸言説の研究――アメリカ占領下の沖縄で発行された新聞記事資料を中心に」(仲程昌徳編『アメリカ占領下における沖縄文学の基礎的研究(平成十三〜十六年度科学研究費補助金基盤研究(B)研究成果報告書)』二〇〇五年)、仲田晃子「『ひめゆり』をめぐる語りのはじまり」(屋嘉比収編『友軍とガマ』〔シリーズ「沖縄・問いを立てる」第四巻〕社会評論社、二〇〇八年)、浦田義和「米軍政下の沖縄の文学」(仲程昌徳編『アメリカ占領下における沖縄文学の基礎的研究(平成十三〜十六年度科学研究費補助金基盤研究(B)研究成果報告書)』二〇〇五年)、大胡太郎「収容所の〈ひめゆり言説〉」(『琉球アジア社会文化研究』第四号、二〇〇一年)などに詳しい。
(32) 三瓶の「原作」と宮永が引いた文章との間には、少なからぬ相違があり、その点については大胡太郎「収容所の〈ひめゆり言説〉」(前掲)に詳しい。ただ、これも大胡が指摘するように、幾度もの筆写を経たもののなかに、捕虜たちに共通する認識を見ることもできよう。筆写の作業では、無意識の誤記のみならず、意図的な記述の取捨選択もなされる。その意味で、三瓶の「原作」以上に、宮永が引用した文章のほうに、捕虜たちが望む「ひめゆり神話」が表現されているとも言えよう。
(33) 与那城勇『琉球エデンの園物語』琉球エデン会、一九七四年、八八―八九頁。
(34) 戦後しばらくは、本土―沖縄間の自由な往来は認められなかったが、一九四九年三月、本土から沖縄への渡航者に対して旅券の発行が行なわれるようになった。沖縄から本土への渡航許可開始は同年五月である。

(35) 金城朝永「琉球に取材した文学」(『沖縄文化』第九号、一九四八年)より重引。この論文では金城あての石野の私信が引かれている。引用は『金城朝永全集』上巻、沖縄タイムス社、一九七四年、五一〇頁。

(36) ただし、『うるま新報』では、一九五〇年二月一四日に「原稿未着」を理由に未完の状態で連載が終了している。この点については、仲田晃子「『ひめゆり』をめぐる諸言説の研究――アメリカ占領下の沖縄で発行された新聞記事資料を中心に」(仲程昌徳編『アメリカ占領下における沖縄文学の基礎的研究』(平成十三～十六年度科学研究費補助金基盤研究(B)研究成果報告書)二〇〇五年)参照。

(37) 石野径一郎『ひめゆりの国』わせだ書房新社、一九六九年、二二九頁。

(38)「〝ひめゆりの塔〟の波紋 西岡問題頂点をゆく」『うるま新報』一九四九年一二月九日。

(39) 石野径一郎『ひめゆりの国』わせだ書房新社、一九六九年、二三〇―二三一頁。

(40) 石野径一郎「私の戦後史」沖縄タイムス社編『私の戦後史』第九集、沖縄タイムス社、一九八六年、一二四頁。

(41) 石野径一郎『ひめゆりの国』わせだ書房新社、一九六九年、二二八頁。

(42) 同上。

(43) 石野径一郎「波紋を投げたウソ」『令女界』一九四九年一二月号、三九頁。

(44) 前記本文で記した以外に、『沖縄新民報』では盛島明真「西岡一義氏を庇う」(一九四九年一一月一五日付)という寄稿が紹介され、これを批判する形で津堅房栄「西岡氏の手先を討つ」(一九五〇年三月一五日付)が掲載された。そのほかにも、「西岡氏への公憤――沖縄の演劇で爆発」(一九四九年一一月二五日)、「姫百合の塔の余焔――西岡隊長に迫る」(一九五〇年一月一五日付)などが見られる。

(45)「姫百合の塔を主題に東横と大映が合戦」『沖縄新民報』一九五〇年六月二五日。

(46)「姫百合の塔を主題に東映と大映が合戦」『沖縄新民報』一九五〇年六月二五日。

(47) 映画『ひめゆりの塔』(東映、一九五三年)の受容状況については、拙著『「反戦」のメディア史』(世界思想社、二〇〇六年)を参照。

(48) 映画『きけ、わだつみの声』の受容状況については、拙著『「反戦」のメディア史』(前掲)を参照。

(49) 仲宗根政善「対談 戦前の教育と沖縄戦体験」

『新沖縄文学』第四三号、一九七九年、二〇二頁。
(50) 仲宗根政善『沖縄の悲劇』華頂書房、一九五一年、二七五頁。
(51) 仲宗根政善『石に刻む』沖縄タイムス社、一九八三年、一七七頁。初出は「沖縄戦の戦場体験」『世界』一九八一年六月一日号。
(52) 仲宗根政善『沖縄の悲劇』(前掲) 二七五—二七六頁。
(53) 同上、二七四頁。
(54) 安田武『戦争体験』未来社、一九六三年、一三三頁。
(55) 同上、三四頁。
(56) 東映編『クロニクル東映Ⅱ——一九四七—一九九二』東映、一九九二年、一六頁。津村秀夫『映画と人生』創元社、一九五三年、二一九頁。
(57) 仲宗根政善「対談 戦前の教育と沖縄戦体験」『新沖縄文学』第四三号、一九七九年、二〇五—二〇六頁。
(58) 仲宗根政善『石に刻む』沖縄タイムス社、一九八三年、二一七頁。
(59) 仲宗根政善「対談 戦前の教育と沖縄戦体験」(前掲) 二〇六頁。
(60) 仲宗根政善『沖縄の悲劇』華頂書房、一九五一年、一二二—一二三頁。
(61) インタビュー (聞き手・大城立裕)「国民世論統一の背理——仲宗根政善氏に聞く」『沖縄思潮』第四号、一九七四年七月、二八頁。
(62) 石野径一郎「私の戦後史」沖縄タイムス社編『私の戦後史』第九集、沖縄タイムス社、一九八六年。石野径一郎『ひめゆりの国』わせだ書房新社、一九六九年、一九二頁、二一六—二一七頁。
(63) 石野径一郎『ひめゆりの国』同上、二一七頁。
(64) 仲宗根政善『沖縄の悲劇』華頂書房、一九五一年、ii頁。
(65) 同上、二八二頁。
(66) 中野好夫・新崎盛暉『沖縄戦後史』岩波新書、三九頁。
(67) 山川守理「祖先の努力」『月刊タイムス』一九五一年二月号、一七頁。
(68) 大田昌秀「はしがき」大田昌秀・外間守善編『沖縄健児隊』日本出版協同、一九五三年、iii頁。
(69) 福林正之「敗戦史を書く権利と義務」『出版ニュース』一九五二年三月中合併号、五頁。なお、日本出版助成株式会社の設立経緯については、『日本出版年鑑』(昭和一九・二〇・二一年版、日本出版協同、一九四六年) 一〇七頁参照。
(70)『沖縄健児隊』日本出版協同の新聞広告 (『読売新聞』一九五三年六月五日、一面)。

(71)「スクリーン」『読売新聞』一九五三年一〇月一日夕刊、四面。ここではさらに、『沖縄健児隊』を評して、「「ひめゆりの塔」以来一年東映の既封切作品「健児の塔」と知恵のないドロ試合をハリあった〝ひめゆり男性版〟」と記されていた。
(72)大田昌秀「還らぬ学友達(上・下)」『琉球新報』一九五三年一〇月八日・九日。
(73)映画『沖縄健児隊』新聞広告、『読売新聞』一九五三年八月一九日夕刊、四面。
(74)大田昌秀「血であがなったもの」大田昌秀・外間守善編『沖縄健児隊』日本出版協同、一九五三年、五八頁。
(75)同上、五九頁。
(76)大田昌秀「〝沖縄健児隊〟発刊について(下)」『琉球新報』一九五三年六月二三日。
(77)沖縄県祖国復帰闘争史編纂委員会編『沖縄祖国復帰闘争史　資料編』沖縄時事出版、一九八二年、五〇頁。
(78)同上、四七頁。中野好夫・新崎盛暉『沖縄戦後史』岩波新書、一九七六年、五一頁。
(79)社説「終戦の日を迎えて」『沖縄タイムス』一九五一年八月一五日。
(80)小熊英二『〈日本人〉の境界』新曜社、一九九八年、五〇四頁。中野好夫編『戦後資料沖縄』日本評論社、一九六九年、一三一頁。
(81)屋良朝苗『私の履歴書』屋良さんを励ます会、一九七一年、三六頁。屋良朝苗『屋良朝苗回顧録』朝日新聞社、一九七七年、九頁。
(82)「日本教育視察座談会」(一九五〇年七月二四日)文教局教育調査課編『琉球史料』第三集、琉球政府文教局、七三頁。一九四八年に軍の翻訳職から高校教員に転職した大城立裕は、月給が七〇〇円から三〇〇円に激減したという。大城立裕「同化と異化のはざまで」『大城立裕全集』第一三巻、勉誠出版、二〇〇二年、三〇五頁。
(83)「映画ひめゆりの塔――沖縄と東京で赤的製作に抗議」『沖縄新民報』一九五二年一二月一六日。
(84)北村毅『死者たちの戦後誌』御茶の水書房、二〇〇九年、一四九頁。
(85)「〝ひめゆりの塔〟の傍らに　白百合を咲かせたい」『琉球新報』一九五三年二月一〇日。

第二章

(1)本章では、サンフランシスコ講和条約発効から復帰運動高揚期の戦争体験論として、おもに大城立裕の議論を取り上げる。大城立裕の思想と文学を広く見渡した研究としては、鹿野政直「異化・同化・自立――大城立裕の文学と思想」(『戦後沖縄の思想像』朝日新聞社、一九八七年）がある。そのほか、大城立裕の文学作品に焦点を当てたものとしては、岡本恵徳「大城立裕論」（『現代沖縄の文学と思想』沖縄タイムス社、一九八一年）、岡本恵徳「カクテル・パーティーの構造」（『沖縄文学研究』第一二号、一九八六年）、仲程昌徳「「挿話」を読みかえる――『二世』小論」（『アジア遊学』第五六号、二〇〇三年）、里原昭『琉球弧の文学――大城立裕の世界』（法政大学出版局、一九九一年）など、多くのものがあるが、近年のものとしては、我部聖「語りえない記憶を求めて――大城立裕『二世』論」（藤澤健一編『反復帰と反国家』〔シリーズ「沖縄・問いを立てる」第六巻〕社会評論社、二〇〇八年）、村上陽子「沈黙へのまなざし――大城立裕『カクテル・パーティー』におけるレイプと法」（『攪乱する島』〔シリーズ「沖縄・問いを立てる」第三巻〕社会評論社、二〇〇八年）などがある。それらに対し、本章は戦中派世代としての大城立裕の戦争体験論に着目し、日本本土の戦中派知識人の議論との対比に重点を置く。したがって、本章では、大城立裕の文学よりも社会評論を資料として多く扱う。

（2）座談会「出発に際して――戦後沖縄文学の諸問題」『沖縄文学』創刊号、一九五六年六月、三頁。出席者は、太田良博、大城立裕、新川明、池田和の四名。

（3）同上、三頁。

（4）安田武『人間の再建』筑摩書房、一九六九年、六二頁。

（5）大城立裕「光源を求めて」『大城立裕全集』第一三巻、勉誠出版、二〇〇二年、二二四頁。

（6）大城立裕「同化と異化のはざまで」『大城立裕全集』第一二巻、勉誠出版、二〇〇二年、三二四頁。

（7）大城立裕「光源を求めて」（前掲）二二四頁。

（8）同上、二二四頁。

（9）同上、二二四頁。「大旅行」も含め、東亜同文書院大学での体験について、大城は『朝、上海に立ちつくす――小説東亜同文書院』（講談社、一九八三年）にまとめている。

（10）大城立裕「光源を求めて」（前掲）二二六頁。

（11）同上、二二四―二二五頁。

（12）大城立裕「同化と異化のはざまで」（前掲）三二五頁。

（13）同上、三二五―三二六頁。

（14）同上、三二六頁。

（15）大城立裕「光源を求めて」（前掲）二三〇頁。

（16）同上、二三〇―二三一頁。

（17）同上、二三四頁。

（18）大城立裕「戦後二十五年の思想」『大城立裕全

集』第一二巻、勉誠出版、二〇〇二年、三四一―三四二頁。初出は、『沖縄タイムス』一九七〇年五月二六日―二八日（全三回連載）。

(19) 湯川豊「「分裂」を生きながら書く」『大城立裕全集』第一二巻、勉誠出版、二〇〇二年、四一四頁（引用は同論文所収の湯川豊による大城立裕へのインタビューより）。大城立裕「光源を求めて」（前掲）、一二三七頁。

(20) 湯川豊による大城立裕へのインタビューより。引用は、湯川豊「「分裂」を生きながら書く」（前掲）四二二頁、四一四頁。なお、「その悔しい体験を後輩にさせたくない」との思いが募り、大城は一九四八年に高校の国語教師の職に就いた。もっとも、そこでは二年も経たないうちに挫折を味わうことになった。当時の沖縄には高等教育機関が存在せず、琉球大学の開学は一九五〇年まで待たなければならなかった。高校を卒業しても就職できる仕事は限られており、多くの場合、軍作業の道に進むしかなかった。それゆえに、「自分の世代の経験を歴史的経験としてつぎの世代にうけつがせたいという希望」をもって教師になったにもかかわらず、「結局はそれが自己満足でしかないという心苦しさを感じ」るようになった。大城は、一九五〇年に高校教師を退職し、琉球列島貿易庁に身を転じた。大城立裕「同化と異化のはざまで」（前掲）三〇六頁。

(21) 大城立裕「同化と異化のはざまで」（前掲）三三一頁。

(22)「伊江島農民の朝日新聞社あての手紙」中野好夫編『戦後資料沖縄』日本評論社、一九六九年、一二三頁。初出は『朝日新聞』一九五五年二月三日。

(23) 日本復帰促進期成会は、その趣意書に署名運動と陳情提出完了後に組織を自然解消することが明記されていた。しかし、逆にいえば、それもあって講和条約発効後の沖縄では、復帰運動が停滞傾向におかれたとも言えよう。

(24) チャールズ・V・ブラムリー「屋良書簡に対する回答」（一九五四年二月二四日）沖縄県祖国復帰闘争史編纂委員会編『沖縄県祖国復帰闘争史』資料編、一九八二年、三八頁。

(25) 社説「琉球等の早期復帰を望む」『東京新聞』一九五二年一二月二五日。引用は中野好夫編『戦後資料沖縄』（前掲）一四三頁。

(26) 社説「復帰問題と教職員会」『琉球新報』一九五四年八月一〇日。

(27) 屋良朝苗編『沖縄教職員会十六年』労働旬報社、一九六八年。

(28) 沖縄県祖国復帰闘争史編纂委員会編『沖縄県祖国復帰闘争史』資料編、一九八二年、四五―四七頁。

(29) 屋良朝苗編『沖縄教職員会一六年』労働旬報社、一九六八年、六四頁。

(30) 本土側の支援団体との合同集会も、一九六三年以降、北緯二七度の海上でこの日に開かれるようになった。本土―沖縄間の渡航には制限があり、復帰運動関係者には、渡航許可や来航許可が容易に下りなかったため、本土と沖縄の境界である北緯二七度に船を集結させて集会が開催されたのである。沖縄の新聞も、「祖国復帰へ新たな誓い」(『沖縄タイムス』一九六二年四月二八日)、「波頭に誓う〝復帰〟の声」(同、一九六三年四月二八日、夕刊)といった見出しのもと、これらイベントを毎年、一面で大きく扱った。このことが、「四・二八=屈辱の日」という記念日の定着につながった。

(31) もっとも、一九五七年に沖縄青年連合会が主催した祖国復帰促進県民大会は、「四原則貫徹の土地闘争の前進を企図して計画」されたものであったが(沖縄県祖国復帰闘争史編纂委員会編『沖縄県祖国復帰闘争史』資料編、一九八二年、四〇頁)、それはあくまで島ぐるみ闘争から一年ほどしか経過していない時代状況を反映したものであり、その後の復帰運動では、土地の問題は争点としては相対的に低下している。

(32) 中野好夫・新崎盛暉『沖縄戦後史』岩波新書、一九七六年、一一三頁。

(33) 屋良朝苗編『沖縄教職員会十六年』労働旬報社、一九六八年、一六七頁。

(34) 大城立裕「理性再考を」『沖縄タイムス』一九五四年三月七日。引用は『大城立裕全集』一二巻、一二〇頁。

(35) 大城立裕「同化と異化のはざまで」(前掲)三一二頁。大城立裕「光源を求めて」(前掲)二五五頁。

(36) 大城立裕「沖縄問題は文化問題である」『大城立裕全集』第一二巻、三四八頁(初出は、『世界』一九七一年六月一日号)。大城立裕「同化と異化のはざまで」(前掲)三三〇頁。

(37) 大城立裕「沖縄自立の思想」『現代の眼』第七号、一九六八年。引用は、『大城立裕全集』第一二巻、一四二頁。

(38) 大城立裕「光源を求めて」『大城立裕全集』第一三巻、二七七頁。

(39) 同上、二七七頁。

(40) 大城立裕「戦後二十五年の思想」『沖縄タイムス』一九七〇年五月二六―二八日(全三回)。引用は、『大城立裕全集』第一二巻、三四三頁。

(41) 『琉大文学』に関する研究としては、鹿野政直

「「否」の文学――『琉大文学』の航跡」(『戦後沖縄の思想像』朝日新聞社、一九八七年)、新城郁夫「戦後沖縄文学覚え書き――『琉大文学』という試み」(『沖縄文学という企て』インパクト出版会、二〇〇三年)、我部聖「交錯する沖縄文学――一九五〇年代『琉大文学』を中心に」(仲程昌徳編『アメリカ占領下における沖縄文学の基礎的研究』(科学研究費補助金基盤研究(B)研究成果報告書)、二〇〇五年)、納富香織「五〇年代沖縄における文学と抵抗の「裾野」――『琉大文学』と高校文芸」(藤澤健一編『反復帰と反国家』〔シリーズ「沖縄・問いを立てる」第六巻〕社会評論社、二〇〇八年)などがある。

(42)座談会「出発に際して――戦後沖縄文学の諸問題」『沖縄文学』創刊号、一九五六年六月、二頁。

(43)同上、九頁。

(44)新川明「戦後沖縄文学批判ノート――新世代の希むもの」『琉大文学』第七号、一九五四年一一月、二五頁。

(45)同上、二五頁。

(46)呉屋美奈子「戦後沖縄における「政治と文学」――『琉大文学』と大城立裕の文学論争」(『図書館情報メディア研究』第四巻一号、二〇〇六年)では、「政治と文学」論争を念頭に置きつつ、大城立裕と『琉大文学』同人との論争が分析されている。この論考ではさらに、二〇〇五年に生じた大城立裕と元『琉大文学』同人との論争にも言及しており、そこで論点のすりかえや読み違いがいかに生じていたのかについても考察されている。

(47)蔵原惟人・荒正人・佐々木基一・埴谷雄高・平野謙・本多秋五「文学と現実」『近代文学』創刊号、一九四六年一月、二三頁。「政治と文学」論争については、小熊英二『〈民主〉と〈愛国〉』(新曜社、二〇〇二年)でも詳述されている。

(48)小田切秀雄「自由の文学的意義」一九四五年一二月一〇日。引用は『小田切秀雄著作集』第二巻、法政大学出版局、一九七二年、四〇―四一頁。小田切は、のちに共産党系の『新日本文学』編集長に就き、『近代文学』と袂を分かつことになる。

(49)平野謙「「政治の優位性」とは何か」(一九四六年九月)、『平野謙全集』第一巻、新潮社、一九七五年、二二四頁。

(50)蔵原惟人ほか「文学と現実」(前掲)二七頁。

(51)「編集後記」『琉大文学』創刊号、一九五三年七月、三九頁。この筆者名は「(A)」と表記されているが、同号の奥付には「編集者」として、原龍次とともに新井晄(新川明の筆名)の名があげられていることを考えると、この記述は新川明によるものとも推測される。

(52) 新川明「文学者の「主体的出発」ということ」『沖縄文学』第二号、一九五六年、四〇頁。

(53) 岡本恵徳『現代沖縄の文学と思想』沖縄タイムス社、一九八一年、一一五頁。

(54) 大城立裕「光源を求めて」『大城立裕全集』第一三巻、二二五九頁。逆にいえば、一九五〇年代初頭に『月刊タイムス』『うるま春秋』といった沖縄総合雑誌が廃刊となったのも、そのころから、本土の雑誌・出版物が多く沖縄に流入し、それらに押されたためであった。

(55) 座談会「出発に際して――戦後沖縄文学の諸問題」(前掲) 九頁。

(56) 大城立裕「光源を求めて」『大城立裕全集』第一三巻、二一九〇頁。

(57) 新川明「文学者の「主体的出発」ということ」(前掲) 三九頁。

(58) 琉大事件 (第一次・二次) については、琉球大学教授職員会・大学人九条の会沖縄編『琉大事件とは何だったのか』(琉球大学大学院法務研究科、二〇一〇年) および、新崎盛暉編『ドキュメント沖縄闘争』(亜紀書房、一九六九年) に詳しい。なお、仲宗根政善は第二次琉大事件当時、琉球大学の副学長であった。仲宗根は、除籍学生が本土の大学に編入学できるよう取り計らっている。

(59) 我部聖「交錯する文学――一九五〇年代「琉大文学」を中心に」(前掲) 一三五―一三六頁。新川明『沖縄・統合と反逆』筑摩書房、二〇〇〇年、一六一―一六二頁。

(60) 岡本恵徳「琉大文学のころ」一九八〇年。引用は、岡本恵徳『「沖縄」に生きる思想』未来社、二〇〇七年、一五〇頁。

(61) 新川明「戦後沖縄文学批判ノート――新世代の希むもの」『琉大文学』第七号、一九五四年一一月、三〇頁。

(62) 安田武『戦争体験』未来社、一九六三年、一三七頁。

(63) 安田武『人間の再建』筑摩書房、一九六九年、三五頁。

(64) 安田武『戦争体験』(前掲) 一〇七―一〇八頁。

(65) 安田武『人間の再建』(前掲) 七〇頁、六一―六二頁。

(66) 村上兵衛『繁栄日本への疑問』サイマル出版会、一九八四年、七頁。

(67) 安田武『人間の再建』(前掲) 三三頁。

(68) 安田武『型の文化再興』朝文社、一九九三年、二四〇頁。初刊は筑摩書房、一九七四年。

(69) 安田武『芸と美の伝承』朝文社、一九九三年、

二二五―二二六頁。初刊は、毎日新聞社、一九七二年。

(70) 大城立裕「現地からの報告 沖縄」『大城立裕全集』一二巻、勉誠出版、二〇〇二年、一一三頁。初刊は、月刊ペン社、一九六九年。

(71) 同上、一一五頁。

(72) 同上、一一五頁。

第三章

(1) 「反復帰」論を思想史研究の観点で扱ったものとしては、小熊英二『〈日本人〉の境界』(新曜社、一九九八年)、徳田匡「「反復帰・反国家」の思想を読みなおす」『反復帰と反国家』(「沖縄・問いを立てる」第六巻、社会評論社、二〇〇八年)、拙稿「「同祖」のなかの「抵抗」――日琉同祖論の変容と沖縄アイデンティティ」(城達也・宋安鍾編『アイデンティティと共同性の再構築』世界思想社、二〇〇五年)、小松寛「「反復帰」論の社会単位――抵抗する「沖縄」の基本構造」(『琉球・沖縄研究』第二号、二〇〇八年)、同「沖縄における「反復帰」論の淵源――『琉大文学』を中心に」(『ソシオサイエンス』第一四号、二〇〇八年)、同「「日本・沖縄」という空間――「反復帰」論における日本側知識人の影響」(『北東アジア地域研究』第一五号、二〇〇九年)などがある。

(2) 「佐藤首相訪沖のステートメント」(一九六五年八月一九日)中野好夫編『戦後資料沖縄』日本評論社、一九六九年、五五一頁。

(3) 「下田発言をめぐる動き」中野好夫編『戦後資料沖縄』(前掲)五九七頁。

(4) 沖縄県祖国復帰協議会「佐藤総理訪米に対する即時無条件全面返還要求行動要項」(一九六七年一〇月)沖縄県祖国復帰闘争史編纂委員会編『沖縄県祖国復帰闘争史 資料編』沖縄時事出版、一九八二年、三六七頁。

(5) 「汚染された那覇港――コバルト六〇を検出」『沖縄タイムス』一九六八年八月六日、夕刊。

(6) もっとも、復帰運動や復帰論は、当初から米軍基地批判の立場に立っていたわけではない。むしろ、一九五〇年代前半においては、米軍基地を存続してでも日本復帰を果たしたいという議論は珍しくなかった。たとえば、一九五一年八月一五日の『沖縄タイムス』社説「「終戦の日」を迎えて」では、「日本への復帰」の「悲願」について、次のように綴られている。

「琉球諸島が日本に復帰することと、米国が軍事基地を確保することとには自らの矛盾も撞着もない。それは日本に於ける軍事基地の租借が日本の主権領土権と何ら衝突しないことでも明らかであるからだ。吾々は講和条約案の内容が日本に対し寛大であることに感謝すると共に領土問題に於て琉球住民の熱望が現実にとりあげられるという寛大さが草案に盛られて居ないことを心から残念に思うものである。」

これは、サンフランシスコ講和条約の批准を間近に控えた時期の文章ではあるが、そこでは米軍基地を存続してでも日本復帰を実現したいという意図が明確に示されている。

これは何もこの社説に特殊なことではない。屋良朝苗とともに沖縄教職員会で日本復帰運動に携わり、一九六二年から一〇年にわたり復帰協会長を務めた喜屋武真栄も、一九五四年に『沖縄タイムス』に寄せた文章のなかで、「われわれが叫ぶ復帰運動にしても、日米を含めての自由主義国家陣営を守るために沖縄に基地が必要とあれば、それも提供し、軍作業にも協力するであろう。その代り、われわれ住民も真の日本人として一日も早く、日本国憲法のもとにわれわれの基本的人権も生命も財産も保護してもらつて、心から協力して行きたい」という「人間的真実な欲求」を語っている（喜屋武真栄「沖縄の良心」『沖縄タイムス』一九五四年四月五日夕刊）。

この発言は、米軍による復帰運動への弾圧が苛烈であった時期のものであり、そのなかで慎重に言葉を選んだものであったことは疑えない。だが、それを割り引いたとしても、日本復帰のためには、基地存続や軍作業への協力を容認する姿勢が明らかにされている。むろん、日本国憲法の傘下に入ることで、強制的な土地接収や軍作業の劣悪な労働条件に歯止めをかけることが期待されていたのではあろう。だが、少なくとも、一九六〇年代末の復帰運動で見られるような「基地の自由使用を認めた返還論等、沖縄の現状固定化を計ろうとする」動向への批判が当初の復帰運動にはあまり見られなかったことも留意しておく必要があろう。

（7）新川明「非国民の思想と論理」谷川健一編『叢書わが沖縄6　沖縄の思想』木耳社、一九七〇年、一一頁。

（8）同上、一二頁。

（9）同上、一三頁。

（10）同上、二二頁。

（11）小熊英二『〈日本人〉の境界』新曜社、一九九八年、六一八頁。

（12）新川明『反国家の兇区』現代評論社、一九七一年、二三頁。

（13）新川明「非国民の思想と論理」（前掲）六九頁。

(14)岡本恵徳「水平軸の発想」一九七〇年。引用は、岡本恵徳『現代沖縄の文学と思想』沖縄タイムス社、一九八〇年、二四四頁。岡本恵徳を扱った主たる論考として、我部聖「沖縄を読みかえるまなざし」(『琉球アジア社会文化研究』第六号、二〇〇三年)、新城郁夫「岡本恵徳序論――「富村順一 沖縄民衆の怨念」論における法への喚問」(同)、屋嘉比収「「水平軸の発想」/私的覚書」(同)、屋嘉比収「岡本恵徳の作法」(『すばる』第二九巻二号、二〇〇七年)、土井智義「構成的な共同性――岡本恵徳「水平軸の発想」を中心に」(『待兼山論叢』第四三号、二〇〇九年)などがある。
(15)岡本恵徳「水平軸の発想」(前掲)二四四―二四五頁。
(16)新川明『沖縄・統合と反逆』筑摩書房、二〇〇〇年、八二頁。
(17)同上、八二頁。
(18)同上、八八頁。
(19)同上、八八―八九頁。
(20)岡本恵徳『現代沖縄の文学と思想』(前掲)二〇一頁。
(21)岡本恵徳『「沖縄」に生きる思想』未来社、二〇〇七年、二八四頁。
(22)岡本恵徳『現代沖縄の文学と思想』(前掲)一九八一年、二二六頁。
(23)仲宗根勇『沖縄少数派』三一書房、一九八一年、一三頁。
(24)岡本恵徳『「沖縄」に生きる思想』(前掲)一五二頁。
(25)来栖宗孝「国場幸太郎を悼む」『コモンズ』第六号、二〇〇八年一二月、六面。「国場幸太郎インタビュー記録」森宣雄・国場幸太郎編『戦後初期沖縄解放運動資料集』(第三巻)不二出版、二〇〇五年。
(26)新川明『沖縄・統合と反逆』(前掲)八四―八五頁。
(27)同上、八五頁。
(28)岡本恵徳『現代沖縄の文学と思想』(前掲)二二七頁。
(29)同上、二二九頁。
(30)同上、二二九頁。
(31)同上、二二九頁。
(32)嶋津与志(大城将保)『沖縄戦を考える』ひるぎ社、一九八三年、一一頁。
(33)同上、一一頁。
(34)同上、一一頁。
(35)同上、一一―一二頁。早稲田大学在学時の大城将保の活動については、シンポジウム記録「オキナワからワセダへ」(司会は勝方＝稲富恵子、講演は由井晶子、大城将保、重田辰弥)『早稲田大学史記要』第四一号、二〇一〇年参照。
(36) 嶋津与志(大城将保)『沖縄戦を考える』(前掲)三四—三五頁。
(37) 同上、一一二頁。
(38) 同上、一一四—一一五頁。
(39) 社説「復帰協の新しい起点——七〇年代の4・28、その方向」『沖縄タイムス』一九七〇年四月二八日。
(40) 新崎盛暉『沖縄現代史』岩波新書、一九九六年、二二頁。
(41) 嶋津与志(大城将保)『沖縄戦を考える』(前掲)一二五頁。
(42) 同上、一一五頁。
(43) 橋川文三「敗戦前後」一九六四年。引用は、『橋川文三著作集』第五巻、筑摩書房、一九八五年、三一一頁より。
(44) 安田武『戦争体験』未来社、一九六三年、三四頁。
(45) 岡本恵徳『現代沖縄の文学と思想』(前掲)二三〇頁。橋川文三『増補版　歴史と体験』春秋社、一九六八年、二〇頁。
(46) 岡本恵徳『現代沖縄の文学と思想』(前掲)二三〇頁。橋川文三『増補版　歴史と体験』(前掲)二〇頁。
(47) 岡本恵徳『現代沖縄の文学と思想』(前掲)二三〇頁。
(48) 橋川文三『増補版　歴史と体験』(前掲)七頁、九頁。
(49) 座談会「戦記物ブームを考える」『わだつみのこえ』第三九号、一九六七年、三七頁。
(50) 岡本恵徳「『ああ、ひめゆりの学徒』を読んで」一九六九年。引用は、岡本恵徳『「沖縄」を生きる思想』未来社、二〇〇七年、三一頁より。
(51) 同上、三二頁。
(52) 岡本恵徳「戦争体験の記録」一九六九年。岡本恵徳『「沖縄」を生きる思想』(前掲)三九頁より。
(53) 同上、三八頁。
(54) 嶋津与志(大城将保)『沖縄戦を考える』(前掲)三五頁。
(55) 岡本恵徳「『ああ、ひめゆりの学徒』を読んで」(前掲)。引用は、岡本恵徳『「沖縄」を生きる思想』(前掲)三一—三二頁より。
(56) 大田良博「沖縄出身兵と天皇の軍隊」『新沖縄文学』第二八号、一九七五年、三二一—三三頁。
(57) 屋嘉比収「沖縄戦における住民と兵士」『岩波講座アジア・太平洋戦争5　戦場の諸相』岩波書店、

二〇〇六年。
(58)座談会「戦後史と沖縄戦体験」『沖縄思潮』第四号、一九七四年七月、一二頁。
(59)「平良辰雄」『沖縄大百科事典』(中)沖縄タイムス社、一九八三年、六七三頁。当間重剛『当間重剛回想録』当間重剛回想録刊行会、一九六九年、七三頁。
(60)友利雅人「戦後世代と天皇制」『新沖縄文学』第二八号、一九七五年、七三頁。
(61)新崎盛暉『沖縄戦後史』岩波新書、一九七六年、一四六頁。
(62)社説「慰霊の日に思う」『沖縄タイムス』一九六五年六月二三日。
(63)「ベトナム戦争拡大に反対――昨夜県民大会四千人が参加」『沖縄タイムス』一九六六年六月二三日。
(64)座談会「戦後史と沖縄戦体験」(前掲)一五頁。
(65)いれいたかし『沖縄人にとっての戦後』朝日選書、一九八二年、九一一〇頁。
(66)同上、一〇頁。
(67)座談会「戦後史と沖縄戦体験」(前掲)一四頁。
(68)同上、一四頁。
(69)「シンポジウム　沖縄の雑誌ジャーナリズムはどうあるべきか」『新沖縄文学』第九五号、一九九三年、三五頁。
(70)「〝非難したくない〟――出迎えの玉井村長語る」『沖縄タイムス』一九七〇年三月二七日。「〝戦友の霊とむらう〟――赤松元大尉慰霊祭を機にきょう来沖」『琉球新報』一九七〇年三月二六日。
(71)渡嘉敷島の「集団自決」事件については、沖縄県教育委員会編・発行『沖縄県史10――沖縄戦記録2』(一九七四年)、および林博史『沖縄戦　強制された「集団自決」』(吉川弘文館、二〇〇九年)参照。なお、沖縄戦開戦当時、渡嘉敷島には約三〇〇名の朝鮮人軍夫がいたと言われるが、赤松隊が一九四五年八月二一日に下山した際には二〇名ほどしか残っていなかった。脱走者も少なからずいただろうが、嶋津与志『沖縄戦を考える』(前掲)によれば、村民は手足を縛られたまま頭と胴体が別々に転がっている彼らの死体を目撃していたという。
(72)「〝自決命令くださなかった　だが責任は私に〟――赤松氏が記者会見」『沖縄タイムス』一九七〇年三月三〇日。
(73)さらに、そこには戦傷病者戦没者遺族等援護法(遺族援護法)の問題もあった。沖縄では地上戦が繰り広げられたため、遺族援護法では集団自決の場合も「戦闘協力者」として受給の対象としていた。だが、「戦闘協力者」として認定されるうえでは、

「軍の要請により戦闘に協力し」たことが不可欠の要件となっていた。つまり自らの判断による「自決」ではなく「軍の要請」によるものでなければ、適用の対象とはされない。赤松のこの発言は、遺族援護法適用のために軍による自決命令があったことを強調しているかのような疑念を抱かせるものであった。援護法の問題については、石原昌家「「援護法」によって捏造された「沖縄戦認識」」『沖縄国際大学社会文化研究』（第一〇巻一号、二〇〇七年）、および林博史『沖縄戦　強制された「集団自決」』（前掲）参照。

(74) 太田良博「渡嘉敷の惨劇は果たして神話か――曽野綾子氏に反論する」『琉球新報』一九七三年七月一一日―二五日。引用は『太田良博著作集3　戦争への反省』ボーダインク、二〇〇五年、一七二頁。

(75) 「二七年間ヤミに葬られていた沖縄のソンミ事件」『サンデー毎日』一九七二年四月二日号、三五頁。「鹿山兵曹長の独占手記――私の信念はお国の為にであった」『サンデー毎日』一九七二年四月二三日号。

(76) 中国戦線についていえば、「侵略」から「進出」に教科書記述が書き換えられたというのは、誤報であった。その経緯や、誤報が真実とみなされた背景については、拙著『「戦争体験」の戦後史』（中公新書、二〇〇九年）や佐藤卓己『八月十五日の神話』（ちくま新書、二〇〇五年）参照。また、日本のメディアで教科書問題の報道が過熱し、それが対アジア諸国の問題とされるなかで、沖縄戦に関する教科書記述の問題が相対的にかすんでいった点については、拙著『「反戦」のメディア史』（世界思想社、二〇〇六年）を参照されたい。

(77) 嶋津与志（大城将保）『沖縄戦を考える』（前掲）六六頁。

(78) 川満信一「戦後思想と天皇制」『新沖縄文学』二八号、一九七五年、五二頁。

(79) 同上、五三頁。

(80) 嶋津与志（大城将保）『沖縄戦を考える』（前掲）二一七頁。なお、嶋津与志『沖縄戦を考える』の議論は、二〇〇五年に始まる「大江健三郎・岩波書店沖縄戦裁判」に関連して、原告側に曲解されたことがあった。「大江健三郎・岩波書店沖縄戦裁判」とは、梅澤裕元少佐（座間味島の元戦隊長）と赤松嘉次の実弟が作家の大江健三郎と岩波書店を相手取り、「沖縄戦の中、慶良間列島において行われた住民の集団自決が、原告梅澤裕元少佐あるいは原告赤松嘉次元大尉の命令によるものだという虚偽の事実を摘示することにより原告らの名誉を含む人格権を侵害した」として起こした訴訟である。その経緯については、大城将保『沖縄戦の真実と歪曲』（高文研、二〇〇七年）参照。
(81) 嶋津与志（大城将保）『沖縄戦を考える』（前掲）二二五頁。
(82) 大城将保「住民虐殺事件」『沖縄近代史辞典』（『沖縄県史　別巻』）一九七七年、沖縄県教育委員会、三一二頁。
(83) 岡本恵徳「水平軸の発想」一九七〇年。引用は岡本恵徳『現代沖縄の文学と思想』（前掲）二五九頁。
(84) 同上、二三九頁。
(85) 同上、二四二頁。
(86) 岡本のこうした問題意識については、屋嘉比収「「水平軸の発想」／私的覚書」（前掲）でも指摘されている。集団自決を生じせしめたさまざまな社会要因については、林博史『沖縄戦　強制された「集団自決」』（吉川弘文館、二〇〇九年）に詳しい。同書では、軍命令が機能する際の背景や、地域社会による構成員の拘束状況、逃げ場の有無などの地理的要因、住民の年齢構成など、集団自決が生じた状況やその背景の相違を多角的に分析している。
(87) 岡本恵徳「水平軸の発想」（前掲）二四二頁。
(88) 同上、二四四―二四五頁。
(89) 大城立裕「戦後二十五年の思想」『沖縄タイムス』一九七〇年五月二六日―二八日（全三回）。引用は『大城立裕全集』第一二巻、勉誠出版、二〇〇二年、三四七頁。また、岡本恵徳も「「責任の追及」ということ」（一九七〇年）のなかで、同様のことを指摘していた。岡本にとって、「命令の伝達がどういうかたちでなされたか」はさほど究明するに値するものではなかった。岡本にしてみれば「文書で行なわれることも口頭で行なわれることも、あるいはやくざまがいに、顔色でもって、あるいはある種の身ぶりでもっても命令は下せるのだから、そういうかたちで事実の究明を図ったところで、極限状況のなかでの明白な事実がとらえられようとは思わない」。むしろ岡本にとって問題だったのは、赤松嘉次への責任追及が、なぜ「沖縄に住むぼくたち自身の間に行なわれる追及の鋭さとして現われぬか」ということだった。また、赤松を糾弾する立場とは逆に、渡嘉敷島慰霊祭への赤松の出席を歓迎する動きもあったわけだが、そうした「寛容」さにも、岡本は彼ら自身に対する責任追及の欠如を感じ取っていた、その意味で、赤松を糾弾する立場も、「寛容に彼をむかえ入れようとする」側も、「それらを支えている意識」にはあい通するものがあると岡本は考えていた。岡本恵徳「「責任の追及」ということ」『沖縄タイムス』(「唐獅子」欄)一九七〇年四月五日(引用は、岡本恵徳『「沖縄」に生きる思想』未来社、二〇〇七年、四五―四六頁)。

(90) 大城立裕「戦後二十五年の思想」(前掲)。引用は『大城立裕全集』第一二巻、勉誠出版、二〇〇二年、三四七頁。

(91) 大城立裕「カクテル・パーティー」『大城立裕全集』第九巻、勉誠出版、二〇〇二年、一一五頁。

(92) 同上、一二四頁。

(93) 渡嘉敷村長・渡嘉敷村遺族会長の玉井喜八は、『沖縄タイムス』の取材に対し、「赤松氏を呼ぶかどうかについては村内でも再三討論したが、戦闘で亡くなった人たちの冥福を祈りたいという純粋な気持ちなので、私たちも過去のことを深く考えないようにして迎えることにした。赤松氏に対する怒りの気持ちが村民にないわけでもないが、ああいう状況の中ですべてを個人の責任として非難するのもいけないのではないかと思う。この問題はあまり触れなくてもいいと思う」と語っていた(「〝非難したくない〟――出迎えの玉井村長語る」『沖縄タイムス』一九七〇年三月二七日)。そこには、「過去のことを深く考えないようにして迎え」ようとする「寛容さ」が、責任追及を回避し、「この問題はあまり触れなくてもいい」とする思考停止を生み出す状況が浮かび上がる。大城立裕の「寛容さ」への違和感も、こうした言説に関わるものであった。

(94) 渡辺清『私の天皇観』辺境社、一九八一年、一七八頁。渡辺はそのときの思いを、次のようにも綴っている(渡辺清『私の天皇観』(前掲)一五頁)。

「僕はすべてを天皇のためだと信じていたのだ。信じたが故に進んで志願までして戦場に赴いたのである。〔中略〕すべてを天皇のために、これこそは僕のこの世の限りの信仰の告白だったのである。それがどうだ、敗戦の責任をとって自決するどころか、いのちからがら復員してみれば、当の御本人はチャッカリ、敵の司令官と握手している。〔中略〕厚顔無恥、なんというぬけぬけとした晏如たる居直りであろう。

僕は、羞恥と屈辱と吐きすてたいような憤りに息がつまりそうだった。それどころか、いまからでも飛んでいって宮城を焼き払ってやりたいと思った。あの濠の松に天皇をさかさにぶら下げて、僕らがかつて棍棒でやられたように、滅茶苦茶に殴ってやりたいと思った。いや、それでもおさまらない気持だった。できることなら、天皇をかつての海戦の場所に引っぱっていって、海底に引きずりおろして、そこに横たわっているはずの戦友の無残な死骸をその目に見せてやりたいと思った。これがあなたの命令ではじめられた戦争の結末です。こうして三百万ものあなたの「赤子」が、あなたのためだと思って死んでいったのです。耳もとでそう叫んでやりたい気持だった。」

(95) 渡辺清『砕かれた神』岩波現代文庫、二〇〇四年（初刊は、一九七七年、評論社）。

(96) 新川明『沖縄・統合と反逆』筑摩書房、二〇〇〇年。岡本恵徳「大城立裕論」『現代沖縄の文学と思想』沖縄タイムス社、一九八一年。

(97) 大城立裕は、反復帰デモに肩入れする本土の運動家にしばしば違和感を抱いていた。大城は『現地からの報告 沖縄』（月刊ペン社、一九六九年）のなかで次のように記している（引用は、『大城立裕全集』第一二巻、勉誠出版、二〇〇二年、九〇頁）。

「那覇市内のデモ（一九六九年四月二八日）の風景について、ひとつだけ報告しておこう。二キロばかりのデモコースに機動隊が二ヵ所を固めていた。復帰運動における警察警備の立ち場は、同情に値する。かれらは、日ごろ捜査権制限などで基地維持体制におさえられている立ち場にもあり、早期復帰の熱意においておそらく人後におちるものではない、と私は考える。だからこの日のかれらを私は同情的にみていた。と、デモ隊の一団から数本の人差し指がでて「お前たち、アメリカのイヌじゃないか」と罵声がとんだのだ。本土代表の連中であった。沖縄県民からは、そういう声がとぶことはない（カデナ基地周辺では別だが）。私は近ごろ、このときほど腹のたったことはなかった。こういう軽率な行動こそは、沖縄への連帯ではなく、むしろ連帯を侵すものである、と思った。」

第二部

(1) 林京子「祭りの場」『群像』第三〇巻六号、一九七五年六月、五三頁。

(2) 文学作品やマンガ作品を取り上げながら、原爆の語りを検証・考察したものとして、川口隆行『原爆文学」という問題領域』（創言社、二〇〇七年）がある。同書では、「被害」と「加害」それぞれの語りが孕みがちな問題性や両者の複雑な絡み合いについて、検討がなされている。都市空間形成や当事者の証言などを射程に入れ、エスノグラフィー的な方法も用いながら、被爆の記憶と忘却のせめぎあいを考察した研究としては、米山リサ『広島——記憶のポリティクス』（岩波書店、二〇〇五年）がある。しかし、広島・長崎のメディア史を紐解きながら、被爆体験をめぐる輿論史を通時的に検証し、議論が生み出される社会的な力学を分析したものは皆無に近い。広島と長崎の言説史の相違も、既存の研究では明らかにされていない。

原爆文学やその系譜を扱ったものとしては、長岡弘芳『原爆文学史』(風媒社、一九七三年)やジョン・W・トリート『グラウンド・ゼロを書く――日本文学と原爆』(法政大学出版局、二〇一〇年)があるが、文学(史)研究の観点から個々の作品の紹介・批評や表現・内容の分析に重点が置かれており、その背後の社会変容が考察対象にされているわけではない。奥田博子『原爆の記憶』(慶応義塾大学出版会、二〇一〇年)は、原爆被災日の社説や平和祈念式典、資料館展示、歴史教科書などを見わたしながら、戦後の「ヒロシマ」「ナガサキ」言説の検証を試みている。しかし、「唯一の被爆国」認識における戦後ナショナリムへの批判や見田宗介・大澤真幸を参照した戦後史区分(「理想の時代」「夢の時代」「虚構の時代」「不可能性の時代」)が意識されているためか、史料内在的な言説史の記述に重点が置かれているわけではない。

本書第二部では、おもに広島・長崎の被爆体験記やローカル総合誌・文芸誌を考察対象にしながら、(1)被爆体験をめぐる輿論史はどのように変容したのか、(2)その背後にはいかなる社会的な力学が働いていたのか、(3)被爆体験論が生み出されるうえで、広島と長崎のあいだにはいかなる差異と共通性があったのか、(4)「広島」「長崎」の議論が生み出される磁場は、他の戦争体験論の場合といかなる相違があったのか、について考察していく。

とくにここでは、栗原貞子や山田かん、および彼らをめぐる議論を中心に論述していく。栗原貞子や山田かんの原爆観を論じた近年の主たる研究としては、川口隆行「被害と加害のディスクール」(川口隆行『原爆文学という問題領域』(前掲))、横手一彦「個と批評する言葉と科学性と――山田かん小論」(『叙説』第一九号、一九九九年)、楠田剛士「「山田かんとサークル誌」(『原爆文学研究』第八号、二〇〇九年)、坂口博「長崎と佐世保の文化運動への一視点」(『原爆文学研究』第八号、二〇〇九年)などがある。それらに対し、本書第二部では、栗原貞子や山田かんの文学作品ではなく、彼らの社会評論や編集者としての活動に焦点を当てる。

第四章

(1)「盛沢山な広島市復興祭」『中国新聞』一九四六年七月六日、二面。「悲涙かみしめて進まん」『中国新聞』一九四六年八月七日、三面。「ワンサワンサの音楽界」『夕刊ひろしま』一九四六年八月七日。広島市編『広島新史——年表編』広島市、一九八六年、二五頁。中国新聞社編『ヒロシマの記録——年表・資料編』中国新聞社編、一九六六年。なお、八月八日には、市民芸能コンクール（夕刊ひろしま新聞社主催、広島市町村会連盟・市青年連盟後援）が開かれたほか、八月七日から九日にかけて、平和復興コドモ祭（夕刊ひろしま新聞社主催）が催された。

(2)『中国新聞』一九四六年八月七日。中国新聞社編『ヒロシマの記録』未来社、一九六六年、二六頁。広島市『広島新史——歴史編』（広島市、一九八四年）においても、一九四七年の平和記念式典は、「平和運動」の一環として「平和への悲願達成」を祈念するものではあっても、その平和宣言のなかには慰霊の要素が見られないことが指摘されている（同書、四七六頁）。

(3)「歓喜でもみくちゃ　こぞり讃う巷の晴姿」『中国新聞』一九四七年八月七日、二面。民俗学でしばしば指摘されるように、盆踊りは祝祭性ばかりではなく、慰霊の要素を帯びることも少なくない。しかし、そうした見取り図を終戦直後の広島平和祭に適用することには、慎重であるべきものと思われる。たしかに、平和祭でも慰霊の側面が皆無ではなかったのかもしれないが、他方で、「休みどころか徹夜で踊りまくろうと息ま」く人々の存在が報じられていたのも事実である。また、これらの行事は山車や花電車、ブラスバンド行進と合わせて挙行されていた。後述のように、これらは「あのようなお祭り騒ぎをするのはもつてのほか」「厳粛な祭典はひとつもみられなかった」と批判されることもあったわけだが、逆にいえば、それも、平和祭を「厳粛な祭典」というよりも「お祭りさわぎ」と受け止める広島市民の認識を示すものである。

(4)「放射線」『中国新聞』一九四六年八月六日。中国新聞社編『ヒロシマの記録』（前掲）二九頁。

(5)「放射線」『中国新聞』一九四六年八月六日。

(6)「世界一六〇市長に宛つ濱井市長のメッセージ」『中国新聞』一九四八年八月七日。広島市長・濱井信三が発表した「昭和二三年広島市平和宣言」でも、原子爆弾の投下によって「わが広島市は一瞬にして壊滅に帰」した一方で、そのことが「戦争の継続を断念させ、不幸な戦を終結に導く要因となったことは不幸中の幸」であり、その意味で「八月六日は世界平和を招来せしめる機縁を作った」とされている（広島市編『広島新史』資料編Ⅱ、一九八二年、広島市、四一一－四一二頁）。

(7)「この一年　広島復興局の計画総ざらへ」『中国新聞』一九四六年八月六日、三面。

(8) 大江健三郎『持続する志』文藝春秋、一九六八年、九三－九五頁。
(9) 中国新聞社編『ヒロシマの記録』(前掲) 四八頁。
(10)「米日合作都市――恩讐越えて再建せん」『中国新聞』一九四六年八月六日、二面。
(11)「中国文化連盟綱領」『中国文化』創刊号、一九四六年三月、表二。
(12) 栗原貞子『ヒロシマの原風景を抱いて』未来社、一九七五年、二〇三頁。
(13) 今堀誠二『原水爆時代(上)』三一新書、一九五九年、二二頁。
(14) 栗原貞子「回想――『中国文化』原子爆弾特集号をめぐって」『火幻』一九六七年一〇月。引用は栗原貞子『どきゅめんとヒロシマ24年』社会新報社、一九七〇年、一六五－一六六頁。
(15)「中国文化連盟綱領」(前掲)。
(16) 細田民樹「中国文化連盟の結成」『中国新聞』一九四五年一二月二一日。
(17) 栗原貞子『ヒロシマの原風景を抱いて』(前掲) 二〇六頁。栗原貞子『どきゅめんとヒロシマ24年』社会新報、一九七〇年、一二三頁。
(18) 栗原貞子『ヒロシマの原風景を抱いて』(前掲) 二〇三頁。
(19) 同上、二〇六頁。
(20) 同上、二〇六頁。
(21) 同上、二〇九頁。
(22) 栗原唯一「『中国文化』発刊並に原子爆弾特集について」『中国文化』創刊号、一九四六年三月、一頁。文末の「赴かざらしめざる」はやや意味するところが判然としないが、文脈上、「赴かせない」の意と思われる。
(23) 栗原貞子『ヒロシマの原風景を抱いて』(前掲) 二〇七頁。
(24) 同上、二〇七頁。
(25) 栗原貞子『ヒロシマの原風景を抱いて』(前掲) 二〇九－二一〇頁。初出は栗原貞子「どきゅめんと私記「占領」」『安芸文芸』一九七三年一二月。
(26) 細田民樹「文学の粗悪商品化」『中国文化』一九四七年三月号、四頁。
(27) 小田切秀雄「文学における戦争責任の追求」『新日本文学』第三号、一九四六年六月。引用は、小田切秀雄『私の見た昭和の思想と文学の五十年(上)』集英社、一九八八年、二九〇頁。
(28) 文学者の戦争責任論が「一億総懺悔」論との差異化を意識していたことも押さえておく必要がある。敗戦直後に首相に就いた東久邇稔彦は、一九四五年八月二八日の記者会見で、敗戦の原因として、闇市や物資横流しに代表される「国民道義の低下」

をあげ、「一億総懺悔をすることがわが国再建の第一歩」だと語った（日高六郎編『戦後日本思想大系Ⅰ　戦後思想の出発』筑摩書房、一九六八年、五四頁）。しかしながら、これは為政者の責任を隠蔽するものとして批判された。『毎日新聞』（一九四五年九月八日）に掲載された投書（「疑問あり」）には、「配給上の不公正や各種事業に対する急不急の誤認、あらゆる窓口の不明朗など、戦力低下に拍車をかけたのはみな官吏ではないか。貴官達はどの口で、誰に向つて「反省しろ」だの「懺悔しろ」だのいへるのか」「特攻隊その他戦死者の遺族、工場戦死者の遺族も、罪深き官吏と一緒に懺悔するのか。反省するのか」と記されていた。

こうした認識は文学者の戦争責任追及の際にも意識されていた。小田切秀雄も「文学における戦争責任の追求」（前掲、二九〇頁）において、「吾々はかの「一億総懺悔」を行はうとする者ではない」「そこでは誰にも責任があるといふことによつて一部の者の重大且つ直接的な責任がごまかされてしまふ」と主張した。

しかしながら、先に引用した細田民樹の議論では、「八千万国民個々人の責任」を考えることの延長に文学者の戦争責任が指摘されている。この点、『文芸時標』や新日本文学会の議論とは、異質であった。

(29)　土居貞子「戦犯作家は如何に迎えられたか」『広島生活新聞』一九五一年一〇月二〇日、二面。「土居貞子」は栗原貞子の筆名。

(30)　栗原唯一「だから我々はしなければならない」『中国文化』一九四六年一一・一二月合併号。引用は、栗原貞子編・発行『復刻版「中国文化」原子爆弾特集号復刻並びに抜き刷り（二号―一八号）』一九八一年、八九頁。

(31)　同上、八九頁。

(32)　遠山茂樹・今井清一・藤原彰『新版　昭和史』岩波新書、一九五九年、二二五頁。

(33)　広島県農業会の広告は、『広島平民新聞』一九四七年一〇月一〇日号、他の四つの企業・団体の広告は同紙一九四九年三月二〇日号に掲載されている。

(34)　小田切秀雄『私の見た昭和の思想と文学の五十年（上）』集英社、一九八八年、二九〇頁、二九二頁。

(35)　同上、二七七頁。

(36)　『中国文化』では、「文学に社会性を」「花鳥風月よりほかに政治性、社会性を加味しなければならなくなるものと信じる」ということが指針として位置づけられていた。御田重宝「戦後・広島文芸史」栗原貞子編・発行『復刻版「中国文化」原子爆弾特集号復刻並びに抜き刷り（二号―一八号）』一九八一年、一八二頁。
(37)栗原唯一・貞子夫妻に限っていえば、彼らは『中国文化』のほかにも言論を公にする場を持ち合わせていた。唯一は、日本アナキスト連盟広島支部の機関紙として、一九四七年ごろから旬刊で『広島平民新聞』を発行していたほか（広島女学院大学に一九四七年九月刊行の第六号以降が所蔵されているが、それ以前のものの所蔵は不明である）、一九四九年一二月から一九五〇年四月まで、『平民新聞』（日本アナキスト連盟）の発行人も務めていた。さらに、『広島平民新聞』と『ヒロシマ婦人新聞』を合併する形で、一九五〇年二月に『広島生活新聞』を創刊している。そこには唯一・貞子も少なからず論考を寄せていた。また、貞子は同紙の文芸面をおもに担当し、土居貞子や八島藤子のペンネームで詩やエッセイを発表している。その意味で、『広島生活新聞』は、『中国文化』と同じく、文芸メディアと政治・社会評論のメディアの側面を有していた。ただ、アナキスト系の機関紙の流れを汲んでいただけに、『広島生活新聞』のほうがややイデオロギー色が強かった。
(38)「年表・資料」および御田重宝「戦後・広島文芸史」栗原貞子編・発行『復刻版「中国文化」原子爆弾特集号復刻並びに抜き刷り（二号―一八号）』一九八一年。
(39)栗原貞子「あとがき」『リベルテ』第二号、一九四九年二月、一六頁。
(40)「サァーサ復興だ――本社特別後援・平和盆踊り大会」『長崎民友新聞』一九四七年八月一〇日、一面。
(41)「爆心地で復興祭　市が繰展ぐ多彩な行事」『長崎日日新聞』一九四八年八月九日、二面。長崎の「平和盆踊り大会」のなかに慰霊の要素が皆無であったわけではない。『長崎日日新聞』（一九四七年八月一〇日）では、「市民は二年前のきようをしのんでおどつた」「老いも若きも平和を満喫し、いまはなく殉難者を供養する盆おどりを続けた」と記されている（「ひるは〝子供の会〟夜は花火と盆おどり」）。しかし、同時に祝祭性や「明るさ」が色濃かったことも否めない。同じ記事では、「長崎盆おどり」の歌詞として「軽い浴衣に平和な姿　踊るきりようにどなたがほれた　昔しやアメリカピンカートン」という文言が引かれている。そこには、「アメリカピンカートン」を「昔し」のものとし、「平和な姿」を謳歌するかのような世相もうかがえる。当然ながら、広島の場合と同様、「休みどころか徹夜で踊りまくろうと息ま」く人々も少なくなかった。『長崎民友新聞』（一九四七年八月一〇日）には、「まぶしい夜空をこがす様なライトとイルミネーション」「つぎつぎと踊る手も休められず打響く盆踊りの歌に誘われてたまりかねて飛び出すというられしいほゝえましい風景」が記されていた（「サァーサ復興だ——本社特別後援・平和盆踊り大会」）。また、後述するように、この平和盆踊り大会が、広島平和祭の盛り上がりとの対比で、「遺族の気持如何に淋しい長崎の其の日」を思い起こさせたこと、そのことが、ダンス・パーティや花電車運行、ミス・コンテストなどを盛り込んだ一九四九年の「八・九」イベントの高揚につながったことを考えると、慰霊以上に祝祭の要素が濃く、またそれが求められていたことがうかがえよう。第五章で述べるとおり、山田かんは、のちにこれらのイベントを「バカ囃」として批判している。それも、これらのイベントに祝祭性が読み込まれていたことを指し示すものである。

(42) 広島市編『広島新史』資料編Ⅱ、広島市、一九八二年、三九九頁。

(43) 安田信男「耳あらば聴け　杉山知事・大橋長崎市長」『長崎民友新聞』一九四七年八月八日、一面。

(44) K生「なぜ平和祭をやらぬか」『長崎民友新聞』一九四七年八月八日、一面。

(45) 西岡竹次郎「公開状（上）——平和祭は物語る長崎のありのままの姿を」『長崎民友新聞』一九四七年八月一二日、一面。

(46) 長崎市議会編『長崎市議会史』記述編第三巻、長崎市議会、一九九七年、二七一－二七三頁。

(47) 「千年書房・九州の百冊——山田かん『記憶の固執』」『西日本新聞』二〇〇七年八月一二日より重引。

(48) 『夕刊ひろしま』一九四八年八月七日、同一九四九年八月七日。

(49) 「平和祭ある記」『夕刊ひろしま』一九四八年八月七日。

(50) 「「市民のものに……粘り強く」と濱井市長」『夕刊ひろしま』一九四九年八月九日、一面。

(51) 「「もっと金のかからぬ行事を」任都栗議長談」『夕刊ひろしま』一九四九年八月九日、一面。

(52) 永井隆「ロザリオの鎖」『永井隆全集』（全一巻）講談社、一九七一年、九五頁。

(53) 『長崎の鐘』など永井隆の作品に言及した研究としては、長野秀樹「原爆は「神の摂理」か」（『敍説』第二一号、一九九九年）、高橋眞司「「祈りの長崎」批判」（『世界』第六九二号、二〇〇一年）、高橋哲哉『国家と犠牲』（NHKブックス、二〇〇五年）などがあげられる。そこでは、GHQの検閲と燔祭説、あるいはナショナリティとの接合が指摘されている。また、拙著『「反戦」のメディア史』（世界思想社、二〇〇六年）では、永井作品（およびその映画化作品）が受容された社会背景について論じている。

(54) 永井隆『長崎の鐘』日比谷出版社、一九四九年、一七二―一七三頁。

(55) 同上、一七四頁。

(56) 同上、一七五頁。

(57) 長野秀樹「原爆は「神の摂理」か」（『敍説』第二一号、一九九九年）、「世界」第六九二号、二〇〇一年）、高橋眞司「「祈りの長崎」批判」（『世界』第六九二号、二〇〇一年）、高橋哲哉『国家と犠牲』（NHKブックス、二〇〇五年）、拙著『「反戦」のメディア史』（世界思想社、二〇〇六年）など。

(58) 永井隆『長崎の鐘』（前掲）一七一頁、一七八―一七九頁。

(59) 片岡弥吉『永井隆の生涯』中央出版社、一九五二年、二五四頁。

(60) 「永井隆博士に名誉市民の称号を贈る決議」昭和二四年第八回長崎市議会定例会（一九四九年一二月三日）、長崎市議会事務局議事課所蔵（同定例会議事録より引用）。

(61) 柏崎三郎「茶番劇の系譜――永井隆の意味するもの」『地人』第五号、一九五五年一〇月、一〇頁、一二―一三頁。

(62) 「アンケート原爆文学について」における渡辺庫輔の回答。『地人』第四号、一九五五年八月所収。

(63) 山田かん「長崎の原爆記録をめぐつて」『地人』第一〇号、一九五六年一一月、一二頁、一一頁。

(64) 山田かん「聖者・招かざる代弁者」一九七二年。引用は、山田かん『長崎原爆・論集』本多企画二〇〇一年、四五頁。初出は『潮』一九七二年七月号。当初、山田かんは「聖者・招かざる代弁者」と題して寄稿したが、同誌編集者が「偽善者・永井隆の告発」と改題して掲載された。

(65) 「インタビュー・記憶の固執――山田かん氏に聞く」『敍説』第一九号、一九九九年、六六―六七頁。

(66) 山田貴己「我れ重層する歳月を経たり――父山田かんの軌跡」第六回『長崎新聞』二〇〇三年八月四日。

(67) 同第二回『長崎新聞』二〇〇三年七月三一日。

(68) 山田かん『記憶の固執』長崎文献社、一九六九年、二五五頁。

(69) 同上、二五六頁。山田貴己「我れ重層する歳月を経たり――父山田かんの軌跡」第二回（前掲）。

(70) 山田かん「長崎被爆二十五年の視点」『炮氓』第一一号、一九七〇年七月。引用は、山田かん『長崎

原爆・論集』本多企画、二〇〇一年、一二頁。横手一彦編「山田かん年譜」『叙説』第一九号、一九九九年、七二頁。
(71) 山田かん「長崎被爆二十五年の視点」(前掲) 一二頁。
(72) 同上、一三頁。
(73) 山田かん「長崎被爆二十五年の視点」(前掲)。引用は山田かん『長崎原爆・論集』(前掲) 一四頁。山田かん「若い同志よ」(前掲)。参照・引用は、山田かん『長崎原爆・論集』(前掲) 一四頁、三八〇頁。
(74) 山田貴己「我れ重層する歳月を経たり──父山田かんの軌跡」第三回『長崎新聞』二〇〇三年八月一日。
(75) 山田かん「長崎被爆二十五年の視点」(前掲)。引用は、山田かん『長崎原爆・論集』(前掲) 一四頁。
(76) 同上、一四頁。
(77) 山田かん「若い同志よ」(前掲)。引用は、山田かん『長崎原爆・論集』(前掲) 三八〇頁。
(78) 山田かん「加害の側で」『証言 ヒロシマ・ナガサキの声』第一〇集、一九九六年八月。引用は、山田かん『長崎原爆・論集』(前掲) 三七六頁。
(79) 同上、三七六頁。
(80) 山田かん「聖者・招かざる代弁者」(前掲)。引用は、山田かん『長崎原爆・論集』(前掲) 四二一頁。
(81) 永井隆「いとし子よ」『永井隆全集』講談社、一九七一年、三一三頁。初出は一九四九年。
(82)「力の限り書き続ける──永井博士感激に語る」『長崎民友新聞』一九四九年五月二八日。
(83) 山田かん「聖者・招かざる代弁者」一九七二年。引用は、山田かん『長崎原爆・論集』(前掲) 四六─四七頁。
(84) 山田かん「『長崎聖公会略史』のことなど…」『炮氓』第一四号、一九七一年二月。引用は山田かん『長崎原爆・論集』(前掲) 三六頁。
(85) 山田かん「『長崎聖公会略史』のことなど…」(前掲)。引用は、山田かん『長崎原爆・論集』(前掲) 三六頁。
(86) 山田かん「爆死の紙碑」『長崎の証言』第五集、一九七三年八月。引用は、山田かん『長崎原爆・論集』(前掲) 九四頁。
(87) 同上、九四頁。
(88) 山田かん「長崎・戦後基点の虚妄」『長崎の証言』第四集、一九七二年八月。引用は、山田かん『長崎原爆・論集』(前掲) 五四頁。
(89) 山田かん「絶後から再びの」『長崎の証言』第二集、一九七〇年八月。引用は、山田かん『長崎原爆・論集』（前掲）二八頁。
(90) 片岡弥吉『永井隆の生涯』中央出版社、一九五二年、二九頁。
(91) 同上、二一七頁。
(92) 永井隆「ロザリオの鎖」『永井隆全集』講談社、一九七一年、八四頁。初出は一九四八年。
(93) 田中耕太郎「政治について――とくに学生のために」『心』一九五二年七月号、三三頁。
(94) 永井隆「この子を残して」『永井隆全集』講談社、一九七一年、二〇二頁。初出は、一九四八年。
(95) 永井隆「原子爆弾救護報告」（一九四五年）『永井隆全集』（前掲）九七八頁。山田かん「聖者・招かざる代弁者」（前掲）。引用は、山田かん『長崎原爆論集』（前掲）四五―四六頁。
(96) 「インタビュー・記憶の固執――山田かん氏に聞く」『叙説』第一九号、一九九九年、五三―五四頁。山田敦彦「寛兄ちゃんへの想い」中里喜昭・山田和子編『かんの谺――山田かん追想』草土詩舎、二〇〇四年、一四〇頁。
(97) 坂口博「長崎と佐世保の文化運動への一視点」『原爆文学研究』第八号、二〇〇九年。山田かんは主流派（居住細胞）に属していた。
(98) 中里喜昭「おぞき苦闘――山田かん追悼」中里喜昭・山田和子編『かんの谺――山田かん追想』（前掲）一〇八頁。
(99) 山田かんは『叙説』第一九号のインタビュー「記憶の固執――山田かん氏に聞く」（前掲）五六頁）のなかで、「昭和二十四年に〔共産党に〕入って、二十五年か二十六年には〔離れた〕」と述べているが、これは坂口博が指摘する通り、本人の記憶違いと思われる。このインタビューのなかで「とにかく〔離党は〕六全協が終わってからでした」と語っていることから、坂口が推測するように、一九五五年ごろまで党籍があったと判断すべきであろう。坂口博「長崎と佐世保の文化運動への一視点」『原爆文学研究』第八号、二〇〇九年。
(100) 山田かん「聖者・招かざる代弁者」（前掲）。引用は、山田かん『長崎原爆・論集』（前掲）四九頁。
(101) その意味で、原爆体験の手記は、他の被爆者たちの共感を呼ぶというより、しばしば、彼ら内部の断絶やヒエラルヒーを感知させせた。山田かんは、石田雅子の被爆体験記『雅子斃れず』（婦人タイムズ社、一九四九年）についても、以下のような感想を漏らしている。

「『雅子斃れず』は家族愛、兄弟愛の記録がテーマのようでしたが、私たちにはやっかみだけだったですね。裁判所のよかところの娘さんはものすごくいいものを食べて体力を回復してけっこうなことだと。あれを見ると栄養価の高いものばかり羅列してありますが、これなら原爆症も逃げていくわいという感じで読んだ憶えがありますよ。これはもう、天国と地獄の違いで、とにかく羨望を感じるだけでした。」（山田かん「インタビュー記憶の固執」『叙説』第一九号、一九九九年、六八頁）

『雅子斃れず』の著者・石田雅子は長崎地方裁判所長・石田寿の娘であった。彼女の手記に浮かび上がる生活環境や治療環境は、継母と妹と自分が働いてもなお生活が困窮していた山田かんにとって、経済格差を印象づけるものであったのである。

(102) 山田かん「『長崎聖公会略史』のことなど…」（前掲）。引用は、山田かん『長崎原爆・論集』（前掲）三九頁。

(103) 中里喜昭「おぞましき苦闘——山田かん追悼」（前掲）一〇八頁。

(104) 山田貴己「我れ重層する歳月を経たり——父山田かんの軌跡」第五回『長崎新聞』二〇〇三年八月三日。

(105) 山田かん『長崎・詩と詩人たち』汐文社、一九八四年、三三頁。山田かん「長崎の原爆記録をめぐつて」『地人』第一〇号、一九五六年一一月、一二頁。

(106)「アンケート原爆文学について」『地人』第四号、一九五五年八月、一頁。

(107) 林田泰昌「アンケートのまとめ 原爆文学を阻むもの」『地人』第四号、一九五五年八月、一〇頁。

(108) 山田かん「長崎の原爆記録をめぐつて」『地人』第一〇号、一九五六年一一月、一〇頁。山田かん『長崎・詩と詩人たち』汐文社、一九八四年、六〇一六一頁。

(109)「アンケート原爆文学について」における井上光晴の回答。『地人』第四号、一九五五年八月、一頁。

(110) 柏崎三郎「茶番劇の系譜——永井隆の意味するもの」『地人』第五号、一九五五年一〇月、八頁。むろん山田かんも、「長崎の思想的後進性」の要因として、永井の著作における「原爆投下への独善的なカトリックエゴイズム」の影響を指摘していた。山田かん「聖者・招かざる代弁者」一九七二年。引用は、山田かん『長崎原爆・論集』（前掲）四三一四四頁。

(111) 長崎市原爆被爆対策部編『長崎原爆被爆五十年史』長崎市原爆被爆対策部、一九九六年、三六頁。

(112) 調来助編『長崎 爆心地復元の記録』日本放送出版協会、一九七二年、一一頁。

(113) 同上、一一頁より重引。
(114) 「アンケート原爆文学について」『地人』第四号、一九五五年八月、一頁。

第五章

(1) 栗原貞子「戦犯作家は如何に迎えられたか」『広島生活新聞』一九五一年一〇月二〇日。引用は、栗原貞子『どきゅめんと・ヒロシマ24年』社会新報、一九七〇年、一七九頁。
(2) 山田かん『長崎原爆・論集』本多企画、二〇〇一年、四三六―四三七頁。
(3) 長田新編『原爆の子』岩波書店、一九五一年、一一頁。
(4) 志条みよ子「「原爆文学」について」『中国新聞』一九五三年一月二五日、三面。
(5) 同上。
(6) 同上。
(7) 座談会「原爆文学の行く手を探る(下)」『中国新聞』一九五三年四月一九日。
(8) 志条の父親は広島で被爆したが、庄原に疎開していた志条はその直後(当日の夕刻と思われる)に広島に入っている。座談会「忘れられぬ十一年前の「あの日」」『広島文学』一九五六年八月号。
(9) 筒井重夫「「原爆文学」への反省」『中国新聞』一九五三年一月三一日、夕刊、三面。
(10) 小久保均「再び「原爆文学について」」『中国新聞』一九五三年二月四日、夕刊、三面。
(11) 中国新聞社編『炎の日から20年――広島の記録2』未来社、一九六六年、八五頁。
(12) 高橋昭博『ヒロシマ、ひとりからの出発』筑摩書房(ちくまぶっくす)一九七八年、一五頁。
(13) 中国新聞社編『証言は消えない――広島の記録1』未来社、一九六六年、三九頁。
(14) 吉川清『「原爆一号」といわれて』筑摩書房(ちくまぶっくす)一九八一年、四八頁、一〇〇頁。
(15) 「平和屋三人男――原爆を売り物にするな!」『週刊文春』一九五九年八月二四日、二三頁。
(16) 吉川清『「原爆一号」といわれて』(前掲)一〇〇頁。
(17) 栗原貞子『どきゅめんと・ヒロシマ24年』(前掲)二九四頁。
(18) 高橋昭博『ヒロシマ、ひとりからの出発』(前掲)一七頁、一五頁。
(19) 「原子病で悩む婦人 病床に未だ百十七名 無料診療所の設置を願う」『長崎民友新聞』一九四八年九月二三日、二面。
(20) 西本雅実「未完の「平和記念公園」――復興の夢と希望託す」『中国新聞』一九九九年六月二一日。

(21) 吉川清『「原爆一号」といわれて』筑摩書房(ちくまぶっくす)、一九八一年、九五頁。

(22) これは何も吉川清に限られることではなかった。一九五六年三月に被爆者団体の代表団が国会請願を行なった際、最前列に立たされた池田精子(のちの広島県被団協副理事長)を、ある年配のメンバーは「この原爆に灼かれた姿を見ちゃって下さい」と首相に訴えた。池田は「見世物にせんでもよかろうに」という思いも抱いたが、逆にそのような行動が、その後の広島県被団協の結成につながったことを、池田は回想している。座談会「ヒロシマと生きて」広島県被団協史編集委員会編『核兵器のない明日を願って――広島県被団協の歩み』広島県被爆者団体協議会、二〇〇一年、三一七頁。

(23) 原水爆禁止運動をはじめとする平和運動の歴史については、吉川勇一編『コメンタール戦後五〇年4 反戦平和の思想と運動』(社会評論社、一九九五年)および道場親信『〈占領〉と〈平和〉』(青土社、二〇〇五年)に詳しい。

(24) 高橋昭博『ヒロシマ、ひとりからの出発』(前掲)二八頁。広島県被団協史編集委員会編『核兵器のない明日を願って』(前掲)五五頁。吉川清『「原爆一号」といわれて』(前掲)一三二頁。中国新聞社編『ヒロシマ四十年――森滝日記の証言』平凡社、一九八五年、七四頁。

(25) 吉川清も、そのときの代表団の一人であった。

(26) 広島県被団協史編集委員会編『核兵器のない明日を願って――広島県被団協の歩み』(前掲)六三頁。

(27) 座談会「ヒロシマと生きて」広島県被団協史編集委員会編『核兵器のない明日を願って――広島県被団協の歩み』(前掲)三一八頁。

(28) 栗原貞子「正田篠枝さんへの手紙」『中国新聞』一九五九年八月二一日。引用は栗原貞子『どきゅめんと・ヒロシマ24年』(前掲)二四頁、二六頁。

(29) 同上、二六―二七頁。

(30) 同上、二六頁。

(31) 前田とみ子「原水爆禁止広島母の会の活動について」『ひろしまの河』第二号、一九六一年八月、一五頁。

(32) その後、一九七二年七月にこの雑誌は復刊され、一九八五年まで継続発刊された。栗原貞子は、復刊第一号の編集人を務めていた。

(33) 楠田剛士編「長崎戦後サークル誌「芽だち」総目次」『九大日文』第一五号、二〇一〇年。楠田剛士「山田かんとサークル誌」『原爆文学研究』第八号、二〇〇九年。坂口博「長崎と佐世保の文化運動への一視点」『原爆文学研究』第八号、二〇〇九年。
(34)「めだち仲間の会のきまり」『芽だち』第二号、一九五二年八月、一二頁。
(35) 座談会「長崎・反原爆表現運動の軌跡――『芽だち』の歩みとその後」『季刊・長崎の証言』第一号、一九七八年一二月、六四頁。出席者は、『芽だち』創刊期メンバーの田川実、中村新七、山田かん。
(36)「発刊にあたつて」『芽だち』創刊号、一九五二年六月、一頁。
(37) 座談会「長崎・反原爆表現運動の軌跡――『芽だち』の歩みとその後」(前掲) 六二頁。
(38) 同上、六三頁。もっとも、この雑誌は党関係者が多かっただけに、政治色はつよかった。山田かんものちに「非常に観念的な革命の煽動詩みたいなものが多い」「戦前のアジテーション・プロパガンダ詩から一歩も抜けでていない」と評している(「インタビュー・記憶の固執――山田かん氏に聞く」『叙説』第一九号、一九九九年、五七頁)。山田かんは一九五五年ごろまで共産党に所属していたが、「生活を表現するだけの素朴リアリズムやヘタくそ万歳で居なおるのでなく、民衆の文学のあるべき形を模索すべきだ」と考え、「観念や現象の羅列や感傷的心情吐露でなく、自分の生活の基底を見すえた硬質の表現を求め」ようとしていた。そうした意図から山田は『芽だち』の批評欄を担当し、相互批判を通した表現や議論の深化をめざした(座談会「長崎・反原爆表現運動の軌跡」(前掲) 六三頁)。
(39) 林田泰昌「編集後記」『地人』第五号、一九五五年一〇月、四四頁。
(40) 林田泰昌「編集後記」『地人』創刊号、一九五五年三月、四一頁。
(41) もっとも、山田かんは、座談会「長崎・反原爆表現運動の軌跡」(前掲) のなかで、「長崎の被爆者たちが(中略) 原爆投下を神の御摂理と唱える永井的呪縛から解放され、自己の内側から反原爆を志向し表現していくのは朝鮮戦争勃発以後だといえます」と語っている(六一頁)。たしかに、山田かんは、既述のように、朝鮮戦争勃発の報に「激しい衝撃」を受け、「終わったと思ったものが、すぐ傍らに生き返った」「飛行機の爆音にも、去ったと思った空襲のなまなましい記憶がよみがえり脅えかえった」という思いを抱いた。そこから「無為に殺されるよりも、今度は何かをやらねばならぬ思いにかられ、思想的反戦的運動のなかに自己を投入」すべく、共産党の活動にのめり込んでいく(山田かん『長崎原爆・論集』本多企画、二〇〇一年、四三六ー四三七頁)。こうした背景のもと、原爆批判と永井隆批判の思いが強まったことは想像に難くない。また、同様の長崎文化人も少なくなかったと思われる。しかし、それが、たとえ同人誌という小規模なメディアにおいてではあっても、一定の輿論としてのまとまりを見せ始めるのは、占領が終結し、原水禁運動も高揚した一九五五年ごろであった。

(42)「私たちも何とかして下さい――長崎原爆被災者から悲痛な訴え」『長崎日日新聞』一九五四年六月三日、五面。

(43)長崎新聞社編『長崎新聞に見る長崎県戦後五〇年史』長崎新聞社、一九九五年、六五頁、六九頁。

(44)山田かん「長崎の原爆記録をめぐって」『地人』第一〇号、一九五六年一一月、一五頁。

(45)林田泰昌「編集後記」『地人』第四号、一九五五年八月、六一頁。

(46)「原爆十周年と芽だち三周年にあたつて」『芽だち』第二六号、一九五五年八月、二頁。

(47)黒岩鉄雄「人間抵抗の原爆文学創造のために」『芽だち』第三一号、一九五六年八月、二五―二六頁。

(48)同上、二七頁。

(49)林田泰昌「編集後記」『地人』第四号、一九五五年八月、六一頁。

(50)山田かん「長崎の原爆記録をめぐって」『地人』第一〇号、一九五六年一〇月、一二頁。

(51)金井利博「廿世紀の怪談――広島の一市民の述懐」『希望《エスポワール》』一九五二年七・八月号、五〇頁。なお、『希望』同号に収められた落藤久生「原爆と文学――被害者の立場から」には、長田新編『原爆の子』(岩波書店、一九五一年、学童・生徒たちの被爆体験作文集)について、こう記されている。

「広島から原爆禁止、戦争反対の強い叫びがどうして起らないのか、と不思議に思う人達が沢山あるが、それはそれ程不思議なことではない。確かに広島の人達は原爆とか戦争とかのことをあまり口にしないし、それへの抵抗も他地方に較べて低調である。それは必ずしも、原爆の被害を受けた広島の人達が、原爆のことを忘れてしまったからではない。〔中略〕

このことは「原爆の子」についても多少とも云えることである。あの作文集の大部分が、教師の統率の最も行きとどいた小学生によつて占められている事実もそれを暗示するし、又、統計を出せばはつきりすることだが、原爆によつて父母、兄弟を失い、自分も直接被害を蒙つた人達によつて書かれ、そして、各地でベスト・セラーになつたこの本が、広島では案外冷淡にしか迎えられなかつたのではないか。少くとも広島の原爆の被害を受けた人達の大部分はそうであつたろう。原爆被害者の心の中には、今も尚癒されない傷があつて、それにふれることを極度に嫌う傾向があることは明らかな事実なのだ。「一体それを思い出して何になるのだ。」と彼等は苦々しく云うだろう。それは、そう云つた彼らが責められるよりも前に、彼等をそのようにした社会の側に眼を向けられるべきだ。」

そこにも、金井利博と同様の問題意識を見ることができる。落藤久生「原爆と文学——被害者の立場から」『希望』一九五二年七・八月号、五六頁。

(52) 永井隆の議論が長崎で受容された背景にも、同様の社会心理を見ることができよう。原爆を「神の摂理」とみなす議論は、原爆投下責任を棚上げするかのような危うさを帯びたものではあったが、第四章でも記したように、当事者にしてみれば、こうした論理にでも頼らなければ、被爆体験を想起したり、その絶望感や苦悶に耐えることは困難であった。そこにも、「忘れようとしての〔中略〕無理からぬ一種の逃避」「或意味の心理的な抵抗」をうかがうことができる。

(53) 栗原貞子「原爆文学論争史」栗原貞子『核・天皇・被爆者』三一書房、一九七八年、一七八頁、一八三頁。

(54) 同上、一八三頁。

(55) 中部悦良「平和祈念像建設の趣旨」長崎市原爆対策部編・発行『長崎原爆被爆五十年史』一九九六年、四六二頁。

(56) 『長崎日日新聞』一九五五年八月九日、一面。

(57) 福田須磨子「あとがき」『詩集原子野』現代社、一九五八年、一二五頁。

(58) 石田忠「反原爆の立場——福田須磨子さんの戦後史」石田忠編『反原爆』未来社、一九七三年、七一頁、九三頁。

(59) 同上、九三頁。

(60) 福田須磨子『われなお生きてあり』ちくま文庫、一九八七年、三一四頁。

(61) 同上、三一四—三一五頁。

(62) 福田須磨子『詩集　原子野』現代社、一九五八年、七頁。

(63) 長崎市原爆被爆対策部編『長崎原爆被爆五十年史』長崎市原爆被爆対策部、一九九六年、四六三頁。長崎市議会編・発行『長崎市議会史』(記述編第三巻) 一九九七年、八六五—八六九頁。

(64) 北村西望『百歳のかたつむり』日本経済新聞社、一九八三年、一五〇頁。

(65) 福田須磨子『われなお生きてあり』ちくま文庫、一九八七年、三一四頁。ここでの「原爆乙女の会」からの「代表」とは、長崎県土木部勤務（県職員組合婦人部長）の山口美代子をさしていると思われる。山口は、一九五五年七月、スイスで開かれた世界母親大会に、「日本母親代表団の原爆母親代表」として出席し、その帰路、広島で行なわれた原水爆禁止世界大会に参加している。山口美代子「平和へ手をつなぐ母――世界母親大会に出席して」長崎原爆青年乙女の会編『もういやだ』原水爆禁止世界大会長崎実行委員会、一九五六年。「本県の山口さんら 世界母親大会代表第一陣帰る」『長崎日日新聞』一九五五年八月四日、一面。「原爆体験談に各国代表が涙 世界母親大会山口さん帰る」『長崎日日新聞』一九五五年八月九日、七面。

(66)「平和へのデモ行進 県労評全国各地から参加」『長崎日日新聞』一九五五年八月九日。

(67) 福田須磨子『詩集原子野』（前掲）八―九頁。こうした思いは、福田に限るものではなく、広島でも見られた。広島で開かれた第一回原水爆禁止世界大会の際、市民のなかには「死没者の冥福を静かに祈りたいのに、大会で騒がしいのは迷惑だ」という声もあったという。中国新聞社編『ヒロシマの記録』一九六六年、九三頁。なお、福田須磨子は一九六〇年代以降、社会運動にも積極的に関わり、六〇年安保闘争にも参加したほか、一九六四年には原水爆禁止運動の分裂を阻止するための活動も行なっている。長崎の証言の会編『原子野に生きる――福田須磨子集』（汐文社、一九八九年）参照。

(68) 福田須磨子『われなお生きてあり』（前掲）三一七頁。福田須磨子「あとがき」『詩集原子野』（前掲）一三五頁。

(69) うちのしろう「作品の批評とサークル活動について」『芽だち』第二八号、一九五六年一月、二頁。

(70) 山田かん『長崎・詩と詩人たち』汐文社、一九八四年、七二頁。

(71) 高木登「絶望的な詩についての私見」『芽立ち』第二七号、一九五五年一二月、一〇頁。

(72) 山田かん「魂は第二の誕生をなし得ても」『地人』第九号、一九五六年七月、一〇頁。

(73) 浦上小教区編『神の家族四〇〇年 浦上小教区沿革史』浦上カトリック教会、一九八三年、一三一頁。

(74) 長崎市議会『長崎市議会史』記述編第三巻、長崎市議会、一九九七年、八七六―八七八頁。

(75) 浦上小教区編『神の家族四〇〇年 浦上小教区沿革史』（前掲）一三三頁。長崎市原爆資料保存委員会は、一九四九年四月に設立された。これは、「貴重なる原爆資料が漸次撤去されて行く」なか、「失はれんとする、これ等幾多の資料を蒐集あるいは保存することを目的にしており、市民にも「原爆に依る破損又は変質（変形）した器物」の提供を呼びかけている。一九四九年の時点で、すでに瓦礫が保存の対象として認識されつつあったことがうかがえる。この委員会は、一九四九年五月、松山町の原爆公園に原爆資料館を設立した。ここに収められた資料はその後、一九五五年二月に、国際文化都市建設法に基づく事業として建設された長崎国際文化会館に移され、一九九六年三月には、被爆五〇周年事業として建設された長崎市原爆資料館に移設された。長崎市議会『長崎市議会史』（記述編第三巻）長崎市議会、一九九七年、三九一—三九二頁。

(76) 浦上小教区編『神の家族四〇〇年 浦上小教区沿革史』（前掲）一三一頁。

(77)「昭和三十三年第二回長崎市議会会議録—臨時会」（一九五八年二月一七日）二三一二四頁、長崎市議会事務局議事課所蔵。

(78) 秋月辰一郎「原爆被爆の実体を語ることこそ私たちの義務」『長崎の証言』第一集、一九六九年、九頁。この文章が書かれた日付は、一九五九年八月二日と記されているが、初出誌は不明である。ただし、ここでは、浦上天主堂撤去から一〇年余りを経た一九六九年になって、この文章が公にされていることを重視している。

(79) 山田かん「被爆象徴としての旧浦上天主堂」『季刊長崎の証言』第八号、一九八〇年五月。引用は山田かん『長崎原爆・論集』本多企画、二〇〇一年、二五六頁。

(80) 同上、二六〇頁。

(81) 山田かん「お宮日と原爆」『季刊長崎の証言』第九号、一九八〇年一一月。引用は、山田かん『長崎原爆・論集』（前掲）二六九頁。

(82)「原型保存の望み絶つ——浦上天主堂の再建始る」『長崎日日新聞』一九五八年三月一五日、五面。

(83) 長崎県議会史編纂委員会編『長崎県議会史』第七巻（長崎県議会、一九八〇年）所収の議事録を見る限り、一九五八年に浦上天守堂撤去問題が議題にあがった形跡はない。

(84) 井上光晴（インタビュー）「〝原爆〟の根源にあるものを撃つ」『季刊長崎の証言』第三号、一九七九年五月、一一二—一一三頁。

(85) 山田かん「被爆象徴としての旧浦上天主堂」『季刊長崎の証言』第八号、一九八〇年五月。引用は山田かん『長崎原爆・論集』本多企画、二〇〇一年、二五一—二五二頁。山田かんは、この詩を、『長崎ロマン・ロランの会会報』（川崎信子発行）第二七号（一九五八年七月）より引用している。「長崎ロマン・ロランの会」は、山田かんの説明によれば「ロマン・ロランの平和思想と戦闘的ヒューマニズムへの共鳴と学習のために集った」ものであった。山田かん『長崎・詩と詩人たち』汐文社、一九八四年、一二八頁。

(86) 一九五四年から一九五九年の「年度予算編成方針説明」において、長崎市長は観光政策にたびたび言及しているが、そこでも原爆関連の遺構・モニュメントについての言及は特に見られない。県ばかりではなく、市の観光政策においても、これらが観光資源として重要視されていなかったことがうかがえる。長崎市議会編・発行『長崎市議会史』資料編第二巻、一九九三年。

(87)「二六年目のナガサキ」『中国新聞』一九七一年八月四日、六面。

(88) それでも観光地として時折言及されるのは「原爆中心地」であった。だが、それも写真撮影地としての位置づけであった。遺壁撤去前の浦上天主堂への言及があることから（ただし、原爆遺構というよりはキリシタン遺跡として紹介されている）、一九五〇年代半ばごろの発行と思われるパンフレット『長崎遊覧バス 市内名所御案内』（長崎バス・長崎旅行社発行）には、「皆様の最も御関心の的である、原爆中心地にて皆様御一緒に御撮り致し御写真は遊覧が終りました時御手元に御届け致します」という記述がある。爆心地は、往時の惨状に思いを寄せる場というよりは、長崎観光の歓楽を記念写真に収める場として、とらえられていた。しかも、それは観光客ではなく、長崎の観光会社による把握の仕方であったのである。

(89) 座談会「八〇年代の核状況と思想の課題」『季刊長崎の証言』第五号、一九七九年一一月、二五頁。ちなみに、浦上天主堂撤去問題に言及した近年の文献としては、長崎の原爆遺構を記録する会編『原爆遺構』（海鳥社、一九九三年）、『長崎市議会史』記述編第三巻（長崎市議会編・発行、一九九七年）、高瀬毅『ナガサキ 消えたもう一つの「原爆ドーム」』（平凡社、二〇〇九年）、高原至ほか『長崎 旧浦上天主堂』（岩波書店、二〇一〇年）などがあるが、いずれも旧浦上天主堂は保存しておくべきだったという立場にたっている。浦上天主堂撤去を支持する議論は、今日では皆無に等しいと言えよう。

(90) 山田かん「被爆象徴としての旧浦上天主堂」『季刊長崎の証言』第八号、一九八〇年五月。引用は、山田かん『長崎原爆・論集』（前掲）二五七―二五八頁。

(91) 山田かん「被爆象徴としての旧浦上天主堂」（前

掲）。引用は山田かん『長崎原爆・論集』（前掲）二六二頁。
(92) 山田かん『長崎・詩と詩人たち』汐文社、一九八四年、一三一頁。
(93) 山田かん「広島にて」『炮氓』第四六号、一九七六年一二月。引用は、山田かん『長崎原爆・論集』本多企画、二〇〇一年、二二五頁。また、『芽だち』第二七号（一九五五年一二月、五頁）には、高木登の「平和祈念像」と題した以下の詩が掲載されている。これは浦上天主堂撤去以前の作ではあるが、山田かんと同様の平和祈念像への違和感が綴られている。

「君はどうだい
　僕はあの顔が嫌いだ
或る時は
　くすぐったそうな顔に見えないか
或る時は
　居眠りしている顔に見えないか
或る時は
　名物にされて苦笑している顔に見えないか
それは祈念している顔にはどうしても見えない
その存在の意義が極めて薄いからなのか
この像が何故こゝに居らねばならぬのか
君もう一度
　数千万円を喰つた
　満ち足りた顔を見てこいよ
前から見ろよ
　みろく菩薩が今にもおどり出しそうな
　グロテスクな恰好だよ
横から見ろよ
　それはどう見てもゴジラだよ」

(94) 広島市区画整理課編『戦災復興事業誌』広島市区画整理課、一九九五年、一七一-一八頁。なお、原爆ドームは、一九五三年に広島県から広島市に譲与された。
(95) 中国新聞社編『増補ヒロシマの記録――被爆40年写真集』中国新聞社、一九八六年、六六頁。西本雅実「ヒロシマの記録――甦る「原爆十景」」『中国新聞』二〇〇七年四月三〇日。
(96) 座談会「平和祭を語る」『中国新聞』一九五一年八月六日。なお、原爆ドームの存廃論議の系譜については、淵ノ上英樹「平和モニュメントと復興」（『IPSHU 研究報告シリーズ』第四〇号、二〇〇八年三月）に詳しい。
(97)「保存せよ産業奨励館――原爆体験者の希望調査」『中国新聞』一九五〇年二月一一日、二面。なお、ここでは「取払いたい」という回答は三五パーセントであった。被爆体験者のなかで、これほどの撤去支持があったことも見落とすべきではないだろう。また、「産業奨励館の残ガイ」という質問項目の表現にも、今日とは異質な原爆ドームのイメージがうかがえる。

(98) 広島市市民局平和推進室編・発行『原爆ドーム世界遺産登録記録誌』一九九七年、九四頁。

(99) 広島市議会編『広島市議会史』議事資料編Ⅱ、一九九〇年、八一六頁。

(100) 広島県商工部商工商政課編『観光の広島県』広島県商工部商工商政課、一九五三年、四八頁。

(101) 中国新聞社編『検証ヒロシマ一九四五—一九九五』中国新聞社、一九九五年、二六七頁。中国新聞社編『年表ヒロシマ』中国新聞社、一九九五年、三八一頁、三九八頁。

(102) 汐文社編集部編『原爆ドーム物語』汐文社、一九九〇年、四二頁。「原爆ドーム ビル新築で崩壊の心配」『中国新聞』一九六三年一〇月五日、八面。

(103) 「原爆ドーム 姿勢正した〝歴史の証人〟」『中国新聞』一九六七年六月一三日、一二面。中国新聞社編『増補 ヒロシマの記録』中国新聞社、一九八六年、一八九頁。

(104) 「原爆ドーム——望まれる早期補修 来広の近藤博士が警告」『中国新聞』一九六一年八月三一日、六面。

(105) 広島市議会編『広島市議会史』議事資料編Ⅱ、一九九〇年、八一七—八一八頁。

(106) 同上、八一九頁。

(107) 「原爆ドーム 姿勢正した〝歴史の証人〟」『中国新聞』一九六七年六月一三日、一二面。中国新聞社編『増補 ヒロシマの記録』(前掲)一八九頁。

(108) 松元寛「被爆体験の風化」『中国新聞』一九七〇年八月三日、三面。

(109) 同上、三面。

(110) 同上、三面。

第六章

(1) 松元寛『ヒロシマという思想』東京創元社、一九九五年、一四—一五頁。

(2) 同上、一三頁。

(3) 同上、一〇頁。

(4) 同上、一五頁。

(5) 高橋昭博『ヒロシマ、ひとりからの出発』ちくまぶっくす、一九七八年、九五頁。当時の日本共産党中央委員会議長・野坂参三も『アカハタ』(一九六一年九月九日)のなかで、「ソ連のこんどの措置は、世界的な核戦争の危機を未然にふせぐためであり、帝国主義者・戦争挑発者のあたまを冷やすために、熟慮の結果やったことだと思います」と述べている。
(6)同上、九五頁。
(7)松元寛「原水爆禁止運動における思想と行動」若い広島の会研究集会報告、一九六一年一〇月一九日。引用は、松元寛『ヒロシマという思想』東京創元社、一九九五年、一九頁より。
(8)森脇幸次「あとがき」『広島の記録1――証言は消えない』未来社、一九六六年、二八二頁。
(9)松元寛『わがまち、ひろしま』広島文化出版、一九七三年、四四―四五頁。陸軍輜重兵学校における学徒兵の体験については、上野一郎『陸軍輜重兵学校の日々』(産能大学出版部、一九七七年)参照。慶應義塾大学在学中に学徒出陣で徴兵された上野は、松元と同じく、一九四五年一月に陸軍輜重兵学校に入隊している。松元はそこでの経験について多くを語っていないが、上野の記述は、松元の軍隊生活を考えるうえで参考になるものである。
(10)松元寛『広島長崎修学旅行案内』岩波ジュニア新書、一九八二年、七頁。
(11)松元寛『ヒロシマという思想』(前掲)一〇頁。
(12)松元寛『広島長崎修学旅行案内』(前掲)四頁。
(13)同上、六頁。
(14)原著は*Death in Life: Survivors of Hiroshima*と題して、一九六八年に刊行された。邦訳は朝日新聞社より一九七一年に出された。なお、二〇〇九年には『ヒロシマを生き抜く』と改題され、岩波現代文庫より再刊されている。
(15)ローバート・J・リフトン『ヒロシマを生き抜く(上)』岩波現代文庫、二〇〇九年、六〇頁、および田中利幸「解説」(同(下)所収)四三〇頁。
(16)松元寛『広島長崎修学旅行案内』(前掲)七頁。
(17)同上、五―六頁。
(18)安田武『人間の再建』筑摩書房、一九六九年、九五頁。
(19)栗原貞子「原水禁運動の再生を求めて」『月刊社会党』一九六八年一二月。引用は栗原貞子『ヒロシマの原風景を抱いて』未来社、一九七五年、二三頁。
(20)同上、二二頁。
(21)栗原が原水爆禁止広島母の会を脱会した経緯については、「ヒロシマ表現の軌跡――第一部・栗原貞子と周辺」第一一回(『中国新聞』一九八七年七月二三日)でもふれられている。
(22)「あとがき」『ひろしまの河』第一五号、一九六七年八月、一六頁。
(23)栗原貞子「広島の文学をめぐって(上)」『中国新聞』一九六〇年三月一九日、五面。栗原貞子「ヒロシマの文学をめぐって(下)」『中国新聞』一九六〇年三月二一日、一〇面。
(24) 松元寛「不毛でない文学のために」『中国新聞』一九六〇年四月一日、五面。
(25) 同上。
(26) 栗原貞子「R・J・リフトン『死の内の生命』への疑問」『中国新聞』一九七一年七月二九日。引用は栗原貞子『ヒロシマの原風景を抱いて』未来社、一九七五年、九一―九二頁。
(27) 松元寛「不毛でない文学のために」(前掲)。
(28) 松元寛「原点としてのヒロシマ」山田浩・森利一編『戦争と平和に関する総合的考察』広島大学総合科学部、一九七九年三月。引用は、松元寛『ヒロシマという思想』東京創元社、一九九五年、八〇―八一頁。
(29) 松元寛のこうした議論は、「被爆体験の継承」を謳うなかでの思考停止を指摘することにもつながっていた。松元は『広島長崎修学旅行案内』(岩波ジュニア新書、一九八二年)のなかで、以下のように綴っている。

「被爆体験の継承」とは、正確にいうならば、原爆の遺跡や遺物を見、あるいは被爆者の体験談を聞いたり読んだりすることによって、「被爆体験」を「追体験」し、そこにふくまれている問題を自分でとり出して、平和の実現を目ざしてゆく手がかりにする、ということです。現実にはほぼそのようなこととして実行されていると思いますが、その場合に、「継承」という言葉の実態が「追体験」だとすると、それは実際の体験にくらべて、なまなましさの点で二番煎じ的な力の弱さをまぬかれないという問題がでてきます。つまり、被爆体験そのものでさえ「風化」するのですから、追体験はいっそう早く「風化」してしまいかねないわけで、そうなると、平和の実現を目ざしてゆくためには、この「被爆体験の継承」という方法はあまり頼りにならない、少なくとも冷静に考えるならば、そこには明らかに限界があることを認めざるをえないことになります。

そのような事情があるためにと言ってよいと思うのですが、「被爆体験の継承」という言葉が、「追体験」のもつ限界を、「継承」という言葉でいわばカムフラージュして、文字通りに「継承」が可能であるかのような錯覚を起こさせる使い方がされる場合があるように私には思われます。つまり「被爆体験の継承」が実行されさえすれば、平和の問題はすべて解決するというようなスローガン的な用い方をされる場合がそれで、現実には簡単にできないことをできるかのように言いくるめることになって、その結果は「被爆体験の継承」

という言葉がもつ限界どころか、その言葉がその限界内でもっている正当な意味さえも失わせてしまうことになりかねません。」（一九三一一九四頁）

(30) 座談会「わだつみ会の今日と明日」『わだつみのこえ』第二〇号、一九六四年、三九頁。

(31) 小久保均「被爆体験の思想化のために」『若い広島』第二号、一九六一年一二月、一五頁。

(32) 栗原貞子「原水禁運動の再生を求めて」『月刊社会党』一九六八年一二月。引用は、栗原貞子『ヒロシマの原風景を抱いて』未来社、一九七五年、二六頁。

(33) 栗原貞子「ヒロシマに沈黙の権利はない」『広島大学新聞』一九六七年一月一〇日。引用は、栗原貞子『どきゅめんと・ヒロシマ24年』社会新報、一九七〇年、二六八頁。

(34) 栗原貞子「広島の文学的課題」『広島文学』一九五八年九月号。引用は、栗原貞子『どきゅめんと・ヒロシマ24年』（前掲）、一九九一二〇〇頁。

(35) 栗原貞子「原爆文学論争史」栗原貞子『核・天皇・被爆者』三一書房、一九七八年、一八三頁。

(36) 座談会「怒れる若者たち」『文学界』一九五九年一〇月号。座談会出席者は、石原慎太郎、江藤淳、橋川文三、浅利慶太、村上兵衛、大江健三郎の六名。

(37)「一橋大学「不戦の集い」経過報告」『わだつみのこえ』第二号、一九六〇年、二〇頁。

(38) 藤田透「「若い広島の会」の方向」『若い広島』第二号、一九六一年一二月、五頁。

(39) 松元寛『ヒロシマという思想』東京創元社、一九九五年、一一頁。松元寛『わがまち、ひろしま』広島文化出版、一九七三年、七四頁。

(40) 松元寛『ヒロシマという思想』（前掲）五八頁。初出は、一九七一年に行なった広島女学院大学「原爆講座」での講演「八・六、広島の意味するもの」。

(41) 広島県編『原爆三十年』（広島県、一九七六年）の「I　戦争と広島」参照。

(42) 広島県編『広島県史　近代2』広島県、一九八一年、七三四頁、七四四一七四五頁。

(43) 松元寛『ヒロシマという思想』（前掲）五七頁。初出は、講演「八・六、広島の意味するもの」（前掲）。

(44) 広島市編『広島新史』都市文化編、広島市、一九八三年、三一一一三一二頁。広島市・長崎市原爆災害誌編集委員会編『広島・長崎の原爆災害』岩波書店、一九七九年、三五一頁、三五七頁。

(45) 松元寛『わがまち、ひろしま』（前掲）一四〇頁。

(46) 栗原貞子「マンネリ化した原爆体験」『社会新報』一九七二年七月三〇日号。引用は、栗原貞子『ヒロシマの原風景を抱いて』未来社、一九七五年、一三九頁。

(47) 栗原貞子「原水禁運動の再生を求めて」(前掲)。引用は、栗原貞子『ヒロシマの原風景を抱いて』(前掲)、二八頁。

(48) 栗原貞子「ロンゲ・ラップの島民たち」『ひろしまの河』第五号、一九六二年八月、一四頁。栗原貞子『どきゅめんとヒロシマ24年』(前掲)に「告発的雑感」と改題し、所収されている。

(49) 栗原貞子「八・六の意味するもの」(広島女学院大学「原爆講座」講演)一九六八年。引用は、栗原貞子『ヒロシマの原風景を抱いて』(前掲)一七四―一七五頁。

(50) 栗原貞子『ヒロシマというとき』三一書房、一九七六年、一九三頁。

(51) 小田実『「難死」の思想』岩波書店(同時代ライブラリー)一九九一年、v頁。

(52) 同上、七頁。

(53) 同上、iv頁。

(54) 松元寛「原点としてのヒロシマ、ナガサキ」山田浩編『新平和学講義』勁草書房、一九八四年。引用は、松元寛『ヒロシマという思想』(前掲)一一二―一一三頁。

(55) 松元寛「八・六の意味するもの」(広島女学院大学「原爆講座」講演)一九七一年。引用は、松元寛『ヒロシマという思想』(前掲)五一頁。

(56) 栗原貞子「国家悪を逆照射する被差別者たち」『解放教育』一九七三年四月。引用は、栗原貞子『ヒロシマの原風景を抱いて』(前掲)一六六頁。

(57) 栗原貞子のベ平連への関わりについては、川口隆行『原爆文学という問題領域』(創言社、二〇〇八年)の第四章「被害と加害のディスクール」に詳しい。

(58) 松元寛「原点としてのヒロシマ」(前掲)。引用は、松元寛『ヒロシマという思想』(前掲)八三頁。

(59) 松元寛「八・六の意味するもの」(前掲)。引用は、松元寛『ヒロシマという思想』(前掲)五八―五九頁。

(60) 山田かん「繁栄の底にゆらぐもの」『長崎新聞』一九七〇年八月一一日。引用は、山田かん『長崎原爆・論集』本多企画、二〇〇一年、三八八頁。

(61)「長崎の証言」刊行委員会「原体験をみつめ仲間と共に更に新しい証言を!」『長崎の証言』第三集、一九七一年八月、二三二頁。

(62)「「長崎の証言の会」会則」第二条でも、「この会は、長崎で私たちと私たちの家族や友人、知人たちが受けた原爆の残虐さと非道性を告発、証言し、一切の核兵器の禁止、廃絶と世界平和の確立、一切の被爆者の救援、被爆体験の継承と連帯の強化をめざして、思想や党派のちがいをこえた自主的民主的市民運動をすすめる」ことがうたわれていた。「「長崎の証言の会」会則」『長崎の証言』第三集、一九七一年八月、三三一頁。
(63)長崎地方貯金局長崎の証言の会「長崎地方貯金局・原爆被災者実態調査報告」『長崎の証言』第五集、一九七三年、二八九頁。
(64)鎌田定夫「ナガサキ三十五年目の証言」鎌田定夫編『ナガサキの証言』青木書店、一九七九年、一〇頁。
(65)同上、一〇頁。
(66)同上、一〇―一一頁。
(67)「長崎の証言」刊行委員会「四半世紀をつらぬくもの」『長崎の証言』第二集、一九七〇年、七頁。
(68)「戦争について私は思う――原爆とベトナム戦争」『長崎の証言』創刊号、一九六九年八月、一二頁。著者名の記載はなく、「飯盛中・三年女子」とのみ記されている。
(69)山田かん「戦争・ナガサキ・サセボ」『虹』一九七三年八月。引用は、山田かん『長崎原爆・論集』(前掲)一〇一―一〇四頁。
(70)同上、一〇四頁。
(71)猪原盛之助「原爆マグロをくり返さすな!」『長崎の証言』創刊号、一九六九年八月、二九頁。
(72)一九六〇年代末の佐世保の状況は、かつての佐世保を問うことにもつながっていた。戦前期の佐世保には、日本海軍の鎮守府が置かれ、横須賀、呉、舞鶴とともに、日本有数の海軍都市であった。その跡地が、戦後、アメリカ海軍第七艦隊の基地として使用されてきた。山田かんは、一九七五年に『朝日新聞』に寄港した「佐世保・長崎・原子」のなかで、そのことを念頭に置きながら、「旧帝国海軍の佐世保鎮守府としての基地が、その後、昭和二十五年六月二十五日にはじまった朝鮮戦争では、積極的な前線兵站基地としての役割をになうことになる。この時にはアメリカ軍は相手に原子核を三度び使用しようとしたのであった」と記していた(山田かん『長崎原爆・論集』(前掲)四三二―四三三頁)。山田かんはこの文章のなかで、原子力潜水艦ソードフィッシュの放射能漏れ事故や原子力空母エンタープライズの入港にも言及しているが、ベトナム戦争期の「加害」や「核」をめぐる状況は、戦時期や朝鮮戦争期の佐世保を思い起こさせるものであった。

それは同時に戦前・戦時の長崎を問うことにもつながった。長崎には、三菱系の造船所、製鋼所、兵器製作所が多く置かれており、軍需産業の一大拠点となっていた。一九三一年から一九四五年までの三菱長崎造船所の総建造量の五八パーセントが、艦艇の建造であった（調来助編『長崎　爆心地復元の記録』日本放送出版協会、一九七二年、一二三頁）。こうした状況をふまえながら、山田かんは先の「戦争・ナガサキ・サセボ」のなかで、「全市域がそのまま巨大な軍需工場となって」いたかつての長崎に言及している（山田かん「戦争・ナガサキ・サセボ」〔前掲〕九六頁）。

(73) 藤田光「沖縄問題を考える」『長崎の証言』第一集、一九六九年、一六頁。

(74) 前城しげ子「米国に言ってやりたい」『長崎の証言』創刊号、一九六九年、二四頁。

(75) 同様の問題意識は、栗原貞子の議論にも見られた。栗原は、『どきゅめんと・ヒロシマ24年』（一九七〇年）のなかで、次のように記している。

「沖縄！　私にとって沖縄とは一体何だろう。ひめゆりの塔や、健児の塔の悲劇は広島、長崎の学徒動員の悲劇にまさるとも劣らぬ凄惨さであることはよく知られている。

しかし、沖縄が第二次大戦の際本土決戦の盾とされ、サンフランシスコ条約で再び講和の犠牲にされたことが、長い間本土の人間の意識のなかから欠落したままになっていたことは、事実である。

嘉手納基地から飛びあがるB52の、空を引き裂く轟音と鋭く尖った機体をテレビで見ただけで、沖縄の現実が想像される。

けれども、ヒロシマ、ナガサキが、ビキニ実験によって深暗部から浮上するまで、地方的災害として見すごされていたように、今日にいたっても私たち本土の人間は沖縄の現実を、本土から遠くきり離された、離島的災害としてしか思っていないのではないか。

「原爆を受けたものでないと原爆のことはわからない」と被爆者が言うように、「沖縄のことは、沖縄のものでしかわからない」と言われたとしても、まったく「その通りだ」と私は自分の酷薄さをせめる以外に言葉はないのである。

広島、長崎、沖縄三者ともみんな同じアメリカの核の被害者である。

同じ被爆民族の血の体験を交流し、核安保粉砕の中核とならねばならない。」（栗原貞子『どきゅめんと・ヒロシマ24年』社会新報、一九七〇年、六一頁）

(76)ソテツ地獄をめぐる沖縄の社会状況や思想状況については、拙著『辺境に映る日本』（柏書房、二〇〇三年）第六章、および拙稿「〈同祖〉のなかの〈抵抗〉――日琉同祖論の変容と沖縄アイデンティティ」城達也・宋安鍾編『アイデンティティと共同性の再構築』（世界思想社、二〇〇五年）参照。

(77)平山良明「北緯二十七度線の被爆者――怨念燃やすオキナワ・凶区の民」『長崎の証言』第四集、一九七二年、二四頁。

(78)福地曠昭「沖縄の被爆者」家永三郎・小田切秀雄・黒古一夫編『日本の原爆記録』第一五巻、日本図書センター、一九九一年、三八二頁。原爆医療法のほか、一九六八年には、被爆者への手当支給を定めた原爆特別措置法が制定された。しかし、旧軍人やその遺族を対象にした遺族援護法・軍人恩給法が、講和条約発効後迅速に、かつ「国家補償」として制定されたのに比べると、被爆者援護の動きは対照的であった。むろん、軍人は「国家の命令」により戦地に赴いたという論理がその根拠にあるわけだが、「銃後」の国民も工場に徴用され、軍事物資の生産に携わるなど、「国家総動員」体制下にあった。ましてや広島や長崎は国内有数の「軍都」であり、多くの国民が軍需工場に「勤労動員」されていた。

なお、これら「原爆二法」の問題点としては、①給付水準が低く、所得制限も設けられていた、②死没者補償や遺族年金がない、③「健康上の特別の状態」に対する施策であって、過去の被害や現在の生活上の被害への補償はない、などの問題が指摘されていた（石田忠『原爆被害者援護法』〔未来社、一九八六年〕および、田村和之「被爆者援護法の意義と問題点」〔『日本の科学者』第三〇巻八号、一九九五年〕参照）。原爆被爆者援護法の要求は多年にわたり出されていたが、日本政府は、「国民は戦争犠牲をひとしく受忍しなければならない」とする受忍論と、「一般戦争被害との均衡を失するような援護措置をとることはできない」とする均衡論を盾に、法案成立に消極的な姿勢をとってきた。一九九四年になって、ようやく被爆者援護法が制定されたが、「国家補償」が明記されないなどの問題点が指摘されている（田村前掲論文）。

(79)平山良明「北緯二十七度線の被爆者――怨念燃やすオキナワ・凶区の民」（前掲）二四頁。

(80)同上、二四頁。一九三四年生まれの平山は、琉球大学文理学部国文科在学中にも『琉大文学』（一九五五年二月号）に短歌を発表している。

(81)「二十七年めの証言と告発」『長崎の証言』第四集、一九七二年、一七頁。

(82) 広島市・長崎市原爆災害誌編集委員会編『広島・長崎の原爆災害』岩波書店、一九七九年、三五七頁。
(83)「二十七年めの証言と告発」『長崎の証言』第四集、一九七二年、一七頁。
(84)「長崎の証言」編集部「朝鮮人被爆者のこと」『長崎の証言』第四集、一九七二年、四三頁。「長崎の証言」編集部「あとがき」『長崎の証言』第四集(前掲)二九二頁。
(85) 栗原貞子「二十四年目の朝鮮被爆者」『社会新報』一九六八年一一月二四日。引用は、栗原貞子『どきゅめんと・ヒロシマ24年』社会新報、一九七〇年、七〇頁。
(86) 厚生省公衆衛生局編・発行『原子爆弾被爆者実態調査――健康調査および生活調査の概要』一九六七年一一月、四六頁。
(87) 長崎憲法会議・長崎被爆者協議会・長崎高校原水協・日本科学者会議長崎支部編『あの日から23年長崎原爆被災者の実態と要求』(『憲法会議長崎通信』第一〇号) 一九六八年八月九日、一頁。
(88) 鎌田定夫「原爆・敗戦33年と長崎の反原爆表現運動」『長崎の証言』第一〇集、一九七八年七月、二四七―二四八頁。
(89) 山田かん「わたしの戦後」『西日本新聞』一九七五年八月六日。引用は、山田かん『長崎原爆・論集』本多企画、二〇〇一年、四三八頁。
(90) 長崎の証言刊行委員会「『長崎の証言』発刊のことば」『長崎の証言』創刊号、一九六九年八月、一頁。
(91) 鎌田定夫「「わだつみ」と「原爆」の怨念を追いつづけて」『長崎の証言』創刊号、一九六九年八月、二二頁、一九頁。
(92) 鎌田定夫「わが内なるヒロシマ・ナガサキ」(上)』広島・長崎の証言の会編『広島・長崎30年の証言(上)』未来社、一九七五年、二五頁。
(93) 同上、二五―二六頁。
(94) 同上、二六頁。
(95) 鎌田定夫「「わだつみ」と「原爆」の怨念を追いつづけて」(前掲) 一九頁。
(96) 鎌田定夫「わが内なるヒロシマ・ナガサキ」(前掲) 二六頁。
(97) 同上、二七頁。
(98) 鎌田定夫の経歴については、木村朗「鎌田定夫先生の思想と行動」「鎌田定夫先生の足跡」(ともに『長崎平和研究』第一四号、二〇〇二年一〇月) に詳しい。
(99) 鎌田定夫「わが内なるヒロシマ・ナガサキ」(前掲) 二八頁。鎌田が第一次わだつみ会に参加した経緯については、鎌田定夫「再び〝わだつみの声〟を聞く」『わだつみのこえ』第一〇四号、一九九六年一一月、七八頁。
(100) 鎌田定夫「わが内なるヒロシマ・ナガサキ」（前掲）二九頁。
(101) 鎌田定夫「「わだつみ」と「原爆」の怨念を追いつづけて」（前掲）一九頁。
(102) 鎌田定夫「わが内なるヒロシマ・ナガサキ」（前掲）三三頁、三三頁。
(103) 鎌田定夫「「わだつみ」と「原爆」の怨念を追いつづけて」（前掲）一九頁。
(104) 鎌田定夫「わが内なるヒロシマ・ナガサキ」（前掲）三三頁。
(105) 長崎の証言刊行委員会「『長崎の証言』発刊のことば」『長崎の証言』創刊号、一九六九年八月、一頁。
(106) 秋月辰一郎「ヒロシマ・ナガサキ三十年の想い」広島・長崎証言の会編『広島・長崎三〇年の証言』（上）未来社、一九七五年、一八頁。
(107) 鎌田定夫「わが内なるヒロシマ・ナガサキ」（前掲）、四〇頁。
(108) 栗原貞子「原水禁運動の新しい波」『中国新聞』一九七一年九月二一日。引用は、栗原貞子『ヒロシマの原風景を抱いて』未来社、一九七五年、九七頁。
(109) 栗原貞子「原爆作品・長崎と広島」『長崎の証言』第二集、一九七〇年八月、一六二頁。引用は、栗原貞子『ヒロシマの原風景を抱いて』未来社、一九七五年、七二頁。
(110) 栗原貞子「広島から長崎・沖縄への手紙」『どきゅめんと・ヒロシマ24年』社会新報、一九七〇年、五八頁。初出誌紙は不詳だが、文中に「昨年の夏、私は小詩集「私は広島を証言する」（一九六七年刊）を出版した」とあることから、一九六八年に書かれた文章と思われる。
(111) 秋月辰一郎「ヒロシマ・ナガサキ30年の想い」『広島・長崎30年の証言（上）』未来社、一九七五年、二一頁。
(112)「反原爆30年目の課題と展望――「広島・長崎の証言の会」座談会」一九七五年六月一四日、『広島・長崎30年の証言（下）』未来社、一九七六年、四一三頁。
(113) 鎌田定夫「編集後記――『季刊 広島・長崎の証言』刊行をめざして」『季刊 長崎の証言』一二号、一九八一年八月、一四二頁。
(114)『ヒロシマ・ナガサキの証言』自体は、編集実務の中心を担った鎌田定夫の体調不良などもあって、一九八七年七月に第二一号をもって終刊しているが、一九八七年九月、長崎の証言の会が年刊で『証言──ヒロシマ・ナガサキの声』の刊行を開始している。『ヒロシマ・ナガサキの証言』第二一号、一九八七年七月。長崎の証言の会編『長崎の証言20年』長崎の証言の会、一九八九年。長崎の証言の会編『長崎の証言30年』長崎の証言の会、一九九八年。長崎の証言の会編『長崎の証言40年』長崎の証言の会、二〇〇九年。

(115) 山田かん「長崎・戦後基点の虚妄」『長崎の証言』第四集、一九七二年八月。引用は、山田かん『長崎・原爆論集』本多企画、二〇〇一年、五四頁。

(116) 同上、五五―五六頁。

(117) 同上、七六頁、七七頁。

(118) 同上、七八頁。

(119) 栗原貞子「被爆者にとっての天皇」『わだつみのこえ』第五三号、一九七二年四月。引用は栗原貞子『ヒロシマの原風景を抱いて』未来社、一九七五年、一一六頁、一二四頁。

(120) 渡辺清の戦争体験や「天皇の戦争責任」論、および彼が主導した第三次わだつみ会の動きについては、拙著『「戦争体験」の戦後史』(中公新書、二〇〇九年)参照。

(121)「機関誌にみるわだつみ会の歩み」『わだつみ通信』第四五号、二〇〇五年。

(122)『きけわだつみのこえ』第五三号(一九七二年四月)掲載時の論文タイトルは、山田かん「長崎・原爆・天皇」および山田和明「天皇と被爆体験」であり、『長崎の証言』第四集に寄稿されたものとは異なっている。

(123)「両陛下の記者会見内容」『中国新聞』一九七五年一一月一日、三面。

(124)「天皇記者会見 ヒロシマの反響」『中国新聞』一九七五年一一月一日、夕刊、一面。

(125) 栗原貞子「天皇の原爆発言と被爆者」『長崎の証言』第八集、一九七六年七月、三四頁。

(126) 座談会「長崎の証言運動の展望を語る」『長崎の証言』第一〇集、一九七八年七月、二四二頁。

(127)「インタヴュー記憶の固執──山田かん氏に聞く」『叙説』第一九号、一九九九年、六九頁。

(128) 同上、六九頁。

(129) 山田かんは、一九九九年のインタビューのなかで、修学旅行生をめぐるある事件に言及している。一九九七年六月二四日、大阪からの修学旅行生が、語り部の一人芝居を鑑賞した際、「ジジイが出てきた」「早く終われ」と野次を飛ばし、あめ玉を投げつけた。これが新聞で報じられると、新聞社には中学生を非難する投書が相次いだ(「語り部にヤジ あめ玉投げつけ「早く終われ」」『西日本新聞』一九九七年六月二五日、「老いを生きる・長崎被爆52年」第六話『西日本新聞』一九九七年八月七日)。しかし、山田は「これは、被爆者の傲慢だと思います。その騒いだ中学生を注意するだけではなくて、その校長まで長崎に来て謝れというのは行きすぎと思います」「その時のその人が、ひとつの芸術性を持ち得ていたなら、必ずしもそのような騒ぎにならなかったと思います。中学生がその一人芝居の実演中に騒いだということが、何であのように騒ぎ立てることであったのか、そこがわからない。中学生が騒ぐのは、一般的な意味で当たり前のことで、しかも興味引かれるものがなかったから騒ぐんですね」と語っていた。「インタヴュー記憶の固執——山田かん氏に聞く」(前掲)六九頁。

(130) 長岡弘芳『原爆文献を読む』三一書房、一九八二年、二〇八頁。

(131) 同上、二〇八頁。

(132) 佐藤博史「怒りを共有する者にとってヒロシマとは何か——東大闘争の中から」『原爆文献を読む会会報』第四号、一九六九年七月、二五頁。なお、佐藤はこの論考のなかで、佐世保闘争に言及している。以下の記述は、議論の盲点を指摘しており、興味深い。

「米原子力空母エンタープライズが佐世保に寄港した昨年の一月、僕はささやかではあったがデモ行進に参加した。寄港前は「エンタープライズ佐世保寄港阻止」を叫び、寄港後は「佐世保寄港反対」と叫んだ僕は、エンタープライズがいよいよ佐世保を出港する時、「エンタープライズは帰れ!」と拳をあげて叫んでいる労組員をテレビで見て、一瞬唖然とした。エンタープライズは今佐世保からベトナムへ行くのだ。佐世保で「休養」したエンタープライズはベトナムへ人間を殺すために今佐世保を出てゆくのだ。「エンタープライズは帰れ!」と叫ぶことは、自分の家に侵入した殺し屋が「休養」した後、隣家にこれから人殺しにゆこうとするその時をつかまえて、ちょっとヒロイックに「帰れ!」と叫んでみることと何ら変わりはないのではないか。僕らはむしろ「人殺しに行くのはやめて日本にいつまでもいろ」と叫ぶべきではなかったのか……」(二七頁)

(133) 同上、二八頁。

(134) 「アンケート 戦争・原爆体験の継承について」『原爆文献を読む会会報』第六号、一九七〇年四月、四頁。

(135) 同上、一頁。

(136) 「原爆と私たちの今日的課題——講演と討論の

会」『原爆文献を読む会会報』第五号、一九六九年一一月、一一頁。この発言は「S」という学生によるものだが、その発言の内容は、佐藤博史のこの時期の議論に近いものがある。

(137) 長岡弘芳「沖縄での自己確認断片」『原爆文献を読む会会報』第四号、一九六九年七月、四頁。

(138) 「合宿参禅記」『原爆文献を読む会会報』第五号、一九六九年一一月、四五頁。

(139) 同上、四五頁。

(140) 長岡弘芳『原爆文献を読む』三一書房、一九八二年、二〇九頁。

(141) 栗原貞子「被爆者青年同盟の軌跡」『現代の眼』一九七一年一二月号、六八頁。

(142) 同上、六八頁。

(143) 「〝戦無派〟のヒロシマ」は『中国新聞』一九七一年七月二四日から七月三〇日まで、計七回連載された。

(144) わだつみ像破壊事件をめぐるわだつみ会内部の議論の詳細については、拙著『「戦争体験」の戦後史』(中公新書、二〇〇九年)を参照されたい。

(145) たとえば、『長崎の証言』第五集(一九七三年七月)には、「証言を拒否する心をたずねて——原爆小頭症の子供をもつ親たち」「被爆二世の生と死」「被爆二世問題座談会」といった特集が組まれていた。『季刊 長崎の証言』第三号(一九七九年五月)掲載の座談会「戦争・原爆と女性」のなかでも、「〝被爆二世〟としての不安」が大きく扱われていた。

(146) 広瀬方人「被爆二世の生と死」広島・長崎証言の会編『広島・長崎三〇年の証言(上)』未来社、一九七五年、二一三頁。

(147) 文沢隆一「胎内被爆から三十年」広島・長崎証言の会編『広島・長崎三〇年の証言(上)』(前掲)一九九頁。

(148) 同様の傾向は、一九八〇年代以降の『季刊 長崎の証言』(およびその後継誌である『ヒロシマ・ナガサキの証言』)にも見られる。特集としても、「平和教育・援護法・むつ問題」(『季刊 長崎の証言』第九号、一九八〇年一一月)、「軍縮・平和教育/基本懇答申」(『季刊 長崎の証言』第一〇号、一九八一年二月)、「今日の核状況と非核化への道」(『季刊 長崎の証言』第一二号、一九八一年八月)、「『戦争受忍』を問う——被爆者援護法を求めて」(『ヒロシマ・ナガサキの証言』第五号、一九八三年二月)といった企画が組まれた。また、一九八二年には、西ヨーロッパで戦域核配備を推進しようとする米国レーガン政権の動きから、米ソの核競争がエスカレートし、ヨーロッパを中心に反核運動が盛り上がった。その影響を受けるかたちで、「SSDⅡ――民衆のうねり」(『ヒロシマ・ナガサキの証言』第三号、一九八二年八月)、「反核トマホークとヒロシマ・ナガサキ」「核を拒否するヨーロッパのうねり」(ともに『ヒロシマ・ナガサキの証言』第一一号、一九八四年八月)などの特集が設けられた。

(149) 被爆体験の語りのみが「現在」性を帯びていて、それ以外の戦争体験の語りにはその要素が全くないというわけではない。戦場体験に起因する身体的・肉体的な障害は、被爆体験に限られるものではない。また、戦時性暴力も被害者のその後の生に重く圧しかかるものであることは言うまでもない。ただ、そうだとしても、被爆体験の語りは相対的に他の戦争体験の語りに比べ、「現在」性をつよく帯びていたように思われる。他の戦争体験が議論されるうえでは、総じて「過去の体験・記憶」に重点が置かれるのに対し、被爆体験の場合は、「あの時」の経験とともに「その後」の苦悩に焦点が当てられる。それは、後遺症や胎内被爆、遺伝の問題など、戦後においても可視的な要素が相対的に際立っているがゆえのことであろう。

(150) 長崎関連の文献でしばしば戦時期に言及した出版物としては、三菱重工業長崎造船所設計部員の手記を集めた『原爆前後』(思い出世話人発行、一九六八―一九八六年、全六一号)があげられる。ただし、それらも、艦船の設計業務にまつわる回想が主であり、「加害」「被害」の問題を掘り下げようとする意図は、さほど際立ってはいないように思われる。

なお、栗原貞子についていえば、戦前期からアナキズムに近かったこともあり、戦争協力からやや遠かったことも考えられよう。しかし、そこから出発するのであれば、広島市民の戦争体験を考えることとは距離が生じることになる。そもそも広島は「軍都」であったし、それ以前に、出征や勤労動員、配給を得るための何らかの労役といった「戦争協力」なしに、戦時の日本を生きていくこともまた至難であった。

この点で、栗原の議論は小田実の議論とは異質であった。栗原は、小田実らによって始められたべ平連にも関わっており、また、「被害」と「加害」を横断的に捉えようとする小田実の議論にも影響を受けていた。しかし、自らを問いただす姿勢の点では、小田と栗原は異なっていた。小田はアメリカ留学の折りに空襲の写真を見たとき、キャプションでそれが自らも体験した大阪空襲のものであると気づくまで、全く無感動であった。そこから、小田は自分が「加害者」の視点で空襲の写真を見ていたこと、ひいては、自分がいつでも「加害者」になり得ることを感じ取った。その点で、小田の議論は「自己への問い」に発するものであった。しかし、栗原の社会評論を見渡した限り、この種の「自己への問い」は見られない。たしかに、栗原も「加害」と「被害」をいかに視野に収めるかを議論したわけだが、自らを問いただそうとする論点はあまり際立っていないように思われる。この点については、終章参照。

結論

(1) 松元寛『わがまち、ひろしま』広島文化出版、一九七三年、六〇頁。

終章

(1) なお、言うまでもなく、これらの事実でもって日本軍の沖縄住民に対する「加害責任」が免責されるわけではない。むしろ、沖縄内部のこれらの軋轢に、日本と沖縄のヒエラルヒーがどう関わっていたのか、そのことが問われるべきであろう。

(2) 大城立裕は非常勤講師として大学で教鞭をとることはあったが、あくまで主たる職務は、公務員であった。

(3) 小田実「平和の倫理と論理」一九六六年。引用は、小田実『「難死」の思想』岩波書店（同時代ライブラリー）一九九一年、六九頁。

(4) 同上、六八―六九頁。

(5) そのほか、林京子「ギヤマン ビードロ」には、自らの近親者を問う視点が見られた。林京子は一九三〇年に生まれ、長崎で被爆した経験を持っているが、それ以前は三井物産に勤める父親の仕事の関係で、上海で幼少期を過ごしていた。そこで出会った日本人娼婦のことを、「ギヤマン ビードロ」のなかの「黄砂」というエッセイに記している。林は、そこで「娼婦であり、「大日本帝国」の一等国民であり、日本人からも中国人からも受け入れられない、時代の苦を三重四重に背負った」彼女の姿を描く一方、彼女を蔑む人々それぞれが「祖国を代表しているような意識を持ち」たがり、「乞食も泥棒も、貧乏でさえも国辱であり、強制送還もの」と捉える厳しい相互監視の視線があったことを記述している（林京子『祭りの場 ギヤマン ビードロ』講談社文芸文庫、一九八八年、二三六頁、二七二頁）。しかし、こうした論点が広島や長崎の輿論において着目されることは、総じて少なかったように思われる。

(6) 一九七〇年代当時においても、曽野綾子『ある神話の背景』（文藝春秋、一九七三年）が話題になり、「住民に集団自決を命じる軍命令はなかった」とする議論は前景化しつつあった。こうしたなか、沖縄の「被害」とともに「加害」に言及することは、曽野らの議論に接合する形で受容されかねない危うさも帯びていた。しかし、そのような言説構造にありながらも、あえて、「被害」と「加害」の複雑なメカニズムが考察されようとしていた。

それが可能であったのは、これらの議論のなかに、祖国復帰運動に対する批判が入り混じっていたためであった。第三章でも述べたように、沖縄における戦争責任や戦争協力を問うことは、祖国復帰運動における日本ナショナリズムを問うことに重なっていた。曽野綾子『ある神話の背景』が話題になりながらも、沖縄における「被害」「加害」の絡み合いが議論されたことには、こうした背景もあった。

(7) もっとも、「被害」「加害」の錯綜をめぐる議論が、二〇〇七年の教科書検定批判のなかで皆無であったわけではない。『けーし風』第五六号(新沖縄フォーラム刊行会議発行、二〇〇七年九月)では、特集「岐路に立つ沖縄戦教育」の一環として座談会「教育の現場で考える教科書検定問題」が掲載されている。そのなかで、高校教師の新城俊昭は「近代日本の軍国政策を忠実に受け入れ、県民を戦場に動員して捕虜になることよりも自決を強要した指導層の責任。このような政策のもとで、戦闘に参加・協力した人々の責任。また、一般の沖縄住民が、戦争をどう受けとめていたのか、詳細な分析がなされていないことなど。これらの問題を明確にすることが、戦後世代の大きな課題ではないか」と述べている。

同じ座談会のなかで、小学校教師の山本隆司は「米軍からの攻撃があっても、一番先に死んだのは朝鮮の方で、その次に沖縄の住民ということになります。朝鮮の方は沖縄の住民の弾除けになって、沖縄住民は日本兵の弾除けになっている」「沖縄の平和教育は、アメリカ軍やヤマト兵からどれだけの被害を受けたか、という被害の視点での話が多い。そのことを中心に授業を組み立ててきたと思います。しかし当時の朝鮮の方から見れば、沖縄の住民が加害者でもあるわけですよ」と語っている(一五一—一七頁)。

人名索引

あ　行

か　行

さ　行

た　行

な　行

は　行

ま　行

や　行

ら　行

わ　行

事項索引

か 行

さ　行

た 行

な 行

は 行

ま　行

や　行

ら　行

わ　行

関連年表

年	日本	沖縄	広島・長崎
1931年	9·18 満州事変勃発		
1937年	7·7 盧溝橋事件勃発（日中戦争始まる）		
1941年	12·8 対米英戦開戦		
1942年	6·5 日本海軍，ミッドウェー海戦で4空母を失う（戦局の転機となる）		
1944年		10·10 那覇空襲	
1945年	8·14 ポツダム宣言受諾を発表 8·15 戦争終結の詔書を放送（玉音放送） 9·2 降伏文書調印 9·19 GHQ，プレスコードを発表 9·27 天皇，マッカーサーを訪問	3·26 慶良間に米軍上陸 4·1 沖縄本島に米軍上陸 4·1 米軍，沖縄における日本政府のすべての権限を停止して，軍政を布くことを宣言（海軍軍政府布告第一号）．ニミッツ元帥，土地・財産の収容を宣言（海軍軍政府布告第七号） 4·5 米国海軍軍政府設置 5·25『沖縄新報』，首里壕中で廃刊 6·23 沖縄守備軍司令官・牛島満自決 7·26 米軍政府，島清らに戦後初の新聞『ウルマ新報』を創刊させる 9·7 沖縄守備軍，降伏文書調印	8·6 広島原爆投下 8·9 長崎原爆投下 10·15 永井隆，長崎医大学長に「長崎医大原子爆弾救護報告書」を提出

1946年	1 雑誌『世界』（岩波書店）創刊 5 丸山眞男が『世界』に「超国家主義の論理と心理」を発表 5·3 極東国際軍事裁判（東京裁判）開廷		3 栗原唯一・貞子，細田民樹らが中心になって，『中国文化』（中国文化連盟）を創刊 8·5～7 広島平和復興祭が開かれ，ブラスバンドや花電車が市内を巡回 8·9 遺族有志による戦災死没者慰霊祭が開かれる（長崎）
1947年	12 東大学生自治会戦没学生手記編集委員会編『はるかなる山河に』刊	4·1 軍政府，うるま新報社の民間企業化を許可 11 古川成美『沖縄の最後』刊	8·5～7 広島平和祭が開かれ，山車や仮装行列が市内を練り歩く 8·9 長崎市松山町で大供養会（連合青年団主催）が開かれ，盆踊りや花火大会が行なわれる。広島に比べて催事の規模が小さいことが，長崎メディアで批判の対象となる
1948年	7 安倍能成ら，雑誌『心』を立ち上げる 12 平和問題談話会発足	7·1『沖縄タイムス』創刊	12 永井隆『この子を残して』刊
1949年	1 雑誌『葦』（葦会）創刊 1·23 第24回総選挙で共産党が35議席を獲得	1 古川成美『死生の門』刊 2·10『月刊タイムス』創刊	1 永井隆『長崎の鐘』刊

	3 平和問題談話会「戦争と平和に関する日本の科学者の声明」発表（『世界』3月号）		5·27 長崎訪問中に天皇が永井隆を訪問
	7·5 下山事件（国鉄総裁·下山定則が行方不明となり，翌朝，轢死体で発見）		
	7·15 三鷹事件（中央線三鷹駅構内で無人列車が暴走）		
	8·17 松川事件（東北本線金谷川—松川間で列車転覆）		8·6 広島平和記念都市建設法施行 8·9 長崎国際文化都市建設法施行．これを機に，前後11日間にわたり，祝賀行事が繰り広げられる
	9·25 ソ連，原爆保有を公表	9 石野径一郎「ひめゆりの塔」，『令女界』に連載開始（50年6月に単行本化）	
	10·1 中華人民共和国成立		
	10 日本戦歿学生手記編集委員会編『きけわだつみのこえ』刊	12 宮永次雄『沖縄俘虜記』刊 12『うるま春秋』創刊	12·3 永井隆，長崎市名誉市民号を授与される
1950年		2·10 GHQ，「沖縄に恒久的基地建設を始める」と発表	
	3 平和問題談話会「講和問題に関する平和問題談話会の声明」発表（『世界』3月号）		3 世界平和擁護大会常任委員会，「ストックホルム·アピール」を発表
	4 日本戦没学生記念会発足(第一次わだつみ会)	5·22 琉球大学開学	
	6·15 映画『きけ，わだつみの声』（関川秀雄監督·東横映画）封切	6·27 朝鮮戦争で在沖米空軍が出動	6·1 国会決議により，永井隆に総理大臣の表彰状と天皇の下賜銀杯が贈られる
	6·25 朝鮮戦争勃発		

	7·24 GHQが新聞社に共産党員や同調者の追放を指示（レッド・パージ） 8·10 警察予備隊令公布 12 平和問題談話会「三たび平和について」発表（『世界』12月号）	8·15 沖縄タイムス社編『鉄の暴風』刊	
1951年	9·8 サンフランシスコ講和条約・日米安全保障条約調印 10·16 共産党，51年綱領を採択（火炎瓶闘争など始まる） 11 日本戦没学生記念会，徴兵制反対署名運動を開始	2·1 民間貿易始まる 3·18 社会大衆党と人民党，党大会で復帰運動促進を決議 3·19 沖縄群島会議，日本復帰要請決議 4·29 日本復帰促進期成会結成 7 仲宗根政善『沖縄の悲劇』刊	5·1 永井隆死去 10 長田新編『原爆の子』刊
1952年	1 雑誌『人生手帖』（緑の会）創刊 4·28 サンフランシスコ講和条約発効（GHQによる占領が終結） 6 白鷗遺族会編『雲ながるる果てに』刊 6『出版ニュース』（6月下旬号）で戦記ブームの過熱について特集される	4·28 サンフランシスコ講和条約第三条により，北緯29度以南が米軍施政下に置かれる 5·1 メーデーで「即時日本復帰」決議	4 丸木位里・俊子『原爆の図』が第五部まで完成（青木文庫版） 6『芽だち』創刊（長崎）

	10·1 第25回総選挙で共産党が議席を失う 10·15 保安隊が発足		8·6『アサヒグラフ 原爆被害特集号』刊行. ベストセラーに 8·10 広島で「原爆被害者の会」が結成される
1953年	4 鳩山一郎派自由党が, 憲法改正と再軍備を公約に掲げる 7·27 朝鮮戦争休戦協定調印 12·8 立命館大学にてわだつみ像除幕式	1 映画『ひめゆりの塔』封切 1·10 教職員会を中心に, 沖縄諸島祖国復帰期成会結成 5 第一次琉大事件 6 大田昌秀·外間守善編『沖縄健児隊』が日本出版協同より刊行される 7『琉大文学』創刊 9 映画『沖縄健児隊』(岩間鶴夫監督, 松竹)公開 12·25 奄美大島, 日本に復帰	1·25 志条みよ子「「原爆文学」について」,『中国新聞』に掲載. 第一次広島原爆文学論争の契機に
1954年	3·1 第五福竜丸事件 7·1 自衛隊が発足	1·7 アイゼンハワー米大統領, 一般教書演説で沖縄基地の無期限保持を明言 3·17 米民政府,「地代一括払い」の方針を発表 5·31 屋良朝苗, 米軍政府の圧力で, 沖縄諸島祖国復帰期成会の会長職を辞任 (以後, 同会は自然消滅)	8·8 原水爆禁止署名運動全国協議会発足 (署名総数3000万突破)
1955年			3『地人』(長崎文学懇話会) 創刊

	7·27 共産党第6回全国協議会で武装闘争路線を放棄，国際派が実権を掌握	9·3 由美子ちゃん事件	8·6 第一回原水爆禁止世界大会（広島） 8·8 長崎平和祈念像除幕式 8『地人』第四号でアンケート「原爆文学について」の結果を紹介 福田須磨子，詩「ひとりごと」を『朝日新聞』に投稿 9·19 原水爆禁止日本協議会結成 12 福田須磨子「ひとりごと」をめぐり，『芽だち』誌上で論争
1956年		6·9 プライス勧告の骨子発表 6·20 プライス勧告反対・軍用地四原則貫徹住民大会，各市町村で一斉に開催（島ぐるみ闘争に発展） 7·28 那覇高校校庭で四原則貫徹住民大会開催（十数万人が参加） 8·17 琉大理事会・学校評議会，デモ学生の処分決定（第二次琉大事件）	5·27 広島県原爆被害者団体協議会（広島県被団協）発足 6·23 長崎原爆被災者協議会結成 8·9 第二回原水爆禁止世界大会（長崎） 8·10 日本原水爆被害者団体協議会（日本被団協）結成
1957年			3·31 原爆医療法公布（4·1施行）

1958年	8 第一次わだつみ会解散	8·6 原水爆禁止沖縄県協議会結成	2 浦上教会，旧天主堂の撤去と再建の方針を発表 2·18 長崎市議会，旧浦上天主堂保存を求める決議を採択 3·14 旧浦上天主堂，撤去工事開始
1959年	6 第二次わだつみ会発足	6·30 石川市の小学校に米軍ジェット機墜落（死者17人，負傷者121人）	3 林田泰昌「長崎と原爆」（『長崎市制六十五年史』後篇第五部） 9·1 原水爆禁止広島母の会結成 10 浦上天主堂，再建工事完了
1960年	5·19 自民党が新安保条約を単独で強行採決 6·4 安保改定阻止第一次実力行使に全国で560万人が参加 6·15 安保改定阻止第二次実力行使に全国で580万人参加．全学連主流派が警官隊と衝突し，東大生·樺美智子が死亡． 6·19 新安保条約，自然承認	4·28 沖縄県祖国復帰協議会結成	3〜4 栗原貞子，松元寛による第二次広島原爆文学論争 5·5 広島「折鶴の会」が原爆ドーム保存のための署名·募金運動の開始を決定
1961年		4·28 祖国復帰県民大会開催（約６万人が参加）	6『ひろしまの河』（原水爆禁止広島母の会）創刊 8·30 ソ連，大型核実験再開を発表

			11·15 民社党，同盟の主導で，核兵器禁止・平和建設国民会議（核禁会議）が発足
1962年			8·6 第８回原水爆禁止世界大会，社会党・総評の「ソ連の核実験に抗議する」動議で紛糾
1963年	7 安田武『戦争体験』刊	4·28 祖国復帰県民総決起大会（北緯27度線上で，初めて本土・沖縄合同の海上集会が開かれる）	7·25 米英ソ，部分的核実験禁止条約に仮調印（8·5正式調印）
1964年	1·7 戦没者叙勲の再開が閣議決定される		12·22 原水禁広島協議会など11団体，原爆ドームの永久保存を市長に要請
1965年	2·7 アメリカ軍機が北ベトナムを爆撃（北爆開始） 4·24 小田実，鶴見俊輔らを中心に，ベ平連主催初のデモが行なわれる 6·22 日韓基本条約調印	7·29 沖縄から発進のＢ52，北ベトナム地区を爆撃 8·19 佐藤栄作首相，沖縄訪問	2·1 社会党・総評を中心に，原水爆禁止国民会議（原水禁国民会議）結成（原水禁運動は原水禁，原水協，核禁会議の三つに分裂） 3·29 湯川秀樹，丹下健三らが連名で「原爆ドーム保存要望書」を市長に提出

1966年	1·18 早大学費値上げ反対闘争 9 海軍飛行予備学生第十四期会編『あゝ同期の桜』刊 10·8 佐藤栄作首相訪ベトナム阻止闘争．反代々木系学生が警官隊と衝突し，京大生・山﨑博昭が死亡	4『新沖縄文学』（沖縄タイムス社）創刊	6～8 中国新聞社編「広島の記録」シリーズ刊行 7·11 広島市議会，原爆ドームの保存を満場一致で可決
1967年		2·1 外務次官・下田武三が，沖縄返還の前提として核持ち込みと基地の自由使用を容認する発言 2 大城立裕「カクテル・パーティー」，『新沖縄文学』2月号に発表 7·21 大城立裕「カクテル・パーティー」，芥川賞受賞（沖縄作家初の受賞）	8·5 原爆ドーム保存工事完了 11 厚生省公衆衛生局，『原子爆弾被爆者実態調査』（『原爆白書』）を発表．被爆者の憤りを招く
1968年	1·29 東大医学部学生自治会，医師法改正に反対して，無期限ストに突入（東大紛争の発端） 4·15 日大で20億円の使途不明金が発覚（日大闘争の発端）		1·19 米空母エンタープライズ，佐世保入港．反対運動拡大（佐世保闘争）

	6·11 日大全共闘の全学統一大衆団交要求集会に１万人が参加 7·5 東大全共闘結成，教養学部無期限スト開始	9·26 米原子力潜水艦によるものと思われる海水の放射能汚染が発覚 11·19 嘉手納基地でＢ52墜落，炎上	5·6 佐世保港に停泊中の米原潜ソードフィッシュの周辺海域で異常放射能を検出 5·20 原爆被爆者特別措置法公布（9·1施行）
1969年	1·18〜19 東大・安田講堂攻防戦 2·24 東大教授・丸山眞男，学生40人に拉致され，文学部階段教室で約２時間軟禁される 5·20 立命館大わだつみ像が全共闘学生によって破壊される 6·30 自民党，靖国神社国家護持をめざす法案を国会に提出（74年までに５回にわたり提出されるも，いずれも廃案）	2·4 Ｂ52撤去要求県民大会（約４万人参加） 2·18 解雇不安，高給理由にベトナムへ沖縄船員出発 11·22 佐藤・ニクソン共同声明で1972年の沖縄返還を発表	8·9 長崎の証言の会，『長崎の証言』を創刊
1970年		3·26 赤松嘉次来島阻止事件 12·20 深夜，コザ市で交通事故に端を発して，群衆が米軍車両などを焼き打ち（コザ騒動）	2·3 日本政府，核不拡散条約（NPT）に調印 12 韓国人被爆者·孫振斗，治療目的で密入国をはかり，逮捕される。

		12 『新沖縄文学』で「反復帰論」を特集	
1971年	9･27 天皇，ヨーロッパ7ヵ国を訪問（～10･14）．イギリス，オランダなどで抗議行動． 11 日本戦没学生記念会機関誌『わだつみのこえ』，「天皇問題」を特集（4度の増刷を重ねる反響）．以後，同誌では70年代に11回，80年代に12回，同様の特集企画が組まれる	3『新沖縄文学』で「続･反復帰論」を特集 4 雑誌『青い海』（青い海出版社）創刊 6『沖縄県史9――沖縄戦記録1』刊	7･31 全国被爆者青年同盟結成（広島）
1972年	2･19 連合赤軍の5人，軽井沢で人質をとって山荘に籠城（浅間山荘事件） 9･29 日中国交樹立	5･15 施政権返還，沖縄県発足．「5･15抗議県民総決起大会」開催	7 山田かん「聖者･招かざる代弁者」が『潮』7月号に掲載
1973年	1･27 米，ベトナム和平協定に調印		
1974年		1『沖縄思潮』創刊 3『沖縄県史10――沖縄戦記録2』刊 7『沖縄思潮』第4号で「沖縄戦と戦後精神」特集	
1975年		4『新沖縄文学』で「沖縄と天皇制」を特集	

		7·17 皇太子夫妻，ひめゆりの塔参拝中に火炎瓶を投げられる 7·20 沖縄国際海洋博覧会開会(翌年1·18まで)	8 広島·長崎の証言の会編『広島·長崎30年の証言(上)』刊（下巻刊行は翌年４月） 10·31 昭和天皇，訪米後の記者会見で「原爆投下はやむを得なかった」と発言
1976年	5·20 立命館大でわだつみ像が再建される（防弾ガラスケースに収められて，図書館に展示）		
1978年	2 わだつみ会編『天皇制を問いつづける』刊 8·12 日中平和友好条約調印 10·17 靖国神社，A級戦犯14名を合祀		12 長崎の証言の会，『季刊 長崎の証言』刊行開始
1982年	6·25 文部省，高校用教科書の検定結果を公表(「教科書問題」へと発展し，中国·韓国などの非難を招く） 7 岩波文庫版『きけわだつみのこえ』刊	7·4 日本史高校教科書で，沖縄戦の「日本軍による住民殺害」の記述が文部省検定で削除されていたことが判明	2 広島·長崎の証言の会，『ヒロシマ·ナガサキの証言』刊行開始
1985年	7·27 中曽根康弘首相，防衛費 GNP １パーセント枠撤廃を打ち出す		

	8·15 中曽根康弘首相，戦後の首相初の靖国神社公式参拝		
1986年			4·26 チェルノブイリ原発事故
1987年			9 長崎の証言の会，『証言 ヒロシマ·ナガサキの声』刊行開始
1989年	1·7 昭和天皇死去 11·9 ベルリンの壁崩壊	6·23 ひめゆり平和祈念資料館開館	
1990年		11·18 県知事選挙で大田昌秀初当選	
1991年	1·17 湾岸戦争勃発 4·24 ペルシャ湾への自衛隊·掃海艇派遣を閣議決定 12·6 元「慰安婦」３人が韓国人元軍人·軍属とともに，日本政府の謝罪·補償を求めて，東京地裁に提訴 12·30 ソ連解体		
1992年	5·20 立命館大·わだつみ像が防弾ガラスケースから出され，同大国際平和ミュージアムに移設		
1993年	7·13 靖国神社遊就館特別展「学徒出陣五十周年」(～翌年８月15日)		
1994年		7·26「平和の礎」起工式 11·20 県知事選挙で大田昌秀再選	12·9 被爆者援護法成立(翌年7·1施行)

1995年	1「自虐的な近現代史教育を改革する事」をめざして，教育学者・藤岡信勝を中心に「自由主義史観研究会」が発足 6·9 衆議院本会議，戦後50年国会決議（ただし，与野党の反対·欠席も多く，参議院では審議未了） 8·15 戦後50年の首相談話（村山富市首相），「植民地支配と侵略」につきアジア諸国に「お詫び」を表明	9·4 米兵による少女暴行事件 9·19 河野洋平外相，大田知事の地位協定見直し要求を一蹴 9·28 大田知事，県議会で，米軍用地未契約地主に対する強制使用手続きの代理署名拒否を正式表明 10·21「米軍人による少女暴行事件を糾弾し日米地位協定の見直しを要求する沖縄県民総決起大会」開催（約８万5000人が参加）	1·30 スミソニアン航空宇宙博物館，原爆展の中止を決定
1996年	8 漫画家・小林よしのりが雑誌『SAPIO』連載の「新·ゴーマニズム宣言」で従軍慰安婦問題を取り上げ，話題に	3·29 橋本龍太郎首相，代理署名代行 4·12 橋本－モンデール会談で，普天間基地の返還合意	

	12「新しい歴史教科書をつくる会」創立記者会見（設立総会の開催は，1997年1月．初代会長に西尾幹二，副会長に藤岡信勝が就任）	9･13 大田知事，公告・縦覧代行を表明	
1997年	8 加藤典洋『敗戦後論』刊行		
1999年	12 高橋哲哉『戦後責任論』（講談社）刊行．加藤典洋『敗戦後論』を批判（「敗戦後論」論争）		
2001年	8･13 小泉純一郎首相が靖国神社参拝（96年の橋本首相以来）．以後，06年まで毎年，参拝を行なう．「靖国問題」の引き金に 9･11 アメリカで同時多発テロ 10･7 米，アフガニスタン空爆開始		
2003年	3･19 米英軍，イラク攻撃開始 4 高橋哲哉『靖国問題』刊行．20万部を超えるベストセラーに		
2005年	9･30 大阪高裁，小泉首相靖国神社参拝につき違憲性を指摘	8 梅澤裕と赤松秀一（赤松嘉次の弟）が「集団自決に軍命令はなかった」として，岩波書店と大江健三郎を提訴（大江岩波訴訟）	

2006年	8·15 小泉純一郎首相，靖国神社公式参拝（現職総理としては85年の中曽根康弘首相以来21年ぶりの8月15日参拝）		
2007年		3·30 文部科学省，高校教科書の検定結果を公表．「集団自決」記述に関し，日本軍の命令·強制等の表現を削除·修正させたことが明らかになる 9·29「教科書検定撤回を求める県民大会」開催（約11万人が参加）	6·30 久間章生防衛大臣（衆院長崎二区）が「原爆投下はしょうがなかった」と発言，辞任に追い込まれる
2011年	3·11 東日本大震災	4·21 最高裁，大江岩波訴訟原告の上告不受理を決定．原告敗訴が確定	3·12 福島第一原発，爆発事故

参考文献

新崎盛暉『沖縄現代史』岩波新書，1996年
大田昌秀編著『総史沖縄戦』岩波書店，1982年
「沖縄・戦後50年の歩み」編集委員会編『沖縄――戦後50年の歩み』沖縄県，1995年
沖縄タイムス社編『写真にみる記録 沖縄戦後史』沖縄タイムス社，1987年
沖縄タイムス社編『激動の半世紀――沖縄タイムス社50年史』沖縄タイムス社，1998年
神田文人・小林秀夫編『戦後史年表』小学館，2005年
中国新聞社編『年表ヒロシマ』中国新聞社，1995年
長崎市原爆被爆対策部『長崎原爆被爆50年史』長崎市原爆被爆対策部，1996年
広島県被団協史編集委員会編『広島県被団協史』広島県原爆被害者団体協議会，2001年
福間良明『「戦争体験」の戦後史』中公新書，2009年

図版出典一覧（本文中に記載のあるものは除く）

34頁　円尾敏郎編『日本映画ポスター集　東映総集編』ワイズ出版，2001年
49頁　安田武『学徒出陣』三省堂新書，1967年
50頁　朝日新聞社提供
53頁　『わだつみのこえ』73号，1981年
62頁　『週刊朝日』1966年12月23日
65頁上・下　ともに毎日新聞社提供
68頁　立命館大学百年史編纂室所蔵
76頁　立命館大学百年史編纂室所蔵
77頁　立命館大学百年史編纂室所蔵
82頁　沖縄県公文書館所蔵
83頁　大城将保『改訂版 沖縄戦』高文研，1988年より
86頁　沖縄県公文書館所蔵
102頁　仲宗根政善『ひめゆりと起きて――仲宗根政善日記』琉球新報社，2002年
114頁　東映株式会社映像事業部編『東映映画三十年』東映，1981年
119頁　沖縄県文化振興会公文書館管理部史料編集室編『銃剣とブルドーザー』沖縄県教育委員会，1998年
127頁　那覇市企画部市史編集室編・発行『激動の記録 那覇百年のあゆみ』1980年
132頁　黒古一夫編『大城立裕文学アルバム』勉誠出版，2004年
133頁　『東亜同文書院大学史』滬友会，1982年
139頁　那覇出版社提供
141頁　沖縄県文化振興会公文書館管理部史料編集室編『銃剣とブルドーザー』沖縄県教育委員会，1998年
143頁　沖縄県公文書館所蔵
145頁　沖縄県公文書館所蔵
151頁　琉球大学附属図書館所蔵
176頁　岡本恵徳『現代文学における沖縄の自画像』高文研，1996年
184頁　沖縄タイムス社提供
211頁　黒古一夫編『大城立裕文学アルバム』勉誠出版，2004年
227頁　広島市立図書館所蔵
239頁上下　ともに広島市立図書館所蔵
240頁　広島市立図書館所蔵
250頁　永井隆『永井隆全集』講談社，1971年
256頁　山田和子氏所蔵
261頁　長崎新聞社編『長崎県戦後50年史』長崎新聞社，1995年
268頁　山田和子氏所蔵

283頁　吉川清編『広島』広島八・六友の会，1956年
286頁　広島市公文書館提供
289頁　栗原貞子記念平和文庫運営委員会編『生ましめんかな』学校法人広島女学院，2009年
307頁右　高原至・横手一彦『長崎 旧浦上天主堂 1945-58』岩波書店，2010年（撮影者不詳，浦上天主堂所蔵）
307頁左　長崎原爆資料館所蔵，撮影・林重男
308頁　高原至・横手一彦『長崎 旧浦上天主堂 1945-58』岩波書店，2010年（撮影・高原至）
315頁　高原至・横手一彦『長崎 旧浦上天主堂 1945-58』岩波書店，2010年（撮影・高原至）
318頁上下　ともに広島平和記念資料館所蔵
321頁　広島市公文書館提供
322頁　広島市公文書館提供
324頁　広島市公文書館提供
327頁　『松元寛先生退官記念英米文学語学研究』英宝社，1987年
370頁　「時代を生きて」刊行会編・発行『時代を生きて』2006年

著者紹介

福間良明（ふくま　よしあき）

1969年，熊本市生まれ。同志社大学文学部卒業。出版社勤務ののち，京都大学大学院人間・環境学研究科博士課程修了。博士（人間・環境学）。香川大学経済学部准教授を経て，現在，立命館大学産業社会学部准教授。専攻は歴史社会学・メディア史。

著書：『辺境に映る日本――ナショナリティの融解と再構築』（柏書房，2003年），『「反戦」のメディア史――戦後日本における世論と輿論の拮抗』(世界思想社，2006年，内川芳美記念マス・コミュニケーション学会賞受賞)，『殉国と反逆――「特攻」の語りの戦後史』(青弓社，2007年)，『「戦争体験」の戦後史――世代・教養・イデオロギー』（中公新書，2009年）。

共編著：『「はだしのゲン」がいた風景――マンガ・戦争・記憶』（梓出版社，2006年），『博覧の世紀――消費／ナショナリティ／メディア』（梓出版社，2009年）。

論文：「ラフカディオ・ハーン研究言説における「西洋」「日本」「辺境」の表象とナショナリティ」（『社会学評論』210号，2002年，日本社会学会奨励賞受賞）など。

新曜社

焦土の記憶
沖縄・広島・長崎に映る戦後

初版第1刷発行　2011年7月15日©

著　者　福間良明

発行者　塩浦　暲

発行所　株式会社　新曜社

〒101-0051　東京都千代田区神田神保町2-10

電　話(03)3264-4973・FAX(03)3239-2958

e-mail　info@shin-yo-sha.co.jp

URL　http://www.shin-yo-sha.co.jp/

印刷　星野精版印刷　Printed in Japan

製本　イマヰ製本所

ISBN978-4-7885-1243-6　C1030